Die Stadtverordneten.

Ein Führer

durch das bestehende Recht,
zunächst durch die Preußische Städteordnung für die
östlichen Provinzen vom 30. Mai 1853.

Von

Dr. A. W. Jebens,

Wirklichem Geheimem Rat,
Senats-Präsidenten des Oberverwaltungsgerichts a. D.,
Stadtrat.

Zweite, neu bearbeitete Auflage.

Springer-Verlag Berlin Heidelberg GmbH
1905.

ISBN 978-3-662-23958-2 ISBN 978-3-662-26070-8 (eBook)
DOI 10.1007/978-3-662-26070-8
Reprint of the original edition 1905

Universitäts-Buchdruckerei von Gustav Schade (Otto Francke) in Berlin N.

Vorwort zur ersten Auflage.

Nur weniges hat der Verfasser diesem kleinen Werke voranzuschicken.

Zunächst ein auf seine Legitimation abzielendes Wort! Der Verfasser war früher Jahre lang als Vorsitzender des II. Senats des Oberverwaltungsgerichts und ist noch zur Zeit als Mitglied der Stadtverordneten-Versammlung zu Charlottenburg mit „Angelegenheiten der Stadtgemeinden" (Zuständigkeitsgesetz vom 1. August 1883, IV. Titel) befaßt. Dort wie hier hat er ein warmes Interesse für den Gegenstand, daneben aber auch manche Erfahrung gewonnen. Beides glaubte er noch für weitere Kreise nutzbar machen zu können.

Zum anderen: welche Kreise sind dies? Territorial zunächst nicht ausschließlich die der Städteordnung für die östlichen Provinzen vom 30. Mai 1853! Freilich ist diese im nachfolgenden überall in den Vordergrund gestellt worden. Allein sie hat in so weitem Umfange den neueren Städteordnungen als Vorbild gedient, daß manches oder gar vieles von dem Gebotenen auch in den Geltungsbereichen ihrer jüngeren Geschwister sich als verwertbar erweisen wird. Im übrigen stehen in denjenigen Kreisen, an die der Verfasser sich wendet, obenan seine früheren und seine derzeitigen Amtsgenossen im weitesten Sinne dieses Wortes. Immerhin mögen sich jene — um von anderen Ausstellungen abzusehen — hier und da über ein Zuwenig, diese über ein Zuviel beklagen. Manches indes werden gleichwohl die einen wie die anderen annehmbar finden — wäre es selbst nur in der nach Kräften angestrebten Gliederung und Klärung eines im Laufe der Jahrzehnte einigermaßen verwilderten Stoffes. Den Amtsgenossen treten noch hinzu die Mitglieder der Verwaltungsbehörden, vor allem der Magistrate und der Aufsichtsbehörden.

Des weiteren mag die Arbeit nunmehr für sich selbst zu sprechen versuchen.

Charlottenburg im Dezember 1898.

Dr. A. W. Jebens.

Vorwort zur zweiten Auflage.

Nur weniges wiederum ist es, was hier im Anschluß an das Vorwort zur ersten Auflage (1898/9) der zweiten auf den Weg mitgegeben werden soll.

Wenn der Verfasser zunächst seine Legitimation dazu, mit diesem „Führer" überhaupt in die Öffentlichkeit hinauszutreten, früher wesentlich auf die Erfahrungen gründete, die er sich im Laufe langer Jahre schon damals auf dem Gebiete des Verfassungs- und Verwaltungsrechts der Preußischen Stadtgemeinden erworben hatte, so ist inzwischen dem noch manches hinzugetreten im Zusammenhange damit, daß seit mehreren Jahren der Verfasser dem Magistrate von Charlottenburg als Mitglied angehört. Es lag ihm daran, auch diesen Zuwachs noch für weitere Kreise zu verwerten.

Zum anderen fragt es sich, ob diese Kreise noch heutigen Tages dieselben sind, mit denen der Verfasser vor etwa fünf Jahren rechnete. In der Tat rechnet er noch heute mit ihnen, wenn es auch sein mag, daß in den Kreisen gerade der Stadtverordneten von den ihnen angetragenen Führerdiensten noch nicht in dem erwarteten Umfange Gebrauch gemacht wird. Der Verfasser ließ sich dadurch in der Frage, ob er bereits zu einer zweiten Auflage schreiten solle, nicht beirren — um so weniger, als er von vornherein auch noch mit manchen anderen Kreisen gerechnet hatte und er insoweit durchaus keinerlei Enttäuschung zu erfahren gehabt hat.

Entscheidend indes war für ihn in eben dieser Frage erst folgendes: Der „Führer" sollte und wollte ein solcher „durch das bestehende Recht" sein und dieses Recht hat inzwischen manche bedeutsame Umgestaltung über sich ergehen lassen müssen. Selbst abgesehen von den nicht geringen Beiträgen, die hierzu Wissenschaft und Rechtsprechung geleistet haben, ruhte ebenso wenig die Gesetzgebung. Vor allem sei des Gesetzes, betreffend die Bildung der Wählerabteilungen bei den Gemeindewahlen, vom 30. Juni 1900 gedacht, von anderen neueren Gesetzen nur noch des Gesetzes, betreffend die Anstellung und Versorgung der Kommunalbeamten, vom 30. Juli 1899. Ganz wesentliche Teile der ersten Auflage bedurften demgegenüber einer neuen Bearbeitung, wenn nicht der Führer fortan irre führen sollte.

Nebenher ergriff der Verfasser mit Befriedigung die Gelegenheit, auch diejenigen Teile der früheren Arbeit nochmals nachzuprüfen, die an sich von der Weiterentwickelung der rechtlichen Grundlagen unberührt geblieben sind. Einzelnen damit zusammenhängenden Änderungen wird die Anerkennung, daß sie Verbesserungen enthalten, wenigstens den Überblick erleichtern, kaum versagt werden.

Im übrigen sei wiederum mit dem Schlußworte des Vorworts vom Dezember 1898 geschlossen: möge das kleine Werk für sich selbst zu sprechen versuchen — möglichst auch in Stadtverordnetenkreisen!

Morschach (Schweiz) im Juli 1904.

Dr. A. W. Jebens.

Inhalt.

Einleitung.

Wer es unternimmt, von dem großen Ganzen des Verfassungs- und Verwaltungsrechts der Preußischen Stadtgemeinden ein einzelnes Glied loszulösen und zum Gegenstande gesonderter Behandlung zu machen, muß zwar auch in Bezug auf die geschichtliche Entwickelung dessen, was heutigen Tages den Inhalt des bestehenden Rechts bildet, sich von vorne herein gewisse Beschränkungen auferlegen. Nicht aber darf er es sich versagen, bei geeigneter Gelegenheit und zumal da an die Vergangenheit anzuknüpfen, wo erst aus ihr die volle richtige Beleuchtung auch für die Gegenwart gewonnen werden kann. Und in diesem Sinne gibt es keine würdigeren Worte für die Einleitung des Folgenden als etliche Sätze derjenigen Städteordnung, die auch noch dem neuesten Rechte gegenüber dessen Grundpfeiler genannt werden darf — der Städteordnung vom 19. November 1808. Dahin gehört einmal, was dort nach damaligem Brauche den einzelnen dispositiven Satzungen in Erwägungsform einführend vorangeschickt wird, und zum anderen dürfen eben dahin einige knappe Sätze aus dem „von den Stadtverordneten" insbesondere handelnden Tit. VI gerechnet werden.

An ersterer Stelle heißt es:

„Wir Friedrich Wilhelm, von Gottes Gnaden König von Preußen 2c. 2c.

Tun kund und fügen hiermit zu wissen:

Der besonders in neueren Zeiten sichtbar gewordene Mangel an angemessenen Bestimmungen in Absicht des städtischen Gemeinwesens und der Vertretung der Stadtgemeinde, das jetzt nach Klassen und Zünften sich teilende Interesse der Bürger und das dringend sich äußernde Bedürfnis einer wirksamern Teilnahme der Bürgerschaft an der Verwaltung des Gemeinwesens überzeugen Uns von der Notwendigkeit, den Städten eine selbständigere und bessere Verfassung zu geben, in der Bürgergemeinde einen festen Vereinigungspunkt gesetzlich zu bilden, ihnen eine tätige Einwirkung auf die Verwaltung des Gemeinwesens beizulegen und durch diese Teilnahme Gemeinsinn zu erregen und zu erhalten."

Und an der zweiten Stelle spricht der § 110 in einem Tone, wie er freilich inzwischen dem Gesetzgeber längst abhanden gekommen ist, folgendes aus:

„Die Stadtverordneten sind berechtigt, alle Angelegenheiten des Gemeinwesens ohne Rücksprache mit der Gemeine abzumachen, es mögen solche nach den bestehenden Gesetzen bei den Korporationen von der Zustimmung der Mehrheit der Mitglieder oder jedes einzelnen Mitgliedes abhangen. Sie bedürfen dazu weder einer besonderen Instruktion oder Vollmacht der Bürgerschaft, noch sind sie verpflichtet, derselben über ihre Beschlüsse Rechenschaft zu geben.

Das Gesetz und ihre Wahl sind ihre Vollmacht, ihre Überzeugung und ihre Ansicht vom gemeinen Besten der Stadt ihre Instruktion, ihr Gewissen aber die Behörde, der sie deshalb Rechenschaft zu geben haben. Sie sind im vollsten Sinne Vertreter der ganzen Bürgerschaft, mithin so wenig Vertreter des einzelnen Bezirks, der sie gewählt hat, noch einer Korporation, Zunft 2c., zu der sie zufällig gehören."

Würdiger und kerniger ließ sich kaum zum Ausdruck bringen, was noch heutigen Tages jeder neu eintretende Stadtverordnete als einen Leitstern für seine gesamte Wirksamkeit sich einprägen und allezeit bis zu der Stunde betätigen sollte, da auch er wieder einmal einer jüngeren, frischen Kraft zu weichen hat.

Aber selbst in rechtlicher Beziehung bieten schon allein die hier mitgeteilten Worte einige wertvolle Fingerzeige — vor allem nach folgender Richtung hin: Die Städteordnung von 1808 enthält eine lange Reihe von an sich gewiß hochbedeutsamen neuen Bestimmungen, ihrerseits Licht, Luft und Leben da zuführend, wo es an solchen zuvor kläglich gefehlt hatte, und dennoch ist von den weitmeisten dieser Bestimmungen jede einzelne als solche mehr oder minder entbehrlich in dem Sinne, daß allenfalls auch ohne sie die Städteordnung immer doch und noch das große Reformwerk, der mächtige Grundpfeiler bliebe, als den sie sich bis in die Gegenwart hinein bewährt hat. Nur Eines durfte nicht in ihr fehlen, wenn sie nicht zugleich des Fundaments, auf dem wieder der Pfeiler selbst beruhte, beraubt werden sollte, und dieses Eine war das Organ der Stadtverordneten-Versammlung, wie sie es auf- und ausgebaut hat. Wo bliebe die „wirksamere Teilnahme der Bürgerschaft an der Verwaltung des Gemeinwesens“, wo der „feste Vereinigungspunkt“, der in der Bürgergemeinde gebildet werden sollte, wo die „tätige Einwirkung“ auf jene Verwaltung, durch die der Gemeinsinn gestärkt oder gar erst geweckt werden sollte — wo blieben sie alle ohne eine Stadtverordneten-Versammlung, wie erst die Städteordnung von 1808 sie in das Leben gerufen hat?

Aber nicht nur im allgemeinen lassen die mitgeteilten Worte — schon jene ersten einführenden — die alles andere überragende Bedeutung erkennen, die der Neugestaltung gerade einer wahren lebendigen Vertretung der gesamten Bürgerschaft zugedacht und zuerkannt wurde; auch noch darüber hinaus werfen sie ein mehr oder minder helles Licht auf zwei einzelne Punkte, in denen vor allem mit der Vergangenheit gebrochen werden mußte, wenn anders das gesteckte Ziel überhaupt erreicht werden sollte — zwei Punkte, die auch noch heutigen Tages grundlegend und entscheidend sind für den rechtlichen Charakter der Stadtverordneten-Versammlung als eines Ganzen wie für die Rechtsstellung der einzelnen Mitglieder.

Anlangend zunächst die Mitglieder als einzelne, so kannte freilich schon das Allgemeine Landrecht für die Preußischen Staaten vom 5. Februar 1794 neben dem „Vorsteher der Stadtgemeine“ — dem Magistrat — auch gewisse „Repräsentanten der Bürgerschaft". Wie aber die Rechte der Stadtgemeinen überhaupt sich wesentlich nach den Vorschriften über die Rechte „privilegierter Korporationen" (T. II Tit. 6 §§ 23 ff.) bestimmten, so sollten auch jene Repräsentanten nach den allgemeinen Bestimmungen über die Repräsentanten solcher Korporationen beurteilt werden; zu nächst und unmittelbar vertraten sie nur die einzelnen, in der Stadtgemeinde befindlichen Korporationen, von denen ihre Wahl auszugehen pflegte, nicht die gesamte Bürgerschaft als Einheit, und selbst jenen gegenüber standen sie nicht frei, selbständig und unabhängig da, sondern waren sie mehr oder minder gebunden an die Beschlüsse ihrer Mandanten, an die ihnen von dort aus erteilten Instruktionen (T. II Tit. 8 §§ 108 ff, 146 ff, 153, 154). — Dem hieraus notwendig erwachsenden Neben- und Widereinander der mannigfachsten Sonderinteressen, der Gebundenheit der einzelnen Vertreter gegenüber den verschiedensten engeren, in erster Reihe auch engere Ziele verfolgenden Verbänden trat nun mit allem Nachdruck zuerst die Städteordnung von 1808 entgegen — zum Teil schon dadurch, daß sie (§ 73) die Wahl der Stadtverordneten „nach Ordnungen, Zünften und Korporationen in den Bürgerschaften" völlig aufhob, fortan alle stimmfähigen Bürger an den Wahlen teilnehmen und dabei jeden „lediglich als Mitglied der Stadtgemeine ohne alle Beziehung auf Zünfte, Stand, Korporation und Sekte" wirken ließ, zum anderen Teil durch den oben mitgeteilten § 110, der die Stadtverordneten „im vollsten Sinne" als Vertreter der ganzen Bürgerschaft — nicht etwa als solche des einzelnen Bezirks, der sie gewählt hatte, noch einer Korporation, Zunft rc., zu der sie zufällig gehörten — angesehen wissen wollte, auch ihre Beziehungen zur Bürgerschaft dahin regelte, daß sie weder einer besonderen Instruktion oder Vollmacht bedürften, noch Rechenschaft über ihre Beschlüsse zu geben hätten. Vollends ausgeschlossen ist damit fortan jedes privatrechtliche Band zwischen den Wählern und dem Gewählten. Und dementsprechend betont denn auch noch die Städteordnung für die östlichen Provinzen vom 30. Mai 1853 (§ 35), obschon mit knapperen, minder volltönenden Worten, daß die Stadtverordneten an keinerlei

Instruktion oder Aufträge der Wähler oder der Wahlbezirke gebunden seien. Praktisch freilich unterbleibt ein solches Binden oder doch ein darauf abzielender Versuch keineswegs immer und überall. In nahezu jeder Bürgerschaft bilden und erhalten sich fortdauernd gewisse einander gegenüberstehende, bald auf politischem, bald auf wirtschaftlichem Boden erwachsende, bald auch an divergierende Interessen einzelner Ortsteile anknüpfende Gruppen der Bürger, die auch in allerlei Vereinen zusammenhalten, die Wahlen zu beeinflussen suchen und schließlich auch noch in der Stadtverordneten-Versammlung selbst sich oft nur zu scharf ausgeprägt finden. Wenn die Angehörigen derartiger Gruppen nach Kräften dafür eintreten, daß nur solche Persönlichkeiten gewählt werden, von denen sie im allgemeinen Unterstützung und Förderung der gerade auf ihre Fahnen geschriebenen Ziele und Tendenzen auch auf kommunalem Gebiete erwarten dürfen, so ist dagegen an sich nichts einzuwenden; wenigstens muß es als unabwendbar in Ergebung hingenommen werden. Nicht selten aber wird weiter gegangen; es werden den aufzustellenden Kandidaten vorab positive Zusicherungen angesonnen, aus denen ihnen die Zwangslage erwachsen muß oder doch jederzeit erwachsen kann, entweder mit einem Grundgedanken des Gesetzes in Widerspruch zu treten, oder dem gegebenen Worte untreu zu werden. Derartiges entwürdigt den Verlangenden kaum minder als den Gewährenden; der reine vornehme Begriff eines Ehrenamtes läßt sich damit nicht mehr vereinigen.

Der zweite Punkt, auf den oben hingewiesen wurde, betrifft den rechtlichen Charakter der Stadtverordneten-Versammlung als eines Ganzen, einer geschlossenen Körperschaft. Es wird sich später noch Gelegenheit finden, auf diesen Gegenstand zurückzukommen. Hier soll nur in weiterer Anknüpfung an die mitgeteilten Sätze der Städteordnung von 1808 folgendes vorangeschickt werden: Schärfer und nachdrücklicher, als es in jenen Sätzen geschehen, konnte der Gesetzgeber es kaum betonen, einen wie außerordentlichen Wert er darauf lege, daß gerade die Bürgerschaft zu einer wirksamen Teilnahme an der Verwaltung gelange. Wenn nun der rechtliche Charakter der Stadtverordneten-Versammlung sich zu nicht geringem Teile darnach bestimmt, wie ihre Aufgaben sich gegen diejenigen des zweiten an der Spitze des Gemeinwesens stehenden Organes — des Magistrats — abgrenzen, so legen jene Sätze zugleich die Voraussetzung nahe: es werde der Gesetzgeber diese Grenzen in einer die Stadtverordneten-Versammlung gegenüber dem Magistrat bevorzugenden und begünstigenden Weise bestimmt haben. Es ist nahezu feststehender Brauch geworden, die hiermit gestreifte Frage dahin zu formulieren, in welchem der beiden Organe das „prinzipale, vorwiegende Element“ der Stadtverwaltung zu erblicken sei, in welchem von ihnen der „Schwerpunkt“ der Verwaltung liege. Freilich läßt sich bezweifeln, ob es überhaupt ratsam ist, eine solche Frage aufzuwerfen, ob nicht eine Stellungnahme zu ihr mehr geeignet ist, im einzelnen irre zu führen als praktisch verwertbare Ergebnisse zu tage zu fördern. Immerhin indes wird das zugegeben werden dürfen und müssen, daß wenigstens die Städteordnung von 1808, wie schon ihr Ausgangspunkt vermuten ließ, auch noch in der weiteren Ausführung den Schwerpunkt der Verwaltung tatsächlich in die Stadtverordneten-Versammlung verlegt, keineswegs etwa nur die engen Grenzen innerhalb deren die landrechtlichen „Repräsentanten“ mitzuwirken hatten, um etliches weiter hinausgeschoben hat. Freilich soll auch nach der Städteordnung von 1808 „die ganze Geschäftsführung in allen das Gemeinwesen betreffenden Angelegenheiten zur Begründung der Einheit in dem Magistrat“ — als dem Vorsteher der Stadt, der Obrigkeit, deren Befehlen die Stadtgemeine unterworfen ist — „sich konzentrieren und von demselben geleitet werden“; ausschließlich in seinen Händen liegt die Exekutive, wie auch die Vertretung der Gemeine nach außen hin; in solchem Sinne ist die Stadtverordneten-Versammlung von der Verwaltung ausgeschlossen. Daneben und dagegen indes wird der Bürgerschaft oder vielmehr der sie vertretenden Stadtverordneten-Versammlung „zur Beförderung einer lebendigen Teilnahme an den das Gemeinwesen betreffenden Angelegenheiten die kräftigste Mitwirkung dabei zugestanden“ und dieser leitende Grundsatz gelangt auch, wie sich später zeigen wird, in einer Reihe von Einzelbestimmungen, welche die Aufgaben der Stadtverordneten-Versammlung gegen die des Magistrats abgrenzen, zu voller praktischer Geltung. Immerhin darf im Hinblick auf den in diesen Bestimmungen hervortretenden roten Faden der negative Satz aufgestellt werden, daß keinenfalls das Gebiet der Städteordnung von 1853 zu denjenigen Rechtsgebieten gehört, in denen — wie noch heutigen Tages besonders in Hannover — der Schwerpunkt der Verwaltung gerade im Magistrat liegt.

I. Der rechtliche Charakter der Stadtverordneten-Versammlung im allgemeinen.

Wenn zunächst schon im ersten, von den Grundlagen der städtischen Verfassung handelnden Titel die Städteordnung von 1853 die Stadtgemeinden als Korporationen bezeichnet, denen die Selbstverwaltung ihrer Angelegenheiten — oder, wie die Verfassungsurkunde vom 31. Januar 1850 (Art. 105) sich ausdrückt, „die selbständige Verwaltung ihrer Gemeindeangelegenheiten“ — nach näherer Vorschrift dieses Gesetzes zusteht (§ 9), und wenn dann der § 10 fortfährt:

> „In den Städten wird ein Magistrat (kollegialischer Gemeindevorstand) und eine Stadtverordneten-Versammlung gebildet, welche nach näherer Vorschrift dieses Gesetzes dieselben vertreten. Der Magistrat ist die Obrigkeit der Stadt und verwaltet die städtischen Gemeindeangelegenheiten. . .“

wenn weiter die folgenden vier Titel sich zunächst mit der Zusammensetzung und der Wahl einerseits der Stadtverordneten-Versammlung, andererseits des Magistrats, sodann mit den Geschäften wiederum einerseits jener Versammlung, andererseits des Magistrats befassen, so kennzeichnet damit das Gesetz die Stadtverordneten-Versammlung im allgemeinen hinlänglich als eines derjenigen beiden Organe, durch welche die den Stadtgemeinden zugestandene Selbstverwaltung geführt werden soll, in diesem weitesten Sinne des Ausdrucks „Verwaltung“ auch als ein „verwaltendes“ Organ. (Vglch. die Überschrift zu Titel X: Oberaufsicht über die „Stadtverwaltung“, auch Entsch. d. OVG. Bd. XXXI S. 49.) Allzuviel aber ist damit noch nicht gewonnen; denn ein Gleiches gilt vom Magistrat. Worauf es ankommt, woraus auch praktische Konsequenzen im einzelnen gezogen werden können, ist vielmehr erst die Frage, wie die Aufgaben und die Funktionen der Stadtverordneten-Versammlung im großen und ganzen sich abheben von denen des Magistrats, welche Stellung die Versammlung im Gesamt-Organismus des städtischen Gemeindewesens einnimmt.

Es liegt an sich nahe, einen Anhalt nach dieser entscheidenden Richtung hin darin zu erblicken, daß das Zuständigkeitsgesetz vom 1. August 1883, dessen vierter Titel als eine die Städteordnungen ausbauende Novelle bezeichnet werden darf, behufs gleichheitlicher Bezeichnung desjenigen Organes, welches die Städteordnung von 1853 „Stadtverordneten-Versammlung“, andere Städteordnungen aber anders (Bürgervorsteher-Kollegium, Gemeindeausschuß, Bürgerausschuß, bürgerschaftliches Kollegium) nennen, sich des Ausdrucks „Gemeindevertretung“ bedient. In der Tat indes führt auch dies nicht viel weiter und überhaupt ist die Wahl jenes Ausdrucks keineswegs unanfechtbar. An einigen Stellen freilich stellt auch schon die Städteordnung von 1853 „Gemeindeverwaltung“ und „Gemeindevertretung“ einander gegenüber, wobei zunächst an den Gegensatz von Magistrat und Stadtverordneten-Versammlung gedacht sein mag (§§ 5, 11, 74, 75); auch spricht der § 56 ausdrücklich vom Magistrat als der „Gemeindeverwaltungsbehörde“, die insbesondere die städtischen Gemeindeanstalten, die Einkünfte der Stadtgemeinde, auch deren Eigentum zu „verwalten“ habe. Andererseits aber wird in der Städteordnung der Ausdruck „Vertretung“ keineswegs etwa ausschließlich in Beziehung auf die Stadtverordneten-Versammlung gebraucht. Als Beispiel dafür kann der schon oben angezogene § 10 dienen; auch in den §§ 2 und 72 wird der Ausdruck „Gemeindevertretung“ auf Stadtverordneten-Versammlung und Magistrat bezogen werden müssen (MBl. d. i. V. 1869 S. 266) und vollends überweist der § 56 die Vertretung der Stadtgemeinde „nach außen“ allein dem Magistrat.

Wenn gleichwohl das Zuständigkeitsgesetz den Ausdruck „Gemeindevertretung“ als einen die Stadtverordneten-Versammlung bezeichnenden legalen eingeführt hat, so kann das nur in dem Sinne geschehen sein, daß es eine aus allen stimmberechtigten Bürgern sich zusammensetzende Gemeindeversammlung, eine allgemeine Bürgerversammlung überhaupt nicht mehr gibt, oder doch nur noch zum Zwecke der Wahl der Stadtverordneten gibt, im übrigen aber nunmehr die Stadtverordneten-Versammlung es ist, welche durch ihre Beschlüsse den Willen der Bürgerschaft repräsentiert. Aber freilich darf selbst dabei an die Rechtsgrundsätze von der Stellvertretung, von Vollmacht oder Mandat, nicht gedacht werden — schon um deswillen nicht, weil in solchem Sinne eine Vertretung nur, wenn der Gesamtheit der Bürgerschaft selbständige Subjektivität zukäme, möglich wäre, und es an dieser Voraussetzung fehlt. Und jedenfalls läßt auch der Ausdruck „Gemeindevertretung“ in der Richtung im Stiche, die oben als die für den rechtlichen Charakter der Stadtverordneten-Versammlung bedeutsamste hingestellt wurde, in der Frage, wie im großen und ganzen die Aufgaben und die Funktionen der Versammlung sich gegenüber denen des Magistrats abgrenzen.

In dieser Beziehung sei vorab darauf hingewiesen, daß schon die Verfassungsurkunde vom 31. Januar 1850 (Art. 105) bestimmt hatte:

> „Über die innern und besondern Angelegenheiten der ... Gemeinden beschließen aus gewählten Vertretern bestehende Versammlungen, deren Beschlüsse durch die Vorsteher der ... Gemeinden ausgeführt werden.“

Die Summe der Einzelsatzungen aber, welche die Städteordnung selbst enthält, mag dahin zusammengefaßt werden dürfen, daß von den beiden an der Spitze des Gemeinwesens stehenden Organen:

> die Stadtverordneten-Versammlung das vorzugsweise beschließende und kontrollierende, der Magistrat das vorzugsweise vollziehende und verwaltende

ist. Einen über einzelnes hinausreichenden Ausdruck findet ersteres im § 35:

„Die Stadtverordneten-Versammlung hat über alle Gemeindeangelegenheiten zu beschließen, soweit dieselben nicht ausschließlich dem Magistrat überwiesen sind —"

und im § 37:

„Die Stadtverordneten-Versammlung kontrolliert die Verwaltung —"

andererseits letzteres, die Vollziehung oder Ausführung anlangend, in den §§ 36, 47 und 56 Nr. 2, sowie, die Verwaltung anlangend, in den §§ 10 und 56. Aber freilich wird durch diese allgemeinen leitenden Sätze — worauf schon die Formulierung hinweist — nicht ausgeschlossen, daß nach gewissen Richtungen hin auch der Stadtverordneten-Versammlung Funktionen zufallen, die als solche des Vollziehens und selbst des Verwaltens bezeichnet werden dürfen, wie nicht minder umgekehrt der Magistrat in weitem Umfange zu Aktionen berufen ist, die gewiß auf ein Beschließen und Kontrollieren hinauslaufen.

Für die Bestimmung des rechtlichen Charakters der Stadtverordneten-Versammlung sind weiter noch die Fragen von Bedeutung, ob die Versammlung als eine juristische Person, ob sie als eine „politische Körperschaft" (StrGB. § 197), ob endlich als eine „Behörde" zu qualifizieren ist. Allgemein pflegt — und das mit Recht — die erstere Frage verneint, die zweite bejaht zu werden. In der dritten besteht kein Einverständnis. Abgesprochen wird der Stadtverordneten-Versammlung von der einen Seite die Eigenschaft einer „Behörde", weil das Gesetz ihr nur die Stellung einer kollegialisch organisierten Gemeinschaft von Gemeindevertretern zuweise. Andererseits beruft doch das Gesetz sie durch die Einräumung weitreichender Kontrollbefugnisse gegenüber der Verwaltung zu einer Teilnahme an dieser, überhaupt zu behördlichen Funktionen und vor allem läßt sich nicht in Abrede stellen, daß schon die Städteordnung selbst (§§ 7, 59), aber auch neuere Gesetze — so insbesondere das Zuständigkeitsgesetz vom 1. August 1883 (§§ 17, 33, 128) — sich des Ausdrucks „Stadtbehörden" oder „Gemeindebehörden" nicht selten in dem Sinne bedienen, daß die Stadtverordneten-Versammlung mitgetroffen werden soll. Freilich sind die einzelnen Glieder dieser „Behörde" — worauf später zurückgekommen werden wird — „Beamte" nicht. (Entsch. d. RG. i. Straff. Bd. XII S. 91, Bd. XXXII S. 66; Entsch. d. OVG. Bd. XXV S. 417, Bd. XXXIX S. 444, Bd. XXXX S. 40; PrVerwBl. Jahrg. 22 S. 411, 23 S. 611, 25 S. 302; Jur. Wochenschr. 1899 S. 661.)

II. Zusammensetzung und Wahl der Stadtverordneten-Versammlung.

Den Gegenstand des Tit. I der Städteordnung vom 30. Mai 1853 bilden die „Grundlagen der städtischen Verfassung". Dahin gehören insbesondere auch die Sätze, daß alle Einwohner des Stadtbezirkes als zur Gemeinde gehörende Glieder derselben zwar zur Mitbenutzung der öffentlichen Gemeindeanstalten berechtigt, auch zur Teilnahme an den städtischen Gemeindelasten verpflichtet sind (§ 4), daß aber andererseits das Recht, an den Wahlen teilzunehmen, und die Befähigung zur Übernahme unbesoldeter Ämter in der Gemeindeverwaltung und zur Gemeindevertretung sich erst an das Bürgerrecht knüpfen — übrigens mit der Maßgabe, daß die Teilnahme an den Wahlen auch gewissen, im Stadtbezirke weder wohnenden, noch sich aufhaltenden physischen und selbst juristischen Personen von hervorragender Steuerkraft zusteht (§§ 5 bis 8), daß auch diese Personen zu den „stimmfähigen Bürgern" (§§ 13, 14, 19, 25, 27, 59, 74; vglch. Entsch. d. OVG. Bd. XXXIV S. 152, Bd. XXXVI S. 125) gehören.

Von einer erschöpfenden Darstellung der Bestimmungen über das Bürgerrecht, wie der Verfasser eine solche im PrVerwBl. vom 27. Oktober 1900 (Jahrg. 22 S. 37; vglch. auch Verwaltungsarchiv Bd. XII S. 354) zu geben versucht hat, muß hier zwar abgesehen werden; der Gegenstand reicht zu weit hinaus über den in der obigen Überschrift vorgezeichneten Rahmen. Andererseits darf aber auch nicht ganz an jenen Bestimmungen vorübergegangen werden, da die Städteordnung wesentlich erst auf ihnen aufgebaut hat, was sie im Tit. II (§§ 12 bis 28) über die „Zusammensetzung und Wahl der Stadtverordneten-Versammlung" bestimmt. Unter diesen Gesichtspunkten sei hier der Inhalt der §§ 5 bis 8 — und zwar alsbald in der Gestalt, die er in manchen Teilen erst aus neueren Gesetzen übernommen hat — wie folgt zusammengefaßt:

(§ 5). Das Bürgerrecht — umfassend einerseits das Recht zur Teilnahme an den Wahlen, andererseits die Befähigung zur Übernahme unbesoldeter Ämter in der Gemeindeverwaltung und zur Gemeindevertretung — erwirbt jeder selbständige Preuße, ohne daß es dazu etwa erst eines besonderen Erwerbsaktes bedürfte, schon allein mit der Tatsache, daß gewisse Voraussetzungen in seiner Person zusammentreffen; und zwar muß er seit einem Jahre:

1. Einwohner des Stadtbezirks sein und zur Stadtgemeinde gehören (§ 3),
2. keine Armenunterstützung aus öffentlichen Mitteln empfangen (Entsch. d. OVG. Bd. XXXVII S. 14),
3. die ihn betreffenden Gemeindeabgaben gezahlt haben,

und außerdem:

4. entweder
   a. ein Wohnhaus im Stadtbezirke besitzen (§ 16)

   oder

   b. ein stehendes Gewerbe selbständig als Haupterwerbsquelle und in Städten von mehr als 10 000 Einwohnern mit wenigstens zwei Gehilfen selbständig betreiben

   oder

   c. zur Einkommensteuer

   oder

   d. zu einem fingierten Normalsteuersatze von 4 Mark veranlagt sein oder ein Einkommen von mehr als 660 Mark beziehen (Einkommensteuergesetz vom 24. Juni 1891 §§ 74 ff.; PrVerwBl. Jahrg. **21** S. 493, **24** 702).

Näheres bestimmt der § 5 dann noch dahin:

daß Steuerzahlungen, Einkommen, Haus- und Grundbesitz der Ehefrau dem Ehemanne, ebensolche der minderjährigen, bezw. der in der elterlichen Gewalt des Vaters befindlichen Kinder dem Vater angerechnet werden,

daß, wenn ein Hausbesitz durch Vererbung auf einen anderen übergeht, dem Erben bei Berechnung der Dauer des einjährigen Wohnsitzes die Besitzzeit des Erblassers zu gute kommt,

daß als „selbständig" nach vollendetem 24. Lebensjahre ein jeder gilt, der einen eigenen Hausstand hat, sofern ihm nicht das Verfügungsrecht über sein Vermögen oder dessen Verwaltung durch richterlichen Beschluß entzogen ist.

(§ 6). Sowohl in dem Falle, wenn ein Bürger seinen Wohnsitz nach einer anderen Stadt verlegt, als auch in dem, wenn der Besitzer eines, einen besonderen Gutsbezirk bildenden Gutes oder ein stimmberechtigter Einwohner einer Landgemeinde seinen Wohnsitz nach einer Stadt verlegt, kann ihm in seinem neuen Wohnort das Bürgerrecht — beim Vorhandensein der sonstigen Erfordernisse zur Erlangung desselben — von dem Magistrat im Einverständnisse mit der Stadtverordneten-Versammlung schon vor Ablauf eines Jahres verliehen werden.

In solchem Einverständnis kann ferner der Magistrat Männern, welche sich um die Stadt verdient gemacht haben, ohne Rücksicht auf die oben gedachten besonderen Erfordernisse das Ehrenbürgerrecht erteilen.

(§ 7). Wer infolge rechtskräftigen Erkenntnisses der bürgerlichen Ehre verlustig geworden ist, verliert dadurch für die im Urteil bestimmte Zeit auch das Bürgerrecht und die Befähigung, dasselbe zu erwerben. Ist gegen einen Bürger wegen eines Verbrechens oder wegen eines Vergehens, welches die Aberkennung der bürgerlichen Ehrenrechte nach sich ziehen kann, das Hauptverfahren eröffnet oder die Untersuchungshaft verfügt, so ruht die Ausübung des ihm zustehenden Bürgerrechts so lange, bis die gerichtliche Untersuchung beendigt ist (vglch. StrGB. §§ 32 ff., StrPrO. §§ 196 ff.).

Das Bürgerrecht geht verloren, sobald eines der zur Erlangung desselben vorgeschriebenen Erfordernisse bei dem bis dahin dazu Berechtigten nicht mehr zutrifft.

Verfällt ein Bürger in Konkurs, so verliert er dadurch das Bürgerrecht für die Dauer des Konkursverfahrens. (Vglch. Ausf.-Ges. z. Konkursordnung vom 6. März 1879 § 52.)

(§ 8). Wer in einer Stadt seit einem Jahre mehr als einer der drei höchstbesteuerten Einwohner sowohl an direkten Staats- als an Gemeindeabgaben „entrichtet", ist, auch ohne im Stadtbezirke zu wohnen oder sich daselbst aufzuhalten, berechtigt, an den Wahlen teilzunehmen, falls bei ihm die übrigen Erfordernisse dazu vorhanden sind, und dasselbe Recht haben juristische Personen (vglch. unten zu § 25 Nr. 7), wenn sie in einem solchen Maße in der Gemeinde besteuert sind. (Wegen des „Entrichtens" vglch. das Gesetz wegen Aufhebung direkter Staatssteuern vom 14. Juli 1893 § 5.)

Dies der wesentliche, mit den neueren Gesetzen in Übereinstimmung gebrachte Inhalt der §§ 5 bis 8. Auf einzelne der Bestimmungen wird in späteren Abschnitten, zumal auf §§ 5 bis 7 im III., noch zurückgekommen werden. Hier sei nur, was insbesondere die Rechtsprechung des OVG. anlangt, nochmals der Aufsatz im PrVerwBl. Jahrg. 22 S. 37 in Bezug genommen.

Hiermit erst ist der Weg eröffnet zu denjenigen Bestimmungen, die den unmittelbaren Gegenstand des Tit. II der Städteordnung (§§ 12 bis 28) bilden, nämlich „von der Zusammensetzung und Wahl der Stadtverordneten-Versammlung" handeln. In ihrer Gliederung hat der Gesetzgeber sich nicht gerade überall durch eine glückliche Hand ausgezeichnet. Aus praktischen Gründen wird indes hier auf eine Umgestaltung des Baues verzichtet; es soll tunlichst an der Folge, in der einmal das Gesetz selbst die einzelnen Bestimmungen aneinander reiht, festgehalten und damit insoweit die Form eines Kommentares gewählt werden.

An der Spitze trifft der

§ 12

Bestimmung darüber, aus wie vielen Mitgliedern die Stadtverordneten-Versammlung bestehen soll. Auch hier ließe sich mit dem Gesetze über die einigermaßen eigenartige Gruppierung wohl rechten, insofern nämlich, als gerade der erste Satz, wie sich aus dem Folgenden ergibt, von nur subsidiärer Bedeutung ist. Er stellt obenan eine Skala auf, welche die Mitgliederzahl — um hier abzusehen von dem, was zwischen dem Minimum und dem Maximum liegt — für Stadtgemeinden von weniger als 2500 Einwohnern auf 12, für solche von mehr als 120 000 Einwohnern dahin fixiert, daß für jede weiteren 50 000 Einwohner 6 Stadtverordnete der Zahl von 60 „hinzutreten". Sodann aber wird im Schlußsatze hinzugefügt nicht nur, daß, wo bisher die Zahl eine andere gewesen, es dabei bis zu einer Änderung mittels statutarischer Anordnung bewende, sondern auch, daß gleichfalls auf eben diesem Wege überhaupt die Zahl abweichend festgesetzt werden könne (PrVerwBl. Jahrg. 24 S. 284).

Für die Berechnung der Einwohnerzahl ist die durch die jedesmalige letzte Volkszählung (Zuständigkeitsgesetz vom 1. August 1883 § 162; Entsch. d. OVG. Bd. XXXVI S. 109) ermittelte Zahl der ortsanwesenden Zivilbevölkerung maßgebend; servisberechtigte Militärpersonen des aktiven Dienststandes gehören nicht zur Stadtgemeinde (StO. § 3; MBl. d. i. V. 1872 S. 75; RGBl. 1878 S. 244, 1887 S. 159, 1897 S. 619, 1898 S. 132; auch Entsch. d. OVG. Bd. XVII S. 197, Bd. XIX S. 37, Bd. XXII S. 63; vglch. auch Verwaltungsarchiv Bd. XII S. 385).

Hat überhaupt diesen Bestimmungen gemäß eine Vermehrung oder Verringerung der Zahl der Stadtverordneten zu erfolgen, so ist mit der Ausführung — nur eine solche steht dann in Frage (StO. § 56) — ohne weiteres, ohne also, daß es etwa erst noch eines entsprechenden Gemeindebeschlusses bedürfte, seitens des Magistrats vorzugehen, der dazu allerdings den Termin der nächsten regelmäßigen Ergänzungswahlen abzuwarten haben wird. (Vglch.

unten zu § 18 Nr. 1, auch Gemeindeordnung f. d. Rheinprovinz von 1845 § 47.)

Zu der Frage, wie in solchen Fällen zu verfahren sei, mag hier nur das bemerkt werden, daß der § 12 sich jeder Bestimmung darüber enthält; er befaßt sich einfach mit einer Anpassung der Zahl der Stadtverordneten an die der Einwohner, ohne dabei insbesondere den Fall als einen besonderen zu behandeln, daß einer schon bestehenden Versammlung eine weitere Zahl von Stadtverordneten „hinzuzutreten“ hat. Dieser Ausdruck des Gesetzes wird denn auch nicht in dem Sinne verwertet werden dürfen, daß bei einem solchen Hinzutreten die alte Körperschaft an sich dieselbe bleibe und demnach bei einer Kombination von Wahlen zur Ergänzung und Wahlen zur Verstärkung der Körperschaft die Wähler ihre Stimmen getrennt abzugeben hätten. Das Weitere in Ansehung solcher kombinierten Wahlen bleibt der Beleuchtung der §§ 18 und 21 (Abs. 2) vorbehalten.

Als eine gleichfalls noch die „Zusammensetzung“ der Stadtverordneten-Versammlung betreffende Bestimmung könnte hier bereits auch die angeschlossen werden, daß die Hälfte der von jeder Abteilung zu wählenden Stadtverordneten aus Hausbesitzern bestehen muß. Doch wird hierauf dem vorangeschickten Programme gemäß erst in der Reihenfolge des Gesetzes bei § 16 zurückgekommen werden.

Das Wahlsystem entwickeln die §§ 13, 14, 15, indem sie die Bürger einmal nach einem Census und sodann noch nach örtlichen Distrikten in gewisse Gruppen gliedern.

Auf der ersteren Einteilung beruht das in den östlichen Provinzen geltende, das Stimmrecht abstufende System der Dreiklassen-Wahl. Darüber trifft die näheren Bestimmungen der

§ 13.

Im Prinzip wurde an diesem System, ohne freilich, daß dessen Unvollkommenheit und Mängel ganz in Abrede gestellt wären, selbst noch in dem am 9. März 1876 dem Landtage vorgelegten, übrigens schließlich nicht angenommenen Entwurfe einer neuen Städteordnung festgehalten und zu einem Bruche mit ihm ist es auch nicht einmal dann gekommen, als das Einkommensteuergesetz vom 24. Juni 1861 Veranlassung gab, denjenigen Verschiebungen in der Abstufung des kommunalen Wahlrechts, die an sich aus der neuen Einkommensteuer erwachsen mußten, entgegenzutreten, wie dies zuerst durch ein von demselben Tage datiertes, dann aber — unter dessen Aufhebung — durch das die Änderung des Wahlverfahrens betreffende Gesetz vom 29. Juni 1893 geschah und schließlich — wiederum unter Aufhebung der entscheidenden Bestimmung auch des letzteren Gesetzes — anderweit durch das die Bildung der Wählerabteilungen bei den Gemeindewahlen betreffende Gesetz vom 30. Juni 1900 (nebst den ministeriellen Ausführungsbestimmungen vom 14./20. September 1900 — MBl. S. 225) geschehen ist (PrVerwBl. Jahrg. 21 S. 437).

Schon lange vor diesen neueren Gesetzen war freilich der § 13 d. StO. — wenigstens in seinen ersten Teilen — wesentlich dadurch umgestaltet worden, daß die Mahl- und Schlachtsteuer, mit deren Bestehen er noch rechnete, aufgehoben wurde (Gesetz vom 25. Mai 1873). Die hieran heutigen Tages etwa noch sich knüpfenden Konsequenzen spielen indes praktisch eine irgend bedeutsame Rolle nicht mehr; es mag genügen, insoweit auf die Entsch. d. OVG. Bd. XIX S. 11 (vglch. auch Bd. XXVIII S. 29, Bd. XXXIII S. 72, Bd. XXXVIII S. 47) hinzuweisen. Dem zur Zeit bestehenden Rechte gegenüber gilt es vor allem, den wesentlichen Inhalt jenes Gesetzes vom 30. Juni 1900 in den § 13 einzugliedern. Vorangeschickt sei dabei ein die Ergebnisse möglichst knapp zusammenfassender, von Anfang bis Ende neu formulierter § 13 — zunächst allerdings nur auf diejenigen Gemeinden sich beziehend, die nach der jedesmaligen letzten Volkszählung nicht mehr als 10000 Einwohner zählen (in Beziehung auf andere vglch. unten am Schlusse der Erläuterungen zu § 13).

In dieser Beschränkung hat nunmehr der § 13 zu lauten:

a. „Für die Wahlen zur Stadtverordneten-Versammlung werden die stimmfähigen Bürger (§§ 5 bis 8) nach dem Maßstabe der von ihnen zu entrichtenden direkten Staats-, Gemeinde-, Kreis- und Provinzialsteuern in drei Abteilungen geteilt, und zwar in der Art, daß auf jede Abteilung ein Dritteil der Gesamtsumme der Steuerbeträge aller Wähler fällt."

b. „Für jede nicht zur Staatseinkommensteuer veranlagte Person ist an Stelle dieser Steuer ein Betrag von drei Mark zum Ansatz zu bringen."

c. „Steuern, die für Grundbesitz oder Gewerbebetrieb in einer anderen Gemeinde entrichtet werden, sowie Steuern für die im Umherziehen betriebenen Gewerbe sind bei Bildung der Abteilungen nicht anzurechnen."

d. „Wo direkte Gemeindesteuern nicht erhoben werden, tritt an deren Stelle die vom Staate veranlagte Grund-, Gebäude- und Gewerbesteuer."

e. „Personen, welche vom Staate zu einer Steuer nicht veranlagt sind, wählen stets in der dritten Abteilung."

f. „Verringert sich infolgedessen die auf die erste und zweite Abteilung entfallende Gesamtsteuersumme, so findet die Bildung dieser Abteilungen in der Art statt, daß von der verbleibenden Summe auf die erste und zweite Abteilung je die Hälfte entfällt."

g. „In die erste, beziehungsweise zweite Abteilung gehört auch derjenige, dessen Steuerbetrag nur teilweise in das erste, beziehungsweise zweite Dritteil fällt."

h. „Kein Wähler kann zweien Abteilungen zugleich angehören."

i. „Läßt sich weder nach dem Steuerbetrage, noch nach der alphabetischen Ordnung der Namen bestimmen, welcher unter mehreren Wählern zu einer bestimmten Abteilung zu rechnen ist, so entscheidet das Los."

k. „Jede Abteilung wählt ein Drittel der Stadtverordneten, ohne dabei an die Wähler der Abteilung gebunden zu sein."

Zu litt. a: Der hier neu formulierte Satz lehnt sich in derjenigen Fassung, welche nunmehr das vorbezeichnete Gesetz vom 30. Juni 1900 zur Geltung gebracht hat, an die beiden ersten Absätze des § 13 d. StO. an.

1. Schon in seiner ursprünglichen Fassung bezog sich der § 13 d. StO. keineswegs etwa auf die Frage, wer überhaupt als „wahlfähiger Bürger“ zur Teilnahme an den Wahlen berechtigt ist; sie sah er vielmehr als bereits durch die im Tit. I voran-geschickten Bestimmungen erledigt an und nur noch damit befaßte er sich, in welchem Umfange das Wahlrecht der dazu vorher Berufenen zur Geltung zu kommen habe, wie es sich für den einzelnen abgrenze gegen die Wahlrechte der konkurrierenden Be-rechtigten — mit anderen Worten: wie bei Eingliederung der einzelnen in die drei Abteilungen das Wahlrecht sich abstufe. Nach jener Richtung aber irgendwie etwa abändernd einzugreifen in die Aufgabe, auf die der alte § 13 selbst sich von vorneherein beschränkt hatte, lag auch dem Gesetze vom 30. Juni 1900 durch-aus fern. Was es allein regeln wollte und geregelt hat, war nur die Einteilung der ohnehin bereits in den §§ 5 bis 8 d. StO. — nunmehr auch noch im § 77 des Einkommensteuergesetzes vom 24. Juni 1891 — als „stimmfähig“ anerkannten Bürger in die drei Abteilungen. Alle übrigen gesetzlichen Bestimmungen über das Gemeindewahlrecht sind auch dem neuesten Gesetze gegenüber im allgemeinen in Kraft verblieben, insbesondere diejenigen der Gemeindeverfassungsgesetze über das aktive Wahlrecht, nicht aus-genommen die, nach denen die Ausübung dieses Rechts an die Entrichtung bestimmter Steuerbeträge geknüpft ist oder doch ge-knüpft werden kann (§ 5 des Ges. v. 30. Juni 1900 nebst Nr. II der ministeriellen Ausführungsbestimmungen vom 14./20. Sep-tember 1900 zu den §§ 1 und 5; Entsch. d. OVG. Bd. XXXI S. 135; PrVerwBl. Jahrg. 23 S. 520).

2. Grundsätzlich soll die Einteilung der Wähler — nicht aus-genommen Ehrenbürger, sowie wahlberechtigte Forensen und juristi-sche Personen — in die drei Abteilungen „nach den von ihnen zu entrichtenden direkten Staats-, Gemeinde-, Kreis- und Provinzial-steuern“ erfolgen — dergestalt, daß auf jede Abteilung ein Drittel der Gesamtsumme der Steuerbeträge aller Wähler fällt. Außer Ansatz bleiben demnach vor allem „indirekte“ Steuern (vglch. zu dem Gegensatze Entsch. d. OVG. Bd. VI S. 106, Bd. XIV S. 54,

Bd. XXX S. 107/8; PrVerwBl. Jahrg. 21 S. 389), ferner als Hebungen, die den Beteiligten nicht ohne Gewährung einer besonderen Gegenleistung und damit im Gegensatze zu Steuern auferlegt werden, „Gebühren“ und „Beiträge“, endlich solche Abgaben, die von anderen öffentlich-rechtlichen Verbänden, etwa Schul-, Kirchen- oder Wegeverbänden, erhoben werden. In Ansatz kommen dagegen als direkte Steuern:

des Staats: die Einkommen- und die Ergänzungssteuer,

der Gemeinden: die Zuschläge zu den Staats- oder staatlich veranlagten Steuern, auch zu den fingierten Normalsteuersätzen (Einkommensteuergesetz § 74, Kommunalabgabengesetz § 38), desgleichen die „besonderen“ Gemeindesteuern (Kommunalabgabengesetz §§ 25, 29, 37) und die Warenhaussteuer (Gesetz vom 18. Juli 1900),

der Kreise: die an sie zu entrichtende Betriebssteuer einschließlich der darauf gelegten Zuschläge, ferner die Zuschläge zu den übrigen Realsteuern und zur Einkommensteuer.

Provinzialsteuern kommen nicht besonders in Ansatz, insofern sie schon mitenthalten sind in den an die Kreise zu entrichtenden Beträgen, wie denn andererseits auch Kreissteuern da nicht besonders zur Anrechnung kommen, wo sie auf den Gemeindeetat übernommen sind (Kommunalabgabengesetz § 91 Nr. 1) — dies allerdings nur abgesehen von der den Kreisen überwiesenen Betriebssteuer (Ausführungsbestimmungen zu den §§ 1 und 5 des Ges. v. 30. Juni 1900 Nr. III 1).

In engeren Grenzen bewegen sich die Endurteile d. OVG.:

vom 6. Juli 1886 (Entsch. Bd. XIII S. 69, vglch. Bd. XLII S. 132), betreffend die Anrechnung einer den Hausbesitzern als solchen bei Beseitigung ihrer Verpflichtung zur Straßenpflasterung auferlegten Pflastersteuer und die Verteilung der von den Liegenschaften offener Handelsgesellschaften zu zahlenden Grundsteuern auf die einzelnen Gesellschafter;

vom 18. Januar 1887 (Entsch. Bd. XIV S. 43), betreffend die Frage, ob die Bergwerksabgabe eine direkte Staatssteuer ist (MBl. 1874 S. 199 — Gesetz wegen Aufhebung direkter Staatssteuern vom 14. Juli 1893 § 2);

vom 16. Juni 1894 (PrVerwBl. Jahrg. 15 S. 555), betreffend die ratierliche Anrechnung der von einer einfachen Kommanditgesellschaft zu entrichtenden Gewerbesteuer bei den persönlich haftenden einzelnen Gesellschaftern (vglch. Entsch. Bd. XLII S. 132).

Zu litt. b: Den Satz, daß für jeden nicht zur staatlichen Einkommensteuer Veranlagten an Stelle dieser Steuer 3 Mark zum Ansatz zu bringen sind, hat das Gesetz vom 30. Juni 1900 aus seinen Vorläufern (s. die Vorbemerkungen zu § 13) übernommen. Auch er läßt, wie ein Gleiches schon zu litt. a unter Nr. 1 hervorgehoben wurde, ganz unberührt die Frage, wer überhaupt als „wahlfähiger Bürger" an den Wahlen teilzunehmen hat; nur demjenigen gegenüber findet er Anwendung, der, obschon Staats-Einkommensteuer nicht entrichtend, gleichwohl Aufnahme in die Wählerliste zu beanspruchen hat. Wo also das Bürgerrecht sich gemäß § 5d d. StO. — in Verbindung nunmehr mit § 77 Abs. 1 des Einkommensteuergesetzes — auf die Veranlagung zu dem fingierten Normalsteuersatze von 4 Mark gründet, bleibt nach wie vor von der Wählerliste überhaupt ausgeschlossen, wer nicht einmal zu diesem Satze veranlagt ist (Entsch. d. OVG. Bd. XXVII S. 93, Bd. XXVIII S. 104, Bd. XXXI S. 132, 135 ff.; PrVerwBl. Jahrg. 14 S. 493, 634, 15 S. 7, 8, 459).

Der Satz von 3 Mark gilt als ein fixierter in dem Sinne, daß er überall gleichmäßig ohne jede Rücksicht auf die Höhe des Einkommens einzustellen ist; die Abstufungen der Normalsteuersätze des § 74 des Einkommensteuergesetzes (§ 38 des Kommunalabgabengesetzes) spielen also hier keine Rolle. Hat der Wahlberechtigte andere Steuern an den Staat, die Gemeinde 2c. zu entrichten, die ihm nach litt. a anzurechnen sind, so tritt der Satz diesen Steuern hinzu. Auch für diejenigen Personen kommt er in Ansatz, deren Wahlberechtigung sich nicht etwa auf den Besitz eines Einkommens, sondern auf den Besitz eines Wohnhauses oder auf Gewerbebetrieb (StO. § 5 a und b) gründet. Dagegen bleibt er außer Ansatz bei Personen, die, wenn auch nicht in der Forensalgemeinde, doch an ihrem Wohnorte zur staatlichen Einkommensteuer veranlagt sind (Entsch. d. OVG. Bd. XXXVI S. 184). Insoweit findet ein anderweitiger Modus der Ausgleichung statt (vglch. litt. c).

Zu litt. c: Die Nicht-Anrechnung von Steuern für den in einer anderen Gemeinde belegenen Grundbesitz oder dortigen Gewerbetrieb, desgleichen von Steuern für die im Umherziehen betriebenen Gewerbe wiederholt das Gesetz vom 30. Juni 1900 nur in Anlehnung an die alte Fassung der Städteordnung von 1853. Zu den ersteren Steuern sind übrigens nicht nur die vom auswärtigen Grundbesitze und Gewerbebetriebe an Gemeinde oder Kreis zu entrichtenden Realsteuern zn rechnen, sondern es haben desgleichen die vom Einkommen aus diesen Quellen zu entrichtenden persönlichen Abgaben, insoweit sie auf das Einkommen aus dem auswärtigen Besitze oder Betriebe entfallen, außer Ansatz zu bleiben, wie denn auch umgekehrt einem Forensen seitens der Belegenheitsgemeinde die auf seinen Grundbesitz oder Gewerbebetrieb entfallenden Realsteuern und die auf das Einkommen aus diesen Quellen entfallende Einkommensteuer anzurechnen sind. Das Gesetz will nicht in Ansatz gebracht sehen, was jeder Beziehung zur Gemeinde des Wahlorts ermangelt (Minist. Ausf.-Bestimmungen vom 14./20. September 1900 zu §§ 1 und 5, Nr. III, 3. Entsch. d. OVG. Bd. XXVII S. 97, Bd. XXVIII S. 97, Bd. XXXI S. 136, 143, Bd. XXXVI S. 184).

Zu litt. d: Auch darin ist das Gesetz vom 30. Juni 1900 (§ 1) nur dem jüngeren seiner beiden Vorgänger (vom 29. Juni 1893) gefolgt, daß es, wo direkte Gemeindesteuern nicht erhoben werden, den einzelnen Wahlberechtigten die Sätze der vom Staate veranlagten Grund-, Gebäude- und Gewerbesteuer (vglch. zu litt. e) angerechnet wissen will. Die minist. Ausf.-Bestimmungen (Nr. III, 4) fügen noch hinzu: die Anrechnung habe nur dann zu erfolgen, wenn eine Gemeinde weder Zuschläge zur Einkommensteuer, noch solche zu einer staatlich veranlagten Realsteuer, noch irgend eine besondere direkte Steuer erhebe, wohingegen eine Erhebung von Warenhaussteuern oder von Abgaben, wie sie gegenüber Militärpersonen das Gesetz vom 29. Juni 1886 vorsehe, die vorgeschriebene Anrechnung nicht ausschlösse. — Für Stadtgemeinden ist diese Bestimmung, wie einmal die tatsächlichen Verhältnisse zu liegen pflegen, nur von bescheidener Bedeutung.

Zu litt. e: Wiederum schon aus dem Gesetze vom 29. Juni 1893 stammt der Satz des Ges. vom 30. Juni 1900 (§ 1), daß, wer vom Staate überhaupt nicht zu einer Steuer veranlagt ist, stets in der III. Abteilung wählt, — selbst dann also, wenn er an sich nach der Gesamtsumme der sonst von ihm zu entrichtenden Steuern in eine höhere Abteilung gehören würde. Nur gelangt in der Fassung des neueren Gesetzes das schärfer zum Ausdruck, daß es, um den Beteiligten den Eintritt in eine der höheren Abteilungen offen zu halten, nicht etwa erst der Veranlagung gerade zu einer der vom Staate auch erhobenen Steuern (Einkommensteuer, Ergänzungssteuer, Steuer vom Gewerbebetriebe im Umherziehen) bedarf, dazu vielmehr auch schon die Veranlagung zu einer derjenigen Steuern genügt, die der Staat, ohne sie seinerseits zu erheben, nur veranlagt (Grund-, Gebäude-, Gewerbesteuer vom stehenden Gewerbebetriebe). Wenn nämlich auch das die „Aufhebung" direkter Staatssteuern betreffende Gesetz vom 14. Juli 1893 diese Steuern der Staatskasse gegenüber außer Hebung gesetzt hat, dieselben nicht mehr tatsächlich an den Staat entrichtet werden, so sind sie doch von ihm — und zwar als Staatssteuern — „veranlagte" geblieben, und das genügt, um die Voraussetzung der Bestimmung unter litt. d auszuschließen (Entsch. d. OVG. Bd. XXXIV S. 146, Bd. XXXVI S. 187).

Selbst Ehrenbürger (§ 8 d. StO. — oben im Eingange der Vorbemerkungen zu § 13) werden, wenn sie überhaupt nicht vom Staate zu einer Steuer veranlagt sein sollten, nur in der III. Abteilung, andernfalls aber in derjenigen zu wählen haben, zu der sie nach ihren anrechnungsfähigen Steuern an sich gehören. Doch mag es nicht ausgeschlossen sein, statutarisch ein anderes zu bestimmen — etwa nach dem Vorbilde der Rheinischen Städteordnung oder auch derjenigen für Hessen-Nassau (PrVerwBl. Jahrg. 22 S. 42).

Zu litt. f: Die Bestimmung zu litt. e eröffnet die Möglichkeit, daß durch eine Rückversetzung staatlich nicht Veranlagter, die zunächst in eine der oberen Abteilungen gelangt waren, in die III. Abteilung die auf die beiden oberen entfallende Gesamtsteuersumme sich verringert. Dann sollen, um diese nicht ungleich werden zu lassen, die erste und die zweite Abteilung in der Art umgebildet, anderweitig abgegrenzt werden, daß auf jede von der verbleibenden Summe die Hälfte entfällt. So bestimmt es — wiederum nach dem Vorgange des Ges. vom 29. Juni 1893 — dasjenige vom 30. Juni 1900 (§ 1).

Zu litt. g: Schon in seiner ursprünglichen Gestalt bestimmte der § 13 d. StO.: in die erste bzw. zweite Abteilung gehöre auch derjenige, dessen Steuerbetrag nur teilweise in das erste bzw. zweite Dritteil falle. Allerdings wird damit die gewiß nicht unbedenkliche Möglichkeit eröffnet, daß das erste Dritteil der Gesamtsteuersumme durch die erste Wählerabteilung überschritten wird, daß die Steuerleistung des letzten Wählers der I. Abteilung wohl gar bis nahezu an das Ende des zweiten Steuerdritteils hinunterreicht, womit denn das vom Gesetze angestrebte Gleichgewicht zwischen dem Wahlrechte jeder Abteilung und ihrer Steuerleistung wesentlich beeinträchtigt werden würde. Auch fehlt es insoweit an einem unmittelbar gesetzlichen Mittel der Ausgleichung. Die ministeriellen Ausführungsbestimmungen zum Gesetze vom 30. Juni 1900 (Nr. IV 1 zu §§ 1 und 5) indes gehen davon aus: es sei in solchen Fällen bei der Bildung der beiden unteren Abteilungen nur derjenige Teil der Gesamtsteuersumme zu Grunde zu legen, welcher nicht von den Wahlberechtigten der I. Abteilung aufgebracht werde — dergestalt, daß die Wahlberechtigten, welche die erste Hälfte dieses Restes der Gesamtsteuersumme aufbrächten, die zweite und die übrigen Wahlberechtigten die dritte Abteilung bildeten. In gleicher Weise wird bei den Wahlen zum Hause der Abgeordneten (Regl. vom 18. September 1893 § 5 — MBl. S. 158) verfahren und es mag auch hier ein Gleiches passieren, da ein anderer Weg, zur Erfüllung des gewollten Gesetzeszweckes zu gelangen, sich überhaupt kaum bietet. Auch da wird demnach so verfahren werden können, wo ein einziger Crösus noch mehr als ein Dritteil des Gesamtbetrages aller Steuern entrichtet (PrVerwBl. Jahrg. **14** S. 635).

Zu litt. h: Daß kein Wähler zweien Abteilungen zugleich angehören kann, bestimmte schon der § 13 d. StO. in seiner ersten Fassung. Der Satz gilt selbst von demjenigen Wähler, der sich etwa des Vorzuges erfreut, volle zwei Dritteile aller Steuern zahlen zu müssen. Der Zutritt zur II. Abteilung bleibt ihm versagt.

Zu litt. i: Die minist. Ausf.-Bestimmungen vom 14./20. September 1900 enthalten (zu §§ 1 und 5 Nr. IV 1) den Satz, daß unter mehreren Wahlberechtigten mit gleichen Steuerbeträgen über die eventuelle Frage, wer von ihnen einer höheren und wer einer unteren Abteilung zuzuweisen sei, die in den Gemeindeverfassungsgesetzen bezeichneten Momente entschieden. Jene Gesetze gehen hierin recht weit auseinander. Die Städteordnung von 1853 (§ 13) läßt die alphabetische Ordnung der Namen und, wo eine Bestimmung darnach nicht möglich ist, das Los entscheiden; allem anderen vor aber geht der Steuerbetrag. Daran hat das neuere Recht nichts geändert.

Zu litt. k: Desgleichen enthielt schon in ihrer ersten Fassung die Städteordnung die noch heutigen Tages geltenden Sätze, daß jede Abteilung ein Dritteil der Stadtverordneten wählt und daß sie dabei an die Wähler der Abteilung nicht gebunden ist. Ob freilich der erstere Satz überall, auch bei allen auf die erste Konstituierung der Stadtverordneten-Versammlnng folgenden Ergänzungswahlen volle Anwendung dahin findet, auch nur finden kann dahin, daß unbedingt bei jeder von ihnen die sämtlichen drei Abteilungen zur Beteiligung gelangen, wird erst aus den Untersuchungen zu § 18 und besonders zu § 21 sich ergeben.

Endlich noch ein an den § 13 d. StO. als Ganzes sich anknüpfendes Schlußwort, betreffend die Tragweite des die drei Abteilungen zusammenfassenden einheitlichen Bandes! Worin liegt dieses Band begründet? Zunächst ist die Wahl der Stadtverordneten der e i n z i g e Akt, bei dem die gesamte Bürgerschaft — ob auch gegliedert in drei Abteilungen — handelnd auftritt. Sodann wiegt auch bei dem Dreiklassensystem die Stimme des einzelnen um so schwerer oder leichter, je weniger oder je mehr der Wähler neben ihm zur Erfüllung des Steuerdritteils erforderlich sind; entscheidend für ihn ist demnach neben dem Maße der eigenen Steuerleistung besonders auch deren Verhältnis zu den Leistungen der übrigen Wähler. So ist und bleibt denn einmal es immer die Bürgerschaft in ihrer Gesamtheit, auf die der Gewählte sein Mandat zurückzuführen hat. Zum andern kann der einzelne, gleichviel welcher Abteilung er vermöge der eigenen Leistungen angehört, ein darüber hinausreichendes rechtliches Interesse daran haben, ob überhaupt die Abteilungen richtig abgegrenzt sind, kann er auch die Wahlen selbst solcher Abteilungen anzufechten berechtigt sein, denen er nicht angehört (Entsch. d. OVG. Bd. IX S. 87, Bd. XVIII S. 39, Bd. XXII S. 14, Bd. XXVIII S. 98, Bd. XXXI S. 137, Bd. XXXIV S. 18). — Andererseits indes schließt dieses die drei Abteilungen zusammenhaltende Band es nicht aus, daß jede von ihnen in der Vollziehung der Wahlen als ein selbständig funktionierender Wahlkörper gilt, demnach auch die Wahlen der einen Abteilung gültig, die der beiden andern — davon durchaus nicht berührt — ungültig sein können (Ebendas. Bd. XVII S. 103, Bd. XXII S. 14, Bd. XXVI S. 124, Bd. XXXIV S. 18, Bd. XLII S. 126; vglch. auch PrVerwBl. Jahrg. 19 S. 166, 24 S. 322, 418).

Schon oben wurde dem dort neuformulierten § 13 d. StO. die Bemerkung vorangeschickt, daß diese Formulierung sich zunächst nur auf Gemeinden von nicht mehr als 10000 Einwohnern beziehe. Es bleibt nunmehr noch das für größere Gemeinden — solche, die nach der jedesmaligen letzten Volkszählung mehr als 10000 Einwohner zählen — geltende neuere Recht, wie es die §§ 2 bis 4 des Gesetzes, betreffend die Bildung der Wählerabteilungen bei den Gemeindewahlen, vom 30. Juni 1900 nebst den ministeriellen Ausführungsbestimmungen vom 14./20. September 1900 (MBl. S. 225) enthalten, darzustellen — nicht zwar in dem Umfange, wie dies im PrVerwBl. Jahrg. 21 S. 437, 22 S. 101 (vglch. auch Evert, Die Dreiklassenwahl — Berlin, Carl Heymanns Verlag, 1901) geschehen ist, doch aber in einem das Wesentliche zusammenfassenden Überblick.

Was hier obenan das neue Gesetz wollte und sollte, war: die durch die Steuerreform von 1891/93 zu Ungunsten des Mittelstandes herbeigeführte plutokratische Verschiebung der Abteilungsgrenzen in weiterem Umfange wieder ausgleichen, als dies seinen Vorgängern, insbesondere dem Gesetze vom 29. Juni 1893, gelungen war. Nach langen, heißen Kämpfen ward zwar in dem wesentlich das bisherige Recht wiedergebenden § 1 als Regelprinzip noch die reine einfache Drittelung beibehalten. Daneben aber wurden für gewisse Fälle Korrektive eingeführt —

obenan als ein normales, unmittelbar gesetzliches Eventualprinzip das Durchschnittsprinzip (§ 2),

sodann noch als erst ortsstatutarisch etwa einzuführende Korrektive wiederum für dieses Korrektiv:

einmal das eines Überdurchschnitts (modifiziertes Durchschnittsprinzip)
weiter das einer Zwölftelung } (§§ 3, 4).

Im einzelnen enthält zunächst § 2 folgendes:

Jeder Wähler mit einem höheren als dem auf einen Wähler in der Gemeinde entfallenden durchschnittlichen Steuerbetrage, jeder „Überdurchschnittliche“ scheidet aus der III. Abteilung aus und geht in eine der beiden oberen über — dies übrigens selbst dann, wenn er vom Staate zu einer Steuer nicht veranlagt sein sollte, während jeder andere solchen Falles in der III. Abteilung wählt. Gefunden aber wird der Durchschnittsbetrag, indem die Summe der in der Wählerliste verzeichneten Gesamtsteuerbeträge geteilt wird durch die Gesamtzahl der verzeichneten Wähler, jedoch erst, nachdem von dieser Zahl die zur Staatseinkommensteuer nicht Veranlagten, von jener Summe die Steuern derselben Wähler abgesetzt worden sind (Abs. 1).

Von der nach jenem Ausscheiden für die beiden oberen Abteilungen sich ergebenden Gesamtsteuersumme fällt auf jede von ihnen die Hälfte; doch darf eine höhere Abteilung niemals mehr Wähler zählen als eine niedere (Abs. 2).

Aus diesen Sätzen, die wesentlich der Ausdrucksweise der ministeriellen Ausführungsbestimmungen gefolgt sind, ergibt sich ohne weiteres, daß, wo schon die reine Drittelung (§ 1 des Ges., § 13 d. StO. in obiger Fassung) keinen Überdurchschnittlichen in der III. Abteilung beläßt, überhaupt kein Raum für das Korrektiv des Durchschnittsprinzips (§ 2) bleibt, es vielmehr dann lediglich bei dem Regelprinzip (§ 1) bewendet.

§§ 3 und 4 sodann rechnen mit der Möglichkeit, es möchte das Durchschnittsprinzip (§ 2) in der Richtung, in der es wirken soll, für einzelne größere Gemeinden sich als noch zu wenig wirksam, vielleicht aber auch als schon über das Ziel hinaus wirkend erweisen. Dementsprechend enthalten sie folgendes:

Ortsstatutarisch können die Gemeinden — immer nur jene größeren — bestimmen:

entweder, daß bei der nach § 2 erfolgenden Bildung der Abteilungen an Stelle des auf einen Wähler entfallenden durchschnittlichen Steuerbetrages ein den Durchschnitt bis zu dessen Hälfte übersteigender Betrag tritt (so beispielsweise Crefeld, Schwerte),

oder, daß auf die I. Abteilung $^5/_{12}$, auf die II. $^4/_{12}$, auf die III. $^3/_{12}$ der Gesamtsumme der Steuerbeträge (§ 1) aller Wähler fallen, eine höhere Abteilung aber nicht mehr Wähler zählen darf als eine niedere (so beispielsweise Barmen, Bielefeld, Dortmund, Düren, Düsseldorf, Elberfeld, Essen, Gladbach, Witten).

Zur Beschlußfassung über Einführung, Abänderung oder Aufhebung der Statute bedarf es einer Mehrheit von $^2/_3$ der abstimmenden Stadtverordneten. Auch unterliegt der Beschluß der Bestätigung durch den Bezirksausschuß, gegen dessen Beschluß noch die Beschwerde an den Provinzialrat stattfindet.

Zusätzlich hervorzuheben ist als besonders bedeutsam nur noch eines: In den Ausführungsbestimmungen (zu §§ 3 und 4 No. I) hatte der Minister ausgesprochen: Die Prüfung der Bestätigungsbehörden werde sich den Ortsstatuten gegenüber lediglich auf die Frage der Erfüllung der *formellen* gesetzlichen Bestimmungen zu beschränken haben. Das durfte und mußte alsbald einigermaßen befremden (PrVerwBl. Jahrg. 22 S. 103). Schon nach wenigen Monaten hat denn auch die frühere Äußerung eine Einschränkung erfahren; in einem Ministerial-Erlaß vom 7. Februar 1901 (*Evert* a. a. O. S. 32) wird anderweit ausgeführt: Jene Bestimmungen hätten nur die *normalen* Fälle regeln wollen. Unter diesem Gesichtspunkt sei davon ausgegangen, daß, wenn auch in der Regierungsvorlage nur eine Ausgleichung der durch die Steuerreform von 1891/93 herbeigeführten Verschiebungen im Gemeindewahlrecht angestrebt und in gleichem Sinne den Ortsstatuten gegenüber mit einem materiellen Prüfungsrechte der Bestätigungsbehörden gerechnet worden sei, doch der Landtag, um eine Festlegung der Wahlrechtsverhältnisse von 1891 zu vermeiden, als Sicherheit gegen eine mißbräuchliche Anwendung des ortsstatutarischen Rechts das Erfordernis der Zweidrittelmehrheit für den Erlaß von Statuten eingeführt habe. Könnten darnach die Verhältnisse von 1891 als Prüfungsfundament nicht mehr den Ausschlag geben, so sei für die Bestätigungsbehörden mangels einer irgend sicheren Grundlage für eine Nachprüfung der Angemessenheit des im Statut gewählten Maßstabes nichts übrig geblieben, als die Kontrolle der Gesetzmäßigkeit des Statuts. Allein — und damit wird eingelenkt — „für Ausnahmsfälle eines *Mißbrauchs*" der Autonomie habe eine Remedur in der Instanz der Bestätigungsbehörden keineswegs ausgeschlossen werden sollen; vielmehr werde die Bestätigung zu versagen sein in Fällen, in welchen durch das Statut „dem sozialen Grundgedanken der Reform" entgegengewirkt werden würde. — Dabei wird indes der Inhalt dieses Gedankens nicht weiter klargelegt. Ganz leicht aber ist seine Entdeckung um so weniger, als die Vorverhandlungen ein grausames Durcheinander von gegensätzlichen Standpunkten aufweisen.

§ 14

(in Verbindung mit § 15) regelt weiter die Gliederung der Bürger in gewisse Gruppen nach örtlichen Distrikten.

Vermöge ihrer nahen Beziehungen zu diesem Gegenstande haben aber nunmehr an dieser Stelle auch noch

> einmal das Gesetz, betreffend die Abänderung und Ergänzung einiger Bestimmungen wegen der Wahl der Stadtverordneten, vom 1. März 1891 (GS. S. 20) Art. I No. 1, 2,

> zum andern der § 6 des bereits oben (zu § 13) herangezogenen Gesetzes über die Bildung der Wählerabteilungen vom 30. Juni 1900 Berücksichtigung zu finden.

1. In dem einzigen Absatze, aus dem der § 14 früher bestand, war die Bildung von (örtlichen) Wahlbezirken — die erstmalige — für zwei Fälle, wenn auch nicht vorgeschrieben, doch als fakultative vorgesehen: zunächst für den, daß zu einer Abteilung mehr als 500 Wähler gehören, aber auch noch für den, daß eine Stadtgemeinde mehrere Ortschaften enthält, aus mehreren historisch oder geographisch sich voneinander abhebenden Ortsteilen besteht. Für beide Fälle war zugleich unbeschränkt der Magistrat dazu berufen, die Zahl und Grenzen der Bezirke, desgleichen die Zahl der in jedem der Bezirke zu wählenden Stadtverordneten nach Maßgabe der Zahl der stimmfähigen Bürger, übrigens aber nach eignem Ermessen „festzusetzen" — dergestalt jedenfalls, daß die Zahl der in den einzelnen Bezirken zu Wählenden keine schwankende sein darf, vielmehr stets die nämliche bleiben muß (Entsch. d. OVG. Bd. XLIII S. 101). Ohne weiteres ergibt sich aus diesen — durch jene neueren Gesetze nicht berührten — Bestimmungen der Unterschied beider Fälle; im ersten muß der Bezirksbildung die Bildung der Abteilungen schon vorangegangen sein; dann erst ist jene möglich für die eine oder auch die mehreren Abteilungen von mehr als je 500 Wählern; im zweiten Falle dagegen hat die Bezirksbildung voranzugehen und ist für jeden Bezirk eine besondere Wählerliste zu führen, nach der dann auch für jeden drei Abteilungen

gebildet werden. Der Vorschrift des § 21 Abs. 3 d. StO., daß alle Ergänzungs- oder Ersatzwahlen von denselben Abteilungen und Wahlbezirken vorgenommen werden, von denen der Ausgeschiedene gewählt war, wird, wenn etwa dieser von der noch ungeteilten dritten Abteilung gewählt war, schon damit genügt, daß die Neuwahl von derselben Abteilung — gleichviel, von welchem der inzwischen eingerichteten Wahlbezirke der Abteilung — vorgenommen wird (Entsch. d. OVG. Bd. XXX S. 9 ff, Bd. XXXIV S. 16 ff; PrVerwBl. Jahrg. 22 S. 239).

2. Das vorbezeichnete Gesetz vom 1. März 1891 hat im Art. I Nr. 1 dem § 14 „als Absatz 2" — woraus übrigens in der Druckerei der Gesetzsammlung ein zweiter und ein dritter Absatz gemacht worden sind (Entsch. d. OVG. Bd. XXX S. 15) — noch hinzugefügt:

> „Ist eine Änderung der Anzahl oder der Grenzen der Wahlbezirke oder der Anzahl der von einem jeden derselben zu wählenden Stadtverordneten wegen einer in der Zahl der stimmfähigen Bürger eingetretenen Änderung oder aus sonstigen Gründen erforderlich geworden, so hat der Magistrat die entsprechende anderweitige Festsetzung zu treffen, auch wegen des Übergangs aus dem alten in das neue Verhältnis das Geeignete anzuordnen.
>
> Der Beschluß des Magistrats bedarf der Bestätigung von Aufsichts wegen."

Veranlaßt wurde diese zusätzliche Bestimmung wesentlich dadurch, daß eine Abänderung der festgesetzten örtlichen Grenzen der Wahlbezirke unter Umständen dringendes Bedürfnis ist, andererseits aber sie vom Oberverwaltungsgericht (Entsch. Bd. XVII S. 107) für unverträglich mit der bereits oben (am Schlusse der Nr. 1) herangezogenen Bestimmung des § 21 Abs. 3 erklärt worden war. Im Zusammenhange damit mußten dann allerdings auch, wie es im Art. I Nr. 2 des neuen Gesetzes geschehen, in jenen § 21 die Worte eingefügt werden: „unbeschadet der Vorschrift im zweiten Absatze des § 14".

Im Gegensatze zu den Fällen einer erstmaligen Bildung von Wahlbezirken bedarf bei Bezirksänderungen, wie lediglich solche

Fälle das neue Gesetz trifft (Entsch. d. OVG. Bd. XXX S. 12); der Magistratsbeschluß der „Bestätigung von Aufsichts wegen" — Worte, die nur auf den Regierungspräsidenten bezogen werden können, nicht aber, wie von einigen Kommentatoren im Hinblick insbesondere auf den § 16 der Städteordnung für Hessen-Nassau behauptet worden, auf den Bezirksausschuß.

3. Fremd noch war der Städteordnung von 1853 die Bildung von Abstimmungsbezirken, einer Mehrheit nämlich von Bezirken, deren keiner selbständig eine bestimmte Anzahl von Stadtverordneten wählt, in deren jedem vielmehr nur die Abstimmung getrennt erfolgt, — vorbehaltlich demnächstiger Feststellung eines aus den mehreren Einzelergebnissen sich zusammensetzenden einheitlichen Gesamtergebnisses (Städteordnung für Schleswig-Holstein von 1869 § 39; Entsch. d. OVG. Bd. XXXVI S. 117: MBl. d. i. V. 1900 Nr. 11; PrVerwBl. Jahrg. 20 S. 304, 404, 555, 21 S. 430).

Hier ist aber inzwischen ergänzend der § 6 des Wählerabteilungsgesetzes vom 30. Juni 1900 eingetreten. Nach ihm (Nr. I) ist insbesondere im Bereiche der Städteordnung von 1853 „der Magistrat (Bürgermeister) befugt, an Stelle oder innerhalb der Wahlbezirke, in denen je eine bestimmte Anzahl Stadtverordneter zu wählen ist, Bezirke zum Zwecke der Stimmenabgabe (Abstimmungsbezirke) zu bilden oder die Wähler in anderer Weise" — z. B. in alphabetischer Folge der Namen — „in Gruppen zu teilen und für jeden Abstimmungsbezirk, beziehungsweise jede Gruppe einen eigenen Wahlvorstand zu bestellen. Soweit er von dieser Befugnis Gebrauch macht, hat er zugleich die für die Feststellung des Gesamtergebnisses der Wahl sowie für das Verfahren bei notwendig werdenden engeren Wahlen erforderlichen Anordnungen zu treffen". Im Zusammenhange damit bestimmt dann noch derselbe § 6 (Nr. II), daß der Wahlvorstand in den einzelnen Wahl-, Abstimmungsbezirken oder Gruppen aus dem Bürgermeister und aus zwei von der Stadtverordneten-Versammlung gewählten Beisitzern besteht, auch für den Vorsitzenden von dem Bürgermeister und für die Beisitzer von der Stadtverordneten-Versammlung je ein oder mehrere Vertreter aus der Zahl der stimmfähigen Bürger bestellt werden (vglch. hierzu unten § 24).

Wegen der dem Magistrat übertragenen „Anordnungen" (Nr. I a. E.), sowie wegen der Stellung und Aufgaben der in den Abstimmungsbezirken fungierenden Wahlvorstände sei hier noch auf des Verfassers Aufsatz über das Wählerabteilungsgesetz vom 30. Juni 1900 (PrVerwBl. Jahrg. 21 S. 445) hingewiesen.

4. Über das Verhältnis von Wahlbezirken und (Stadt-) Ortsbezirken vglch. Entsch. d. OVG. Bd. XVII S. 110, ferner die Kommentare von Oertel Anm. 3 zu § 14 d. StO. und von Ledermann Anm. 3 zu § 14.

5. Noch unberührt läßt der § 14 die Frage, ob die in dem einen Bezirke zu Wählenden etwa auch demselben Bezirke angehören, gerade in ihm wohnen müssen. An sich sind insoweit die Wähler nicht beschränkt. Für den Fall, daß zwei Gemeinden zu einer einzigen vereinigt werden und dabei bestimmt wäre, es sollen die von der einen zu Wählenden auch aus deren Bezirke — einem besonderen Wahlbezirke — gewählt werden, würde selbst daraus noch nicht einmal folgen, daß in gleicher Weise nunmehr etwa auch die Wähler der anderen Gemeinde beschränkt wären (PrVerwBl. Jahrg. 22 S. 239).

§ 15

bezieht sich nur auf solche „Stadtgemeinden, welche mehrere Ortschaften enthalten". Darunter werden die Fälle zu begreifen sein, in denen eine Stadtgemeinde durch Zusammenlegung verschiedener, früher selbständiger Gemeinden entstanden oder eine Landgemeinde mit der Stadtgemeinde vereinigt worden ist, auch wohl der Fall, wenn zwar noch auf der städtischen Feldmark, aber doch räumlich getrennt von dem Kern der Stadt, eine Kolonie entstanden ist, deren Einwohner zwar zur Stadtgemeinde gehören, die aber gleichwohl als besondere Ortschaft, einen eigenen Namen führend, angesehen wird. (Wegen Westend bei Charlottenburg vglch. PrVerwBl. Jahrg. 19 S. 74.) Für Fälle solcher Art überließ der § 15 — in seiner früheren Fassung — „es der Regierung", also der

Aufsichtsbehörde (§ 76), „nach Verhältnis der Einwohnerzahl“ zu bestimmen:

„wieviel Mitglieder der Stadtverordneten-Versammlung aus jeder einzelnen Ortschaft zu wählen sind“.

Wenn nunmehr der § 12 des Zuständigkeitsgesetzes von 1883 den Bezirksausschuß zwar nicht unbedingt, aber doch, „soweit die Beschlußfassung nach den Gemeindeverfassungsgesetzen der Aufsichtsbehörde zusteht“, dazu beruft, „über die Zahl der aus jeder einzelnen Ortschaft einer Stadtgemeinde zu wählenden Mitglieder der Gemeindevertretung“ zu beschließen, so wird damit auch für das Gebiet des § 15 an sich der Bezirksausschuß als die fortan zuständige Behörde anzusehen sein, dies aber freilich nur mit den Beschränkungen, daß auch seine Bestimmung „nach Verhältnis der Einwohnerzahl“ zu ergehen hat, jeder andere Verteilungsmaßstab auch für ihn ausgeschlossen ist, und daß weiter neben seiner Zuständigkeit die Befugnis der Gemeinde besteht, den Gegenstand mittels statutarischer Anordnungen (§ 11 der StO.) zu regeln. Eine Verpflichtung übrigens, derartige Bestimmungen zu treffen, besteht für den Bezirksausschuß überhaupt nicht, so auch dann nicht, wenn etwa die bei einer Eingemeindung beteiligten Gemeinden Entsprechendes vereinbarten (PrVerwBl. Jahrg. 15 S. 39).

Der § 15 will die Einwohner der einzelnen Ortschaften möglichst gleichmäßig in der Stadtverordneten-Versammlung vertreten sehen; er beschränkt das passive Wahlrecht, damit nicht ausschließlich oder doch weit überwiegend Einwohner der einen Ortschaft gewählt werden, solche einer zweiten ausgeschlossen bleiben. Dagegen enthält er sich jeder Bestimmung darüber, von welchen Abteilungen oder nach welchem Turnus die den einzelnen Ortschaften zu entnehmenden Stadtverordneten gewählt werden sollen. Fehlt es auch sonst in concreto an einer hierüber disponierenden Bestimmung, so wird kaum ein anderes übrig bleiben, als dem Magistrat die Ausfüllung einer solchen Lücke zu überlassen (PrVerwBl. Jahrg. 10 S. 309, 397; vglch. Landgemeindeordnung von 1891 § 51).

§ 16

dessen bereits oben (zu § 12) Erwähnung geschah und auf den unten (zu § 22) noch zurückgekommen werden wird, verlangt, daß die Hälfte der von jeder Abteilung zu wählenden Stadtverordneten aus Hausbesitzern — in Paranthese wird hinzugefügt: „Eigentümern, Nießbrauchern und solchen, die ein erbliches Besitzrecht haben" — bestehen muß.

Unter den „Hausbesitzern" werden gegenüber dem im § 5 Nr. 4 litt. a enthaltenen Hinweise auf § 16 nur Besitzer von im Stadtbezirke belegenen Wohnhäusern verstanden werden dürfen (vglch. Entsch. d. OVG. Bd. XXVIII S. 39, auch die Zusammenstellung im PrVerwBl. Jahrg. 15 S. 137), wie unter dem Nießbrauch und dem Besitzrecht (BGB. § 873) nur wirkliche juristische Verhältnisse solcher Art. Weiter muß der Hausbesitzer Alleinbesitzer sein; ein Anteilsverhältnis genügt nicht. Auch läßt sich demjenigen gegenüber, der etwa zu 1/2 Eigentümer, zu 1/2 Nießbraucher ist, ein auf das Ganze sich erstreckendes Recht nicht durch ein Zusammenrechnen der beiden Hälften konstruieren; immer vielmehr muß entweder das Eigentum oder der Nießbrauch oder das erbliche Besitzrecht für sich den gesamten Besitz umfassen. Unzulässig erscheint insoweit auch in Bezug auf den Besitz der Ehefrau eine Anrechnung zu Gunsten des Ehemannes, wie eine solche freilich der von dem Erwerbe des Bürgerrechtes handelnde § 5 Abs. 3 d. StO. vorsieht (Entsch. d. OVG. Bd. XXXVIII S. 27, Bd. XXXXI S. 29; MBl. d. i. V. 1902 S. 96; PrVerwBl. Jahrg. 22 S. 40, 604; vglch. auch Verwaltungsarchiv Bd. XII S. 390).

Schon der Wortlaut ferner nötigt zu der Annahme, daß es nicht etwa genügt, wenn nur die Hälfte der Stadtverordneten überhaupt aus Hausbesitzern besteht, sondern daß die Vertretung jeder einzelnen Abteilung die Eigenschaft von Hausbesitzern haben soll, und zwar nicht allein in der zuerst konstituierten, sondern auch in jeder durch Ergänzungs- oder Ersatzwahlen in ihrem Bestande veränderten Versammlung, wenn immerhin auch in letzterer Beziehung sich für Schleswig-Holstein aus der dortigen Städteordnung ein anderes ergibt (Entsch. d. OVG. Bd. XXVIII S. 38, Bd. XXXII S. 6).

Führt die Wahl zu einem Ergebnis, welches dem vorgeschriebenen Verhältnisse zwischen der Zahl der Hausbesitzer und der der Nicht-Hausbesitzer nicht entspricht, entfällt z. B. da, wo in der Versammlung nur noch für einen Nicht-Hausbesitzer Raum ist, die absolute Majorität auf deren zwei, so wird nach Analogie des § 26 zu verfahren, in dem Falle jenes Beispieles also derjenige, der die meisten Stimmen erhielt, als gewählt, für den anderen aber eine Ergänzungswahl als erforderlich anzusehen sein, bei der nur Hausbesitzer als wählbar gelten. Ist freilich — entgegen dem hierbei vorausgesetzten Tatbestande — überhaupt nur eine Person, und zwar ein Hausbesitzer, zu wählen, so muß, wer für einen Nicht-Hausbesitzer gestimmt hat, demjenigen Wähler gleich erachtet werden, der überhaupt keine Stimme abgegeben hat; die Stimme jenes Wählers ist von vornherein ungültig und darf auch bei der Feststellung der absoluten Stimmenmehrheit nicht mitgezählt werden (Entsch. d. OVG. Bd. XXXII S. 6, Bd. XXXX S. 178, Bd. XXXXI S. 32; PrVerwBl. Jahrg. 22 S. 288).

Als unbedenklich darf es schließlich bezeichnet werden, daß der § 16 die Zahl derer, die zu den Hausbesitzern gehören müssen, nur in minimo bestimmen will; nichts steht selbst dem entgegen, daß kein einziger Nicht-Hausbesitzer der Stadtverordneten-Versammlung angehört (Vgl. Landgemeindeordnung von 1891 § 52; Entsch. d. OVG. Bd. XLIII S. 96). Als ratsam freilich kann eine solche Zusammensetzung im allgemeinen kaum bezeichnet werden. Vglch. auch — wesentlich de lege ferenda — Dryander i. d. Annalen des Deutschen Reichs Jahrg. 1903 S. 430ff.

§ 17

bezeichnet zunächst die Inhaber gewisser Ämter als solche Persönlichkeiten, die „Stadtverordnete nicht sein können". In der Landgemeindeordnung von 1891 (§ 53) ist nach einem Beschlusse der Kommission des Abgeordnetenhauses die Ausdrucksweise: „Als Gemeindeverordnete sind nicht wählbar ..." vorgezogen worden. Demgegenüber würde es in den Worten nicht gerade an jedem Anhalt für die Auffassung fehlen, daß die erstere Bestimmung nur und erst dem Funktionieren jener Beamten rc. als Stadtverordnete entgegentrete, nicht auch und schon der Berufung zu diesem Funktionieren, d. i. der Wahl. Mit Recht indes hat das Oberverwaltungsgericht (Entsch. Bd. XIX S. 22, Bd. XXV S. 23, Bd. XXVIII S. 13, 38) dem entgegen angenommen: auch schon von der Wählbarkeit schließe der § 16 der Rhein. StO. — entsprechend dem § 17 d. StO. f. d. östl. Provinzen — denjenigen aus, der zur Zeit des Wahlaktes eines der dort bezeichneten Ämter bekleide.

Obenan bezeichnet das Gesetz als ausgeschlossen:

1. „diejenigen Beamten und die Mitglieder derjenigen Behörden, durch welche die Aufsicht des Staats über die Städte ausgeübt wird (§ 76)“.

Nachdem inzwischen die Stellung des Regierungspräsidenten und die der Bezirksregierung überhaupt neu geordnet sind, auch der zitierte, speziell „von der Oberaufsicht über die Stadtverwaltung“ handelnde § 76 eine wesentliche Umgestaltung erfahren hat (Landesverwaltungsgesetz §§ 17 ff. 121, Zuständigkeitsgesetz §§ 7 ff.), gilt es, den Satz der obigen Nr. 1 im Sinne dieser neuen Bestimmungen anzuwenden. Dabei ließe sich immerhin schon die Frage aufwerfen, ob auch die nunmehr dem Oberpräsidenten und die dem Regierungspräsidenten gemäß §§ 8 und 19 LVG. „beigegebenen“ Räte rc. als fortdauernd ausgeschlossen anzusehen sind. Indes spricht für die Bejahung, daß die Übertragung der Geschäfte der früheren Abteilung des Innern auf den Regierungspräsidenten diesen nicht zu einer besonderen, der Regierung gegenüberzustellenden Behörde gemacht hat; in solchem Sinne lassen sich jene Räte immer noch als Mitglieder derjenigen Behörde ansehen, „durch welche die Aufsicht des Staates über die Städte ausgeübt wird“. Wie ferner verhält es sich mit den Mitgliedern des Bezirksausschusses, der nunmehr gleichfalls bei der Aufsichtsführung mitzuwirken hat, ebenso mit den Mitgliedern des Provinzialrats? Jedenfalls werden die ernannten Mitglieder zu den Ausgeschlossenen gerechnet werden müssen. Ob aber auch die gewählten? Es scheint an einem rechtlichen Grunde zu fehlen, in Ansehung ihrer die Frage anders zu beantworten, man müßte denn einen solchen Grund darin erblicken, daß mit der Ausschließung der Stadtverordneten-Versammlung manche geeignete Kraft vorenthalten werden würde. Der Minister des Innern freilich soll sich am 26. Juni 1888 in gegenteiligem Sinne geäußert, „keinen Anlaß gefunden" haben, von Amts wegen für die Unvereinbarkeit beider Ämter einzutreten. Mit Recht trugen neuerlich Schön und Ledermann, auch Stier-Somlo (Verwaltungsarchiv Bd. XII S. 445) Bedenken, dem beizupflichten. Dabei braucht noch nicht einmal auf die richterliche Stellung der Bezirksausschuß-Mitglieder zurückgegangen zu werden.

Zuzustimmen ist dagegen in Beziehung auf den Landrat der Ansicht, daß er unter die posit. 1 des § 17 nicht fällt, wenn auch bei der Handhabung des Aufsichtsrechts der Regierungspräsident sich des Landrats als eines ausführenden Organes bedienen kann (Entsch. d. OVG. Bd. XIII S. 80).

Ausgeschlossen sind:

2. „die Mitglieder des Magistrats und alle besoldeten Gemeindebeamten" — unbeschadet einiger Ausnahmebestimmungen (§§ 72, 73) in demjenigen Titel d. StO., der von der Einrichtung der städtischen Verfassung ohne kollegialischen Gemeindevorstand handelt.

Die Magistratsmitglieder sind sämtlich ausgeschlossen, von den daneben bezeichneten „Gemeindebeamten" dagegen — zu denen das Gesetz bei diesem Aufbau die Magistratsmitglieder nicht mehr rechnen kann — nur die „besoldeten". Wer ist überhaupt „Gemeindebeamter" in diesem Sinne? Im allgemeinen sei hierzu auf den § 1 des Kommunalbeamtengesetzes vom 30. Juli 1899 und auf das zwar manchen Widerspruch herausfordernde, immerhin aber wissenschaftlich bedeutsame Werk von Dr. Hugo Preuß, das städtische Amtsrecht in Preußen, hingewiesen (vglch. auch unten zu § 56 Nr. 6 und Verwaltungsarchiv Bd. XII S. 447). Begrifflich wird auf jene Frage im allgemeinen geantwortet werden dürfen:

nur wer in einem öffentlich-rechtlichen Dienstverhältnisse zur Stadtgemeinde steht, in ein solches durch einen besonderen öffentlich-rechtlichen Akt zum Zwecke der Ausübung von Gemeindegeschäften gestellt worden ist. Insoweit sind Wissenschaft und Praxis heutigen Tages ziemlich einig. Die Schwierigkeiten beginnen wesentlich erst jenseits des begrifflichen Gebietes in der Frage, ob im einzelnen konkreten Falle jener Tatbestand des Gesetzes als gegeben anzusehen ist, und insoweit sind sie, wenn überhaupt noch erschöpflich, doch nicht im Rahmen dieses Führers zu erledigen. Erinnert sei nur an die Judikatur des Reichsgerichts und des Oberverwaltungsgerichts in der unglücklichen, noch immer nicht zur Ruhe kommenden Frage, unter welchen Voraussetzungen mit einer „Anstellung" im Sinne des § 56 Nr. 6 der Städteordnung gerechnet werden darf (PrVerwBl. Jahrg. **14** S. 87, **17** S. 161, 251, 333, **18** S. 27, 402, 436, **19** S. 105, 193, **22** S. 481; Entsch. d. OVG. Bd. XVIII S. 55). Vieles kommt dabei auch auf Gewohnheit und Gebrauch an; so pflegen Armen- und Anstaltsärzte nur in ein vertragsmäßiges, keine öffentlich-rechtlichen Beziehungen begründendes Verhältnis einzutreten (Pr. VerwBl. Jahrg. **8** S. 377, **14** S. 141; vglch. wegen der städtischen Medizinalbeamten überhaupt Annalen Bd. XXII S. 669; MBl. d. i. V. 1840 S. 173); auch das Personal, zumal das technische, zur Leitung wirtschaftlicher Unternehmungen der Städte wird nicht selten in solcher Weise berufen (Entsch. d. OVG. Bd. XXII S. 67, Bd. XXVII S. 431). Daneben sei noch hingewiesen auf die Endurteile des OVG.:

vom 28. Oktober 1885 (Entsch. Bd. XII S. 52), betreffend einen Ortssteuererheber,

vom 18. Februar 1887 (Entsch. Bd. XIV S. 70 — vglch. auch Bd. XXXVII S. 120), betreffend Lehrer an städtischen Schulen überhaupt, insbesondere den Rektor einer städtischen höheren Töchterschule (vglch. auch PrVerwBl. Jahrg. **7** S. 154, **8** S. 370, **11** S. 214, **18** S. 71, **22** S. 385),

vom 8. September 1891 (Entsch. Bd. XXI S. 29), betreffend den Kontrolleur an einer städtischen Sparkasse, vom 9. Januar 1900 (PrVerwBl. Jahrg. 21 S. 430), betreffend Eichmeister.

Die erstere dieser Entscheidungen rechnet freilich noch nicht mit den neueren Bestimmungen über die Verpflichtung der Gemeinden, die Elementarerhebung der direkten Steuern ohne Vergütung zu bewirken (Gesetz wegen Aufhebung direkter Staatssteuern vom 14. Juli 1893 § 16 und Verordnung vom 22. Januar 1894); unter allen Umständen aber bleibt sie von Interesse in der Frage, was unter „Besoldung" eines Beamten zu verstehen ist (vglch. auch Bd. XII S. 141, 146, Bd. XVI S. 139, Bd. XVII S. 259).

Zu denjenigen, die „Stadtverordnete nicht sein können", gehören ferner:

3. „Geistliche, Kirchendiener und Elementarlehrer".

Es sei zunächst darauf hingewiesen, daß in ähnlicher — wenn auch nicht ganz gleicher — Weise die Städteordnung diese drei Gruppen auch noch an anderen Stellen zusammenfaßt — so:

im § 4, betreffend einmal die Befreiung der Dienstgrundstücke der „Geistlichen, Kirchendiener und Elementar-Schullehrer" von Gemeindeauflagen und sodann auch noch die Befreiung eben derselben von den direkten persönlichen Gemeindeabgaben

[dazu: Gesetz vom 11. Juli 1822, betreffend die Heranziehung der Staatsdiener zu den Gemeindelasten, § 10f,
Verordnung vom 23. September 1867, betreffend denselben Gegenstand, § 1,
Kommunalabgabengesetz vom 14. Juli 1893 §§ 24, 41, 68]

im § 30 Nr. 3, demzufolge „Geistliche, Kirchendiener und Lehrer an öffentlichen Schulen" Mitglieder des Magistrats nicht sein können.

Schon zu diesen anderen, besonders den ersten Bestimmungen weist nahezu jeder gangbare Kommentar eine wahre Flut von Minist.-Erlassen und Judikaten nach, die sich mehr oder minder auch hier verwerten lassen.

Näher stehen der obigen Nr. 3, und zwar zunächst der Frage, wer zu den Geistlichen (ALR. T. II Tit. 11 § 59) gehört, die Endurteile d. OVG.:

vom 30. November 1885 (Entsch. Bd. XII S. 134), betreffend einen von dem Vorstande eines Evangelischen Missionsvereins unter Bestätigung seitens des Konsistoriums vozierten Geistlichen,

vom 8. Oktober 1889 (Entsch. Bd. XVIII S. 114), betreffend einen Anstaltsgeistlichen, der das Amt eines Seelsorgers bei Gefangenenanstalten bekleidete,

vom 27. Juni 1893 (PrVerwBl. Jahrg. 14 S. 546), betreffend den Prediger einer Mennonitengemeinde.

(Vglch. auch die Zusammenstellung i. PrVerwBl. Jahrg. 15 S. 435.)

Die „Kirchendiener“ anlangend, so spricht das Gesetz nicht etwa — gleich der zitierten Verordnung vom 23. September 1867 (Nöll, Kommunalabgabengesetz S. 316) — nur von den „unteren“ (ALR. T. II Tit. 11 §§ 550, 556); an sich werden sie demnach alle getroffen, auch Organisten, Küster, Kantoren, Rendanten — sie müßten denn nur im Ehrenamte fungieren. Des näheren wird von diesen Fragen gehandelt i. d. Entsch. d. OVG. Bd. XV S. 79, Bd. XVII S. 125, Bd. XIX S. 44, Bd. XXXVI S. 130; PrVerwBl. Jahrg. 10 S. 194, 22 S. 384, 25 S. 625; vglch. auch MBl. d. i. V. 1875 S. 6.

Von den Lehrern endlich war zum Teil schon oben — in dem Abschnitte von den „besoldeten Gemeindebeamten“ — die Rede. Unter Nr. 3 spricht das Gesetz nur von „Elementarlehrern“ — abweichend von § 30, nach dessen Nr. 3 „Lehrer an öffentlichen Schulen“ überhaupt nicht Mitglieder des Magistrats sein können. Unter „Elementarschulen“ — oder, wie das Zuständigkeitsgesetz von 1876 (§ 46) sie nennt, „Schulen, welche der allgemeinen Schulpflicht dienen“ — sind solche zu verstehen, zu deren Benutzung für diejenigen, welche nicht anderweit für den Unterricht ihrer Kinder sorgen, ein Zwang besteht, zu deren Unterhaltung andrerseits die Schulverbände 2c. verpflichtet sind (Entsch. d. OVG. Bd. XII S. 197, Bd. XVIII S. 176; vglch. auch in Bezug auf gehobene Bürgerschulen, höhere Mädchen-, überhaupt Mittelschulen Bd. XXIII S. 87 ff.). Der Begriff ist auch kein anderer dadurch geworden, daß das Gesetz vom 26. Mai 1887 unter „Volksschulen im Sinne dieses Gesetzes“ diejenigen öffentlichen Schuleinrichtungen verstanden wissen will, welche zur Erfüllung der allgemeinen Schulpflicht dienen. Nur die Lehrer an solchen Schulen — gleichviel übrigens, welchen Bildungsgang sie genommen haben und welcher Art der von ihnen erteilte Unterricht ist — sind es, die „Stadtverordnete nicht sein können“.

Vglch. noch die Endurteile d. OVG.:

vom 15. Februar und 22 März 1889 (Entsch. Bd. XVII S. 157), betreffend Lehrer an sogenannten Vorschulen, dsglch. an solchen mehrklassigen Anstalten, welche in ihren Endzielen über die Bestimmungen der Volksschule hinausgehen,

vom 10. Januar 1891 (Entsch. Bd. XX S. 120), betreffend einen in der Landgemeinde X. wohnenden Lehrer, der an einem dort von einer benachbarten Stadtgemeinde unterhaltenen Waisenhause angestellt war,

vom 14. Februar 1898 (Entsch. Bd. XXXIV S. 168), betreffend jüdische Elementarschulen der Provinz Hannover.

Eine weitere Gruppe von Ausgeschlossenen bilden:

4. „die richterlichen Beamten, zu denen jedoch die technischen Mitglieder der Handels-, Gewerbe- und ähnlicher Gerichte nicht zu zählen sind“. Weshalb etwa — de lege lata — zu den „richterlichen“ Beamten die ernannten Mitglieder der Gerichtshöfe des öffentlichen Rechts nicht zu rechnen sein sollten, ist kaum abzusehen, wenn auch im Jahre 1853 solche Gerichtshöfe in Preußen noch nicht bestanden. Und wenn man versucht hat, wenigstens den gewählten Mitgliedern der Bezirksausschüsse die Möglichkeit des Eintritts in die Stadtverordneten-Versammlung zu erhalten (oben unter Nr. 1), so scheint selbst dagegen geltend gemacht werden zu müssen, daß ohne Ausnahme alle Mitglieder und stellvertretenden Mitglieder der Bezirksausschüsse in dieser ihrer Eigenschaft den Vorschriften des richterlichen Disziplinargesetzes vom 7. Mai 1851 unterliegen (LVG. § 32). Auch lassen sich die gewählten Mitglieder nicht füglich den „technischen“ Mitgliedern der Handels- 2c. Gerichte gleichstellen. Sie mögen nicht zu den richter-

lichen „Berufsbeamten" (PrVerw.Bl. Jahrg. **19** S. 344) zu rechnen sein; das Gesetz trifft aber keineswegs ausschließlich gerade solche.

Wegen der Mitglieder der neueren Gewerbegerichte (Reichsgesetz vom 29. Juli 1890 — RGBl. 1901 S. 353) vglch. PrVerwBl. Jahrg. **17** S. 316.

Den richterlichen Beamten reiht das Gesetz:

5. „die Beamten der Staatsanwaltschaft" an. Wenn das Gerichtsverfassungsgesetz vom 27. Januar 1877 in dem Titel von der „Staatsanwaltschaft" (§ 143) deren Amt bei den Amtsgerichten und den Schöffengerichten durch „Amtsanwälte" wahrnehmen läßt, so fallen diese nunmehr auch unter Nr. 5, nicht minder die ständigen Vertreter der Amtsanwälte (PrVerwBl. Jahrg. 9 Beilage zu Nr. 21). Ein Gleiches gilt nicht von den „Hilfsbeamten" der Staatsanwaltschaft (PrVerwBl. Jahrg. **19** S. 344, **24** S. 281).

Nicht wählbar sind endlich:

6. „die Polizeibeamten". Gewiß gehört dahin der Amtsvorsteher (PrVerwBl. Jahrg. **24** S. 281), ferner der Landrat (vglch. oben unter Nr. 1 i. f.), aber auch von seinen Stellvertretern gewiß der Kreissekretär — dieser, weil er an sich in jedem Bedürfnisfalle unmittelbar ex lege et officio, nicht erst kraft besonderer Berufung, für den behinderten Landrat einzutreten hat (Entsch. d. OVG. Bd. XIII S. 78; PrVerwBl. Jahrg. **18** S. 221 ff.). Gerade hierin aber verhält es sich anders mit dem Kreisdeputierten, der nur, wo im Einzelfalle seine Berufung erfolgt, einzutreten hat, dann aber freilich, solange er fungiert, nicht minder Polizeibeamter und damit von der Wählbarkeit ausgeschlossen ist als der Landrat selbst (Entsch. Bd. X S. 24, Bd. XXV S. 20; vglch. auch oben die einleitenden Sätze zu § 17).

In der Fassung des Gesetzes liegt auch kein Anlaß zu Zweifeln, ob durch sie neben denjenigen Beamten, die mit der Wahrnehmung der allgemeinen Polizei betraut sind, auch solche getroffen werden, die nur einen einzelnen, besonders organisierten Zweig der Polizei wahrzunehmen haben, wie beispielsweise

Eisenbahnpolizeibeamte (Entsch. d. OVG. Bd. XVI S. 73, Bd. XXIII S. 373, Bd. XXV S. 129), auch Königliche Förster (PrVerwBl. Jahrg. 20 S. 542). Ebensowenig darf das Gesetz im Sinne einer Beschränkung auf diejenigen Polizeibeamten — z. B. Distriktskommissare der Provinz Posen — gedeutet werden, deren Wirksamkeit sich auf das Stadtgebiet erstreckt; selbst solche Beamte werden getroffen, deren Wirksamkeit jenes Gebiet an sich ganz unberührt läßt (PrVerwBl. Jahrg. 19 S. 344, 24 S. 281).

Im allgemeinen ist noch wegen der Genehmigung, deren Staatsbeamte und aktive Militärpersonen zu ihrem Eintritt in die Stadtverordneten-Versammlung von seiten der vorgesetzten Dienststelle bedürfen, auf den Staatsministerial-Beschluß vom 2. März 1851 (MBl. S. 38) und auf das Reichsmilitärgesetz vom 2. Mai 1874 § 47 hinzuweisen. Vglch. auch PrVerwBl. Jahrg. 22 S. 328, betreffend Reichsbeamte, und Jahrg. 25 S. 301, 387, ferner Verwaltungsarchiv Bd. XII S. 462.

Der § 17 schließt mit den Sätzen, daß Vater und Sohn, sowie Brüder nicht zugleich Mitglieder der Stadtverordneten-Versammlung sein dürfen und daß, wenn dergleichen Verwandte zugleich erwählt werden, der ältere allein zugelassen wird. Erfolgt die Wahl des älteren später als die des jüngeren, so wird jene dann als ungültig angesehen, wenn bereits vor ihr der jüngere die Eigenschaft eines Stadtverordneten erlangt hatte — eine Voraussetzung übrigens, die das Oberverwaltungsgericht (vglch. unten § 28 Abs. 2) als da keinesfalls gegeben ansieht, wo der jüngere vor der Wahl des älteren sich noch nicht einmal über die Annahme der eigenen erklärt hatte. Vglch. auch über den Sinn, in dem der § 17 sich zweimal des Wortes „zugleich" bedient, PrVerwBl. Jahrg. 24 S. 807.

In der Landgemeindeordnung von 1891 (§ 53) hat man neuerlich die in jenen Schlußsätzen des § 17 ausgesprochene Einschränkung nur noch für Vater und Sohn — nicht auch für Brüder — bestehen lassen (PrVerwBl. Jahrg. 15 S. 72. —

Übrigens enthält auch die Städteordnung (§ 30) noch eine weitere aus der Verwandtschaft oder Schwägerschaft hergeleitete Beschränkung dahin, daß Vater und Sohn, Schwiegervater und Schwiegersohn, sowie Brüder nicht zugleich Mitglieder des Magistrats und der Stadtverordneten-Versammlung sein dürfen (PrVerwBl. Jahrg. 25 S. 461).

Eine positive Satzung darüber, wer wählbar ist, enthält der § 17 nicht; auch sonst würde man sie in dem Tit. II: „von der Zusammensetzung und Wahl der Stadtverordneten-Versammlung" — wo sie vielleicht erwartet werden könnte — vergeblich suchen. Sie muß herübergenommen werden aus dem Tit. I: „von den Grundlagen der städtischen Verfassung", und zwar aus § 5, demzufolge das Bürgerrecht „in . . . der Befähigung . . . zur Gemeindevertretung" besteht. Darnach fällt die Wählbarkeit — unbeschadet der vorstehend beleuchteten Ausnahmen — zusammen mit dem Rechte, zur Zeit der Wahl das Bürgerrecht ausüben zu dürfen; insoweit decken sich das aktive und das passive Wahlrecht — aber auch nur insoweit. Insbesondere ist die Wählbarkeit nicht etwa abhängig davon, ob sie auch formell verbrieft ist durch die Tatsache der Aufnahme in die „Liste der stimmfähigen Bürger"; diese Aufnahme mag schuldbar oder auch aus dem berechtigten Grunde unterlassen sein, weil zur Zeit der Listenaufstellung der Erwerb des Bürgerrechts seitens des Beteiligten noch nicht zum Abschluß gelangt war — in dem einen wie in dem andern Falle besteht gleichwohl die Wählbarkeit, wenn nur ihre materiellen Voraussetzungen in dem entscheidenden Zeitpunkte des Wahlaktes gegeben sind. Mit anderen Worten: den Zweck, auch den Kreis der mit dem passiven Wahlrechte ausgestatteten Personen abzugrenzen und festzulegen, hat die Liste nicht, wie denn andrerseits daraus auch folgt, daß eine zu Unrecht erfolgte Aufnahme in die Liste das passive Wahlrecht, wo es an den materiellen Voraussetzungen fehlt, keineswegs gewährt (PrVerwBl. Jahrg. 9 S. 298; Entsch. d. OVG. Bd. XIX S. 22, Bd. XXXI S. 111,

Bd. XXXIV S. 153, Bd. XXXX S. 148. Vglch. auch unten zu § 19 Nr. 1 und zu § 25 Nr. 1).

Gleichfalls fehlen sowohl in dem von der Wählbarkeit handelnden § 17, wie überhaupt in dem Tit. II Sonderbestimmungen über die Verpflichtung zur Annahme einer erfolgten Wahl; auch insoweit ist zurückzugehen auf allgemeine Satzungen, und zwar hier auf den Tit. IX, der den Gegenstand in weiterem Umfange — für unbesoldete Stellen in der Gemeindeverwaltung und Vertretung überhaupt — regelt, und dasselbe gilt von dem Ausscheiden aus solchen Stellen wegen Verlustes des Bürgerrechts. Hierauf wie auch auf das Verfahren über Beschwerden und Einsprüche, betreffend das Recht zur Bekleidung einer den Besitz des Bürgerrechts voraussetzenden Stelle in der Gemeindeverwaltung oder Gemeindevertretung (Zuständigkeitsges. v. 1883 §§ 10, 11, 21), wird erst später (zu § 18) zurückgekommen werden.

§ 18

trifft vor allem über die regelmäßige Wahlperiode Bestimmung; *dies geschieht in dem ersten Satze und in den Schlußsätzen, wobei* Erneuerungen in der Zusammensetzung der Versammlung in der Weise vorgesehen werden, daß nach einer festen Reihenfolge in bestimmten Zwischenräumen eine gewisse Anzahl der Mitglieder ausscheidet und durch Neuwahlen ersetzt wird. Einige Zwischensätze freilich regeln daneben noch Fragen, die nicht ausschließlich hiermit zusammenhängen.

Sein Wortlaut — dementsprechend gegliedert — ist folgender:

> „Die Stadtverordneten werden auf sechs Jahre gewählt. Jedoch verliert jede Wahl ihre Wirkung, sobald einer der Fälle eintritt, in denen nach den Bestimmungen im § 7 der Gewählte des Bürgerrechts verlustig geht oder von der Ausübung desselben für eine gewisse Zeit ausgeschlossen wird.
>
> Tritt einer der Fälle ein, in denen nach jenen Bestimmungen die Ausübung des Bürgerrechts ruhen muß, so ist der Gewählte zugleich von der Teilnahme

an den Geschäften der Stadtverordneten-Versammlung einstweilen bis zum Austrage der Sache ausgeschlossen.
Alle zwei Jahre scheidet ein Drittel der Mitglieder aus und wird durch neue Wahlen ersetzt. Die das erste und zweite Mal Ausscheidenden werden für jede Abteilung durch das Los bestimmt."

1. Um zunächst noch abzusehen von den beiden hier eingerückten mittleren Sätzen, so ist der Kern bereits oben in seiner Tendenz kurz gekennzeichnet; es soll vermieden werden, daß nach Ablauf der Wahlperiode die ganze Versammlung neu gewählt wird; es soll allezeit ein fester Stamm fortleben, dem sich nur ein jüngerer Zuwachs angliedert und anschließt; damit wird eine gewisse Kontinuität gewahrt, eine Versumpfung tunlichst abgewendet. Von „außergewöhnlichen Wahlen zum Ersatze innerhalb der Wahlperiode" handelt dann erst der § 21.

Der auf das Los (vglch. PrVerwBl. Jahrg. 20 S. 500) verweisende Schlußsatz lehrt ferner, daß der § 18 — zunächst wenigstens — gleich dem § 13 (oben litt. k) nur mit der erstmaligen, der Neubildung der Versammlung rechnet. Ihn überall seinem gesamten Inhalte nach dergestalt zur Anwendung zu bringen, daß dabei zugleich diejenigen Sätze der §§ 13 und 21 voll gewahrt bleiben, nach denen jede Abteilung ein Drittel der Stadtverordneten wählt und alle Ergänzungs- oder Ersatzwahlen von denselben Abteilungen vorgenommen werden, von denen der Ausgeschiedene gewählt war, ist unter Umständen geradezu ausgeschlossen. Der § 21 wird Gelegenheit bieten, hierauf zurückzukommen und eine Lösung der Kollisionen zu versuchen. Hier sei nur der eine — bereits bei § 12 gestreifte — Fall behandelt, wenn die Voraussetzung, auf der die für die regelmäßigen Ergänzungswahlen getroffenen Bestimmungen beruhen, daß nämlich die Versammlung an sich in ihrem numerischen Bestande unverändert bleibt, es also nur auf die Erhaltung dieses Bestandes in der Vollzahl ankommt, nicht zutrifft, es vielmehr gilt, an Stelle der beispielsweise von 15 auf 10 Mitglieder reduzierten Versammlung eine solche von 18 Mitgliedern ins Leben zu rufen, Ergänzungs- und Erweiterungswahlen miteinander zu kombinieren. Das Gesetz sieht Fälle solcher Art nicht ausdrücklich vor. Gerade darum aber wird hier in Anlehnung an diejenigen Vorschriften Stellung zu nehmen sein, die sich nach obigem in erster Reihe auf die erste oder Neubildung der Stadtverordneten-Versammlung beziehen — an die §§ 13 und 18; gegen den solchen Falles zu erreichenden weiteren Zweck tritt der einer regelmäßigen Ergänzung zurück. Doch ist damit nicht ausgeschlossen, daß der Eigenart des gegebenen, unmittelbar im Gesetze nicht vorgesehenen Falles in folgenden Beziehungen besonders Rechnung getragen werde: Mit einer Veränderung in der Zahl der Stadtverordneten darf, damit auch für die Folgezeit der regelmäßige Wechsel in der Zusammensetzung der Versammlung gesichert bleibe, nur im Zusammenhange mit den regelmäßigen Ergänzungswahlen vorgegangen werden (vgl. oben zu § 12). Unberührt bleiben dabei die Mandate der alten Stadtverordneten, soweit sie noch laufen; für sie findet auch keine Auslosung statt. Neu zu wählen sind in jeder Abteilung nur so viele, daß alte und neue Stadtverordnete zusammen ein Dritteil der neuen Gesamtzahl ergeben. Diese Wahlen erfolgen freilich an sich auf sechs Jahre, doch unbeschadet der die neuen Stadtverordneten treffenden Verpflichtung, das Los unter sich darüber entscheiden zu lassen, wer von ihnen schon nach 2 oder doch nach 4 Jahren ausscheidet, damit die Versammlung in der vom Gesetze gewollten Zusammensetzung weiter hinaus erhalten bleibe und sich wieder ergänze (Entsch. d. OVG. Bd. XVII S. 100, Bd. XXX S. 153; PrVerwBl. Jahrg. 15 S. 162, 17 S. 40; auch D. Gemeindezeitung vom 23. November 1895).

2. Die oben eingerückten mittleren Sätze regeln die Tragweite des an die Spitze gestellten Hauptsatzes, daß die Stadtverordneten auf sechs Jahre gewählt werden, und zwar:

zunächst für die Fälle, daß in der Zwischenzeit der Gewählte entweder des Bürgerrechts verlustig geht oder doch von dessen Ausübung für eine gewisse Zeit ausgeschlossen wird,

weiter aber für den Fall, daß diese Ausübung „ruhen“ muß (Entsch. d. OVG. Bd. XXXX S. 147).

Dort wie hier wird dabei mit den Bestimmungen des § 7 d. StO. gerechnet, auch auf sie zurückverwiesen. Die Konsequenzen aber, die der § 18 an den Eintritt solcher Fälle knüpft, sind die, daß

in den ersten beiden die Wahl ihre Wirkung verliert,

im letzten der Gewählte von der Teilnahme an den Geschäften der Stadtverordneten-Versammlung einstweilen bis zum Austrage der Sache ausgeschlossen wird.

Ein näheres Eingehen auf jene Voraussetzungen (§ 7), deren Bedeutung weit über den Inhalt des § 18 hinausreicht, wird hier als nicht mehr innerhalb des engeren Rahmens dieses Abschnitts liegend unterlassen. Im Kern zusammengefaßt wurde der Inhalt des § 7, wie die neuere Gesetzgebung ihn ausgebaut und umgestaltet hat, schon in dem einleitenden Teile des Abschnitts II; vglch. auch Abschnitt III zu § 7.

Näher steht dem § 18, daß nunmehr die §§ 10, 11 und 21 des Zuständigkeitsgesetzes von 1883 noch bestimmen:

§ 10: „Die Gemeindevertretung beschließt:

1. auf Beschwerden und Einsprüche, betreffend den Besitz oder Verlust des Bürgerrechts, insbesondere des Rechts zur Teilnahme an den Wahlen zur Gemeindevertretung, sowie des Rechts zur Bekleidung einer den Besitz des Bürgerrechts voraussetzenden Stelle in der Gemeindeverwaltung oder Gemeindevertretung . . . , die Richtigkeit der Gemeindewählerliste;
2. über die Gültigkeit der Wahlen zur Gemeindevertretung;
3. . . . .

Einsprüche gegen die Richtigkeit der Wählerliste sind während der Dauer der Auslegung der letzeren, Einsprüche gegen die Gültigkeit der Wahlen zur Gemeindevertretung innerhalb zwei Wochen nach Bekanntmachung des Wahlergebnisses und in allen Fällen bei dem Gemeindevorstande zu erheben . . .“

§ 11: „Der Beschluß der Gemeindevertretung (§ 10) bedarf keiner Genehmigung oder Bestätigung von seiten des Gemeindevorstandes oder der Aufsichtsbehörde. Gegen den Beschluß der Gemeindevertretung findet die Klage im Verwaltungsstreitverfahren statt. Die Klage steht in den Fällen des § 10 auch dem Gemeindevorstande zu.

Die Klage hat in den Fällen des § 10 unter 1 und 2 keine aufschiebende Wirkung; jedoch dürfen Ersatzwahlen vor ergangener rechtskräftiger Entscheidung nicht vorgenommen werden."

§ 21: „Zuständig in erster Instanz ist im Verwaltungsstreitverfahren für die in diesem Titel vorgesehenen Fälle, sofern nicht im einzelnen anders bestimmt ist, der Bezirksausschuß. . . . Die Frist zur Anstellung der Klage beträgt in allen Fällen zwei Wochen.

Die Gemeindevertretung bezw. der kollegialische Gemeindevorstand können zur Wahrnehmung ihrer Rechte im Verwaltungsstreitverfahren einen besonderen Vertreter bestellen . . ."

Bei einer Vergleichung dieser Bestimmungen des Zuständigkeitsgesetzes mit denen des § 18 d. StO. fällt es auf, daß für einzelne Fälle das Organ, welches einzugreifen und zu beschließen hat, überhaupt nicht bestimmt ist — so: für den Fall eines bloßen Ruhens der Ausübung des Bürgerrechts, desgleichen für den überhaupt, daß es an Beschwerde und Einspruch fehlt. Hier etwa ein Klagerecht zu statuieren, ist kaum möglich; denn überall gewährt das Gesetz ein solches erst wider den gerade auf Beschwerde oder Einspruch gefaßten Beschluß der Stadtverordneten-Versammlung und nicht einmal wider einen solchen da, wo nur ein Ruhen der Ausübung des Rechts in Frage steht. Es wird indes als ohne weiteres in der Stellung des Vorsitzenden der Stadtverordneten-Versammlung und als in derjenigen dieser selbst begründet angesehen werden dürfen, daß in Ausschließungsfällen von jenem die Initiative ergriffen und das Weitere der Beschlußfassung der Versammlung überlassen werde, wozu denn auch die Anregung vom

Magistrat ausgehen mag. Aber auch da, wo es an jedem Einspruche, jeder Beschwerde vorläufig noch fehlt, kann nicht füglich der Stadtverordneten-Versammlung die Befugnis abgesprochen werden, den Fortbestand ihrer legalen Zusammensetzung zu überwachen und event. dafür beschließend einzutreten, wenn auch es eine Klage wider einen solchen Beschluß kaum gibt.

Es fragt sich ferner: wem steht, wo überhaupt die Klage gegeben ist, dieselbe zu? Der § 11 des Zuständigkeitsgesetzes erwidert darauf: „auch dem Gemeindevorstande" — weiter aber nichts. Geht man zurück auf die Städteordnung, der sich der IV. Titel des Zuständigkeitsgesetzes doch nur wie eine das Alte ausbauende Novelle anschließt, so ergibt sich, daß dort zwar für etliche derjenigen Angelegenheiten, in denen nunmehr der Weg einer förmlichen „Klage" offen steht, der Kreis der Anfechtungsberechtigten positiv in der Weise, daß er über die Person des individuell Verletzten hinausreicht, umgrenzt, daß dies aber gerade nicht geschehen ist für den Fall, da der Besitz oder der Verlust des Rechts zur Bekleidung einer den Besitz des Bürgerrechts voraussetzenden Stelle in der Gemeindeverwaltung oder Gemeindevertretung in Frage steht. So kann gegen die Richtigkeit der Wählerliste „jedes Mitglied der Stadtgemeinde" Einwendungen erheben (§ 20), ferner gegen das stattgehabte Wahlverfahren zwar nicht jedes Mitglied der Stadtgemeinde, wohl aber „jeder stimmfähige Bürger" Beschwerde erheben (§ 27). Nichts derartiges dagegen bestimmt die Städteordnung für den Fall, daß das Recht zur Bekleidung der Stelle eines Stadtverordneten streitig wird — weder im § 7, wo in erster Reihe von dem Verluste des Bürgerrechts und von der Ausübung desselben gehandelt wird, noch in den auf diesen § 7 ausdrücklich zurückverweisenden §§ 18 und 75, betreffend die ex post eintretende Unwirksamkeit der Wahl zum Stadtverordneten und das Ausscheiden aus den das Bürgerrecht voraussetzenden Stellen überhaupt. Städteordnung und Zuständigkeitsgesetz in Verbindung miteinander lassen hiernach die Konstituierung eines Klagerechts zu Gunsten anderer als der individuell Verletzten nicht zu (Entsch. d. OVG. Bd. XXVI S. 23).

Dies freilich nur unbeschadet der Klage des Gemeindevorstandes. Aber auch diese hat zur Voraussetzung, daß zunächst von anderer, beteiligter Seite Beschwerde oder Einspruch erhoben und demgegenüber von der Gemeindevertretung Beschluß gefaßt war (Entsch. d. OVG. Bd. XVI S. 61).

An anderer Stelle wird der Frage näher getreten werden, inwieweit vorzeitiges freiwilliges Niederlegen des Amtes geeignet ist, den einleitenden Satz des § 18 zu berühren, daß die Stadtverordneten auf sechs Jahre gewählt werden.

Schon hier dagegen ist noch darauf hinzuweisen, daß die an die oben eingerückten Zwischensätze des § 18 und an den § 11 des Zuständigkeitsgesetzes sich knüpfende Frage, gegen wen die Klage sich richtet, ihre Beantwortung findet in den Worten des § 11: „Gegen den Beschluß der Gemeindevertretung findet die Klage ... statt"; Gegenpartei ist darnach die Stadtverordneten-Versammlung — eine Konstruktion, die allerdings gegenüber der ganz anders aufgebauten Städteordnung von 1853 ein tief einschneidendes Novum enthält (Entsch. d. OVG. Bd. XIV S. 58, Bd. XV S. 32, Bd. XIX S. 115, Bd. XX S. 11).

An den § 18 schließen sich in den §§ 19 ff. die wesentlichsten Bestimmungen über das Wahlverfahren, über die einzelnen dasselbe vorbereitenden, durchführenden und abschließenden Akte.

Der erste vorbereitende Akt ist der der Aufstellung einer Liste der stimmfähigen Bürger. Darüber bestimmt der

§ 19,

daß (Abs. 1) eine Liste der stimmfähigen Bürger, welche die erforderlichen Eigenschaften derselben nachweist, vom Magistrat geführt und alljährlich im Juli berichtigt,

diese Liste auch (Abs. 2) nach Wahlabteilungen und im Falle des § 14 nach den Wahlbezirken eingeteilt werden soll.

Im allgemeinen sei zu diesem Gegenstande auf Stier-Somlos Aufsatz im Verwaltungsarchiv Bd. XII S. 411 ff. hingewiesen.

Das Ziel, welches der § 19 und der auf ihn das Wahlverfahren weiter ausbauende § 20 verfolgen, wird dahin zusammengefaßt werden dürfen, daß das Wahlrecht so, wie es in den vorangeschickten materiell-rechtlichen Bestimmungen der Städteordnung, vor allem in dem die „Grundlagen der städtischen Verfassung" behandelnden Tit. I verliehen und für die einzelnen Wähler bemessen oder abgewogen worden ist, auch tatsächlich überall und jederzeit zur Geltung gelange, und wenn es dazu unerläßlich des Mittels gewisser Formvorschriften bedurfte, die wenigstens ein annäherndes Erreichen des Zieles sicher stellten, so war vor diesem Mittel selbst dann nicht zurückzuschrecken, wenn dasselbe immer noch einen letzten Rest von Inkongruenz zwischen materiellem und formellem Rechte ungelöst ließ.

1. Was in erster Reihe durch die Liste für jeden Beteiligten zu urkundlicher Darstellung gebracht werden soll, ist das: wie weit der Kreis der stimmfähigen Bürger reicht, wen er in sich einschließt, wen er außerhalb stehen läßt. Insbesondere bleibt unberührt von dem Inhalt der Liste die Frage der Wählbarkeit (vglch. zu § 17 a. E. und Nr. 1 zu § 25); in ihr entscheidet die Liste weder pro noch contra — schon deshalb nicht, weil in jener Richtung der Zeitpunkt des Wahlakts, in dieser der davon verschiedene der Aufstellung der Liste für die Beurteilung maßgebend ist, aber auch aus dem Grunde nicht, weil absolut aktive und passive Wahlbefähigung in ihren Voraussetzungen sich nicht decken, wie letzteres sich beispielsweise schon aus den nur die passive Befähigung einschränkenden §§ 15 und 17 ergibt.

2. Wenn die Liste eine solche „der stimmfähigen Bürger" (vglch. oben im Eingange des Abschnitts II) sein soll, so ist damit zugleich ausgeschlossen von der Aufnahme derjenige, in dessen Person die Ausübung des Bürgerrechts zur Zeit der Aufstellung der Liste „ruht" (§ 7; vglch. Entsch. d. OVG. Bd. XXXVI S. 124, Bd. XL S. 147), nicht minder derjenige, in dessen Person eben dann der Erwerb des Bürgerrechts sich noch nicht vollzogen hat, wenn auch kaum mehr daran zu zweifeln sein mag, daß der Erwerb bis zur nächsten Wahl zum Abschluß gelangt sein wird

(PrVerwBl. Jahrg. **11** S. 200, 297). Das erscheint vielleicht in dem einen oder dem andern Falle unbillig, muß aber zurücktreten zu Gunsten der im großen und ganzen aus der Statuierung gewisser Formen erwachsenden Rechtssicherheit.

3. Gleichfalls noch im ersten Absatze reiht der § 19 ein „Führen" und ein alljährlich im Juli erfolgendes „Berichtigen" der Liste als zwei besondere Akte in der Weise aneinander, daß allenfalls behauptet werden könnte, es habe die einmal hergestellte Urkunde — unbeschadet der Änderungen, die inzwischen notwendig geworden — doch äußerlich stets dieselbe zu bleiben. Praktisch hat sich das Verhältnis gerade umgekehrt gestaltet, auch kaum anders gestalten können; alljährlich pflegt eine, wenn auch vielleicht inhaltlich an die alte Liste anknüpfende, doch im Übrigen ganz neue Liste aufgestellt zu werden, und damit ist dem Gesetze nur etwa noch in weiterem als dem gebotenen Umfange Genüge geschehen.

4. Die Vorschrift des Gesetzes, daß die Liste die „erforderlichen" Eigenschaften der stimmfähigen Bürger nachweisen soll, liefe auf geradezu unerfüllbare Anforderungen hinaus, wenn alles, was irgend der Buchstabe in sie hineinzulegen allenfalls gestattet, hineingelegt würde. Aus der Tatsache der Aufnahme in die Liste an sich schon erhellt der Standpunkt des Magistrats, daß er in der Person des Aufgenommenen die erforderlichen Eigenschaften als gegeben ansieht, und damit wird die Liste selbst zu einer die Eigenschaften nachweisenden Urkunde. Es mag in manchen Fällen angezeigt sein, darüber hinauszugehen, erläuternd und motivierend noch einzelnes hinzuzufügen; aber selbst hierin werden dem Ermessen des Magistrats nicht zu enge Schranken gezogen werden dürfen und vollends wird hiervon nicht die — im übrigen erst bei § 20 zu behandelnde — Frage der „Richtigkeit" der Liste berührt.

Eines allerdings wird keinesfalls in der Liste fehlen dürfen, weil andernfalls in Bezug auf ihre Einteilung nach den Wahlabteilungen (Abs. 2) eine Nachprüfung den Beteiligten kaum mehr möglich wäre; es müssen die von den Eingetragenen zu entrichtenden

Steuern angegeben sein. Ein Erlaß des Ministers des Innern vom 1. September 1902 (MBl. S. 175) bestimmt indes: es solle nicht mehr, wie bis dahin noch meisthin geschehen, der Einzelbetrag jeder einzelnen Steuerart, sondern fortan nur der Gesamtbetrag aller auf den einzelnen entfallenden Steuern nachgewiesen werden; jenes frühere Verfahren habe infolge der bestimmungsmäßigen Offenlegung der Wählerliste zu dem Übelstande geführt, daß die Einzelergebnisse der Einkommensteuerveranlagung, entgegen dem Geiste des Einkommensteuergesetzes, der allgemeinen Einsicht ausgesetzt worden seien.

5. Das Organ, dem der § 19 (Abs. 1) die Führung und die alljährliche Berichtigung der Liste überträgt, ist der Magistrat. Eine Mitwirkung der Stadtverordneten-Versammlung findet vorläufig nicht statt, vielmehr erst gegenüber erhobenen Beschwerden oder Einsprüchen (vglch. zu § 20 Nr. 9). In welcher Weise aber innerhalb des Magistrats bei Aufstellung der Liste zu verfahren ist, darüber trifft das Gesetz keine besonderen Bestimmungen, und vollends würde es zu weit gehen, überall förmliche Kollegialbeschlüsse zu fordern. Gelangt nur schließlich eine Liste zur Offenlegung, die sich als vom Magistrat dazu bestimmt zu erkennen gibt, so liegt keine Veranlassung vor, den internen Vorgängen in der Richtung, wie dieselbe zu stande gekommen ist, weiter nachzugehen (Entsch. d. OVG. Bd. XXXVI S. 161 ff; PrVerwBl. Jahrg. 10 S. 179, 16 S. 122).

6. Der zweite Absatz des § 19 schreibt die Einteilung der Liste nach den Wahlabteilungen, event. auch den Wahlbezirken vor — dies nicht etwa in dem Sinne, daß sich an die dem ersten Absatze entsprechend erfolgte Aufstellung der Liste dann noch als ein zweiter, besonderer Akt die Einteilung anzuschließen hätte, mit dieser erst auf Grund einer bereits fertig gestellten Liste vorzugehen wäre, sondern in dem, daß beide Akte zur Fertigstellung eines einheitlichen Ganzen gehören und erst dieses Ganze diejenige Urkunde darstellt, auf der das weitere Verfahren — zunächst die Offenlegung — sich aufzubauen hat. Es wird sich später zeigen, daß die Unterlassung einer solchen rechtzeitigen Einteilung noch von

viel größerer Tragweite ist, als ein einzelner Verstoß gegen die „Richtigkeit“ der Liste. In letzterem Falle stehen den Beteiligten, um die Richtigstellung zu erlangen, besondere Rechtsmittel offen, bei deren Nicht-Einlegung die Liste ihrer Mängel unerachtet ein geeignetes Fundament für das weitere Verfahren bleibt oder doch diese Eigenschaft erlangt, die Mängel also nicht mehr zur Anfechtung der Wahl selbst ausgespielt werden können. Dagegen ist eine Liste, der es an dem Eingeteiltsein fehlt, überhaupt keine solche im Sinne des Gesetzes, und es gibt auch keinen Weg, auf dem sie zu einer solchen, die Wahl haltenden nachträglich werden könnte. Mit andern Worten: wohl gibt es, insoweit die materielle Richtigkeit und Vollständigkeit der in der Liste enthaltenen Eintragungen in Frage kommt, eine „formale Rechtskraft“, die für den Fortgang des Wahlverfahrens alle ihre etwaigen Mängel deckt; nicht aber gibt es eine solche gegenüber Verstößen wider das Verfahren, in dem die Feststellung der Liste erfolgen soll, vor allem nicht gegenüber der Unterlassung einer Einteilung nach den Wahlabteilungen und den Wahlbezirken. Näheres darüber folgt zu § 20 (Nr. 2 und 7); vglch. auch zu § 23 (Nr. 2).

7. Alljährlich nur einmal soll die Berichtigung — oder, wie es (vglch. oben Nr. 3) in der Praxis gehalten zu werden pflegt — die Neuaufstellung der Liste erfolgen. Wenn das Gesetz schon hier als den dazu bestimmten Zeitpunkt den Juli bezeichnet, so wird auf die Frage, welche Bedeutung dem zukommt, gleichfalls erst bei § 20 eingegangen werden (vglch. übrigens den Schlußsatz des § 21). Es folgt aus jenem Satze, daß in keinem Zeitpunkt des Jahres es an einer Liste fehlen darf, und daß die einmal abgeschlossene Liste fortbesteht, bis sie durch eine neue abgelöst wird, weiter aber auch, daß jede Wahl nach der zur Zeit ihrer Vollziehung in Kraft bestehenden Liste — nur nach dieser — zu erfolgen hat. Findet beispielsweise eine Wahl, die an sich schon im Herbst 1894 zu vollziehen gewesen wäre, gleichwohl erst im Herbst 1895 statt, so kann das — vorausgesetzt wenigstens, daß nicht noch ein Beschluß der Stadtverordneten-Versammlung über die Richtigkeit der Liste von 1895 aussteht — nur auf Grund dieser

geschehen, mag auch noch ein Streitverfahren über die Richtigkeit schweben (PrVerwBl. Jahrg. 23 S. 610 Nr. 16). Und die so vollzogene Wahl behauptet selbst dann noch ihre Gültigkeit, wenn später in jenem Streitverfahren der Liste die Richtigkeit abgesprochen wird. (Entsch. d. OVG. Bd. XIV S. 56, Bd. XX S. 9; vglch. auch Bd. XXVI S. 121, Bd. XXXI S. 9 und PrVerwBl. Jahrg. 9 S. 378, 10 S. 364, 396, 15 S. 162.) Letzteres hängt allerdings erst damit zusammen, daß die Klage über die Richtigkeit der Liste keine aufschiebende Wirkung hat, worauf bei den §§ 10 und 11 des Zuständigkeitsgesetzes (unten zu § 20) noch zurückgekommen werden wird.

Die im § 19 fundamentierte Einrichtung einer Liste der stimmfähigen Bürger wird des weiteren ausgebaut im

§ 20.

Die beiden ersten Absätze — unverändert noch heutigen Tages geltend — bestimmen:

> daß vom 1. bis 15. Juli der Magistrat zur Berichtigung der Liste schreitet und
>
> daß vom 15. bis zum 30. Juli die Liste in einem oder mehreren zu öffentlicher Kenntnis gebrachten Lokalen in der Stadtgemeinde offen gelegt wird.
>
> Aber auch der dritte Absatz,
>
> nach dem während dieser Zeit jedes Mitglied der Stadtgemeinde gegen die Richtigkeit der Liste bei dem Magistrat Einwendungen erheben kann,

besteht inhaltlich unverändert fort; in welcher Weise die Fassung eine geringe Änderung erfahren hat, ergibt sich aus dem schon oben (zu § 18 der StO.) auszugsweise mitgeteilten § 10 des Zuständigkeitsgesetzes von 1883.

Ganz umgestaltet dagegen sind die Absätze 4 und 5, die den Modus der Erledigung erhobener Einwendungen betrafen; insoweit darf, das jetzt bestehende Recht anlangend, gleichfalls auf die schon oben mitgeteilten Bestimmungen des Zuständigkeitsgesetzes

(§§ 10, 11, 21) zurückverwiesen werden, nach denen nunmehr die Gemeindevertretung — und zwar selbständig — über Beschwerden und Einsprüche zu beschließen hat und gegen ihren Beschluß noch die Klage im Verwaltungsstreitverfahren stattfindet.

Endlich bestimmt der sechste und letzte Absatz des § 20:

daß, wenn der Name eines einmal in die Liste aufgenommenen Einwohners wieder ausgestrichen werden soll, ihm dies acht Tage vorher von dem Magistrat unter Angabe der Gründe mitzuteilen ist.

Zu Abs. 1 und 2:

1. Das Gesetz begrenzt hier, unbeschadet freilich der erst im § 21 vorgesehenen statutarischen Anordnungen, die Fristen sehr bestimmt — zunächst „vom 1. bis 15. Juli" und dann „vom 15. bis zum 30. Juli" (vglch. PrVerwBl. Jahrg. 25 S. 341). Andererseits bringt es nicht zum Ausdruck, daß etwa in jeder Abweichung von diesen Terminen ein wesentlicher Mangel des Berichtigungsverfahrens erblickt werden müßte, und zu einer solchen Annahme nötigt ebensowenig der Grundgedanke, auf dem dieses Verfahren beruht, wie denn gegen sie auch die Konsequenz spricht, daß bei einer etwaigen Versäumnis — selbst einer kaum vermeidlichen — die Berichtigung überhaupt ausgesetzt bleiben müßte bis zum Juli des nächsten Jahres. Wohl aber wird durch jenen Grundgedanken nahe genug gelegt, daß keinenfalls die Dauer der Frist — umfassend 15 Tage — eine Schmälerung erfahren darf, wenn nicht das Verfahren ein wesentlich mangelhaftes werden soll. In diesem Sinne scheint denn auch ein Endurteil des OVG. vom 8. März 1889 (PrVerwBl. Jahrg. 10 S. 396; vglch. auch Jahrg. 23 S. 519) verstanden werden zu müssen; ein solches desselben Gerichtshofs vom 17. Septbr. 1890 indes (ebendas. Jahrg. 12 S. 206) bekennt sich unumwunden nicht einmal zu dieser Konsequenz, will vielmehr noch Raum gelassen sehen für die Erwägung, daß nach Lage des einzelnen Falles durch die Verkürzung der Frist kein Gemeindemitglied in der Ausübung seiner Befugnisse zur Prüfung und Beanstandung der Wählerliste tatsächlich behindert worden sei; denn dann erscheine nach verstän-

digem Ermessen die Annahme ausgeschlossen, daß infolge des normwidrigen Berichtigungsverfahrens eine Änderung des Wahlergebnisses möglich geworden sei. Allein damit scheint denn doch dem „verständigen Ermessen“ gar zu weit entgegengekommen zu sein (vglch. auch zur Offenlegungsfrist Entsch. d. OVG. Bd. XXXVI S. 161, 188).

2. Objekt einer wirksamen Offenlegung kann ferner nur eine den Vorschriften des § 19 entsprechend fertiggestellte, insbesondere auch bereits nach den Abteilungen, event. den Wahlbezirken eingeteilte Liste sein — dergestalt, daß ein Verstoß hiergegen notwendig die Ungültigkeit der an den Akt der Offenlegung sich anschließenden Wahl selbst dann nach sich zieht, wenn er erst in dem Verfahren über die Gültigkeit der Wahl gerügt wird; eine „Rechtskraft“ der Liste, erwachsend aus der Unterlassung einer früheren Rüge, ist insoweit dem Gesetze fremd. Im allgemeinen wurde auf diese Lage des bestehenden Rechts bereits zu § 19 (unter Nr. 6) hingewiesen. (Vglch. übrigens PrVerwBl. Jahrg. **10** S. 396, **11** S. 298, **17** S. 312; Entsch. d. OVG. Bd. XXII S. 12.)

3. Unzulänglich und wider das Gesetz verstoßend ist ferner jede Offenlegung, welche die zur Einsicht der Liste überhaupt Berechtigten in der Ausübung dieses Rechts beschränkt. Eine solche Beschränkung wird aber schon darin erblickt werden müssen, wenn es versäumt worden ist, die Lokale der Offenlegung zu öffentlicher Kenntnis zu bringen. Das Oberverwaltungsgericht freilich hat auch hier wieder (vglch. oben Nr. 1) in einem Endurteil vom 16. November 1894 gegenüber einer solchen, im Streitverfahren wider die Gültigkeit der Wahl erhobenen Rüge geltend gemacht: es fehle an der gleichzeitigen Behauptung, daß die Liste Unrichtigkeiten, deren Beanstandung durch Mängel der Bekanntmachung etwa verhindert sei, enthalten habe, und es sei deshalb die Folgerung, daß die Mängel das Ergebnis der Wahl berührt hätten, unmöglich. Allein damit scheint in den Anforderungen, von deren Erfüllung es abhängen soll, ob ein dem Berichtigungsverfahren anhaftender Mangel ein die Gültigkeit der Wahl berührender, in diesem Sinne wesentlicher ist, zu weit gegangen zu sein, auch

weiter, als in Beziehung auf andere, an sich kaum bedeutsamere Mängel das Oberverwaltungsgericht selbst gegangen ist. So hat das Oberverwaltungsgericht in einem am 8. Dezember 1894 entschiedenen Falle (Entsch. Bd. XXVII S. 21), in welchem den die Einsicht der Liste in Anspruch Nehmenden es nicht verstattet worden war, auch von denjenigen Spalten Kenntnis zu nehmen, worin die von den einzelnen Wählern zu zahlenden Steuern eingetragen waren, dies für so rechtsverletzend erklärt, daß überhaupt nicht erst zu untersuchen sei, ob und inwieweit der Verstoß das Ergebnis der Wahl beeinflußt habe; letzteres wird dort zum Ausdruck gebracht in der Bezugnahme auf Entsch. Bd. XXII S. 18 (20). Und weiter hat derselbe Gerichtshof am 27. Septbr. 1895 (vglch. auch Deutsche Gemeindezeitung vom 9. November 1895 u. PrVerwBl. Jahrg. 25 S. 196) in gleichem Sinne ausdrücklich Stellung genommen in einem Falle, in dem die Einsicht den sie Begehrenden nur in Beziehung auf die sie selbst betreffenden Eintragungen gestattet worden war; es komme — heißt es hier unter Hinweisung auf Entsch. Bd. XXVII S. 18, 22 — überhaupt nicht erst darauf an, ob ein solches ungehöriges Verfahren Einfluß auf das Ergebnis der Wahl gehabt habe. Ist es minder ungehörig, minder rechtverletzend, wenn den Interessenten die vom Gesetze angeordnete Mitteilung, wo sie ihr Recht ausüben können, ganz vorenthalten bleibt? In Bezug auf die Zugänglichkeit der Liste vglch. auch PrVerwBl. Jahrg. 22 S. 240, 24 S. 549.

4. Das aber freilich liegt in dem Anspruch auf Offenlegung der Liste und auf volle Kenntnisnahme von dem Inhalt nicht mit eingeschlossen, daß den Interessenten auf Verlangen Abschrift von der Liste erteilt oder auch nur es gestattet werden müßte, sich selbst Abschrift zu nehmen. So das Oberverwaltungsgericht in Entsch. Bd. XXVII S. 16 (vglch. auch Bd. XLII S. 127), woselbst auch schon die Frage gestreift wird, ob denn nicht wenigstens eine alsbaldige Fixierung des Ergebnisses der Einsicht in einzelnen Notizen erlaubt werden dürfe; letzteres wird zwar allenfalls zugestanden, nicht aber in dem Sinne, daß etwa schon jede Versagung der Erlaubnis die Offenlegung zu einer ungenügenden

mache (Deutsche Gemeindezeitung vom 9. November 1895 S. 242 und PrVerwBl. Jahrg. 20 S. 97, 21 S. 225, 22 S. 286, 23 S. 276). Neuerlich äußerte sich über diese Frage auch der Minister des Innern, und zwar in Anlehnung an die von ihm kurz zusammengefaßte Rechtsprechung des Oberverwaltungsgerichts (MBl. d. i. V. 1902 S. 176). Mancherlei Bedenken erhebt hier Stier-Somlo a. a. O. S. 424 ff.

Zu Abs. 3:

Derselbe — oben noch in seiner ursprünglichen Fassung mitgeteilt — ist nunmehr (vglch. § 10 des Zuständigkeitsgesetzes zu § 18 d. StO.) zu formulieren:

„Während der Dauer der Auslegung der Wählerliste kann **jedes Mitglied der Stadtgemeinde** Einspruch gegen die **Richtigkeit der Liste** erheben."

Der Schwerpunkt liegt gerade in den beibehaltenen, durch den Druck gekennzeichneten Worten — nicht in den geänderten: „während der Dauer der Auslegung" (vglch. oben Nr. 1) und: „Einspruch".

5. Der Kreis der Einspruchsberechtigten ist in seinen Grenzen so weit hinausgeschoben worden, daß das Recht **jedem** Mitgliede der Gemeinde — nicht etwa nur den „stimmfähigen Bürgern" (§§ 13, 14, 19, 25, 27, 59, 74), auch nicht ausschließlich den entgegen dem Inhalt der Liste ein Stimmrecht gerade für sich selbst in Anspruch nehmenden Gemeindegliedern — zusteht; es sollte selbst dieses immerhin der Richtigstellung der Liste förderliche Mittel nicht unverwertet bleiben (Entsch. d. OVG. Bd. XIV S. 46, 47, Bd. XXV S. 17, PrVerwBl. Jahrg. 15 S. 38). Aber freilich deckt der Kreis sich in diesem Umfange — wie später (Nr. 10) gezeigt werden wird — mit dem der Klageberechtigten keineswegs.

6. Eine bestimmte Form ist für den Einspruch im Gesetze nicht vorgeschrieben; unerläßlich ist nicht einmal die Form der Schriftlichkeit (Entsch. d. OVG. Bd. VIII S. 119, Bd. XXV S. 122). Unberührt davon bleibt die — schon den Inhalt treffende — Frage, inwieweit es bestimmt formulierter Angriffe bedarf.

7. Dies steht im Zusammenhange mit der weiter reichenden Frage, was das Gesetz unter der „Richtigkeit“ der Liste — einem gleichmäßig in dem alten Abs. 3, wie im Zuständigkeitsgesetze (§ 10) gebrauchten Ausdrucke — versteht. Die Antwort darauf ist von großer Bedeutung; denn nur und allein, was den Begriff der „Richtigkeit“ berührt, kann zum Gegenstande des Einspruchs im Berichtigungsverfahren und event. des daran sich anschließenden Streitverfahrens gemacht, muß aber auch andererseits gerade dort während der Offenlegung gerügt werden, wenn nicht das Rügerecht verloren gehen, die Liste ohne Rücksicht auf die materielle Richtigkeit zur unabänderlichen unanfechtbaren Grundlage für die weiteren Stadien des Wahlverfahrens werden soll — dies alles in direktem Gegensatze zu anderen wider die Legalität des Berichtigungsverfahrens gerichteten Angriffen, denen gegenüber es eine solche Präklusion, eine „formale Rechtskraft“ — daraus erwachsend, daß die Frist der Offenlegung ungenutzt verstrichen — überhaupt nicht gibt, die vielmehr auf den Rahmen des erst der Gültigkeit der Wahl entgegentretenden Verfahrens angewiesen sind. (Vglch. oben Nr. 6 zu § 19 und Nr. 2 und Nr. 9 zu § 20, auch Nr. 2 zu § 23 und Nr. 1 zu § 25.) Die ersteren Konsequenzen knüpfen sich an die Behauptung: es sei in die Liste überhaupt oder doch an bestimmter Stelle daselbst eine Eintragung von Personen zu Unrecht, wie geschehen, erfolgt oder es sei eine solche zu Unrecht unterblieben; darin liegt der Angriff: die Liste ermangele der „Richtigkeit“. Die hierher gehörende Judikatur des Oberverwaltungsgerichts anlangend, darf nicht vorübergegangen werden an einer Entscheidung vom 7. April 1879 (Bd. V S. 20), die zwar auf anderen als den hier unmittelbar maßgebenden Bestimmungen beruht, aber doch auch für die Würdigung derjenigen Gliederung und Cäsuren von Interesse ist, die den Aufbau des Verfahrens zur Wahl der Stadtverordneten grundsätzlich beherrschen. Wegen solcher Fälle der ersteren Gattung, die gerade an die Städteordnungen oder doch andere Gemeindeordnungen sich anknüpften, vglch. noch Entsch. Bd. XXVII S. 18, Bd. XXXI S. 9, Bd. XXXIV S. 158, Bd. XXXVI S. 121, 160, Bd. XL

S. 148; ferner PrVerwBl. Jahrg. 9 S. 443, 15 S. 239, 557, 21 S. 256, 22 S. 627, 23 S. 277, 24 S. 322, 436, 25 S. 251. Dagegen Stier-Somlo a. a. O. S. 428 ff. Zu jener zweiten Klasse von Fällen aber, in denen als das Objekt des Angriffs nicht mehr die „Richtigkeit" der Liste, sondern andere Punkte des Berichtigungsverfahrens anzusehen sein werden, wird es gerechnet werden müssen, wenn gerügt wird:

es sei nur die Offenlegung einer nicht rechtzeitig nach den Wahlabteilungen, event. auch den Wahlbezirken eingeteilten Liste erfolgt (vglch. Nr. 6 zu § 19, Nr. 2 zu § 20);

es sei den Beteiligten die Einsicht in die Liste nicht in Beziehung auf den gesamten Inhalt derselben gestattet worden (vglch. Nr. 3 zu § 20);

es sei nicht zur öffentlichen Kenntnis gebracht worden, in welchen Lokalen die Offenlegung stattfinde (vglch. ebendas.);

es seien noch nach Beginn der Offenlegung Änderungen in dem Inhalte der Liste — ohne Beobachtung der dafür vorgesehenen Formen — vorgenommen worden;

es habe die offengelegte Liste — entgegen der Vorschrift des § 19 (Nr. 4 das.) — nicht die erforderlichen Eigenschaften der stimmfähigen Bürger nachgewiesen.

Hier werden überall die oben erst an zweiter Stelle entwickelten Konsequenzen zur Geltung kommen müssen.

(Zur Schleswig-Holsteinschen Städteordnung von 1869 vglch. noch Entsch. d. OVG. Bd. XL S. 40, PrVerwBl. Jahrg. 25 S. 329.)

8. Hiernach erst läßt sich Stellung nehmen zu der Frage, inwieweit es bestimmt formulierter Angriffe bedarf. Der richtige Weg liegt hier zwischen zwei Extremen. Auf der einen Seite ist ganz unzulänglich eine allgemeine Behauptung der Unrichtigkeit, die jeder Anknüpfung an bestimmte einzelne Punkte ermangelt und damit auch das von ihr verfolgte Ziel der Richtigstellung nicht erkennen läßt; und selbst eine minder unvollständige, positiv einzelnes rügende, an sich sogar mit Recht rügende Behauptung der Unrichtigkeit muß ohne Erfolg bleiben, sobald außer

Frage steht, daß doch im Ergebnis die Wählerliste davon unberührt bleibt, wie beispielsweise, wenn die bei einem oder dem anderen Wähler in Ansatz gebrachten Steuern um ein Minimum zu hoch oder zu niedrig beziffert sind, übrigens aber feststeht, daß eine Korrektur keinerlei Verschiebung der in der Liste gezogenen Abteilungsgrenzen zur Folge haben würde. Andererseits würde indes — um an diesem Beispiele festzuhalten — die Anforderung wieder zu weit gehen, daß der Einsprechende, wo die Abgrenzung der Abteilungen auf einem grundsätzlich unhaltbaren Ausgangspunkte beruht, seinerseits auch die für jeden einzelnen auszuwerfenden Steuerbeträge anderweit zu berechnen und darnach die Abteilungen seinerseits neu zu bilden habe. Es genügt, wenn nur eben die Ausgangspunkte, mit denen an Stelle der der Liste zu Grunde gelegten der Einsprechende gerechnet sehen will, dergestalt präzisiert werden, daß eine damit kongruierende Umgestaltung der Liste auf eine simple Kalkulaturarbeit hinausläuft (Entsch. d. OVG. Bd. XIII S. 71, Bd. XIX S. 17, 18, Bd. XXV S. 18, 122, Bd. XXVIII S. 100; PrVerwBl. Jahrg. 15 S. 38, 178, 555).

Zu Abs. 4 und 5:

Diese Bestimmungen des § 20, die den Modus der Erledigung erhobener Einwendungen betrafen, sind ersetzt worden durch die des Zuständigkeitsgesetzes (vglch. die Vorbemerkungen zu § 20) — unbeschadet freilich des Satzes, daß die Stadtverordneten-Versammlung „bis zum 15. August" (vglch. indes § 21 Abs. 4) beschließen soll.

Vorangeschickt sei hier, daß der Gegensatz zwischen dem alten und dem neuen Recht besonders in zwei Punkten hervortritt — einmal in der Selbständigkeit, in der nunmehr die Stadtverordneten-Versammlung und nur sie gegenüber Beschwerden und Einsprüchen zu beschließen hat, und zum anderen darin, daß gegen den Beschluß der Weg des Verwaltungsstreitverfahrens eröffnet worden ist.

9. In ersterer Beziehung ist freilich die Aufgabe der Beschlußfassung nur für den Fall der Stadtverordneten-Versammlung überwiesen worden, daß Beschwerden oder Einsprüche erhoben

werden. Bleiben solche ganz aus, so fehlt es an Raum für jede Beschlußfassung (Entsch. des OVG. Bd. XXV S. 122; PrVerwBl. Jahrg. **11** S. 300, Jahrg. **15** S. 178); ohne weiteres wird dann die Liste mit dem Ablauf der Einspruchsfrist — um einen bezeichnenden, wenn auch nicht absolut korrekten Ausdruck zu gebrauchen — rechtskräftig. (Entsch. des OVG. Bd. XXII S. 17; vglch. oben Nr. 7.) Gelangt aber hiernach die Stadtverordneten-Versammlung überhaupt zur Aktion, so übt sie damit nicht etwa richterliche Funktionen in einem Parteistreit zwischen Magistrat und Einsprechendem, sondern sie tritt hier in Wahrnehmung städtischer Interessen, wie solche in der Regel dem Magistrate obliegt, als das dazu ausnahmsweise berufene beschließende Organ auf — eine Konstruktion, die allerdings in den alten Rahmen der Städteordnung sich nicht leicht einfügen läßt (Entsch. des OVG. Bd. XV S. 32).

10. Wenn weiter das Zuständigkeitsgesetz (§ 11) „gegen den Beschluß" der Stadtverordneten-Versammlung die Klage im Verwaltungsstreitverfahren gewährt, so ist zwar damit deutlich genug zum Ausdruck gebracht, daß diese Klage sich gegen das zur Beschlußfassung berufene Organ als Gegenpartei zu richten hat (vglch. die Schlußbemerkungen zu § 18). Dagegen kehrt auch hier der (gleichfalls schon dort berührte) Zweifel wieder, wer der zur Klage Berechtigte ist. Ausdrücklich gesteht das Gesetz die Klage „auch" dem Magistrat zu (Entsch. des OVG. Bd. XVII S. 93). Wer sind aber die anderen, auf welche dieses „auch" abzielt? Gewiß gehört zu ihnen, wer in seiner eigenen Wahlberechtigung durch den Beschluß beschränkt worden ist; es gibt niemand, der solchen Falles so unmittelbar und empfindlich in seinen Rechten verletzt würde, wie gerade jener; wenn er nicht zu den anderen, mit deren Vorhandensein das Gesetz doch einmal rechnet, gehören sollte, wer könnte es denn sonst sein? Und ihm gegenüber kann auch garnicht erst die Frage entstehen, ob etwa sein Klagerecht an die Voraussetzung zuvor erhobenen Einspruchs geknüpft sei; denn der Tatbestand, von dem hier ausgegangen wird, ist ja gerade eine erst durch den Beschluß herbeigeführte

Rechtsverletzung, die Offenlegung einer Liste, in der das später verletzte Recht noch anerkannt war, die zum Einspruch keinerlei Veranlassung bot, kein Objekt enthielt, gegen das Einspruch hätte erhoben werden können. — Erst in der ferneren Frage, ob und inwieweit es neben dem Magistrat und neben dem in seiner eigenen Wahlberechtigung durch den Beschluß Beschränkten noch andere Klageberechtigte gibt, lassen sich gewichtigere Bedenken erheben. Es ist oben (Nr. 5) nachgewiesen, daß und von welchen Gesichtspunkten aus schon die Städteordnung „jedes Mitglied der Stadtgemeinde“ dazu berechtigt hat, gegen die Richtigkeit der Liste „Einwendungen“ zu erheben, und ein Gleiches gilt nunmehr von dem Rechte des „Einspruchs“. Ohne weiteres führt ferner der Bau des Zuständigkeitsgesetzes zu dem Satze, daß, wer einmal diesen Weg betrat, auf ihm aber das verfolgte Ziel nicht erreichte, zu eben diesem Zwecke nunmehr — an Stelle der früheren Rekursinstanz — auch noch den Verwaltungsrichter anzurufen berechtigt ist. Der Gesetzgeber hätte nun freilich in derselben Richtung noch einen Schritt weiter gehen können; es hätte nicht gerade fern gelegen, ein Klagerecht unbeschränkt auch zu Gunsten desjenigen Mitgliedes der Stadtgemeinde zu statuieren, welches die Liste zwar in der Gestalt, in der die Offenlegung erfolgte, durchaus anerkannte, in derjenigen aber, die ihr auf Einspruch anderer demnächst durch Beschluß der Stadtverordneten-Versammlung substituiert wurde, als unrichtig angreifen zu sollen meinte. Tatsächlich indes ist so weit der Gesetzgeber nicht gegangen, hat er in diesem Umfange die Liste nicht unter die Kontrolle der gesamten Einwohnerschaft gestellt. Es war immerhin schon ein außerordentlicher, einigermaßen ungewöhnlicher Schritt, Personen, denen das Recht zur Teilnahme an den Wahlen grundsätzlich versagt ist, gleichwohl überhaupt eine Mitwirkung, eine Kontrolle in Beziehung auf ein wesentliches Glied des Wahlverfahrens durch Einräumung des Einspruchsrechts und eines an das Einspruchsverfahren sich anschließenden Klagerechts zuzugestehen; die Vermutung spricht nicht dafür, daß es in der Absicht gelegen haben sollte, diesem weitreichenden Schritt noch einen zweiten gleichen folgen zu lassen, und an einem positiven Ausdruck für eine solche Ausdehnung des jedem Gemeindegliede zugedachten Kontrollrechts — Rekurs- oder Klagerechts — fehlt es, wie in der Städteordnung selbst, so auch im Zuständigkeitsgesetze (Entsch. des OVG. Bd. XIV S. 46, 47, Bd. XXV S. 17; vglch. auch Bd. XXVII S. 119, Bd. XXXI S. 140. Abweichend neuerlich Stier-Somlo i. Pr. VerwBl. Jahrg. 24 S. 273).

11. „Die Klage hat in den Fällen des § 10 unter Nr. 1 und 2 keine aufschiebende Wirkung" (Zuständigkeitsgesetz § 11). Gestreift wurde dieser Satz bereits zu § 19 unter Nr. 7; hinzuzufügen bleibt noch: Freilich spricht das Gesetz in einem zweiten Satze — und zwar in einem zwingenden (Entsch. d. OVG. Bd. XXXX S. 167) — weiter aus: „jedoch dürfen Ersatzwahlen vor ergangener rechtskräftiger Entscheidung nicht vorgenommen werden"; allein das Oberverwaltungsgericht hat (Entsch. Bd. XIV S. 60) überzeugend nachgewiesen, daß dieser letztere Satz sich nur auf die Fälle, wo über die Gültigkeit der Wahlen gestritten wird (Zuständigkeitsgesetz § 10 Nr. 2), beziehe, er nur aussprechen wolle: an Stelle einer für ungültig erklärten Wahl dürfe erst, nachdem darüber rechtskräftig entschieden worden, eine anderweite Wahl stattfinden, daß dagegen, wo den Gegenstand des schwebenden Streits lediglich die Richtigkeit der Gemeindewählerliste bildet, es bei dem ersten Satze bewende, jede Wahl demnach selbst dann auf Grund der zuletzt berichtigten Liste stattzufinden habe, wenn eine ihrer Richtigkeit entgegentretende Klage noch der Erledigung mittels rechtskräftiger Entscheidung entgegensehe. Muß aber einmal dies anerkannt werden, dann ist es kaum mehr als eine logische Konsequenz, daß die solchen Falles rechtmäßig vollzogene Wahl diese Eigenschaft nicht dadurch wieder einbüßen kann, daß die erwartete rechtskräftige Entscheidung später im Sinne der Unrichtigkeit der Liste ergeht, also konstatiert: es hätten nicht berechtigte Personen als Wähler mitgewirkt, es seien berechtigte zu Unrecht ausgeschlossen geblieben (Entsch. Bd. XX S. 9; vglch. PrVerwBl. Jahrg. 23 S. 588, 620) — eine Konsequenz freilich, die den Wert des gegenüber der Wählerliste statuierten Anfechtungsrechtes unter Um-

ständen auf ein sehr bescheidenes Maß zurückführen kann. In dem Sinne wertlos wird aber dieses Recht doch noch nicht, daß gegenüber einer wider die Richtigkeit der Wählerliste erhobenen Klage eine sachliche Entscheidung etwa als gegenstandslos um deswillen überhaupt abgelehnt werden dürfte, weil inzwischen bereits die Wahl nach Maßgabe der dem angefochtenen Beschlusse entsprechend hergestellten Liste stattgefunden hat; das gilt zum mindesten in dem Falle, wenn es der Magistrat war, der die Klage erhoben hatte (Entsch. d. OVG. Bd. XVII S. 89).

12. Die Formulierung des Urteils anlangend, so kann füglich nur einfach abweisend erkannt werden, wo die Klage sich als unbegründet erweist. Andernfalls indes wird oft gefehlt. Festzuhalten bleibt, daß Gegenstand des Verfahrens, unmittelbarer Gegenstand lediglich die Richtigkeit der Liste ist; wird sie dieser abgesprochen, so muß das in der Art und dem Umfange zum Ausdruck gelangen, daß kein Zweifel übrig bleibt, was zur Richtigstellung zu geschehen hat; insoweit darf das Verfahren nicht ohne positives Ergebnis abschließen, beispielsweise in dem Falle, wenn der Beschluß als überhaupt nicht formell rite gefaßt angegriffen wird, das Urteil sich nicht darauf beschränken, den Beschluß aufzuheben. Zu weit aber würde es andererseits gehen, die Verpflichtung zur Aufstellung einer neuen Liste in der Weise, daß sie im Vollstreckungsverfahren durchgesetzt werden könnte, auszusprechen, zu weit auch, etwa da, wo die Nicht-Aufnahme des Klägers auf die Nicht-Anerkennung des Bürgerrechts zurückzuführen ist, dieses Recht — statt in der Beschränkung auf die einzelne Konsequenz der Aufnahme — als überhaupt bestehend anzuerkennen, sein Bestehen unbeschränkt und direkt zum Gegenstande der Entscheidung zu machen (Entsch. des OVG. Bd. XIX S. 17; PrVerwBl. Jahrg. 15 S. 240).

Zu Abs. 6:

13. Wer einmal in die Liste aufgenommen worden ist, sei es in die des Wahljahres oder auch in die des Vorjahres (PrVerwBl. Jahrg. 23 S. 277), soll, wenn er die Wiederausstreichung seines Namens zu gewärtigen hat, vorab hierauf vorbereitet, auch von den Gründen in Kenntnis gesetzt werden. Der Zusammenhang

dieser Bestimmung mit den unmittelbar vorangehenden Sätzen läßt keinenfalls die Annahme zu, daß jene für sich bestehe, daß also — ihre Beobachtung vorausgesetzt — hier dem Magistrat etwa ein Recht zu nachträglichen Streichungen eingeräumt werde, welches außerhalb des Rahmens des regelmäßigen Berichtigungsverfahrens ausgeübt werden könnte. Und daran wird, auch nachdem die vorangehenden Sätze durch das Zuständigkeitsgesetz von Grund aus umgestaltet worden sind, festgehalten werden müssen (vglch. auch § 56 der Landgemeindeordnung von 1891). Nur noch ein Mehreres an Garantien dagegen ist hier statuiert worden, daß ein beatus possidens ohne weiteres ex post wieder depossediert werde. Nunmehr wird die Vorbereitung des in seinem Besitzstande Gefährdeten auf diese Eventualität durch Vermittlung der Stadtverordneten-Versammlung zu erfolgen haben. Fraglich bleibt nur, welche Konsequenzen sich an eine etwaige Unterlassung knüpfen. Das Oberverwaltungsgericht (PrVerwBl. Jahrg. 15 S. 557, 25 S. 196) nennt die Bestimmung eine „instruktionelle Spezialvorschrift" und dem wird nicht entgegengetreten werden können; wenigstens legt das Gesetz einem nur in dieser Richtung sich bewegenden Verstoße eine besondere Bedeutung nicht weiter bei. Bedenken erhebt wieder Stier-Somlo a. a. O. S. 427. Der Betroffene wird nur und erst, wenn die Stadtverordneten-Versammlung definitiv im Sinne der Streichung Beschluß gefaßt hat, Klage hiergegen erheben, unter Umständen, wenn die Wahl unter seiner Ausschließung erfolgt ist, auch die Gültigkeit der Wahl — worauf später zurückgekommen werden wird — anfechten können (vglch. Entsch. d. OVG. Bd. XXVI S. 111, auch Bd. XXXX S. 40).

Daß übrigens ebensowenig, wie Streichungen außerhalb des regelmäßigen Berichtigungsverfahrens erfolgen dürfen, andere Änderungen in der einmal offengelegten Liste zulässig sind, daß insbesondere die Neu-Aufnahme von Wählern ausgeschlossen ist, ergibt sich zur Genüge schon aus dem oben entwickelten Grundgedanken jenes Verfahrens (vglch. auch — und zwar nach beiden Richtungen hin — Entsch. d. OVG. Bd. XXXI S. 9, Bd. XXXVI S. 164; PrVerwBl. Jahrg. 23 S. 610, 24 S. 322).

Diese Sätze gelten ohne Unterschied zwischen den Fällen, in denen es nur die Korrektur eines schon bei Aufstellung der Liste vorgefallenen Versehens ist, worauf die Änderung hinausläuft, und andererseits denen, die darauf abzielen, erst ex post hinzugekommenen Vorgängen in dem status der beteiligten Personen noch in letzter Stunde Rechnung zu tragen. Dort wie hier müssen mit ihren Lichtseiten auch die zuweilen an sie sich knüpfenden Schatten hingenommen werden, wie darauf schon oben (Nr. 2 zu § 19) hingewiesen wurde und in der Frage, wem der Wahlvorstand den Zutritt zum Wahltische freizugeben hat, später noch zurückgekommen werden wird.

Einer nochmaligen Offenlegung der etwa auf Einspruch berichtigten Liste bedarf es nicht (Entsch. d. OVG. Bd. XXXVI S. 184).

An den § 20 d. StO. überhaupt und die auf ihn sich beziehenden Bestimmungen des Zuständigkeitsgesetzes sei endlich noch die Frage angeknüpft, ob die Stadtverordneten-Versammlung einen Anspruch darauf hat, daß die Gemeindewählerliste im Berichtigungsverfahren ihr vom Magistrat zur Einsicht vorgelegt werde. Die Bejahung wird keinem Bedenken unterliegen für den Fall, daß es sich um die Erledigung von Einsprüchen handelt, die gegen die Richtigkeit der Liste erhoben wurden. Darüber hinaus beruft freilich das Gesetz die Stadtverordneten-Versammlung zu einer Mitwirkung überhaupt nicht — weder bei der Aufstellung und Offenlegung der Liste, noch zum Zwecke einer Richtigstellung (Nr. 5 zu § 19 u. Nr. 9 zu § 20). Dies kann aber nicht ausreichen, die Versagung jenes Anspruchs zu begründen; derselbe ist ein Ausfluß des ohne jede Beschränkung im § 37 d. StO. der Stadtverordneten-Versammlung eingeräumten allgemeinen Kontrollrechts. Das Oberverwaltungsgericht hat es in einem Endurteil vom 19. September 1894 anscheinend vermieden, in diesem weitgehenden Sinne zu der aufgeworfenen Frage Stellung zu nehmen (vglch. auch MBl. d. i. V. 1863 S. 234).

§ 21

bestimmt im ersten Absatz:

„Die Wahlen zur regelmäßigen Ergänzung der Stadtverordneten-Versammlung finden alle zwei Jahre im November statt. Bei dem zunächst vorhergehenden wöchentlichen Hauptgottesdienst ist auf die Wichtigkeit dieser Handlung hinzuweisen. Die Wahlen der dritten Abteilung erfolgen zuerst, die der ersten zuletzt."

Von diesen drei Sätzen gilt indes der erste nach dem Schlußabsatze nur unbeschadet statutarischer, den Termin abweichend bestimmender Anordnungen und der zweite nur unbeschadet der im § 27 getroffenen weiteren Bestimmung, daß es gegenüber der vollzogenen Wahl für einen Ungültigkeitsgrund nicht zu erachten ist, „wenn die der betreffenden geistlichen Behörde anheimzugebende Hinweisung auf die Wichtigkeit der Wahl (§ 21) unterblieben ist" (PrVerwBl. Jahrg. **24** S. 807). Dem ersten Satze wird aber, selbst abgesehen von statutarischen Anordnungen, kaum die Bedeutung beigelegt werden dürfen, daß jede nicht gerade im November stattfindende Wahl etwa allein schon dieserhalb ungültig wäre (vglch. Entsch. d. OVG. Bd. XXII S. 1; PrVerwBl. Jahrg. **24** S. 419).

Der erste Absatz leitet ferner mit den Worten: „Wahlen zur regelmäßigen Ergänzung der Stadtverordneten-Versammlung" einen Gegensatz ein, der dann im folgenden einen knapperen Ausdruck in den Worten: „Ergänzungs- und Ersatzwahlen" (Abs. 3) findet. Jenen Wahlen stehen zunächst und insoweit gegenüber: „außergewöhnliche Wahlen zum Ersatze innerhalb der Wahlperiode ausgeschiedener Mitglieder" (Abs. 2), weiter aber auch solche Wahlen, die zwar gleichfalls zur „regelmäßigen Ergänzung" bestimmt sind, doch aber nicht ausschließlich dazu, sondern daneben auch noch zur Durchführung einer Erhöhung der Zahl der Stadtverordneten, einer Erweiterung der Versammlung (vglch. oben Nr. 1 zu § 18). In Beziehung auf den ersteren Gegensatz ist dieselbe Terminologie beibehalten worden in dem schon oben (zu § 14) berührten Gesetze vom 1. März 1891; dagegen bedient sich des Ausdrucks „Ersatzwahlen" in abweichendem Sinne und damit einigermaßen irreführend der § 11 des Zuständigkeitsgesetzes von 1883 — in dem Sinne nämlich, daß er solche Wahlen meint, die zum Ersatze einer für ungültig erklärten Wahl stattfinden (Entsch. d. OVG. Bd. XIV S. 62 ff.).

Der dritte Satz mag zwar zunächst mit der Voraussetzung rechnen, daß bei einer Ergänzungswahl — wie das die Regel — alle drei Abteilungen beteiligt sind. Doch ist es nicht ausgeschlossen, ihn auch auf den Fall — der ausnahmsweise immerhin möglich (vglch. unten zu Abs. 3) — zu beziehen, daß nur die erste und die dritte Abteilung zu wählen haben (PrVerwBl. Jahrg. 18 S. 245).

Der zweite Absatz befaßt sich ausschließlich mit Ersatzwahlen im Sinne des oben vorangestellten Gegensatzes, hierüber folgendes bestimmend:

> „Außergewöhnliche Wahlen zum Ersatze innerhalb der Wahlperiode ausgeschiedener Mitglieder müssen angeordnet werden, wenn die Stadtverordneten-Versammlung oder der Magistrat oder die Regierung es für erforderlich erachten. Der Ersatzmann bleibt nur bis zum Ende derjenigen sechs Jahre in Tätigkeit, auf welche der Ausgeschiedene gewählt war."

Eine Änderung hat er nur darin erfahren, daß die Regierung ausgeschieden ist, indem das Zuständigkeitsgesetz von 1883 im § 12 bestimmt:

> „Der Bezirksausschuß beschließt, soweit die Beschlußfassung nach den Gemeindeverfassungsgesetzen der Aufsichtsbehörde zusteht, ... über die Vornahme außergewöhnlicher Ersatzwahlen zur Gemeindevertretung . . ."

— wobei übrigens der Ausdruck „Ersatzwahlen" wieder einmal eine ganz andere Bedeutung für sich in Anspruch nimmt als die nur unmittelbar zuvor im § 11 desselben Gesetzes ihm beigelegte (vglch. oben zum Abs. 1 des § 21 d. StO.). Eine Beschränkung erfährt er ferner demnächst noch im §§ 22, betreffend die Ergänzung der erforderlichen Zahl von Hausbesitzern, worauf dort zurückgekommen werden wird.

Im übrigen läuft der Inhalt des ersten Satzes im Kern darauf hinaus, daß keineswegs jedes Ausscheiden eines Stadtverordneten innerhalb der Wahlperiode etwa ohne weiteres eine alsbaldige Ersatzwahl nach sich zieht (Entsch. d. OVG. Bd. XXXIV S. 156), daß vielmehr die Stadtverordneten-Versammlung auch in dem dadurch eingeschränkten Bestande der Häupterzahl legal zusammengesetzt bleibt, bis eines der drei berufenen Organe den Ersatz für erforderlich erklärt oder — das wird hinzufügt werden müssen — die Wahlperiode des Ausgeschiedenen abläuft (vglch. indes unten zu § 22).

Der zweite Satz aber statuiert nicht etwa eine Abweichung von der Regel, daß die Stadtverordneten „auf sechs Jahre" gewählt werden (§ 18); vielmehr kann in ihm sogar eine Bestätigung der Regel erblickt werden — wenn auch dies nur unter dem Gesichtspunkt, daß der Ausgeschiedene und der Ersatzmann in gewissem Sinne eine Person bilden (Entsch. d. OVG. Bd. XVII S. 105).

Im weitesten Umfange ist früher der zweite Absatz noch Gegenstand der Diskussion geworden in einer Frage, die inzwischen der Gesetzgeber zu lösen versucht hat. Das Oberverwaltungsgericht hatte nämlich schon im Jahre 1888 den Rechtssatz ausgesprochen, daß niemals Ergänzungs- und Ersatzwahlen in einer und derselben Wahlhandlung (zeitlich) zusammengefaßt stattfinden dürften, auch dann nicht, wenn dabei der einzelne Wähler die von ihm abgegebenen Stimmen (sachlich) auseinanderhalte, er zum Ausdruck bringe, wen er als Ersatzmann, wen als Ergänzungsmann wähle — wie denn auch in den folgenden Jahren der genannte Gerichtshof allen dagegen erhobenen Widerspruchs unerachtet an dieser Ansicht festhielt, insbesondere in Abrede stellte, daß ihr die Entstehungsgeschichte des § 21 (Abs. 2) entgegenstehe (Entsch. Bd. XVIII S. 37, PrVerwBl. Jahrg. 10 S. 178, 352, 364, 12 S. 131, 326). Schließlich glaubte der Gesetzgeber, dem ein Ende machen zu sollen. Allerdings geschah dies durch das Gesetz vom 1. März 1891 nicht mittels Abänderung des § 21;

vielmehr führte der zur Erreichung des Zieles eingeschlagene Weg dahin, daß erst an den Satz des § 25:

> „Jeder Wähler . . . . . hat so viele Personen zu bezeichnen, als zu wählen sind,“

ein entsprechender Zusatz angeknüpft wurde. Das Ziel selbst indes steht in engerem Zusammenhange mit § 21, und darin mag das Vorgreifen an dieser Stelle seine Entschuldigung finden. Der Zusatz lautet:

> „Werden die Ersatzwahlen mit den Ergänzungswahlen in ein und demselben Wahlakte verbunden, so hat jeder Wähler getrennt zunächst so viele Personen zu bezeichnen, als zur regelmäßigen Ergänzung der Stadtverordneten-Versammlung, und sodann so viele Personen, als zum Ersatze der innerhalb der Wahlperiode ausgeschiedenen Mitglieder zu wählen sind.“

Dazu sei vorab bemerkt, daß der Zusatz überhaupt nur den Fall betrifft, wo die verbundenen Wahlen einerseits dem Ersatze, andererseits der Ergänzung der Versammlung dienen, nicht auch den, wo es eine Erweiterung oder Verstärkung der Versammlung (oben zu § 12 und Nr. 1 zu § 18) gilt. Abweichend freilich das OVG. Entsch. Bd. XXVIII S. 25, zustimmend jedoch, wie es scheint, in einem Endurteile vom 17. Januar 1896.

Weiter fragt es sich, was das Gesetz unter einer „getrennt“ erfolgenden Bezeichnung der mehreren zu wählenden Personen versteht. Das Oberverwaltungsgericht ist hierin den Bedürfnissen der Praxis sehr weit entgegengekommen; es soll jeder Modus der Trennung genügen, der nach dem pflichtmäßigen Ermessen des Wahlvorstandes keinen Zweifel darüber, auf welche der kombinierten Wahlen die einzelne Stimmabgabe sich bezieht, übrig läßt, und es soll, wenn auch das Protokoll sich darauf beschränkt, eine bestimmte Anzahl von Stimmen als auf bestimmte Personen entfallen zu bezeichnen, doch von der Voraussetzung, daß dementsprechend die Bezeichnung „getrennt“ erfolgt sei, ausgegangen werden; nur nebenher deutet das Oberverwaltungsgericht an: immerhin möge es sich für solche Fälle kombinierter Wahlen empfehlen, schon in der Bekanntmachung des Wahltermines noch besonders und ausdrücklich darauf hinzuweisen, wie die zuerst abgegebenen Stimmen auf die Ergänzungswahlen, die zuletzt abgegebenen auf die Ersatzwahlen bezogen werden würden, wenn auch eine solche Beziehung schon im Gesetze selbst vorgeschrieben sei (Entsch. d. OVG. Bd. XXVIII S. 25); in gleichem Sinne ein Endurteil vom 30. Mai 1896.

Weiter bestimmt der § 21 im dritten Absatz (Fassung des Gesetzes vom 1. März 1891):

> „Alle Ergänzungs- und Ersatzwahlen werden — unbeschadet der Vorschrift im zweiten Absatze des § 14 — von denselben Abteilungen und Wahlbezirken vorgenommen, von denen der Ausgeschiedene gewählt war. Ist die Zahl der zu wählenden Stadtverordneten nicht durch drei teilbar, so ist, wenn nur einer übrig bleibt, dieser von der zweiten Abteilung zu wählen. Bleiben zwei übrig, so wählt die erste Abteilung den einen und die dritte den andern."

Dazu sei zunächst zurückverwiesen auf die obigen Bemerkungen zu § 14, nach denen der erste Satz dieses Abs. 3 keine Anwendung findet, insoweit er sich unverträglich erweist mit einem (in dem Zusatze des Gesetzes vom 1. März 1891 zu jenem § 14 vorgesehenen) Beschlusse des Magistrats, betreffend eine Änderung der Anzahl oder der Grenzen der Wahlbezirke oder auch der Anzahl der von einem jeden derselben zu wählenden Stadtverordneten.

Desgleichen wurde bereits oben (Nr. 1 zu § 18) darauf hingewiesen, wie es aber auch weiter kaum überall möglich sein werde, gleichmäßig den vorstehenden Sätzen des § 21 (Abs. 3) und daneben auch denen:

> daß jede Abteilung ein Drittel der Stadtverordneten wählt (§ 13) und daß die Stadtverordneten auf sechs Jahre gewählt werden, alle zwei Jahre aber ein Drittel von ihnen ausscheidet (§ 18),

voll gerecht zu werden — so besonders in den Fällen, wenn die Stadtverordneten-Versammlung nur aus 12 oder gar nur aus

6 Mitgliedern besteht (§§ 12, 72 d. StO.), auch in den nicht gerade seltenen Fällen, wenn einmal ältere Wahlen, auf welche die neue Wahl sich aufbaut, einen fehlerhaften, für die Folgezeit wieder dem Gesetze anzupassenden Turnus eingeführt haben. Näher getreten wurde indes bei § 18 den hieran sich knüpfenden Fragen nur in Beziehung auf den Fall der Kombination von Ergänzungs- und Erweiterungswahlen. Es sei nunmehr noch hinzugefügt:

Das Gesetz bereitet keinerlei Schwierigkeit, wenn — was in ihm offensichtlich als der normale Ausgangspunkt vorausgesetzt wird — die Gesamtzahl der Stadtverordneten eine solche ist, die nicht nur eine erstmalige, jeder Abteilung einen gleichen Bruchteil zuführende Drittelung, sondern auch eine nochmalige Drittelung dieses Bruchteils, vermöge deren alle zwei Jahre eine gleiche, auch gleich alte Häupterzahl aus jeder Abteilung zum Ausscheiden gelangt, zuläßt. Sind in solchen Fällen erst einmal die beiden ersten Ergänzungswahlen — nach 2 und 4 Jahren von der ersten Konstituierung ab gerechnet — überwunden, wobei (nach § 18) die Ausscheidenden „für jede Abteilung" (Entsch. d. OVG. Bd. XIX S. 141) das Los bestimmt, so ist man damit zu einem Uhrwerk gelangt, welches alles in bester Ordnung erhält; nach Verlauf von je zwei weiteren Jahren scheiden diejenigen, deren sechsjährige Funktionsperiode verstrichen ist, aus; sie werden ersetzt durch Wahlen in denjenigen Abteilungen, von denen sie gewählt waren, und in jeder Abteilung fungiert fortdauernd eine gleiche Anzahl von ältesten, minder alten und jüngsten Stadtverordneten. Überall Wiederwahl vorausgesetzt, erwächst — um mit den den Buchstaben beigefügten kleinen Zahlen die Funktionsdauer eines jeden zu bezeichnen — folgendes, gleichmäßig für jede der drei Abteilungen geltende Bild:

(1887)	Erste Konstituierung	A^6 B^6	C^6 D^6	E^6 F^6
(1889)	Nach der ersten Ergänzungswahl (Auslosung, aber Wiederwahl von A B):	A^6 B^6	C^4 D^4	E^4 F^4

(1891)	Nach der zweiten Ergänzungswahl (Auslosung, aber Wiederwahl von C D):	A^4 B^4	C^6 D^6	E^2 F^2
(1893)	Nach der dritten Ergänzungswahl (E F nach 6jähr. Funktion ausgeschieden, aber wiedergewählt);	A^2 B^2	C^4 D^4	E^6 F^6
		1895	1897	1899
			ausscheidend.	

Im übrigen werden für andere als solche bequeme Normalfälle in der Frage, wie jene Bestimmungen der §§ 13, 18 und 21 gegen einander abzuwägen und mit einander zu vereinigen sind, folgende Sätze aufgestellt werden dürfen — und zwar im wesentlichen in Anlehnung an die Entscheidungen des Oberverwaltungsgerichts:

vom 14. September 1888 (Entsch. Bd. XVII S. 100; ähnlich ein Endurt. vom 17. Januar 1896; vgl. auch oben Nr. 1 zu § 18), betreffend die Grundsätze, nach denen bei Neuwahlen zur Durchführung einer Erhöhung der Zahl der Stadtverordneten in Verbindung mit den regelmäßigen Ergänzungswahlen vorzugehen ist;

vom 14. März 1890 (Entsch. Bd. XIX S. 136), betreffend die der Landgemeindeordnung für Westfalen entsprechenden Grundsätze, nach denen die aus einer in ihrer Gesamtheit neugewählten Gemeindevertretung nach Verlauf von zwei Jahren ausscheidenden Mitglieder insbesondere in dem Falle zu bestimmen sind, wenn die Gemeindevertretung nur aus sechs Gemeindeverordneten besteht;

vom 5. Juni 1895 (Entsch. Bd. XXVIII S. 22), betreffend eine Kollision des letzten Satzes in Abs. 3 des § 21 mit anderen der vorbezeichneten Bestimmungen;

vom 23. Septbr. 1896 (Entsch. Bd. XXX S. 153), betreffend Wahl der Gemeindeverordneten in der Provinz Westfalen;

vom 19. Dezember 1896 (PrVerwBl. Jahrg. **18** S. 244), betreffend die Tragweite der Sätze, daß die Ergänzungswahlen von denselben Abteilungen, welche die ausscheidenden Stadtverordneten gewählt haben, vorzunehmen sind (Satz 1 in Abs. 3 des § 21) und daß bei den regelmäßigen Ergänzungswahlen tunlichst alle Abteilungen zu beteiligen sind:

a. Als ein unter allen Umständen aufrecht zu erhaltender Kardinalsatz ist der aus dem Schlußsatze des § 13 sich ergebende anzusehen, daß keiner Abteilung mehr, keiner aber auch weniger als ein Drittel der Stadtverordneten angehören darf. Führt etwa eine Anwendung derjenigen Bestimmungen des Abs. 3 § 21 (Sätze 2 und 3), welche den Fall einer nicht durch drei teilbaren Zahl der zu wählenden Stadtverordneten vorsehen, zu einem Verstoße wider jenen ersten Satz, so hat sie zu unterbleiben.

b. Nicht minder ist es ein gleichwertiger, aus § 18 sich ergebender Kardinalsatz, daß die Stadtverordneten sechs Jahre lang zu fungieren haben — unbeschadet einer mäßigen Überschreitung, wie sie unten aus § 28 hergeleitet werden wird. In jenem Satze liegt aber ein Zwiefaches ausgesprochen — einmal, daß es Mandate, die sich auf acht Jahre oder gar noch weiter hinaus erstrecken, nicht gibt und nicht geben kann, zum anderen, daß jeder zur regelmäßigen Ergänzung der Versammlung gewählte Stadtverordnete mit seiner Wahl an sich den Anspruch darauf erlangt, sechs Jahre lang im Amte zu verbleiben. Durch letzteres wird freilich nicht ausgeschlossen, daß die bei der ersten Konstituierung oder Neubildung der Versammlung Gewählten das Mandat überhaupt und ex lege nur unter dem Vorbehalt empfangen, daß sie schon nach 2 oder doch nach 4 Jahren wieder auszuscheiden haben, wenn das gemäß § 18 i. f. für jede Abteilung zu ziehende Los sie trifft. Und ein gleicher Vorbehalt kann auch bei späteren Wahlen an solche — freilich nur, solange sie noch nicht vollzogen — geknüpft werden, wenn das zur Herstellung eines ordnungsmäßigen Turnus erforderlich ist. Das Oberverwaltungsgericht hat hierin dem Lose allmählich eine weit über den Rahmen jener Schlußbestimmung des § 18 hinausreichende Rolle zugewiesen, besonders da, wo es galt, die Konsequenzen alter, in der Gestaltung des Turnus begangener Sünden für die Folgezeit abzuwenden.

Direkt aus den §§ 13, 18, 21 oder doch aus deren Zusammenhang ergeben sich ferner noch folgende Sätze:

c. Alle Ergänzungs- und Ersatzwahlen sollen — im Normalfalle wenigstens — von denselben Abteilungen und Wahlbezirken (§ 14) vorgenommen werden, von denen der Ausgeschiedene gewählt war und er — das darf subintelligiert werden — gewählt werden mußte (§ 21).

d. Daß bei jeder Ergänzungswahl ausnahmslos alle drei Abteilungen beteiligt werden, ist zwar nicht immer erreichbar — so beispielsweise schon dann nicht, wenn die Gesamtzahl der Stadtverordneten nur 12 beträgt, ebensowenig, wenn einmal ältere Wahlen, auf welche die neue Wahl sich aufbaut, einen unannehmbaren Turnus eingeleitet haben und es darauf ankommt, wieder in legale Bahnen einzulenken. Immerhin will aber grundsätzlich der Gesetzgeber allerdings stets alle drei Abteilungen nebeneinander beteiligt sehen, und damit wäre es unverträglich, wenn über den einzelnen Notfall hinaus fortdauernd und regelmäßig das Ausscheiden auf eine Abteilung beschränkt bleiben sollte.

e. Damit steht es im Zusammenhange, daß — wiederum den Normalfall vorausgesetzt und außerhalb desselben wiederum, soweit es erreichbar ist — der gesamten Versammlung nicht nur, sondern auch jeder einzelnen Abteilung jederzeit drei Gruppen angehören müssen, deren eine 6 Jahre, deren zweite 4 Jahre, deren dritte 2 Jahre zu fungieren hat.

Der vierte und letzte Absatz des § 21, betreffend Abänderungen der in den §§ 19 bis 21 bestimmten Termine mittels statutarischer Anordnungen, bedarf hier, nachdem er bereits oben zu § 19 (Nr. 7), zu § 20 (Nr. 1) und im Eingange zu § 21 berührt worden ist, weiterer Erläuterung nicht.

Gleichfalls schon oben — zu § 16 und zu § 21 Abs. 2 — wurde der

§ 22.

gestreift, lautend:

„Der Magistrat hat jederzeit die nötige Bestimmung zur Ergänzung der erforderlichen Anzahl von Hausbesitzern (§ 16) zu treffen.

Ist die Zahl der Hausbesitzer, welche zu wählen sind, nicht durch die Zahl der Wahlbezirke teilbar, so wird die Verteilung auf die einzelnen Wahlbezirke durch das Los bestimmt.

Mit dieser Beschränkung können die ausscheidenden Stadtverordneten jederzeit wieder gewählt werden."

Den bereits an den verwandten § 16 geknüpften, zum Teil auch hierher gehörenden Bemerkungen ist noch folgendes hinzuzufügen:

Der Gesetzgeber legt einen besonderen Wert darauf, daß die Hälfte der von jeder Abteilung zu wählenden Stadtverordneten aus Hausbesitzern bestehe. Nicht, wie es im § 21 Abs. 2 geschehen, fragt er erst darnach, was die dort bezeichneten Organe „für erforderlich erachten"; gebietend vielmehr macht er für alle die Fälle, in denen es an der legalen Anzahl von Hausbesitzern fehlt, dem Magistrat es zur Pflicht, die Ergänzung herbeizuführen. Hält ein Stadtverordneter sich für beschwert durch die darauf abzielenden Maßnahmen, für beschränkt in dem Besitze „des Rechts zur Bekleidung einer den Besitz des Bürgerrechts voraussetzenden Stelle in der Gemeindevertretung", so mag er die Stadtverordneten-Versammlung anrufen (§ 10 des Zuständigkeitsgesetzes — oben zu § 18).

Dieser Tendenz des Gesetzes unerachtet ist zu warnen vor zu weitreichenden Konsequenzen. Insbesondere führt der § 22 weder dahin, daß ein als Hausbesitzer gewählter Stadtverordneter mit einer in die Funktionsperiode fallenden Veräußerung seines Hauses ohne weiteres sein Mandat verlöre, noch auch dahin, daß für jeden ausscheidenden Hausbesitzer überall wieder gerade ein solcher gewählt werden müßte, wie denn letzteres beispielsweise schon dann entbehrlich wird, wenn ohnehin der vom Gesetze angestrebte Erfolg, daß von den Mitgliedern jeder Abteilung fortdauernd mindestens die Hälfte dem Kreise der Hausbesitzer angehöre, gesichert bleibt, dadurch gesichert, daß schon die der betreffenden Abteilung verbleibenden Stadtverordneten die erforderliche Anzahl von Hausbesitzern erfüllen. Andererseits würde an Stelle eines ausscheidenden Nicht-Besitzers in dem Falle keineswegs wieder ein solcher gewählt werden dürfen, wenn etwa Besitzveräußerungen seitens anderer, dereinst als Besitzer gewählter Stadtverordneten derselben Abteilung eine Verschiebung dahin bewirkt hätten, daß bei weiterem Hinzutreten eines Nicht-Besitzers es an der erforderlichen Gesamtzahl der Besitzer fehlen würde. Hierin finden zugleich die Worte des Schlußsatzes, daß (nur) „mit dieser Beschränkung" die Ausscheidenden jederzeit wiedergewählt werden dürfen, ihre nähere Bestimmung.

In allen diesen Beziehungen dürfen die Entscheidungen d. OVG. Bd. XXVI S. 102 und Bd. XXXIV S. 155, wennschon sie sich zunächst an verwandte Bestimmungen der Landgemeindeordnung vom 3. Juli 1891 anlehnen, auch hier in Bezug genommen werden. Vglch. dazu Deutsche Gemeindezeitung vom 23. März 1895.

Unmittelbar bis an den Wahlakt heran führt der

§ 23.

Er will die in der Liste (§§ 19, 20) verzeichneten Wähler vierzehn Tage vor der Wahl durch den Magistrat zu den Wahlen mittels schriftlicher Einladung oder ortsüblicher Bekanntmachung berufen sehen und bestimmt weiter (Abs. 2), daß die Einladung oder Bekanntmachung das Lokal, die Tage und die Stunden, in welchen die Stimmen bei dem Wahlvorstande abzugeben sind, genau bestimmen soll.

1. Die Berufung der Wähler hat — diese Anforderung steht an der Spitze — „vierzehn Tage vor der Wahl" zu erfolgen, wenn auch keineswegs gerade am vierzehnten Tage; eine um etliches frühere Berufung ist nicht gesetzwidrig (Entsch. d. OVG.

Bd. XXXVI S. 189; PrVerwBl. Jahrg. 20 S. 78, 23 S. 277, 24 S. 421). Gesetzt nun, es solle am Mittwoch den 30. November gewählt werden; genügt es alsdann, daß die Berufung am Mittwoch, den 16. November stattfindet, oder hat sie vielmehr schon und spätestens am 15. November stattzufinden, damit 2 × 7 Tage bis zum 30. November voll freibleiben? Das Gesetz bestimmt ein solches Freibleiben (Zivilprozeßordnung § 217) nicht, und darnach wird ersteres als ausreichend anzusehen sein (Entsch. d. OVG. Bd. XXV S. 114, Bd. XXXIV S. 15). Bei nicht rechtzeitiger Berufung wird übrigens die an sie sich anschließende Wahl ohne weiteres für ungültig erklärt werden müssen, nicht etwa erst noch der Nachweis gefordert werden dürfen, daß der Verstoß von Einfluß auf das Wahlergebnis gewesen sei (vglch. oben Nr. 1 zu § 20 Abs. 1 und 2). Nur mag, insoweit der Verspätung unerachtet die Wähler tatsächlich zur Wahl erschienen sind, von dem Verstoße abgesehen werden können (PrVerwBl. Jahrg. 11 S. 301, freilich auch 23 S. 519).

2. An wen hat die Berufung zu ergehen? Das Gesetz erwidert: an „die in der Liste (§§ 19, 20) verzeichneten Wähler"! Vorgreifend gelangt damit zugleich — wenigstens implicite — zum Ausdruck, daß eben diese Personen sämtlich, aber auch nur sie, mitzustimmen berechtigt sind, gleichviel ob und inwieweit die persönlichen Verhältnisse der Verzeichneten sich inzwischen zu ihren Ungunsten, die der Nicht-Verzeichneten sich zu ihren Gunsten verändert haben. Die der Liste entsprechende Einberufung ist das Patent, dessen Besitz den Zutritt zum Wahltische eröffnet, dessen Nichtbesitz ihn verschließt. Darin macht sich die Bedeutung der „formellen Rechtskraft" der Liste, wie sie im übrigen schon oben (zu den §§ 19, 20) hinreichend beleuchtet wurde, geltend. Dem Wahlvorstande darf keinerlei Untersuchung und Entscheidung mehr darüber angesonnen oder auch nur gestattet werden, ob dieser oder jener im Widerspruche mit dem materiellen Rechte zu Unrecht in der Liste figuriert oder zu Unrecht darin fehlt. Beide Fragen sind für ihn abgetan durch den formellen Abschluß der Liste. (Vglch. auch Nr. 1 zu § 25.) Selbst vor der Konsequenz

dieses — es mag zugegeben werden — einigermaßen starren Satzes wird nicht zurückgeschreckt werden dürfen, daß da, wo in der Zeit zwischen jenem Abschluß und der Wahl selbst verwaltungsrichterliche Entscheidungen, die in ersterem Zeitpunkt noch erst in Aussicht standen, zu Gunsten eines Nicht-Aufgenommenen oder zu Ungunsten eines Aufgenommenen ergingen, am Wahltische selbst dieses bedeutsame neue Material an sich nicht mehr Berücksichtigung zu finden hat — es wäre denn, daß ihm gemäß auch die Liste selbst bereits die gebührende Umgestaltung erfahren hätte (PrVerwBl. Jahrg. **24** S. 435).

Im übrigen darf die nach obigem auf die Frage, an wen die Berufung zu ergehen hat, erteilte Antwort des Gesetzes nicht dahin verstanden werden, daß jeder einzeln und namentlich — etwa gar unter Bezeichnung der Abteilung und des Bezirkes, denen er angehört — zu berufen wäre. Bei „schriftlicher Einladung" freilich (vglch. unter Nr. 5) bringt schon diese Form eine solche Spezialladung mehr oder minder ohne weiteres mit sich; außerhalb dieses Falles aber genügt eine Gesamtadresse, unter der „die in der Liste (§§ 18, 19) verzeichneten Wähler" berufen werden; sie wendet sich in dieser Fassung an alle Wahlberechtigten, deren Kreis sich mit demjenigen der (gemäß jenen §§) in der Liste Verzeichneten deckt. Wer darnach noch im Zweifel ist, ob er mit zu den Adressaten gehört, hat es eben versäumt, im Rahmen des Listenberichtigungs-Verfahrens sich darüber zu unterrichten; mittels der Einberufung hat weitere Klarstellung nicht zu erfolgen, selbst dann nicht, wenn sie in früheren Fällen erfolgt sein mag. Vollends entbehrlich ist eine mit der Berufung verbundene Bekanntmachung der ganze Liste (PrVerwBl. Jahrg. **12** S. 21, 22).

3. „Durch den Magistrat" sollen die Wähler berufen werden. Doch sei schon hier darauf hingewiesen, daß, wo eine zweite (engere) Wahl erforderlich wird, die Aufforderung zu solcher nach § 26 „durch eine das Ergebnis der ersten Wahl angebende Bekanntmachung des Wahlvorstandes sofort oder spätestens innerhalb acht Tagen" zu ergehen hat, womit es übrigens nicht

ausgeschlossen sein mag, im übrigen auch für solche Fälle die formalen Bestimmungen des § 23 als maßgebend anzusehen (Entsch. des OVG. Bd. XV S. 34, Bd. XVIII S. 48, Bd. XXII S. 20; PrVerwBl. Jahrg. 24 S. 322; vglch. auch unten zu § 26).

4. Das Gesetz läßt alternativ zwei Wege der Einberufung zu, von denen einer gewählt werden muß — schriftliche Einladung „oder" ortsübliche Bekanntmachung. Die Wahl kann nur dem Organe zustehen, welches überhaupt mit der Einberufung betraut ist: dem Magistrat und ihm sind hierbei keinerlei Schranken gezogen, selbst nicht für den Fall, daß bei früheren Wahlen regelmäßig an einem und demselben Wege festgehalten worden ist; er kann davon ab- und auf den neuen übergehen — es wäre denn, daß ein Ortsstatut dem entgegenstände (Entsch. d. OVG. Bd. XIV S. 70; PrVerwBl. Jahrg. 22 S. 240, 286, 24 S. 420).

5. Der Weg der „schriftlichen Einladung" ist freilich für die Behörden mit reichlicher Mehrarbeit, auch größerer Verantwortung verknüpft, doch aber in größeren Städten, wo den an eine Gesamtadresse gerichteten Bekanntmachungen nicht allzuviel Aufmerksamkeit zugewendet zu werden pflegt, der kaum zu umgehende und ziemlich allgemein übliche. Wenn dabei — wie immerhin leicht möglich — es sich ereignet, daß einzelne Wähler uneingeladen bleiben, so wird die Bedeutung eines solchen Vorganges für die Gültigkeit der Wahl im wesentlichen nach den oben unter Nr. 1 zu § 20 (Abs. 1 und 2) und unter Nr. 1 zu § 23 entwickelten Gesichtspunkten zu bemessen sein. Das Oberverwaltungsgericht verlangt übrigens neben der Tatsache der Absendung nicht auch noch die der Zustellung (PrVerwBl. Jahrg. 22 S. 287, 24 S. 420).

6. Den Weg der „ortsüblichen Bekanntmachung" anlangend, so wird, was einmal tatsächlich bereits in einer Reihe von älteren Fällen beobachtet worden ist, im allgemeinen auch als „ortsüblich" zu gelten haben, mag nun mit einem förmlichen, auf der Rechtsüberzeugung der beteiligten Kreise beruhenden Gewohnheitsrechte gerechnet werden können oder dies nicht möglich sein. So das Oberverwaltungsgericht in einem Endurteil vom

26. Juni 1895; vglch. Entsch. Bd. XXXIV S. 13, 144; PrVerwBl. Jahrg. 24 S. 420.

Zu den ortsüblichen Bekanntmachungen, zu den Formen, in denen sich solche vollziehen, pflegen in erster Reihe Aushang und Inserate in öffentlichen Blättern zu gehören, hier und da auch Umlaufszettel (PrVerwBl. Jahrg. 23 S. 199). Der Aushang hat zuweilen nur am oder im Gemeindehause zu erfolgen, zuweilen aber auch noch innerhalb mehrerer einzelner Ortsteile. Bestimmen sich die einzelnen Stellen ortsgebräuchlich nur je nach dem Bedürfnisse des Einzelfalles, so sollte man meinen: hier habe der Magistrat freie Hand; lediglich sein Ermessen entscheide. Und weiter sollte man meinen: dies müsse auch der Standpunkt des Oberverwaltungsgerichts sein, dem im allgemeinen wahrlich die Neigung fern liegt, schon auf jeden minder bedeutsamen Verstoß wider die Vorschriften des Wahlverfahrens eine die Gültigkeit der Wahl berührende Kabinettsfrage aufzubauen (vglch. oben Nr. 1 und Nr. 3 zu § 20 Abs. 1, 2; Nr. 1 zu § 23). In der Tat indes hat das Oberverwaltungsgericht (Entsch. Bd. XXV S. 119) in einem solchen Falle, an Stelle des Magistrats selbst ermessend, angenommen: die Bedeutung des Gegenstandes habe hier ein Aushängen an allen dazu vorgesehenen Stellen geboten und in der Unterlassung liege, da ohne sie die Wahl möglicherweise zu einem anderen Ergebnisse geführt haben würde, ein wesentlicher, die Ungültigkeit der Wahl nach sich ziehender Verfahrensmangel.

In derselben Entscheidung ist noch ausgesprochen worden: für den Tag der Publikation durch eine Zeitung sei nicht etwa das Datum der betreffenden Nummer entscheidend, sondern der Tag, an welchem diese in dem betreffenden Orte regelmäßig ausgetragen werde, an die Besteller zu gelangen pflege.

7. Der zweite Absatz des § 23 trifft darüber Bestimmung, was die Berufung — mag sie nun in der Gestalt einer Einladung oder in der einer Bekanntmachung ergehen — enthalten soll; er will — und zwar „genau“ — bestimmt sehen „das Lokal, die Tage und die Stunden, in welchen die Stimmen bei dem

Wahlvorstande abzugeben sind". Hierbei kann allerdings das Nebeneinander eines Singularis und eines zwiefachen Pluralis einigermaßen befremden; die Städteordnung für Schleswig-Holstein — aufgebaut bekanntlich im allgemeinen auf den Grundlagen derjenigen für die östlichen Provinzen von 1853 (Entsch. des OVG. Bd. XVIII S. 53, Bd. XIX S. 10, Bd. XXVIII S. 16) — spricht denn auch nur im Singularis von „Ort, Tag und Stunde". Die Zweifel, die sich an die ältere Fassung geknüpft haben, formuliert das Oberverwaltungsgericht treffend dahin, ob das Gesetz absolut gebiete, daß unter allen Umständen und ohne jede Rücksicht auf die Größe des Gemeinwesens, auf den Umfang des konkreten Wahlgeschäftes und auf die Zahl der Wähler mindestens an zwei Tagen der Wahlvorstand während mehrerer, nach Beginn und Ende bestimmter Stunden das Erscheinen der Wähler zu erwarten habe, oder ob nicht vielmehr mit jenen Worten nur in dem Sinne, daß den Wählern Ort und Zeit der Wahl nach Tag und Stunde bekannt zu machen sei, habe Bestimmung getroffen, im Übrigen aber es dem vernünftigen, durch das Bedürfnis geleiteten Ermessen der Behörden habe überlassen werden sollen, in jedem einzelnen Falle sich schlüssig zu machen, ob das Wahlgeschäft an einem oder mehreren Tagen, zu welcher Tageszeit und ob es in einem oder in mehreren Lokalen zu erledigen sei. Das Oberverwaltungsgericht hat sich für die letztere Alternative entschieden und darnach auch eine Bekanntmachung für ausreichend erachtet, in der die Wähler aller drei Abteilungen — die Zeit anlangend — auf den 30. November nachmittags 2 Uhr geladen worden waren; nur als zweckmäßig und empfehlenswert wird es dabei anerkannt, den Wählern auch den Zeitpunkt mitzuteilen, bis zu dem auf ihr Erscheinen gewartet werden würde (Entsch. des OVG. Bd. XIX S. 7; PrVerwBl. Jahrg. 20 S. 78, 24 S. 420). Wenn übrigens dies nicht geschehen ist, so werden die Wähler sich alsbald bei Beginn des Wahlakts einzufinden haben; denn sie laufen sonst Gefahr, daß schon vor ihrem Erscheinen der Wahlvorstand die Tatsache, daß niemand (mehr) anwesend sei, der seine Stimme abzugeben begehre, zu konstatieren und dieserhalb den Wahlakt zu schließen in die Lage gekommen war (Entsch. des OVG. Bd. XXV S. 11 ff.).

8. Sehr beliebt ist bei der Anfechtung der Gültigkeit von Wahlen der Angriff, daß die den Wählern zum Abgeben der Stimmen gelassene Zeit zu knapp bemessen worden sei. Hierher gehört freilich diese Frage nur insoweit, als es sich um die bei der Einberufung bestimmte Zeit handelt. Die letztere war in einem solchen Falle auf die Stunden von $9^1/_2$ bis $12^1/_2$ Uhr beschränkt und dem gegenüber war gerügt worden, es sei dadurch von vorneherein ein solcher Andrang hervorgerufen, daß viele Wähler, ohne erst ihre Stimmen abzugeben, das Lokal wieder verlassen hätten, andere nur unter empfindlichen Unbequemlichkeiten und Zeitopfern dazu gelangt sein würden, abstimmen zu können. Das Oberverwaltungsgericht verwarf indes den Angriff, einesteils davon ausgehend, daß im allgemeinen der Magistrat nach eigenem pflichtmäßigen Ermessen über die Dauer der zum Abgeben der Stimmen offenstehenden Zeit Bestimmung zu treffen habe, andernteils die Tatsache nicht als erwiesen ansehend, daß ein Teil der Wähler effektiv an der Ausübung des Wahlrechts etwa verhindert, dieses ihnen geradezu „verkümmert" worden sei; ein gewisses Maß von Unbequemlichkeiten und Opfern an Zeit müßten sich die Wähler gefallen lassen (Entsch. des OVG. Bd. XXV S. 7, PrVerwBl. Jahrg. **15** S. 44, andererseits aber auch über Fälle der „Verkümmerung" des Wahlrechts mittels zu knapp bemessener Zeitdauer: Bd. XXVI S. 125, Bd. XXVII S. 24, Bd. XXXIV S. 23; PrVerwBl. Jahrg. **18** S. 207, **24** S. 421, **25** S. 197).

Die Entscheidung in XXXIV S. 23 rechnet auch mit der Unzulänglichkeit des bestimmten Lokals (vglch. PrVerwBl. Jahrg. **24** S. 419).

Von der Zusammensetzung des Wahlvorstandes, dessen schon der § 23 gedenkt, handelt der

§ 24,

der indes (vglch. oben Nr. 3 zu § 14) bei der durch das Wählerabteilungsgesetz vom 30. Juni 1900 (§ 6) erfolgten Einführung besonderer Abstimmungsbezirke ꝛc. ebendaselbst einen wesentlichen Um- und Ausbau erfahren hat. Der Gesetzgeber hat zwar davon abgesehen, seinerseits das Alte mit dem Neuen — etwa unter Aufhebung des § 24 — zu einem einheitlichen Ganzen zu verschmelzen (Vglch. übrigens PrVerwBl. Jahrg. 25 S. 329 Nr. 44). Hier indes darf beides zusammengefaßt werden und dann ergibt sich als der nunmehrige Inhalt des § 24 folgendes:

> Der Wahlvorstand besteht in den einzelnen Wahl-, Abstimmungsbezirken oder Gruppen aus dem Bürgermeister und aus zwei von der Stadtverordneten-Versammlung gewählten Beisitzern; für den Vorsitzenden werden von dem Bürgermeister und für die Beisitzer von der Stadtverordneten-Versammlung je ein oder mehrere Vertreter aus der Zahl der stimmfähigen Bürger bestellt.

Von den einzelnen Aufgaben des Wahlvorstandes soll erst später (zu §§ 25 ff.) gehandelt werden. Einige Vorbemerkungen indes gehören schon hierher.

1. Im allgemeinen sind die Bestimmungen über die Zusammensetzung des Wahlvorstandes als so wesentlich anzusehen, daß eine Wahlhandlung, die nicht ein ihnen entsprechend zusammengesetzter Vorstand leitete, rechtlich einer solchen gleichsteht, bei der ein Wahlvorstand überhaupt nicht mitwirkte (Entsch. d. OVG. Bd. XVII S. 120, Bd. XXXI S. 24; PrVerwBl. Jahrg. 24 S. 322, 418, 434).

2. Das Gesetz kennt nur einen einzigen, einheitlich gestalteten Wahlvorstand für jeden Bezirk ꝛc. Werden mehrere Stellvertreter für den Bürgermeister von diesem oder für die einzelnen Beisitzer von den Stadtverordneten bestellt, so muß doch einmal dabei zugleich die Reihenfolge bestimmt werden, in der sie gegebenen Falles einzutreten haben, und muß zum anderen jedem vorübergehend nicht mitwirkenden Vorstandsmitgliede die Möglichkeit gewahrt

bleiben, jederzeit sich selbst wieder an die Stelle desjenigen in der Reihe nachfolgenden Vertreters zu setzen, der inzwischen die Lücke ausgefüllt hatte (Entsch. d. OVG. Bd. XXXXI S. 21; PrVerwBl. Jahrg. 24 S. 418, 434).

3. In seiner Gesamtheit — als eine kollegialisch zusammengesetzte Urkundsperson — ist der Wahlvorstand dazu berufen, durch eigene Sinneswahrnehmung sich die Gewißheit zu verschaffen, daß die gesamte Wahlhandlung sich ordnungsmäßig in der Weise vollzieht, wie er es demnächst in dem Protokoll und den etwaigen Anlagen als geschehen bezeugen soll. Das einzelne Mitglied geht in der Gesamtheit dergestalt auf, daß ihm für eine gesonderte Aktion kein Raum bleibt. Auch der Gesamtheit ist es versagt, in hiervon abweichendem Sinne eine oder die andere Funktion ihm speziell zu übertragen oder gar durch dritte einen Teil der eigenen Aufgabe erfüllen zu lassen. Immerhin mag der Vorsitzende von den einzelnen Geschäften das eine diesem, ein anderes jenem Mitgliede übertragen; es mögen auch zu mechanischen Dienstleistungen dritte berufen werden; unberührt aber von solchen Dispositionen bleibt die Frage, wer für die Ausführung verantwortlich ist; sie beantwortet sich lediglich nach dem Gesetze, und zwar dahin, daß so wenig das Kollegium wie der Vorsitzende sich seiner Verantwortlichkeit entziehen kann, selbst nicht in Bezug auf diesen oder jenen einzelnen Teil der gesamten Wahlhandlung (Entsch. d. OVG. Bd. XXXVIII S. 155; PrVerwBl. Jahrg. 18 S. 206, 24 S. 434).

4. Unter diesen Gesichtspunkten ist hier noch zu der praktisch oft wiederkehrenden Frage Stellung zu nehmen, ob eine Wahl, die sich unter einem zeitweise nicht vollständig besetzten Wahlvorstande vollzog, unter allen Umständen für ungültig erachtet werden muß. Freilich wird nicht geleugnet werden können, daß in gewissem Sinne der ganze Wahlakt eine Einheit bildet (Entsch. d. OVG. Bd. XLIII S. 314); daraus folgt aber noch nicht, daß auch derjenige Mangel des Verfahrens, der nur ein einzelnes, für sich bestehendes Glied — das Abgeben der Stimme eines einzelnen Wählers — berührt, notwendig das Ganze zu Falle bringen muß. Nicht immer und überall zieht die Hinfälligkeit eines einzelnen Bauteiles den Zu=

sammenbruch des gesamten Bauwerks, dem der Teil angehört, nach sich; entscheidend ist erst die dem letzteren beiwohnende Bedeutung für den Bestand des ersteren. Immerhin mag demnach der Satz an die Spitze gestellt werden, daß eine nicht während der ganzen Dauer der Wahlhandlung fortgesetzte legale Zusammensetzung des Wahlvorstandes die Gültigkeit der gesamten Wahlhandlung in Frage stellt; zur vollen Wahrheit aber wird dieser Satz erst durch den Zusatz: es müßte denn nach Lage des Falles damit gerechnet werden dürfen, daß die Zahl der Stimmen, deren Abgeben während der illegalen Zusammensetzung möglich gewesen wäre, keinenfalls ausgereicht haben würde, ein anderes Wahlergebnis herbeizuführen (Entsch. d. OVG. Bd. XVII S. 117, Bd. XXXVI S. 131, Bd. XXXXI S. 24; PrVerwBl. Jahrg. **21** S. 421, freilich auch **24** S. 322).

5. Etwa von früh 9 Uhr bis Abends 9 Uhr am Wahltische festsitzen zu müssen, ohne auch nur auf etliche Minuten sich entfernen zu dürfen, wäre eine nahezu ungeheuerliche Aufgabe. Allein das wird auch kaum gefordert. Abgesehen davon, daß eine Pause gemacht werden kann (Nr. 5 zu § 25) gebietet weder die Städteordnung, noch läßt es sich aus der — im unbeschränkten Sinne nach obigem überhaupt nicht anzuerkennenden — Einheitlichkeit des Wahlgeschäfts als geboten ableiten, daß eben dieselben Personen, die den Vorstand bei Eröffnung der Wahlhandlung bildeten, auch bis zum Schlusse in dieser Eigenschaft weiter zu fungieren haben. Ein mittels Eintretens der Stellvertreter sich vollziehender Wechsel ist nicht ausgeschlossen (Entsch. d. OVG. Bd. XVII S. 121, Bd. XX S. 21; PrVerwBl. Jahrg. **24** S. 434). Nur das ist wesentlich in dem oben entwickelten Sinne, daß es zu keiner Zeit des Entgegennehmens von Stimmen an dem Nebeneinander-Fungieren eines Vorsitzenden und zweier Beisitzer fehlen darf — auch zu der Zeit nicht, in der kein besonderer Anlaß zu einer Beratung und zu förmlicher Beschlußfassung des Vorstandes hervortritt.

Auf die Frage: in welcher Form hat der Wähler seine Stimme abzugeben? antwortet der

§ 25:

daß jeder Wähler dem Wahlvorstande mündlich und laut zu Protokoll erklären muß, wem er seine Stimme geben will; und zwar hat er so viele Personen zu bezeichnen, als zu wählen sind.

Durch Bevollmächtigte können nur die im § 8 erwähnten juristischen oder außerhalb des Stadtbezirks wohnenden höchstbesteuerten Personen ihr Stimmrecht ausüben. Die Bevollmächtigten müssen stets stimmfähige Bürger sein. Ist die Vollmacht nicht in beglaubigter Form ausgestellt, so soll über die Anerkennung derselben der Wahlvorstand endgültig entscheiden.

1. In Beziehung auf den Sinn und die Tragweite, die den beiden ersten Worten: „jeder Wähler" zukommen, darf hier zurückverwiesen werden auf die Ausführungen zu den von der Gemeinde-Wählerliste handelnden Bestimmungen der §§ 19 und 20, aber auch zu § 23, insbesondere Nr. 2. Nur wer als in der Liste verzeichnet zur Wahl berufen worden ist, gehört zu denjenigen, deren Kreis das Gesetz hier mit jenen beiden Eingangsworten umgrenzt — auch dies übrigens nur, wenn er es nicht an der etwa erforderlichen Legitimation, desgleichen an der überall unerläßlichen Zurechnungsfähigkeit fehlen läßt (Entsch. d. OVG. Bd. XXXIV S. 150; PrVerwBl. Jahrg. 24 S. 436). Darüber hinaus steht dem Wahlvorstande eine Kognition und Beschlußfassung, ob ein als Wähler Auftretender in der Tat zum Abgeben seiner Stimme berechtigt ist, nicht mehr zu. Allerdings haben sich einzelne Kommentatoren durch die starre Konsequenz dieses Satzes doch zu der Konzession bestimmen lassen, daß wenigstens gegenüber den nach Abschluß der Liste aus dem Gemeindeverbande überhaupt Ausgeschiedenen eine nachträgliche Streichung, wenn auch nicht dem Wahlvorstande, doch dem Magistrat immer noch zustehen müsse. Allein auch das wird in Abrede gestellt werden müssen, wenn nicht mit dem Prinzip der formalen „Rechtskraft" der Liste grundsätzlich gebrochen werden soll. So kann unter Umständen selbst, wer nicht einmal mehr Preuße ist, zur Ausübung des Wahlrechts verstattet werden müssen (Entsch. d. OVG. Bd. XXXI S. 10, aber

auch Bd. XXXVI S. 128 u. PrVerwBl. Jahrg. 25 S. 251), wenn auch die Wählbarkeit ihm in allen Fällen versagt bleibt.

2. Die Erklärung, wem der Wähler seine Stimme geben will, soll „mündlich und laut“ erfolgen. Jedenfalls ausgeschlossen ist damit eine nur schriftlich erfolgende Willenserklärung. Zweifelhaft mag es sein, ob der Wähler den Namen desjenigen, den er wählen will, durch einen dritten von einem mitgebrachten Zettel verlesen lassen darf — in der Weise, daß er selbst sich jeder oder doch jeder mündlichen und lauten Bezeichnung des Namens enthält. Das Oberverwaltungsgericht (Entsch. Bd. XXXI S. 7) hat die Frage bejahen zu sollen geglaubt — wenigstens unter der Voraussetzung, daß nach Lage des Falles die Willensmeinung des in solcher Weise Stimmenden zu hinlänglichem, der Öffentlichkeit nicht vorenthaltenem Ausdruck gelangt. Immerhin wird der Wahlvorstand hierbei die äußerste Vorsicht zu üben und, soweit tunlich, darauf hinzuwirken haben, daß nur in besonderen Ausnahmefällen dieser Weg eingeschlagen wird.

3. In einigem Zusammenhange hiermit steht die Frage der Öffentlichkeit des Wahlakts. Das Gesetz löst sie positiv nicht; nur etwa dafür, daß die Abstimmung öffentlich erfolgen soll, mag ein Anhalt aus jenen Worten: „mündlich und laut“ entnommen werden können. Die Frage scheidet demnach überhaupt aus, wenn mittels Statuts (StO. § 11) die Öffentlichkeit unbeschränkt vorgesehen ist. Aber auch abgesehen von solchen Fällen liegt es keinenfalls im Sinne des Gesetzes, wenn etwa besondere Veranstaltungen getroffen werden, die auf eine Geheimhaltung der Stimmabgabe selbst vor den Mitwählern abzielen oder doch im Effekte dahin führen. Dafür spricht schon der Gesichtspunkt, daß der Wahl die Eigenschaft eines gemeinschaftlichen Aktes der Wahlberechtigten zugestanden werden muß, und in demselben Sinne läßt sich der Ausdruck „laut“ verwerten, der doch nicht füglich (vglch. PrVerwBl. Jahrg. 18 S. 206, freilich auch Jahrg. 25 S. 262) nur die Bestimmung haben kann, dem Wähler zu Gemüte zu führen, daß er sich dem Wahlvorstande, der allerdings besonderen Wert hierauf zu legen hat (vglch. die folgende Nr. 4), voll ver-

ständlich machen muß. Die Anwesenheit von Mitwählern — gleichviel übrigens welcher Abteilung — mag, insoweit das Lokal oder die Aufrechterhaltung der Ordnung gewisse Beschränkungen erheischt, solchen unterworfen werden; ihr darüber hinaus entgegenzutreten, entspricht nicht dem Gesetze und selbst die Anwesenheit Nicht-Stimmberechtigter läuft noch nicht auf eine Gesetzwidrigkeit hinaus (Entsch. d. OVG. Bd. XIV S.74, Bd. XXVI S. 115, Bd. XXVII S. 25, Bd .XXXIV S. 22, Bd. XXXVI S. 131, 169; PrVerwBl. Jahrg. 3 S. 234, 4 S. 241, 5 S. 42, 122, 9 S. 20, 23 S. 277, 24 S. 433). Dann aber wird auch kaum einmal das den Anwesenden verwehrt werden dürfen, daß sie Kontrollisten führen, obschon es als nicht angemessen bezeichnet werden muß, wenn dazu — wie es wohl vorkommt — der Tisch des Wahlvorstandes zur Verfügung gestellt wird.

4. Das Wahlrecht des einzelnen muß, sobald einmal die abgegebene Stimme entgegengenommen und protokolliert worden ist, als konsumiert gelten in dem Sinne, daß ein Widerruf, eine Abänderung dann nicht mehr zuzulassen ist. Sich selbst aber noch im Augenblicke der Stimmabgabe zu verbessern, wird dem Wähler gestattet werden müssen, wie denn auch dem Wahlvorstande es nicht versagt sein kann, behufs genauer Protokollierung auf eine Klarstellung einer nicht vollkommenen Namensbezeichnung hinzuwirken — dies um so weniger, als im übrigen der Wahlvorstand sich in der Deutung solcher, nicht jeden Zweifel ausschließenden Bezeichnungen die äußerste Zurückhaltung aufzuerlegen hat (Entsch. d. OVG. Bd. XXVIII S. 21, Bd. XXXIV S. 24; PrVerwBl. Jahrg. 15 S. 261, 24 S. 56, 450). Ein Berliner Wähler, der sich darauf beschränkt, „Schulze“ oder „Müller“ zu nennen, wird kaum darauf rechnen können, diese Bezeichnung als ausreichend bestimmt anerkannt zu sehen.

5. Zur Aufrechterhaltung der Einheitlichkeit des Wahlaktes muß auch eine gewisse zeitliche Kontinuität aller einzelnen Teile desselben gewahrt bleiben. Unterbrechungen und Pausen sind zwar nicht absolut ausgeschlossen, immerhin aber — zumal solche von längerer Dauer — tunlichst zu vermeiden (Entsch. d. OVG.

Bd. XXXIV S. 21). Einiger Raum muß indes auch hierin dem pflichtmäßigen Ermessen des Wahlvorstandes gelassen werden, desgleichen in der Frage, wann mit der Schließung des Wahlaktes vorzugehen ist, wobei als leitendes Motiv überall festzuhalten bleibt, daß kein Wähler behindert werden darf, seine Stimme innerhalb der dazu bestimmten Frist abzugeben. Das Oberverwaltungsgericht hat sich hierüber des näheren teils in den schon oben (Nr. 7 zu § 23) angezogenen Entscheidungen, teils auch in einer solchen vom 9. September 1887 (PrVerwBl. Jahrg. 9 S. 19) geäußert.

6. Anlangend die Verpflichtung des Wählers, so viele Personen zu bezeichnen, als zu wählen sind, so ist der Ergänzung, die hier der § 25 durch das Gesetz vom 1. März 1891 für den Fall erfahren hat, daß Ersatzwahlen mit Ergänzungswahlen in einem und demselben Wahlakte verbunden werden, schon oben (zu § 21 Abs. 2) gedacht worden. An dieser Stelle bleibt zu jener Bestimmung nur noch darauf hinzuweisen, daß sie einmal eine Zerlegung der einheitlichen Wahlhandlung in so viele einzelne Akte, als Stadtverordnete zu wählen sind, ausschließt und weiter sie nicht berechtigt, einem Wähler gegenüber, der nur eine geringere Anzahl von Personen bezeichnete, etwa auch insoweit, als er sich der Bezeichnung nicht enthielt, seine Stimmen als ungültig anzusehen (Entsch. d. OVG. Bd. XIV S. 64, Bd. XXXII S. 5; PrVerwBl. Jahrg. 22 S. 288, 629, 24 S. 275). Wie in solchem Falle die absolute Majorität sich berechnet, wird später (zu § 26 Abs. 1) untersucht werden.

7. Der zweite Absatz des § 25 handelt von der Ausübung des Stimmrechts durch Bevollmächtigte. Als solche dürfen nur „stimmfähige“ — also in die Liste eingetragene (Entsch. d. OVG. Bd. XXXIV S. 152, Bd. XXXVI S. 125) — Bürger zugelassen werden. Beglaubigung der Vollmacht wird nicht unbedingt gefordert; nur hat freilich, wenn es an dieser Form fehlt, erst der Wahlvorstand — und zwar endgültig — darüber zu entscheiden, ob die Vollmacht anzuerkennen ist. Hingewiesen sei auch auf die Entsch. d. OVG. Bd. VIII S. 130, Bd. XI S. 97, Bd. XIII S. 214, Bd. XXIX S. 3, Bd. XLII S. 120; PrVerwBl. Jahrg. 20

S. 47, 258, 561, woselbst zu mehreren, an die Bevollmächtigung sich knüpfenden Fragen — freilich außerhalb des Rahmens der Städteordnung — Stellung genommen wird.

Bedeutsamer als die hier vorangestellten Sätze ist die einleitende Bestimmung, daß eine Ausübung des Stimmrechts durch Bevollmächtigte überhaupt nur einem eng begrenzten Personenkreise zusteht, nämlich nur den im § 8 erwähnten juristischen oder außerhalb des Stadtbezirks wohnenden, höchstbesteuerten Personen. Der angezogene § 8 gehört nicht dem insbesondere von der Wahl der Stadtverordneten-Versammlung handelnden Tit. II, sondern dem die „Grundlagen der städtischen Verfassung" betreffenden Tit. I an und ist demnach auch in den zweiten Abschnitt dieses Führers — entsprechend dem Tit. II — bisher nicht hineingezogen, vielmehr nur in den einleitenden Sätzen einfach wiedergegeben worden. Immerhin seien an dieser Stelle in Bezug genommen die Entscheidungen des OVG.:

vom 18. Januar 1887 (Bd. XIV S. 43; vglch. auch Bd. XXXV S. 87, PrVerwBl. Jahrg. 25 S. 251, 271, 370 und Verwaltungsarchiv Bd. XII S. 414), betreffend den Fiskus;

vom 23. Oktober 1888 (Bd. XVII S. 94), betreffend gleichfalls den Fiskus, aber auch Aktiengesellschaften (vglch. Bd. XXX S. 6);

vom 27. Februar 1894 (Bd. XXVI S. 20), betreffend Berggewerkschaften;

vom 27. Juni 1896 (Bd. XXX S. 1; vglch. Bd. XXXII S. 79, auch PrVerwBl. Jahrg. 20 S. 151), betreffend Gesellschaften mit beschränkter Haftung;

vom 24. März 1897 (PrVerwBl. Jahrg. 18 S. 349, auch 25, S. 370, betreffend eingetragene Genossenschaften.

8. Von dem Protokoll wird erst zu § 27 Abs. 2 gehandelt werden.

Gleichfalls noch auf das Wahlverfahren bezieht sich der

§ 26.

Der erste Absatz will als gewählt diejenigen angesehen wissen, welche bei der ersten Abstimmung die meisten Stimmen und zugleich absolute Stimmenmehrheit (mehr als die Hälfte der Stimmen) erhalten haben.

Der zweite sieht den Fall vor, wenn sich bei der ersten Abstimmung nicht für so viel Personen, als zu wählen sind, die absolute Stimmenmehrheit ergeben hat; dann soll zu einer zweiten Wahl geschritten werden.

Der dritte weist in dieser Beziehung den Wahlvorstand an, die Namen derjenigen, die nächst den Gewählten die meisten Stimmen erhalten haben, insoweit zusammenzustellen, daß die doppelte Zahl der noch zu Wählenden erreicht wird; diese Zusammenstellung habe alsdann als die Liste der Wählbaren zu gelten.

Der vierte Absatz bestimmt Näheres über die zweite Wahl; die Aufforderung zu ihr soll durch eine das Ergebnis der Wahl angebende Bekanntmachung des Wahlvorstandes spätestens innerhalb acht Tagen erfolgen und absoluter Stimmenmehrheit soll es bei dieser Wahl nicht bedürfen.

Der fünfte Absatz läßt unter denjenigen, die eine gleiche Stimmenzahl erhalten haben, das Los entscheiden.

Der sechste endlich fordert von demjenigen, der in mehreren Abteilungen oder Wahlbezirken gewählt ist, eine Erklärung, welche Wahl er annehmen will.

Den ersten Absatz anlangend, ist es kaum zutreffend, wenn das Oberverwaltungsgericht einmal (Entsch. Bd. XIV S. 70) ausgesprochen hat: er beziehe sich zunächst nur auf diejenigen Wahlen, bei denen bloß eine Person zu wählen sei. Denn solchen Falles hätte der Satz genügt, daß gewählt derjenige sei, der absolute Stimmenmehrheit erhalten habe. Erst da, wo die Wähler gleichzeitig mehrere zu wählende Personen zu benennen haben, eröffnet sich die Möglichkeit, daß mehr Personen, als zu wählen sind, die absolute Stimmenmehrheit erhalten, und erst für diesen Fall bedurfte es demnach der weiteren Bestimmung, daß unter solchen als gewählt gelte, wer die meisten Stimmen erhalten habe (vglch. auch Entsch. d. OVG. Bd. XXXII S. 9; PrVerwBl. Jahrg. 22 S. 288, 24 S. 275, 25 S. 557).

In dem Sinne würde aber dem Oberverwaltungsgericht zugestimmt werden können, daß, die Ausdrucksweise anlangend, es den Vorzug verdient haben würde, wenn das Gesetz ein Rechnen nicht sowohl mit der Zahl der Stimmen, denn vielmehr mit der der stimmenden Wähler vorgeschrieben hätte. Freilich müssen beide Methoden da zu demselben Ergebnisse, zu derselben absoluten Majorität führen, wo überhaupt nur eine Person zu wählen ist, desgleichen da, wo es zwar die gleichzeitige Wahl mehrerer gilt, alle Wähler aber auch für die volle Zahl der mehreren ihre Stimmen abgeben. Anders dagegen, wenn beispielsweise bei der gleichzeitig vorzunehmenden Wahl von drei Personen nur 100 Wähler tatsächlich auch drei, die übrigen 100 aber vorschriftswidrig nur zwei Personen bezeichnen, also nur 500 Stimmen abgegeben werden. Hier führt nur das Rechnen mit der Gesamtzahl der stimmenden Wähler von 200 zu einem annehmbaren Ergebnisse, nämlich dazu, daß die Hälfte, durch deren Überschreitung erst die absolute Majorität hergestellt wird, 100 beträgt. Möglich allerdings ist es auch solchen Falles, bei einem Rechnen mit der Zahl der Stimmen ebendahin zu gelangen, dies doch aber nur auf einigermaßen verwickeltem Wege, indem man nämlich vorab die Zahl derjenigen Stimmen, welche von Wählern abgegeben wurden, die in der Tat drei Personen wählten, durch 3 teilt $\left(\frac{300}{3} = 100\right)$, die Zahl derjenigen aber, welche abgegeben wurden von Wählern, die nur zwei Personen bezeichneten, durch 2 $\left(\frac{200}{2} = 100\right)$. In Summa: $(100 + 100 =) \frac{200}{2} = 100$. So ist denn die Zahl der in dem Wahlakte abstimmenden Wähler auch in dem Falle entscheidend, wenn bei einer Kombinierung von Ergänzungs- und Ersatzwahlen (Novelle vom 1. März 1891 — oben zu § 21 Abs. 2) einzelne der Wähler nur für die Ergänzung und nicht für den Ersatz gewählt haben. Überall liegt der entscheidende Grund wesentlich darin, daß, wo immer das Gesetz, um einer Häufung der Zahl der Wahltermine entgegenzutreten, eine gemeinsame Wahl mehrerer Stadtverordneten in einer Wahlhandlung vorsieht, diese einheitliche Handlung nicht füglich eine Zerlegung in so viele einzelne Akte zuläßt, als Stadtverordnete zu wählen sind (vglch. oben Nr. 6 zu § 25).

Jedenfalls schief übrigens wäre die Voraussetzung, es müsse das über die Hälfte hinausreichende, zur absoluten Majorität führende Mehr immer eine volle Stimme ausmachen. Das Spalten von Stimmen, das Rechnen mit Brüchen ist schon bei jeder ungeraden Zahl der gültig abgegebenen Stimmen notwendig, wie denn die absolute Majorität von 3 Stimmen nur 2 beträgt, obschon doch diese Zahl nur um eine halbe Stimme über die Hälfte des Ganzen ($1\frac{1}{2}$) hinausreicht (Entsch. d. OVG. Bd. XIV S. 64, Bd. XIX S. 21, Bd. XXXII S. 6; PrVerwBl. Jahrg. 19 S. 165).

Der zweite, der dritte und der vierte Absatz des § 26 handeln von der engeren oder Stich-Wahl, die das Gesetz die „zweite" Wahl nennt. Dahin gehört nicht etwa auch der Fall, wenn der bei der ersten Abstimmung Gewählte die Annahme der Wahl ablehnt; dieser Tatbestand führt vielmehr — die Berechtigung der Ablehnung vorausgesetzt — dazu, daß eine anderweite, ganz neue Wahl stattzufinden hat. Voraussetzung jeder „zweiten" Wahl ist vielmehr, daß sich bei der ersten Abstimmung nicht für soviel Personen, als zu wählen sind, die absolute Stimmenmehrheit ergeben hat — ein Tatbestand, dem freilich auch der gleichzustellen sein mag, wenn nur eine Person zu wählen ist, jedoch deren zwei gleich viele Stimmen erhielten (PrVerwBl. Jahrg. 23 S. 236, 690). Schon damit ist es ausgeschlossen, in der zweiten Wahl einen unabhängig für sich zu beurteilenden Wahlakt zu erblicken; zwischen ihr und der ersten Wahl besteht ein untrennbarer Zusammenhang in dem Sinne, daß sie nur das vorläufige Ergebnis der letzteren in ein definitives umgestalten soll. Es hat denn auch, wenn einmal das aus beiden Akten erwachsene Endergebnis für ungültig erklärt worden ist, eine ganz neue Wahl — nicht etwa nur eine Wiederholung der zweiten — stattzufinden; durch die Ungültigkeitserklärung gilt auch die erste Abstimmung für beseitigt. (Entsch. d. OVG. Bd. XVIII S. 333, Bd. XIX S. 23, Bd. XX S. 22, Bd. XXVIII S. 12, Bd. XXXII S. 4, 5; PrVerwBl. Jahrg. 9 S. 377, Jahrg. 20 S. 47). Fehlsam aber wäre es, hieraus etwa auch die Konsequenz ableiten zu wollen, daß bei der zweiten Wahl nur, wer schon im ersten Wahlgange sich beteiligt hat, zum Mitstimmen zuzulassen sei (ebendas. Bd. III S. 18, Bd. XVIII S. 334, Bd. XX S. 21, Bd. XXII S. 20).

In den Aufgaben des zur Entscheidung über die Gültigkeit einer Wahl angerufenen Verwaltungsrichters liegt es übrigens nicht, nach der Ungültigkeitserklärung seinerseits auch noch Bestimmung über die weiter einzuschlagenden Wege zu treffen, insbesondere etwa dahin, daß eine engere Wahl stattzufinden habe (Entsch. d. OVG. Bd. XIV S. 70, Bd. XVIII S. 336, Bd. XXXI S. 112, Bd. XLIII S. 94; PrVerwBl. Jahrg. 20 S. 47, 258, 22 S. 289, 24 S. 604).

Wie im Falle der Bildung von Abstimmungsbezirken pp. (§ 6 des Wählerabteilungsgesetzes vom 30. Juni 1900) das Gesamtergebnis der Wahl festzustellen, insbesondere das Verfahren bei notwendig werdenden engeren Wahlen zu regeln ist, bestimmt bei Einrichtung solcher Bezirke 2c. der Magistrat (vglch. oben Nr. 3 zu § 14).

Häufig gefehlt wird wider die Vorschriften des vierten Absatzes. Vor allem ist nach ihm es nicht der Magistrat (§ 23), der die Wähler zur zweiten Wahl zu berufen hat, sondern der Wahlvorstand. Ein Verstoß hiergegen macht die Wahlen ungültig (Entsch. d. OVG. Bd. XXXX S. 33). Der Wahlvorstand soll ferner die Berufung zwar „sofort oder spätestens innerhalb acht Tagen“ ergehen lassen. Wann aber die Wahl selbst stattzufinden und in welcher Gestalt die Berufung zu erfolgen hat, bestimmt das Gesetz an dieser Stelle überhaupt nicht; insoweit kann nur auf die Bestimmungen des § 23 (vglch. insbesondere die Nachweisungen unter Nr. 3 das., auch PrVerwBl. Jahrg. **24** S. 322) zurückgegangen werden. Nur was den Inhalt der Berufung anlangt, hat noch eine Angabe des Ergebnisses der ersten Wahl hinzuzutreten.

Jedenfalls ist durch diese Vorschriften es ausgeschlossen, daß die zweite Wahl sich unmittelbar an die erste anschließt, in demselben Termine erfolgt — mag auch den Wählern bei der Berufung ein solches Verfahren in Aussicht gestellt worden sein (PrVerwBl. Jahrg. **16** S. 268).

Ein Anfechtungsrecht, mittels dessen dem Beschlusse, daß eine zweite Wahl stattzufinden habe, entgegengetreten werden könnte, insbesondere ein dagegen gerichtetes Einspruchsrecht gibt es nicht (Entsch. d. OVG. Bd. XXXII S. 129).

Der fünfte Absatz des § 26, enthaltend den Hinweis auf das eventuell entscheidende Los, wird auf den zweiten wie auch auf den ersten Wahlgang bezogen werden müssen; wenigstens liegt in der Gliederung der einzelnen Sätze kein Anlaß zu einer engeren Deutung. Es hat aber schon unmittelbar nach dem ersten Wahlgange das Los dann zu entscheiden, wenn in jenem zwei von mehreren Personen die relativ meisten Stimmen in gleicher Zahl und zugleich die absolute Stimmenmehrheit erhielten, demnach nur noch festzustellen bleibt, wer von ihnen als gewählt zu gelten hat (PrVerwBl. Jahrg. **24** S. 204, 322; vglch. übrigens § 62 der Landgemeindeordnung von 1891 und dazu Entsch. d. OVG. Bd. XXXI S. 111; PrVerwBl. Jahrg. **20** S. 47).

Der sechste und letzte Absatz legt die Frage nahe, von welcher Stelle aus die Erklärung des in mehreren Abteilungen Gewählten darüber, welche Wahl er annehmen will, einzufordern und entgegenzunehmen ist. Aber auch außerhalb des Falles einer mehrfachen Wahl fragt es sich, wer den Gewählten von der auf ihn gefallenen Wahl in Kenntnis zu setzen und sich über die Annahme der Wahl (vglch. unten zu § 28 Abs. 2) zu vergewissern hat. Dort wie hier wird als dazu berufen der Magistrat anzusehen sein. Die Aufgaben des Wahlvorstandes insbesondere hat das Gesetz hierauf nicht erstreckt. Um so mehr wird mit der Zuständigkeit des Magistrats gerechnet werden müssen, als bei begründeter Ablehnung ihm auch es obliegt, die Wähler zu anderweiter Wahl zu berufen. — Auseinandergehen die Meinungen darüber, in welchem Sinne die Unterlassung einer Erklärung über die Annahme der Wahl oder auch einer von mehreren Wahlen zu deuten ist, womit zugleich die Frage zusammenhängt, in welcher Fassung der Magistrat die entsprechende Aufforderung zu erlassen hat (Oertel Anm. 6 und Ledermann Anm. 15 zu § 26, Schön S. 109). Doch läßt sich die Ansicht, es dürfe in jener Unterlassung überall die Annahme der Wahl oder einer bestimmten von mehreren Wahlen erblickt werden, schon um deswillen kaum halten, weil es für sie im Gesetze an einem ausreichenden Anhalt fehlt. Mit Vermutungen allein läßt sich dabei nicht auskommen.

Daß der Wahlvorstand schließlich das Endergebnis der Wahl zu proklamieren, zum mindesten aber zu konstatieren hat, spricht zwar das Gesetz ebensowenig ausdrücklich aus, ergibt sich aber ohne weiteres als zu den Aufgaben des Wahlvorstandes gehörend. Der Wahlakt, dessen Leitung überhaupt in seine Hände gelegt worden ist, bliebe ohne jene Konstatierung ein zum Aufbau des im Gesetze vorgesehenen weiteren Verfahrens überall ungeeignetes Stückwerk; weder könnte daraufhin der Wahlvorstand selbst etwa zur Einleitung einer engeren Wahl schreiten, noch der Magistrat das Ergebnis der „vollendeten" Wahlen bekannt machen, noch die Stadtverordneten-Versammlung zur Gültigkeit der Wahl Stellung nehmen, noch könnten die Beteiligten alsbald Einspruch erheben (Entsch. d. OVG. Bd. VII S. 94, Bd. XXIV S. 33, Bd. XXXII S. 129).

Keinenfalls aber darf der Wahlvorstand eine Person als gewählt proklamieren, die nicht in der Tat gültig gewählt worden ist. Seine Stellungnahme in dieser Frage beschränkt sich nicht auf eine nur rein mechanische Zusammenstellung des Stimmenverhältnisses; beispielsweise hat er keineswegs denjenigen, der die erforderliche Zahl von Stimmen erhielt, etwa selbst dann für gewählt zu erklären, wenn dieser in seiner Person der Eigenschaften ermangelt, deren er, um Stadtverordneter werden zu können, nach dem Gesetze bedurfte (Entsch. d. OVG. Bd. XXXXI S. 28; PrVerwBl.

Jahrg. 22 S. 288). Ohne eine auch hierauf sich erstreckende Prüfung kann die Aufgabe einer richtigen Feststellung des Wahlergebnisses überhaupt nicht erledigt werden.

Von den vier Absätzen, aus denen der

§ 27

in seiner ersten Gestalt sich zusammensetzte, haben der erste und der vierte eine Änderung durch die neuere Gesetzgebung nicht erfahren, während von den beiden mittleren in weitem Umfange das Gegenteil gilt. Das Zuständigkeitsgesetz vom 1. August 1883 hat den zweiten und den dritten Absatz zwar direkt nicht aufgehoben, geschweige denn in allen ihren Teilen, wohl aber (in den §§ 10, 11 und 21 — vglch. oben zu § 18) neue Bestimmungen getroffen, denen gegenüber von dem alten Bestande nur noch weniges fortlebt. Wird insoweit Altes und Neues hier alsbald miteinander verschmolzen, so ergibt sich folgender Wortlaut:

Abs. 1: „Die Wahlprotokolle sind vom Wahlvorstande zu unterzeichnen und vom Magistrat aufzubewahren. Der Magistrat hat das Ergebnis der vollendeten Wahlen sofort bekannt zu machen."

Abs. 2 und 3 — nach dem Hinzutreten des Zuständigkeitsgesetzes:

Gegen die Gültigkeit der Wahlen kann von jedem stimmfähigen Bürger Einspruch erhoben werden. Bei erheblichen Unregelmäßigkeiten sind die Wahlen für ungültig zu erklären. Die Stadtverordneten beschließen über die Gültigkeit der Wahlen zur Gemeindevertretung. Einsprüche gegen die Gültigkeit sind innerhalb zwei Wochen nach Bekanntmachung des Wahlergebnisses bei dem Magistrat zu erheben. Gegen den Beschluß der Stadtverordneten findet binnen zwei Wochen die Klage bei dem Bezirksausschuß statt. Die Klage steht auch dem Magistrat zu. Sie ist direkt bei dem Bezirksausschuß anzubringen. Sie hat keine aufschiebende Wirkung; jedoch dürfen Ersatzwahlen vor ergangener rechtskräftiger Entscheidung nicht vorgenommen werden. Der

Magistrat sowohl wie die Stadtverordneten können zur Wahrnehmung ihrer Rechte im Verwaltungsstreitverfahren einen besonderen Vertreter bestellen.

Abs. 4: „Für einen Ungültigkeitsgrund ist es nicht zu erachten, wenn die der betreffenden geistlichen Behörde anheimzugebende Hinweisung auf die Wichtigkeit der Wahl (§ 21) unterblieben ist."

Zu Abs. 1 des § 27:

1. Des Protokolles geschah schon im § 25 Erwähnung; die Erklärung, wem der Wähler seine Stimme geben will, soll — heißt es dort — „zu Protokoll" erfolgen.

Eine Bestimmung darüber, wer das Protokoll zu führen, als „Schriftführer" zu fungieren hat, enthält das Gesetz nicht. (Vglch. indes § 26 der Hessen-Nassauschen Städteordnung von 1897, dazu aber auch PrVerwBl. Jahrg. 25 S. 329). Jedenfalls hat demnach der Wahlvorstand die Richtigkeit des Protokolles, einschließlich der als Bestandteile desselben anzusehenden Beilagen, wie insbesondere der Abstimmungsliste, zu vertreten, zunächst mittels Vollziehung zu bezeugen. Doch ist ihm die Zuziehung eines dritten — etwa eines städtischen Subalternbeamten — zur Besorgung der Schreibarbeit nicht versagt; nur kann einem solchen niemals die Stellung einer verantwortlichen Urkundsperson angewiesen werden (Entsch. d. OVG. Bd. XIII S. 214, Bd. XXVIII S. 18, 20, Bd. XXXVIII S. 155; PrVerwBl. Jahrg. 17 S. 183, 18 S. 206, 20 S. 47).

Auf die Frage, was den Gegenstand der Protokollierung zu bilden hat, wird die Antwort zu lauten haben: Alle Vorgänge, die für die Feststellung des Wahlergebnisses von Bedeutung sein können. Obenan gehört dahin die Erklärung des einzelnen Wählers, wem er seine Stimme geben will. Doch wird in dieser Beziehung nicht gerade verlangt werden dürfen, daß bei einem jeden die Namen der von ihm Bezeichneten voll ausgeschrieben werden; auch in minder umständlicher Weise läßt sich — worauf allein es ankommt — jeder Zweifel ausschließen. Ebensowenig darf Änderungen und Durchstreichungen gegenüber gar zu rigoros geurteilt werden. Überall ferner, wo der Wahlvorstand — etwa bei Zweifeln über die Identität der als Wähler Auftretenden oder über die Anerkennung einer produzierten Vollmacht (§ 25) — in besondere Beratung treten zu sollen meint, und zumal bei Zurückweisung von Personen, die ein Stimmrecht für sich in Anspruch nehmen, wird das Ergebnis im Protokolle zu fixieren sein (Entsch. d. OVG. Bd. XVII S. 120; PrVerwBl. Jahrg. **10** S. 178, **15** S. 261, **18** S. 206).

Ginge etwa das Wahlprotokoll verloren, so würde einer Verwertung anderer Beweismittel dafür, daß die Wahl ordnungsmäßig stattgefunden habe, an sich nichts entgegenstehen (Entsch. d. OVG. Bd. VIII S. 125).

2. Die „sofort“, und zwar notwendig gerade vom Magistrat (PrVerwBl. Jahrg. **4** S. 241, **23** S. 277) zu veranlassende Bekanntmachung des Wahlergebnisses darf kein anderes als das im Wahltermine festgestellte Ergebnis enthalten. Das Gesetz, wie es zur Zeit besteht, spricht an zwei Stellen von ihr — einmal hier und zum anderen da, wo es die Zeit bestimmt, innerhalb deren Einsprüche gegen die Gültigkeit der Wahlen zu erheben sind (Zuständigkeitsgesetz § 10). Daneben ließe sich allenfalls auch noch in der dem Wahlvorstande obliegenden Proklamierung des seinerseits festgestellten Ergebnisses am Schlusse des Wahlakts (oben zu § 26 a. E.) eine „Bekanntmachung“ — freilich nur gegenüber einem engeren Interessentenkreise — erblicken. Und in der Tat hat ihr das Oberverwaltungsgericht wenigstens die Bedeutung beigelegt, daß schon durch sie die rechtliche Möglichkeit, Einspruch zu erheben, eröffnet werden, es nicht nötig sein soll, noch erst die weitere Bekanntmachung des Magistrats abzuwarten (vglch. unten Nr. 16). Übrigens ist eine etwaige Unterlassung dieser ungeeignet, eine an sich gültig abgeschlossene Wahl rückwirkend wieder ungültig zu machen (Entsch. d. OVG. Bd. XXIV S. 33, Bd. XXVI S. 119).

An letzterer Stelle bezeichnet das Oberverwaltungsgericht zugleich es als angemessen, daß in der Bekanntmachung die Zahl der im ganzen abgegebenen und diejenige der auf die Gewählten entfallenen Stimmen angegeben werden.

Zu (den vormaligen) Abs. 2 und 3 des § 27.

A. Der Beschluß über die Gültigkeit der Wahlen.

3. In der Fassung, in der die Absätze 2 und 3 des § 27 diesen Gegenstand noch behandelten, fehlte es überhaupt an einer Bestimmung, kraft deren in jedem Falle über die Wahlen — sei es im Sinne der Gültigkeit oder in dem der Ungültigkeit — notwendig besonders zu beschließen gewesen wäre. Nur eine Ungültigkeitserklärung war vorgesehen, und zwar hatte diese zu erfolgen:

a) von seiten der Regierung —
b) auf erfolgte Beschwerde eines stimmfähigen Bürgers oder von Amts wegen —
c) innerhalb zwanzig Tagen nach der Bekanntmachung (vglch. PrVerwBl. Jahrg. 4 S. 241) —
d) durch eine motivierte Entscheidung —
e) immer aber nur — „bei erheblichen Unregelmäßigkeiten".

Im Rahmen des Zuständigkeitsgesetzes leben nur etwa die Punkte b) und e) — wenn auch nicht mehr für die Regierung — noch fort.

Der bedeutsamste Satz desselben ist der, daß nunmehr die Stadtverordneten-Versammlung (Gemeindevertretung) — nur sie, andrerseits aber sie in allen Fällen, auch außerhalb des Falles ihrer Anrufung (ex officio) — „über die Gültigkeit der Wahlen" zu beschließen hat, sei es bejahend, sei es verneinend.

4. Zunächst also gibt es eine von der Regierung ausgehende Ungültigkeitserklärung überhaupt nicht mehr — weder eine dem Beschlusse der Stadtverordneten-Versammlung vorangehende, noch eine nachfolgende. Nachfolgen insbesondere kann nur die Klage. Allenfalls würde die Aufsichtsbehörde den Magistrat anweisen können, den Beschluß als die Gesetze verletzend zu „beanstanden", vorausgesetzt, daß das Beanstandungsrecht überhaupt auch da be-

steht, wo dem Magistrat das Recht der Klage zusteht (Zuständigkeitsgesetz §§ 10, 11, 15), wie dies übrigens das Oberverwaltungsgericht anzunehmen scheint (Entsch. Bd. XVI S. 60, Bd. XIX S. 140, Bd. XXXIV S. 140; PrVerwBl. Jahrg. **11** S. 432, **13** S. 81, **15** S. 551, **20** S. 47, 72, **23** S. 138, **24** S. 540).

5. Wie früher die Ungültigkeitserklärung von seiten der Regierung gegebenen Falles ohne Unterschied, ob Beschwerde erhoben war oder nicht, auszusprechen war (oben litt. b), so hat nunmehr in dem einen wie in dem anderen Falle die Stadtverordneten-Versammlung über die Gültigkeit der Wahlen zu beschließen (Entsch. d. OVG. Bd. XXV S. 21). Übrigens muß durch einen von Amts wegen gefaßten Beschluß implicite zugleich ein Einspruch, der eben dann der Versammlung bereits vorlag, als in demselben Sinne erledigt angesehen werden (PrVerwBl. Jahrg. **15** S. 178). Den Zeitpunkt dieser Beschlußfassung anlangend, kann zwar die Beschränkung, der hierin die Regierung unterlag (oben litt. c), nicht mehr als fortbestehend angesehen werden; doch aber wird die Stadtverordneten-Versammlung sich eine Beschränkung dahin selbst aufzuerlegen haben, daß sie von Amts wegen erst nach Ablauf der Einspruchsfrist Beschluß faßt; nicht nur kann ihr der Einspruch immer noch neues, für die Entschließung bedeutsames Materia zuführen, sondern sie setzt sich auch bei früherer Stellungnahme dem aus, später noch zum zweiten Male beschließen zu müssen (Vglch. unten Nr. 25, auch Abschnitt IV litt. B zu Nr. 2).

6. Gegenstand der Beschlußfassung kann nur dasjenige Wahlergebnis sein, welches der Wahlvorstand im Wahltermine proklamiert und der Magistrat demnächst bekannt gemacht hat (oben zu § 26 i. f. und zu § 27 Nr. 2 — vglch. Entsch. d. OVG. Bd. VI S. 136, Bd. XXXII S. 6, Bd. XLIII S. 94; PrVerwBl. Jahrg. **10** S. 308, **20** S. 47, **22** S. 627). Ihm allein kann die Gültigkeit zu- oder abgesprochen werden; an seine Stelle etwa ein tertium treten zu lassen, ist ausgeschlossen. Insoweit ist die Aufgabe der Stadtverordneten-Versammlung keine andere, weiter reichende als die – unten (Nr. 23) noch näher zu umgrenzende – Aufgabe des später etwa eintretendenVerwaltungsrichters.

Der Beschluß wird denjenigen, die das Gesetz zur Klage wider ihn berechtigt, dergestalt förmlich zuzustellen sein, daß daraufhin demnächst die Rechtzeitigkeit der Klageerhebung festgestellt werden kann (Entsch. d. OVG. Bd. XXXX S. 165).

7. Daß etwa die Stadtverordneten-Versammlung nur in derjenigen Zusammensetzung, die erst aus dem Eintritt der neugewählten Mitglieder sich ergibt, zur Beschlußfassung berufen wäre, bringt das Gesetz nicht zum Ausdruck; auch sonst steht nichts dem entgegen, daß die Versammlung noch in der alten Zusammensetzung beschließt (Entsch. d. OVG. Bd. III S. 34, Bd. XX S. 87; vglch. auch unten zu § 28 Abs. 1). Andererseits folgt aber auch daraus, daß die Neugewählten an der Beschlußfassung über die Gültigkeit der eigenen Wahl teilnehmen, keineswegs die Ungültigkeit der Wahl selbst (vglch. unten Nr. 21 und Abschn. IV B zu Nr. 3, auch PrVerwBl. Jahrg. 23 S. 518).

8. Eine große, weit reichende Frage, die jüngst auch von Stier-Somlo unter zum Teil neuen Gesichtspunkten behandelt wurde (PrVerwBl. Jahrg. 24 S. 274, auch Verwaltungsarchiv Bd. XII S. 440 ff.) eröffnen endlich die Worte: „bei erheblichen Unregelmäßigkeiten" (oben litt. e), und zwar nicht nur für den Gegenstand des vorliegenden Abschnitts (A.), für den Beschluß der Stadtverordneten-Versammlung, sondern gleichmäßig auch für das Verwaltungsstreitverfahren. Insoweit greift das Nachfolgende zugleich in den späteren Abschnitt (B.) über. Etwa dem Verwaltungsrichter in dieser Frage eine andere als die der Stadtverordneten-Versammlung zufallende Aufgabe zuzuweisen, liegt keine Veranlassung vor (Entsch. d. OVG. Bd. XXXII S. 7). Allenfalls könnte freilich der Satz vertreten werden, daß überhaupt weder für jenen, noch für diese bindend sei, was doch das (ältere) Gesetz nur in Verbindung mit der gerade der Regierung übertragenen Ungültigkeitserklärung ausspreche; indes scheint dies das Oberverwaltungsgericht nicht anzunehmen (Entsch. Bd. XVII S. 117, XXXII S. 7; PrVerwBl. Jahrg. 11 S. 301), wie denn auch in der Tat die Voraussetzung, es habe in diesem Punkte den neuerlich berufenen Organen die alte sachliche Direktive nicht mehr belassen werden sollen, recht

fern liegt. Gesetzt aber auch, die alten Worte lebten als unmittelbar gesetzliche nicht mehr fort — was würde daraus folgen? Doch gewiß weder, daß nunmehr die Ungültigkeitserklärung auch auf unerhebliche Unregelmäßigkeiten gegründet werden könnte, noch daß die Gültigkeitserklärung entgegen dem älteren Rechte unerachtet erheblicher Unregelmäßigkeiten möglich wäre! In gewissem Sinne bleibt demnach unter beiden Voraussetzungen Stellung zu nehmen zu der Frage, welchen Unregelmäßigkeiten die Eigenschaft der Erheblichkeit zuzusprechen, welchen sie abzusprechen ist.

Von vorneherein wird darauf verzichtet werden müssen, in abstracto — losgelöst von dem Tatbestande des einzelnen Falles — die Unregelmäßigkeiten dergestalt erschöpfend in zwei Gruppen zu gliedern, daß die eine ohne Unterschied jede Wahl zu Falle bringen, die andere den Bestand einer jeden unberührt lassen muß. Eine lange Reihe von Einzelfragen ist bereits oben in den Abschnitten von der Wählerliste, von deren Inhalt, Offenlegung und Berichtigung (§§ 18 bis 20), von den Wahlterminen, der Berufung der Wähler und dem Verlaufe des Wahlakts selbst (§§ 21 ff.) gestreift worden. Auf sie darf hier zurückverwiesen werden, wennschon manche von ihnen wenig genug dazu beitragen, einen überall durchlaufenden roten Faden erkennen zu lassen. Das Oberverwaltungsgericht hat, wo es überhaupt auf einen solchen hinweist, in Ansehung formaler Mängel, anknüpfend an die §§ 40, 41 Tit. 3 T. I ALR., einmal Vorschriften, welche lediglich die besondere Klarlegung und Feststellung des Inhalts der Willenserklärungen der Wähler, die mehrere Beglaubigung des unter ihren Schutz gestellten Aktes bezwecken, zum anderen solche zu unterscheiden versucht, ohne deren Beobachtung dieser Akt überhaupt nicht zu rechtlicher Existenz gelangt; dort — aber auch nur dort — soll es dem Verwaltungsrichter zustehen, je nach der besonderen Lage des einzelnen Falles über die Bedeutung des Verstoßes frei zu befinden. Allerdings ist dies zunächst nur auf dem Boden der Kreisordnung geschehen (Entsch. Bd. IV S. 5 ff., Bd. VI S. 154, Bd. VII S. 125, Bd. XII S. 13, Bd. XVII S. 7), später aber dieselbe Unterscheidung anscheinend auch auf dem Gebiete der Städteordnung für maßgebend erachtet worden (Bd. XXV S. 119; PrVerwBl. Jahrg. 23, S. 519).

Eben jener Gerichtshof hat ferner in einigen, gleichfalls auf Stadtverordneten-Wahlen sich beziehenden Fällen mit mehr oder minder voller Schärfe ausgesprochen: der begangene Verstoß sei in seiner Eigenart so schwer wiegend, daß er überhaupt keinen Raum mehr lasse für eine nebenher laufende Untersuchung, ob tatsächlich das Ergebnis der Wahl davon beeinflußt, für einzelne Wähler Beschränkungen des Wahlrechts aus ihm erwachsen seien. In diesem Sinne werden verstanden werden dürfen und müssen die Entscheidungen:

vom 18. Oktober 1889, betreffend die Verbindung einer Wahl zur regelmäßigen Ergänzung der Stadtverordneten-Versammlung und einer solchen zum Ersatze vorzeitig ausgeschiedener Mitglieder (Bd. XVIII S. 37; vglch. oben zu § 21 Abs. 2);

vom 9. Oktober 1891, betreffend die Offenlegung einer noch nicht nach den Wahlabteilungen eingeteilten Wählerliste, desgleichen die von unzuständiger Stelle aus ergangene, auch die vorgeschriebene Zwischenzeit bis zum Termine nicht wahrende Berufung zu einer engeren Wahl (Bd. XXII S. 12, PrVerwBl. Jahrg. 24 S. 322; vglch. Bd. XV S. 34, auch oben zu § 26 Abs. 2, 3, 4);

vom 8. Dezember 1894, betreffend eine Beschränkung in der Kenntnisnahme von dem Inhalt der Wählerliste, soweit diese sich auf die Steuerverhältnisse der Wähler bezieht (Bd. XXVII S. 21; vglch. oben Nr. 3 zu § 20).

Hierher darf auch noch eine auf die Fristen des Wahlverfahrens überhaupt sich beziehende neuere Entscheidung (PrVerwBl. Jahrg. 23 S. 519, 24 S. 421; vglch. Entsch. Bd. XVII S. 8) gerechnet werden.

Mit den hierbei entwickelten Grundsätzen ist es freilich kaum zu vereinigen, wenn neuerlich der Gerichtshof wieder ausgesprochen haben soll: Unregelmäßigkeiten führten zur Ungültigkeit der Wahl grundsätzlich nur dann, wenn durch sie das Ergebnis der Wahl beeinflußt worden sei — wie derartiges, übrigens ohne jede Angabe von Gründen, im PrVerwBl. Jahrg. 24 S. 807 berichtet wird.

Abgesehen aber auch von diesem kaum annehmbaren Satze darf behauptet werden: schon die an die §§ 40, 41 Tit. 3 T. I ALR. anknüpfende Distinktion führt keineswegs überall sicher zum Ziele und läßt selbst für ein gewisses Ermessen in manchen Fällen immer noch Raum, läßt vollends aber im Stiche, wo es die Anwendung nicht nur von formalen Vorschriften, sondern von solchen des materiellen Rechts gilt. Nur in abstracto gewürdigt, kann wohl die eine oder die andere Satzung ohne weiteres als eine solche anerkannt werden, deren Verletzung überall absolut vernichtend wirken muß. In den weitmeisten Fällen aber bleibt die Möglichkeit bestehen, daß nach Lage des besonderen Tatbestandes die Unregelmäßigkeit einer entscheidenden Bedeutung ermangelt. Gibt es beispielsweise Verstöße, die an sich so schwer wiegen, wie die, daß der Wahl eine (ordnungsmäßige) Berufung der Wähler nicht vorangegangen, oder daß der Wahlvorstand nicht vorschriftsmäßig zusammengesetzt gewesen ist? Und dennoch kann es kaum geboten sein, selbst dann Wahlen, die solche Unregelmäßigkeiten an sich tragen, für ungültig zu erklären, wenn im ersteren Falle der unvollkommenen Ladung unerachtet die sämtlichen Wähler tatsächlich erschienen sind und ihre Stimme abgegeben haben (vglch. freilich PrVerwBl. Jahrg. 23 S. 519), wenn im letzteren Falle es nur zwei oder drei Minuten gewesen sind, während deren ein vom frühen Morgen bis an den späten Abend fortgesetzter Wahlakt in Abwesenheit des zweiten Beisitzers sich vollzogen hat (vglch. oben Nr. 1 zu § 20, Nr. 2 zu § 24).

Einen vollkommneren Anhalt bieten vielleicht folgende Gesichtspunkte, für die es übrigens auch in der Judikatur des Oberverwaltungsgerichts wenigstens an einzelnen Andeutungen nicht fehlt (Entsch. Bd. XXVI S. 126, aber auch Bd. VII S. 54, 197 ff., Bd. IX S. 68, Bd. XVII S. 121/2, Bd. XIX S. 150, Bd. XXII S. 18, 20, Bd. XXV S. 119, Bd. XXVII S. 18, Bd. XXXVIII S. 155; ferner PrVerwBl. Jahrg. 15 S. 557, 18 S. 206/7, 22 S. 287):

Jede Unregelmäßigkeit stellt entweder die Aktion oder die Wirksamkeit der Aktion nur einzelner, mehr oder minder bestimmter Wähler in Frage, oder sie reicht weiter, greift hinüber in einen unbestimmbaren Kreis von Beteiligten. Ersteren Falles muß der Tatsache des Verstoßes wider das Gesetz, wenn sie die Ungültigkeit der Wahl nach sich ziehen soll, noch die — sei es förmlich zu erweisende, sei es ohnehin klar erhellende — weitere Tatsache hinzutreten, daß das Wahlergebnis nicht mehr als der wirkliche Ausdruck des freien Willens der Wähler gelten kann. In dem anderen Falle dagegen genügt an sich die Tatsache der Gesetzesverletzung und es bleibt hier die Konsequenz — die Ungültigkeit der Wahl — nur unter der Voraussetzung gleichwohl ausgeschlossen, daß das Wahlergebnis von der Unregelmäßigkeit nicht beeinflußt sein kann; schon die Möglichkeit eines solchen Einflusses führt in diesem zweiten Falle zur Ungültigkeitserklärung; erst die positive Unmöglichkeit läßt die Wahl des Verstoßes unerachtet bestehen. Auf dem Boden dieser Unterscheidung spielt auch das numerische Verhältnis der etwa auszuscheidenden Stimmen gegenüber demjenigen der übrigen, wirksam bleibenden eine bedeutsame Rolle (Entsch. d. OVG. Bd. XL S. 46, 148).

Zu der besonderen Frage, ob auch solche Unregelmäßigkeiten Berücksichtigung zu finden haben, die sich noch außerhalb des Rahmens des eigentlichen Wahlverfahrens — im engeren Sinne — bewegen, insbesondere die Frage betreffen, ob überhaupt zur Wahl zu schreiten war, sei hier noch auf die nachfolgenden Bemerkungen unter Nr. 12 hingewiesen.

9. Von einzelnen, nicht bereits oben berührten Anfechtungsgründen soll hier nur noch ein in der Praxis sehr oft wiederkehrender Grund besonders hervorgehoben werden — der nämlich, daß die Wähler in unzulässiger Weise beeinflußt worden seien. Freilich wird viel Mißbrauch getrieben mit der Berufung auf derartige Vorgänge, nicht selten sogar nahezu frivol Agitation für die Ungültigkeit der Wahl geltend gemacht. Immerhin indes kann — das unterliegt keinem Bedenken — der Tatbestand so gestaltet sein, daß die Ungültigkeitserklärung unter Gesichtspunkten dieses Inhalts erfolgen muß. Was gehört dazu? Zunächst ein-

mal, daß die Wähler den versuchten Einwirkungen gegenüber nicht unzugänglich geblieben sind, und zwar einem Drucke weichend, der ihre freie Willensbestimmung ausschloß. Den Gegner überzeugen, ihm diesen oder jenen Kandidaten nur empfehlen, ist ein anderes, als mittels ungehöriger Agitation einwirken. Und vollends fällt nicht als Opfer einer solchen Agitation, wer ohnehin in deren Richtung Stellung zu nehmen entschlossen war. Von keiner ausschlaggebenden Bedeutung ist es dagegen, ob der angestrebte und herbeigeführte Erfolg der ist, daß der Beeinflußte sich von der Wahl fernhält, oder vielmehr der, daß er aktiv für einen Kandidaten eintritt, dem er ohne die Einwirkung seine Stimme nicht gegeben haben würde. Sodann aber muß auch hier noch hinzukommen, daß das Häuflein der gewonnenen Stimmen vermöge seiner Zahl geeignet war, ein anderes als das schließlich festgestellte Ergebnis herbeizuführen. Sind von überhaupt 100 Stimmen etwa 80 auf Grund freier Selbstbestimmung der Wähler auf X entfallen, so bleibt dieser gültig gewählt, wenn auch 3 weitere Stimmen zu seinen Gunsten bar angekauft worden sind. In Beziehung auf den Nachweis des ursächlichen Zusammenhanges zwischen der Einwirkung und dem Effekt werden zwar nicht zu strenge Anforderungen gestellt werden dürfen; es ist vollauf Raum für die freieste richterliche Überzeugung von dem inneren Vorgang, und dabei wird auch dem Rechnung getragen werden dürfen, inwieweit der Beeinflußte vermöge seiner Beziehungen zu der Stelle, von der die Einwirkung ausging, Veranlassung hatte, sich zu fügen und zu beugen. Andererseits aber darf auch mehr oder minder jedem Wähler gegenüber mit einem gewissen Maße freien und selbständigen unabhängigen Sinnes gerechnet werden.

Aus der Judikatur des Oberverwaltungsgerichts liegt eine lange Reihe von Entscheidungen vor, die sich mit den vorstehend berührten Fragen — kaum wesentlich abweichend von obigem — befassen. Von besonderem Interesse ist vielleicht die vom 17. Februar 1894 (PrVerwBl. Jahrg. 15 S. 605); hier wurde — fast darf hinzugefügt werden: ausnahmsweise — die Ungültigkeit der angefochtenen Wahlen auf Grund vorangegangener maßloser

Agitation ausgesprochen, und zwar um deswillen, weil die Beamten einer großen Bergwerksgesellschaft dem Heere ihrer Arbeiter gegenüber in weitestem Umfange zu Gunsten von Kandidaten eingewirkt hatten, die geeignet waren, der Gesellschaft einen beherrschenden Einfluß auf die Gemeindevertretung zu sichern. Daneben sei noch hervorgehoben die Entscheidung vom 4. September 1891 (PrVerwBl. Jahrg. **13** S. 238), betreffend die von einer oberen Postbehörde unternommene Einwirkung auf die der Behörde unterstellten Beamten. Im übrigen vglch. Entsch. d. OVG. Bd. XXVIII S. 20, Bd. XXXI S. 6, Bd. XXXIV S. 22, Bd. XXXVI S. 129, 131; PrVerwBl. Jahrg. **15** S. 72, 556, 605, **16** S. 121, **17** S. 386, **20** S. 78, **21** S. 279, 431, **23** S. 277, 519, **24** S. 274.

Der Praxis der Parlamente zu folgen in der Frage, was unter erheblichen Unregelmäßigkeiten zu verstehen ist, unterliegt im allgemeinen manchen Bedenken. Das gilt auch in Bezug auf die Bedeutung von Agitationen. Die Gegensätze der Parteien und anderes zeitigen dort oft genug oder nur zu oft recht anfechtbare Ergebnisse.

10. Schließlich sei nur noch wiederholend (vglch. die Schlußbemerkungen zu § 13) darauf hingewiesen, daß die Ungültigkeit einer Wahl oder auch mehrerer einzelner Wahlen keineswegs etwa notwendig auch die der übrigen — sei es derselben Abteilung oder gar auch anderer Abteilungen — nach sich zieht.

B. Anfechtung der Wahlen und des Beschlusses über deren Gültigkeit*).

11. Wer ist zu Einspruch und Klage berechtigt (legitimiert)? In dieser Frage seien vorab in Bezug genommen die obigen Aus-

*) Der Abschnitt A galt dem Beschlusse der Stadtverordneten über die Gültigkeit der Wahlen — angefochtener, wie nicht angefochtener. Die Anfechtung erfolgt mittels Einspruchs, event. mittels Klage wider den Beschluß. Im Abschnitt B soll beides in der Weise zusammengefaßt werden, daß obenan einige im wesentlichen gleichmäßig auf beides sich erstreckende Fragen, dann solche, die nur den Einspruch, und endlich solche zur Erörterung gelangen, die nur die Klage wie das Verwaltungsstreitverfahren überhaupt betreffen.

führungen, betreffend den Einspruch wider die Richtigkeit der Gemeindewählerliste, nebst der auf denselben Gegenstand sich beziehenden Klage (Schlußbemerkungen zu § 13, ferner Nr. 5 und 10 zu § 20). Dies freilich nicht in dem Sinne, als ob die Frage dort und hier gleich läge. Vor allem besteht der weit reichende Unterschied, daß schon nach der Städteordnung (§§ 20, 27) zwar wider die Richtigkeit der Liste „jedes Mitglied der Stadtgemeinde", dagegen wider das stattgehabte Wahlverfahren nur „jeder stimmfähige Bürger" (vglch. unter Nr. 14) Einwendungen oder Beschwerde erheben konnte. Und dabei hat es auch das Zuständigkeitsgesetz belassen (Entsch. d. OVG. Bd. XVIII S. 39, 40). In anderen Beziehungen fehlt es aber nicht an einer gewissen Übereinstimmung. Keineswegs ist Jeder, dem an sich das Einspruchsrecht zusteht, auch überall zur Klage legitimiert, obschon es für den Gesetzgeber nicht gerade fern gelegen hätte, die Legitimationsfrage im Sinne einer solchen Gleichstellung zu regeln (Entsch. d. OVG. Bd. XIV S. 47 in Verbindung mit Bd. XVII S. 119). Tatsächlich indes ist folgender abweichender Weg eingeschlagen worden:

Es besteht ein Unterschied zwischen den Rechten einerseits des Magistrats und des in einem besonderen eigenen Individualrechte verletzten Gewählten, andererseits des weiten Kreises derjenigen, die nur das allgemeine, ohne Unterschied jedem „stimmfähigen Bürger" gewährte Anfechtungsrecht für sich geltend zu machen haben und verfolgen. Der Magistrat hat zwar nach § 11 des Zuständigkeitsgesetzes den Beschluß der Stadtverordneten-Versammlung weder zu genehmigen, noch zu bestätigen, wohl aber erwächst ihm die Legitimation zur Klage in allen Fällen ohne weiteres und unmittelbar aus eben jenem § 11, mag er nun die Ungültigkeitserklärung oder das Gegenteil anstreben, und dem Gewählten erwächst sie aus der Verletzung jenes Individualrechts. Dagegen ist, wer nur die Eigenschaft eines stimmfähigen Bürgers für sich aufzuweisen hat, zunächst auf den Weg des Einspruchs — und zwar wider die Gültigkeit der Wahl — angewiesen und erst einem Beschlusse der Stadtverordneten-Versammlung gegenüber, durch den der Einspruch seine Erledigung in ablehnendem Sinne erfuhr, die Wahl als gültig anerkannt wurde, eröffnet sich ihm hierdurch noch das weitere Rechtsmittel der Klage auf Ungültigkeitserklärung, sodaß für diese Klage der in jenem Sinne erledigte Einspruch conditio sine qua non ist. Sein Anfechtungsrecht ist insoweit ein beschränktes und gelangt insbesondere dann nicht zur Geltung, wenn zunächst das proklamierte und bekannt gemachte Wahlergebnis seinen Intentionen und Zielen noch voll entsprach und erst mittels abweichender Stellungnahme von seiten der Stadtverordneten-Versammlung ein anderes Ergebnis an die Stelle jenes gesetzt wurde. Freilich bestand für ihn in diesem Falle vor dem Beschlusse der Stadtverordneten-Versammlung noch überhaupt keine Veranlassung und nicht einmal die Möglichkeit, Einspruch zu erheben; er stand ja bis dahin einem gerade von ihm gewollten und gebilligten Ergebnisse gegenüber. Allein der Gesetzgeber hat einmal es unterlassen, den stimmfähigen Bürgern in weiterem Umfange den Weg der Klage zu eröffnen, den Kreis der subjektiv zur Anfechtung der Wahlen Berechtigten auch für dieses Rechtsmittel so weit zu ziehen, wie es für den Einspruch geschehen ist (PrVerwBl. Jahrg. 9 S. 19, 10 S. 308, 15 S. 120, 20 S. 47, 24 S. 322; Entsch. d. OVG. Bd. XVII S. 103, 118, Bd. XIX S. 149, Bd. XX S. 88, Bd. XXXVI S. 122).

12. Die Städteordnung bezeichnete das Recht, Einwendungen zu erheben, als sich richtend „gegen das stattgehabte Wahlverfahren“ (vglch. PrVerwBl. Jahrg. 4 S. 241); der § 10 des Zuständigkeitsgesetzes dagegen bedient sich der Ausdrucksweise: „Einsprüche gegen die Gültigkeit der Wahlen“. Nur in gleichem Sinne wird füglich das Recht der auf den Einspruch sich aufbauenden Klage umgrenzt werden können. Hiernach ist es — wenigstens nunmehr — ganz ausgeschlossen, eine Anfechtung der Wahl etwa nur insoweit zuzulassen, als eine Verletzung gerade formaler Verfahrensvorschriften behauptet wird. Das Oberverwaltungsgericht ist mittels Entscheidung vom 14. März 1890 (Bd. XIX S. 136) sogar noch weiter gegangen, wenn auch nicht in unmittelbarer Anlehnung an die Städteordnung und den § 10

des Zuständigkeitsgesetzes. Der angefochtenen, in einer westfälischen Landgemeinde vollzogenen Wahl (Gemeindeordnung vom 19. März 1856 §§ 26 ff., Zuständigkeitsgesetz §§ 27 ff.) war ein dem weiteren Wahlverfahren zu Grunde gelegter, besonderer Gemeindebeschluß darüber, welche Gemeindeglieder auszuscheiden hätten und wie solche zu bestimmen seien, vorangegangen, und der Kläger leitete demnächst die Ungültigkeit der daraufhin vollzogenen Neuwahlen daraus ab, daß die Ausscheidenden in anderer Weise zu bestimmen gewesen seien — ein Ausgangspunkt, den das Oberverwaltungsgericht nicht nur an sich im Rahmen der Wahlanfechtungsklage zuließ, sondern auch als die Ungültigkeitserklärung gebietend anerkannte; das Klagerecht sei — nahm es an — keineswegs beschränkt auf Angriffe wider das „Wahlverfahren". — Der letztere Satz ist nach obigem gewiß zutreffend; er führt aber kaum notwendig zu der daran geknüpften Entscheidung. Vglch. auch das — allerdings noch auf Grund des älteren Zuständigkeitsgesetzes — ergangene Endurteil vom 5. Februar 1879 (Entsch. Bd. V S. 91, auch PrVerwBl. Jahrg. 11 S. 435, 20 S. 500).

13. Wie wirken auf die Verfolgung des Anfechtungsrechts der Tod des Gewählten, die Ablehnung der angetragenen Stelle und ähnliches ein? Keinem Bedenken unterliegt es, daß nach dem Tode ein dispositiver, unmittelbar auf die Gültigkeit oder Ungültigkeit der Wahl gerichteter Ausspruch überhaupt nicht mehr zu ergehen hat; ein solcher würde keinerlei rechtlichen Einfluß mehr üben können auf die Zusammensetzung der Stadtverordneten-Versammlung, auf das Eintreten oder Nichteintreten des Gewählten; nur das Verwaltungsstreitverfahren mag — in der Beschränkung auf den Kostenpunkt — fortgesetzt werden können (Entsch. d. OVG. Bd. XXVIII S. 9, Bd. XXXVI S. 122). Ablehnung dagegen und Niederlegung wirken an sich nicht ohne weiteres ebenso; insbesondere wird — wie das Oberverwaltungsgericht (Entsch. Bd. XIX S. 18) mit Recht angenommen hat — weder der Einspruch wider die Gültigkeit einer Wahl durch die Ablehnung dieser, noch die nachfolgende Klage durch einen zwar die Ab-

lehnung billigenden, übrigens aber die Wahl an sich als gültig anerkennenden Beschluß der Stadtverordneten-Versammlung ausgeschlossen.

Darüber, ob die Versammlung ein bereits anhängig gemachtes Streitverfahren durch einen zweiten, abändernden Beschluß zur Erledigung bringen kann, vglch. unten Nr. 25.

Den Einspruch insbesondere anlangend, ist

14. zu der Frage, wem das Einspruchsrecht zusteht, im wesentlichen schon oben (Nr. 11; vglch. auch unten Nr. 18) Stellung genommen worden. Hinzugefügt sei hier nur noch, daß von den stimmfähigen Bürgern nicht einmal diejenigen als ausgeschlossen anzusehen sein werden, denen es an dieser Eigenschaft bis unmittelbar vor Erhebung des Einspruchs noch fehlte. Vollends wird nicht gefordert werden dürfen, daß der den Einspruch Erhebende in die Wählerliste Aufnahme gefunden, sich auch selbst an der Wahl beteiligt hatte, und ebensowenig, daß er gerade einem bestimmten Bezirke oder einer bestimmten Abteilung angehöre. Der Ausdruck „stimmfähig" hat hier eine weiter reichende Bedeutung (vglch. oben im Eingange des Abschn. II).

15. Als die Stelle, bei welcher der Einspruch anzubringen ist, bezeichnet das Zuständigkeitsgesetz (§ 10) den Magistrat. Wie aber, wenn die Anbringung zwar nicht direkt dort, sondern bei der Aufsichtsbehörde erfolgte, diese indes den Einspruch dem Magistrat noch innerhalb der Einspruchsfrist überwies? Das Oberverwaltungsgericht (PrVerwBl. Jahrg. 15 S. 120) nimmt an: auch letzteres genüge wenigstens dann nicht, wenn die Überweisung (nur) zum Zwecke der Berichterstattung erfolgte. In einer Hundesteuersache vom 21. April 1891 scheint indes derselbe Gerichtshof sich zu einer minder strengen Beurteilung verstanden zu haben — und das nicht mit Unrecht, zumal unter der naheliegenden Voraussetzung, daß der Einsprechende die Aufsichtsinstanz nur in der irrtümlichen Voraussetzung, sie sei die zuständige Stelle, angerufen hatte.

16. Die Zeit des Einspruchs anlangend, spricht das Zuständigkeitsgesetz (§ 10) aus: es habe die Erhebung innerhalb zwei Wochen „nach Bekanntmachung des Wahlergebnisses" (vglch. oben Nr. 2) zu erfolgen. In Beziehung auf den terminus ad quem hat es jedenfalls dabei zu bewenden; für einen späteren Einspruch läßt das Gesetz keinen Raum. Den terminus a quo aber mag das Gesetz mit jenen Worten nicht in dem Sinne festgelegt haben, daß jeder früher erhobene Einspruch rechtlich unwirksam bliebe; nur das muß für begrifflich ausgeschlossen erachtet werden, daß sogar schon vor Abschluß des Wahlverfahrens, vor der Feststellung und Proklamierung des Ergebnisses seitens des Wahlvorstandes wirksam Einspruch erhoben werden könnte — dies selbst dann, wenn es auf Grund der Voraussetzung geschehen sollte, das Verfahren nehme einen unstatthaften Verlauf (vglch. oben zu § 26 i. f. und Nr. 2 zu § 27; ferner Entsch. d. OVG. Bd. VIII S. 119, Bd. XVII S. 103, Bd. XXIV S. 33, Bd. XXXII S. 129; PrVerwBl. Jahrg. **10** S. 86, 308, **15** S. 120, **23** S. 277, **24** S. 542).

17. Eine besondere Begründung des Einspruchs ist, wenn auch gewiß ratsam, doch für die Wirksamkeit desselben nicht unerläßlich; nur über das Ziel — das „gegen die Gültigkeit der Wahl" gerichtet sein muß — darf der Inhalt keinen Zweifel lassen (Entsch. d. OVG. Bd. XXXII S. 7, 129); ebensowenig ist es zulässig, den Einspruch an eine Bedingung zu knüpfen (ebendas. Bd. XLIII S. 105).

18. Daß der Gewählte ausgeschlossen sein sollte von dem Rechte des Einspruchs wider die Wahl, weil diese auf ihn selbst fiel, bringt das Gesetz nicht zum Ausdruck. Auch im übrigen möchte es an einem zwingenden Grunde für diese Annahme fehlen. Das Oberverwaltungsgericht scheint zu der Frage zuerst in gleichem Sinne Stellung genommen, dann freilich solches vermieden zu haben (PrVerwBl. Jahrg. **9** S. 19, Jahrg. **12** S. 324).

Weiter dient zur Anfechtung der Wahlen die gegen den Beschluß sich richtende Klage nebst dem daran sich knüpfenden Verwaltungsstreitverfahren.

19. Auch insoweit fand die den Kläger betreffende Legitimationsfrage ihre Erledigung bereits oben (Nr. 11).

20. Als den Beklagten bezeichnet das Gesetz, indem es die Klage „gegen den Beschluß der Gemeindevertretung" gewährt, die Stadtverordneten-Versammlung (vglch. oben Nr. 10 zu § 20, auch die Schlußbemerkungen zu § 18). Nicht einmal für die Klage des Gewählten besteht die Notwendigkeit, daß sie zugleich gegen denjenigen mitgerichtet werde, auf dessen Einspruch der die Ungültigkeit der Wahl aussprechende Beschluß erging (Entsch. d. OVG. Bd. XIV S. 57).

Ob aber nicht dieser dritte wenigstens beigeladen werden muß? Im Zusammenhange hiermit soll an dieser Stelle die Frage der Beiladung in weiterem Umfange behandelt werden, und zwar mag dies in Anlehnung an die Judikatur des Oberverwaltungsgerichts geschehen.

Wenn das Landesverwaltungsgesetz vom 30. Juli 1883 (§ 70) bestimmt: das Gericht könne die Beiladung dritter, deren Interesse durch die zu erlassende Entscheidung berührt werde, verfügen, so entspricht es dem an sich gewiß, daß, anlangend zunächst die Klage des Gemeindevorstandes oder stimmfähiger Bürger, die wider die Gültigkeit der Wahl ohne Erfolg Einspruch erhoben haben, in Rücksicht auf die hierdurch eröffnete Möglichkeit einer Ungültigkeitserklärung der Gewählte beigeladen werde. Doch kann dies, wenn es gleichwohl in erster Instanz nicht geschah, zwar nicht mehr in der Revisionsinstanz, wohl aber in der Berufungsinstanz noch nachgeholt werden, und selbst das mag unterbleiben, wenn ohnehin im Sinne der Gültigkeit der Wahl zu entscheiden ist (Entsch. Bd. XIII S. 220, Bd. XIX S. 149, Bd. XXXI S. 113, Bd. XXXII S. 130, Bd. XXXVI S. 122; PrVerwBl. Jahrg. 9 S. 19, 12 S. 324, 15 S. 179, 17 S. 183). Von diesen beiden Fällen der Unterlassung abgesehen, fragt sich aber für den Revisionsrichter insbesondere: Sind Vorentscheidungen, denen die Beiladung nicht voranging, als auf einem wesentlichen Mangel des Verfahrens (Landesverwaltungsgesetz §§ 94, 98) beruhend aufzuheben oder ist nicht vielmehr über den Mangel etwa um deswillen hinwegzugehen, weil das Gesetz (§ 70 das.) doch überall die Beiladung nur als eine fakultative vorsieht, sie lediglich in das Ermessen des Richters stellt? Mit Recht hat das Oberverwaltungsgericht lange Jahre hindurch letzteres angenommen — so noch am 6. Oktober 1887 (Entsch. Bd. XV S. 357). Später aber ist der Gerichtshof zu der ersteren Auffassung übergegangen und an ihr hielt er auch noch neuerlich fest (Entsch. Bd. XXXVI S. 187, Bd. XXXVIII S. 155, Bd. XL S. 12, Bd. XLIII S. 310; auch PrVerwBl. Jahrg. 22 S. 324). — Einigermaßen anders liegt die Frage, ob da, wo als Hauptparteien der Gewählte oder der Magistrat und die Stadtverordneten-Versammlung einander gegenüberstehen, diejenigen beigeladen werden müssen, auf deren Einspruch der angefochtene Beschluß erging, wohl gar selbst dann, wenn die Stadtverordneten-Versammlung den Standpunkt des Einspruchs einnahm und weiter vertritt. Das Oberverwaltungsgericht freilich scheint der entgegenstehenden Bedenken unerachtet auch dies anzunehmen (PrVerwBl. Jahrg. 12 S. 324, 22 S. 628).

21. Die erste Voraussetzung der Klage ist — abgesehen von der bereits erledigten Legitimationsfrage (oben Nr. 11) und von der von Amts wegen zu prüfenden Fristfrage (PrVerwBl. Jahrg. 23 S. 518) — ein von seiten der Stadtverordneten-Versammlung gefaßter Beschluß über die Gültigkeit der Wahl, dem mit der Behauptung entgegengetreten wird, daß ihm entgegen das Wahlverfahren sich nicht ohne erhebliche Unregelmäßigkeiten (oben Nr. 8) vollzogen habe oder aber daß solche mit Unrecht als vorhanden angenommen worden seien. „Gegen den Beschluß“ findet die Klage statt — dies aber nicht in dem Sinne, daß der Kläger, ohne erst in jene Behauptung den Schwerpunkt des Angriffs zu legen, sich etwa darauf beschränken dürfte, den Beschluß als nicht ordnungsmäßig gefaßt zu bemängeln, nur unter diesem Gesichtspunkte ein mehreres nicht als dessen Wiederaufhebung zu bean-

tragen. Zweck und Ziel des Verfahrens ist die endgültige Feststellung des Wahlergebnisses, und dem muß auch die Klage in ihrem Inhalt entsprechen (Entsch. d. OVG. Bd. XIV S. 41, Bd. XXVI S. 123, Bd. XXXIV S. 22; PrVerwBl. Jahrg. 12 S. 324, 13 S. 135, 15 S. 240). Im Einzelfalle sind freilich Zweifel immerhin noch in der Richtung möglich, ob nicht die Mängel des Beschlußverfahrens vermöge ihrer weittragenden Bedeutung dem „Beschlusse" die Eigenschaft eines solchen überhaupt entziehen dergestalt, daß es an einer wesentlichen Voraussetzung der Klage ganz fehlt.

Was im übrigen die Begründung der Klage anlangt (vglch. auch oben Nr. 8 und 12), so ist der Kläger keinenfalls darauf beschränkt, etwa wiederum nur eben das geltend zu machen, was er schon im Einspruche geltend gemacht hatte; mit anderen Worten: nova sind nicht ausgeschlossen (vglch. oben Nr. 17, ferner Entsch. d. OVG. Bd. VI S. 149, Bd. XXVII S. 18, Bd. XXXII S. 7; PrVerwBl. Jahrg. 17 S. 184).

22. Da überall mit der Möglichkeit, daß mehrere Personen — jede für sich — von dem Klagerechte Gebrauch machen, zu rechnen ist und die erheblichsten Inkonvenienzen in dem Falle erwachsen können, wenn die mehreren Klagen unabhängig voneinander behandelt und erledigt werden, wird der Richter diese tunlichst miteinander zu verbinden und, solange erst eine vorliegt, sich vorab zu vergewissern haben, daß weitere Klagen nicht mehr folgen können (Entsch. d. OVG. Bd. XIV S. 48, Bd. XXVI S. 123, auch PrVerwBl. Jahrg. 23 S. 277; vglch. unten Nr. 24).

23. Die richterliche Entscheidung hat im Kern sich darüber auszusprechen, ob die bekannt gemachte Wahl — sei es unter Gesichtspunkten, die schon der Einspruchsbescheid berührte, oder auch unter anderen — gültig oder ob sie ungültig ist (vglch. oben zu § 26 Abs. 2, 3, 4 und Nr. 21 zu § 27, auch PrVerwBl. Jahrg. 23 S. 519); weder darf sie sich einerseits darauf beschränken, etwa nur aufhebend dem angefochtenen Beschlusse entgegenzutreten, noch liegt andererseits es in den Aufgaben des Richters, einer Wahl gegenüber, die er nicht ohne weiteres als gültig anzuerkennen ver-

mag, dispositiv darüber Bestimmung zu treffen, auf welchen Wegen das Wahlverfahren wieder aufzunehmen oder anderweit ein positives Ergebnis herbeizuführen ist, und vollends darf er nicht selbst dem einmal proklamierten Ergebnis ein anderes substituieren (Entsch. d. OVG. Bd. VI S. 136, Bd. XIV S. 37 ff., 70, Bd. XVIII S. 336, Bd. XIX S. 23, Bd. XX S. 21, 22, Bd. XXXI S. 112, Bd. XLIII S. 94; PrVerwBl. Jahrg. **9** S. 378, 444, **10** S. 308, **15** S. 240, **20** S. 47, **22** S. 289, **24** S. 604).

Die materiell-rechtliche Seite der Entscheidung anlangend, ist hier insbesondere auf die obigen, den Begriff der „erheblichen Unregelmäßigkeiten" betreffenden Ausführungen (Nr. 8) zurückzuverweisen.

24. Die Gültigkeit einer Wahl, in Ansehung deren einmal in vorstehend entwickeltem Sinne — und zwar rechtskräftig — entschieden worden ist, kann nicht dem entgegen nochmals mittels einer neuen Klage anderer Beteiligter in Frage gestellt werden; eine solche wäre gegenstandslos, da der Gegenstand als schon durch die erste Entscheidung allen Beteiligten gegenüber endgültig erledigt angesehen werden muß; so wenig wie in einer eigentlichen Statusfrage kann füglich in der Frage der Gültigkeit einer Wahl dem einen gegenüber dies, dem zweiten und dritten gegenüber ein anderes Rechtens sein (Entsch. d. OVG. Bd. XIV S. 43, 48, Bd. XXVI S. 122, 123; PrVerwBl. Jahrg. **15** S. 179, **22** S. 324, **23** S. 276).

Den hieraus sich ergebenden Rechtszustand mag zwar ein einigermaßen vigilanter Richter zu einem erträglichen machen können (vglch. oben Nr. 20 und 22); ein unvollkommener bleibt aber der Zustand — den dortigen Ausführungen gegenüber — auf alle Fälle.

25. Der oben zu § 18 d. StO. mitgeteilte § 11 Abs. 2 des Zuständigkeitsgesetzes, betreffend die der Klage im allgemeinen versagte Suspensivkraft und die damit zusammenhängende Bestimmung, daß aber doch „Ersatzwahlen" vor ergangener rechtskräftiger Entscheidung nicht vorgenommen werden dürfen, wurde

bereits (unter Nr. 7 zu § 19 und unter Nr. 11 zu § 20) berührt. Gemeint sind daselbst: Wahlen zum Ersatze solcher Wahlen, welche durch Beschluß der Stadtverordneten-Versammlung für ungültig erklärt worden sind. Eine solche „Ersatzwahl" wird selbst dann so lange, bis rechtskräftig entschieden worden ist, ausgesetzt bleiben und event. für ungültig erklärt werden müssen, wenn, bevor jenes geschehen, die Stadtverordneten-Versammlung an Stelle des bereits angegriffenen, die Gültigkeit der ersten Wahl aussprechenden Beschlusses einen neuen im Sinne der Ungültigkeit faßte; denn eine zweimalige Beschlußfassung kennt das Gesetz überhaupt nicht (Pr. VerwBl. Jahrg. **15** S. 178, **24** S. 603), vollends nicht eine zweite, welche etwa zur Erledigung des schon anhängig gemachten Streitverfahrens zu führen geeignet wäre (vglch. Entsch. d. OVG. Bd. XIV S. 61, Bd. XX S. 9, Bd. XXVI S. 121 — auch oben Nr. 5).

Zu § 27 Abs. 4:

26. Gegenüber dieser Bestimmung, der zufolge es die Gültigkeit der Wahl nicht berührt, wenn die vorgeschriebene Hinweisung auf die Wichtigkeit des Aktes von seiten der geistlichen Behörde unterblieb, genügt eine Bezugnahme auf die entsprechende Bemerkung zu § 21 Abs. 1.

Der zweite Titel der Städteordnung schließt ab mit dem, insbesondere von der Einführung der neu gewählten Stadtverordneten handelnden

§ 28.

Wenn dieser zunächst im ersten Absatze die bei der regelmäßigen Ergänzung neugewählten Stadtverordneten mit dem Anfang des nächstfolgenden Jahres ihre Verrichtungen antreten läßt, unbeschadet jedoch der bis zu ihrer Einführung fortzusetzenden Tätigkeit der Ausscheidenden, so bestimmen freilich die §§ 18 und 21, daß die Stadtverordneten auf sechs Jahre — nur auf diese Zeit — gewählt werden und daß alle zwei Jahre ein dann ausscheidendes Drittel der Mitglieder durch regelmäßige, schon im November stattfindende Ergänzungswahlen ersetzt wird (vglch. oben zu § 21 Abs. 3 litt. b). Dem gegenüber besteht ja an sich immerhin die Möglichkeit eines Eintretens der Neugewählten „mit dem Anfange des nächstfolgenden Jahres". Tatsächlich indes ist schon um deswillen, weil dieser Anfang gerade auf den 1. Januar — einen kirchlichen allgemeinen Festtag — fällt, kaum jemals mit einiger Sicherheit darauf zu rechnen, daß dann schon der Eintritt erfolgt, und vollends stehen dem die nahe liegenden Eventualitäten entgegen, daß aus irgend einem Grunde die Wahl selbst sich bis in das neue Jahr hinzieht, daß sie nicht glatt sich vollzieht und alsbald allseitig als gültig anerkannt wird, oder daß gar erst noch ein lange währendes Verwaltungsstreitverfahren über die Gültigkeit eröffnet wird. Im Hinblick auf derartiges trifft für die Zwischenzeit der § 28 Abs. 1 — und zwar generell — Vorsorge; er will es vermeiden, daß zeitweise die Wählerschaft zu einem Teile unvertreten in der Versammlung bleibt, läßt demnach die Vertreter nicht von selbst mit Ablauf der Wahlperiode ausscheiden, knüpft vielmehr das Ausscheiden, die Funktionsdauer event. prolongierend, an die hinzutretende Tatsache „der Einführung der neugewählten Mitglieder". Darüber, in welchem Sinne dies geschehen ist, haben vor einigen Jahren aus Anlaß eines Berliner Spezialfalles (vglch. Entsch. d. OVG. Bd. XVI S. 58, auch Bd. XX S. 86 und die zum Teil recht schätzbaren weiteren Materialien, die im PrVerwBl. Jahrg. 10 S. 339, 483, 13 S. 587, 15 S. 65 mitgeteilt wurden; vglch. auch Jahrg. 13 S. 135) sehr umfassende Auseinandersetzungen stattgefunden. Mehrenteils in Anlehnung an sie dürfen nunmehr als der Inhalt des bestehenden Rechts folgende Sätze aufgestellt werden:

1. Ordnungsmäßig hat die Einführung der Neugewählten — die Vorbedingung für die Aufnahme ihrer Funktionen — nicht eher, als bis die Gültigkeit der Wahl außer Frage gestellt ist, zu erfolgen und wirkt sie dann zugleich das Ausscheiden der alten Mitglieder.

2. Erfolgte sie gleichwohl früher, so haben doch die Neugewählten, sobald die Ungültigkeit der Wahl ausgesprochen wird,

wieder zurückzutreten, ohne daß damit etwa für die gleichzeitig mit jener Einführung schon ausgeschiedenen alten Mitglieder die Möglichkeit einer (temporären) Wiederaufnahme ihrer Funktionen erwächst; vielmehr entsteht in diesem Falle vorübergehend ein vacuum wie freilich der Gesetzgeber es gerade vermeiden wollte.

3. Im Normalfalle aber (Nr. 1) bleiben die Ausscheidenden nicht etwa nur bis zu dem Tage, da alle Neugewählten — bis auf die wegen Hindernisse in ihren Personen oder wegen Beanstandung ihrer Wahl zurückgestellten — eingeführt werden, in Tätigkeit, sondern jeder Ausscheidende bis zur Einführung des für ihn neu gewählten Mitgliedes, seines Nachfolgers, wobei freilich die Frage, wer dies ist, praktische Schwierigkeiten da bereiten kann, wo eine und dieselbe Abteilung gleichzeitig mehrere Stadtverordnete in einem und demselben Wahlgange gewählt hat, wo also der Satz, daß alle Wahlen von denselben Abteilungen und Bezirken vorgenommen werden, von denen der Ausgeschiedene gewählt war (§ 21), die Frage — direkt wenigstens — nicht löst.

4. Im übrigen aber, soweit es sich nicht um ein vorläufiges Weiterfungieren der bereits am Endpunkte ihrer ordentlichen Funktionsperiode angelangten Stadtverordneten an Stelle der noch nicht eintrittsreif gewordenen Nachfolger handelt, bewendet es dabei, daß jede Funktionsperiode vom 1. Januar ab zu laufen beginnt — dies selbst für diejenigen Stadtverordneten, deren Wahl aus irgend einem Grunde sich nicht nur über den November hinaus, sondern noch bis in das nächste Jahr hinein verzögerte. Auch die sechsjährige Periode eines erst im Februar 1898 Gewählten endet also schon mit dem 31. Dezember 1903, vor Ablauf von vollen 6 Jahren (MBl. d. i. V. 1861 S. 65).

Der zweite Absatz des § 28 überträgt zwar die Anordnung der Einführung und der Verpflichtung der Neugewählten dem Magistrat. Doch ist damit kaum ausgeschlossen, daß dem Stadtverordneten-Vorsteher die Einführung ꝛc. und selbst die Ladung dazu überlassen werden (PrVerwBl. Jahrg. **10** S. 388, **11** S. 219, **16** S. 438).

Hieran sei noch die Frage geknüpft, ob etwa erst die Einführung den Gewählten zum Stadtverordneten macht, ob nicht vielmehr schon die Feststellung des Ergebnisses der Abteilungswahl durch den Wahlvorstand (§ 26) oder doch die Bekanntmachung des Magistrats (§ 27 Abs. 1) dazu ausreicht; auch mit der Annahmeerklärung von seiten des Gewählten oder dem Beschlusse der Gemeindevertretung über die Gültigkeit der Wahl könnte vielleicht hier zu rechnen sein. Das Oberverwaltungsgericht hat sich dazu neuerlich (Entsch. Bd. XLI S. 16) geäußert, jedoch sehr zurückhaltend, nämlich nur negativ dahin: keinenfalls werde der Gewählte vor der Annahmeerklärung Stadtverordneter, wenn auch die Verpflichtung zur Annahme schon „mit der gültigen Wahl" entstehe (§ 74). Weitergehend im PrVerwBl. Jahrg. 10 S. 563.

III. Die Zuständigkeit der Stadtverordneten-Versammlung.

1. Im allgemeinen.

1. Die Zuständigkeitsfrage führt vor allem zu einer Untersuchung des Begriffes der „Gemeinde-Angelegenheiten" (vglch. die Verfassungsurkunde vom 31. Januar 1850 Art. 105). Dieses Ausdrucks bedienen sich schon die §§ 9 und 10 der Städteordnung, wennschon noch ohne besondere Beziehung auf den Geschäftskreis gerade der Stadtverordneten-Versammlung (vglch. auch §§ 61, 76). Derselbe kehrt dann wieder an der Spitze des von den Versammlungen und Geschäften der Stadtverordneten handelnden Tit. IV; daselbst bestimmt der einleitende § 35 — insoweit prinzipiell alles Folgende beherrschend (Entsch. d. OVG. Bd. XLI S. 49) — nicht nur, daß die Stadtverordneten-Versammlung über alle „Gemeinde-Angelegenheiten" zu beschließen hat, soweit dieselben nicht ausschließlich dem Magistrate überwiesen sind, sondern er hält es auch für angezeigt, noch weiter auszusprechen: „über andere als Gemeinde-Angelegenheiten dürfen die Stadtverordneten nur dann beraten, wenn solche durch besondere Gesetze oder in einzelnen Fällen durch Aufträge der Aufsichtsbehörde an sie gewiesen sind." Mit anderen Worten: fehlt es an einem die Zuständigkeit begründenden Spezialtitel im Sinne des zweiten Satzes, so hat vor jeder Beratung und vollends vor jeder Beschlußfassung zunächst der Vorsitzende, entscheidend aber die Versammlung selbst, wenn auch nur stillschweigend, Stellung zu nehmen zu der Frage, ob über-

haupt der Gegenstand zu den „Gemeinde-Angelegenheiten" gehört. Im Einzelfalle können allerdings die Ansichten hierüber — wie noch heutigen Tages die tägliche Praxis lehrt — weit auseinandergehen. Im großen und ganzen indes hat schon lange die Wissenschaft und hat zumal im Laufe der letzten Jahrzehnte das Oberverwaltungsgericht gewisse leitende Sätze aufgestellt, die als solche kaum mehr angefochten werden und sich etwa, wie folgt, zusammenfassen lassen:

Das Gesetz enthält sich einer generellen positiven Umgrenzung des Begriffes der „Gemeinde-Angelegenheiten", nicht minder des Begriffes der Gemeinde selbst. Der letztere hat sich vielmehr im Wege der geschichtlichen Entwickelung und des Rechts der Wissenschaft als ein notwendiger, allgemeine Gültigkeit beanspruchender herausgebildet und er allein ist es auch, an den die erstere Begriffsbestimmung sich anzulehnen hat. Jener aber läuft darauf hinaus, daß die Gemeinde als ein integrierender Bestandteil des staatlichen Organismus einen solchen der örtlichen Gemeinschaft darstellt, der, beruhend auf dem nachbarlichen Zusammenwohnen der zu ihm gehörigen Personen, nicht etwa nur — gleich Kirchen- und Schulgemeinden, Armenverbänden und ähnlichen sogenannten Spezialgemeinden — einen einzelnen bestimmten Zweck des Gemeinwohles verfolgt, sondern die gesamten gemeinsamen Kultur- und Wirtschafts-Interessen des engsten örtlichen Verbandes umfaßt. Solange und insoweit es an dieser Beziehung zu der *örtlichen* Gemeinschaft nicht fehlt, ist von dem Wirkungskreise der Gemeinde — unbeschadet freilich der Übung des staatlichen Aufsichtsrechts — nichts ausgeschlossen, was irgend die Wohlfahrt des Ganzen, die materiellen Interessen und die geistige Entwickelung des einzelnen oder doch einzelner Gruppen der Glieder zu fördern geeignet ist, unter derselben Voraussetzung nicht einmal das weite Gebiet der allgemeinen Politik; denn selbst auf diesem besteht wenigstens die Möglichkeit, daß die Stellungnahme der Gemeinde in *besonderen* Verhältnissen der örtlichen Gemeinschaft ihren Ausgangspunkt, in dem Schutze und der Förderung solcher Verhältnisse ihr Ziel hat. Ist es die Absicht des Ministerial-Reskripts vom 6. Juni 1863

(MBl. d. i. V. S. 119) gewesen, der Stadtverordneten-Versammlung in weiterem Umfange die Abfassung von Adressen, die Entsendung von Deputationen und ähnliche Kundgebungen in Angelegenheiten der Staatsverfassung, des Landtages und der allgemeinen Politik zu wehren, so muß Bedenken getragen werden, ihm beizupflichten; das Gesetz hat für die bürgerlichen Gemeinden keine andere Schranke der Wirksamkeit aufgerichtet, als die des Zusammenhanges mit den lokalen Interessen, den besonderen Interessen der gesamten Gemeinde oder doch der einzelnen als Gemeindeglieder.

Von den vielen hierher gehörenden Entscheidungen des Oberverwaltungsgerichts bietet vielleicht diejenige die weitesten, in der Praxis verwertbaren Gesichtspunkte, mittels deren unter dem 21. September 1886 dem Beschlusse der Stadtverordneten-Versammlung zu T., daß den dortigen Wahlmännern für ihre Reisen nach dem Wahlorte behufs Beteiligung an der Wahl der Landtagsabgeordneten eine Entschädigung aus Kämmereimitteln gezahlt werden sollte, entgegengetreten wurde (Entsch. Bd. XIV S. 76). Die Begründung befaßt sich allerdings wesentlich mit der Frage, zu welchen Zwecken eine Verwendung des Gemeindevermögens erfolgen dürfe; sie führt aber damit auch auf den Begriff der Gemeinde-Angelegenheit überhaupt zurück.

Daneben stehen obenan die Entscheidungen:

vom 10. März 1886 (Entsch. Bd. XIII S. 89 — vgl. auch MBl. d. i. V. 1902 S. 96, PrVerwBl. Jahrg. 23 S. 611), betreffend eine wider die Erhöhung der Getreidezölle gerichtete Petition der Stadtverordneten-Versammlung zu Stettin an den Reichstag und darauf hinauslaufend, daß ein Petitionsrecht den Stadtverordneten-Versammlungen zwar nur in den aus § 35 der Städteordnung sich ergebenden Schranken zustehe, hier aber bei der besonderen Bedeutung einer Erhöhung jener Zölle für den Handel und Verkehr gerade der Stadt Stettin der Begriff einer „Gemeinde-Angelegenheit" als gegeben anzusehen sei;

vom 28. Mai 1895, betreffend eine wider die sog. Umsturzvorlage an den Reichstag gerichtete Petition und zu dem Ergebnisse gelangend, daß diese Vorlage ihrer tatsächlichen und rechtlichen Natur nach keinerlei besondere Beziehung auf eine einzelne Gemeinde zulasse, es demnach hier an einer „Gemeinde-Angelegenheit", an einem den allgemeinen Interessen gegenüberstehenden Lokalinteresse fehle;

vom 9. Juli 1898, betreffend den Beschluß der Stadtverordneten-Versammlung zu Berlin, daß im Namen dieser eine Abordnung von Stadtverordneten am 18. März 1898 auf den Gräbern der Gefallenen vom 18. März 1848 einen Kranz niederlegen solle, und in Abrede stellend, daß dieser Angelegenheit ein lokaler Charakter beiwohne;

vom 20. Februar 1900 (Entsch. Bd. XXXVII S. 116), betreffend die Frage, welchen Namen eine Gemeinde zu führen hat;

vom 31. Januar und 7. März 1902 (Entsch. Bd. XLI S. 34), betreffend Petitionen wider eine Erhöhung der Getreide- ꝛc. Zölle und für den Abschluß „langfristiger" Handelsverträge.

Was insbesondere die Übernahme von Aufgaben anlangt, an die sich mehr oder minder erhebliche, kraft Gesetzes keineswegs gerade die Kommunen treffende Aufwendungen knüpfen, so hat das Oberverwaltungsgericht von jeher die Neigung betätigt, der freien Entschließung der städtischen Behörden den weitesten Spielraum zu lassen, sich jeder einschränkenden Deutung des Begriffes der Gemeinde-Angelegenheiten zu enthalten. So vor allem auf dem Gebiete der Unterhaltung der Schulen, mochten nun die entsprechenden Lasten der Schulverbände als Kommunallasten oder auch die Schulanstalten selbst als Kommunalanstalten übernommen worden sein (Entsch. Bd. III S. 124, Bd. VII S. 223, Bd. XII S. 155, 200, Bd. XIX S. 169 ff., Bd. XXIII S. 97, Bd. XXVI S. 194, Bd. XXVII S. 144) und früher schon in der Frage, ob nicht in Beziehung auf den Bau von Kunststraßen, den an sich kein Gesetz als innerhalb der Gemeindezwecke liegend hinstellt, gleichwohl durch Mehrheitsbeschlüsse die Minderheit zu Beiträgen verpflichtet werden könne (Entsch. Bd. II S. 186; vglch. Bd. XVI S. 220); hier sind bereits die leitenden, später festgehaltenen Gesichtspunkte des näheren entwickelt worden, wenn auch zunächst nur in der Anwendung auf Landgemeinden.

2. Mit der Zuständigkeitsfrage im allgemeinen steht weiter im engsten Zusammenhange das Nebeneinander von Magistrat und Stadtverordneten-Versammlung. Berührt wurde dasselbe bereits in der Einleitung wie auch im Abschnitt I, betreffend den rechtlichen Charakter der Stadtverordneten-Versammlung im allgemeinen. Auf andere, dieses Nebeneinander betreffende einzelne Punkte ferner, zumal auf solche, die nicht unmittelbar mit der Zuständigkeitsfrage zusammenhängen, kann erst später eingegangen werden. Hier gilt es nur, in allgemeinen Zügen Stellung zu nehmen zu der Frage:

> welche Gemeinde-Angelegenheiten der Beschlußfassung gerade der Stadtverordneten unterliegen, sei es auch nur einer solchen, die noch der Zustimmung des Magistrats bedarf.

Die Frage ließe sich freilich auch umgekehrt formulieren — dahin:

> welche Angelegenheiten der Zuständigkeit der Stadtverordneten entzogen sind, wohl gar in dem Sinne entzogen, daß sie ausschließlich derjenigen des Magistrats unterliegen.

Allein es wird sich demnächst zeigen, daß die erstere Formulierung, weil zugleich der zu erteilenden Antwort näher kommend, den Vorzug verdient.

Die Gesetzgebung hat lange darin geschwankt, wie am zweckmäßigsten die Funktionen einerseits eines beschließenden, andrerseits eines vollziehenden Organes zwischen Magistrat und Stadtverordneten-Versammlung zu verteilen seien. Jedenfalls lag nach der Städteordnung von 1808 der Schwerpunkt noch mehr als heutigen Tages in der letzteren. Der Magistrat war damals im wesentlichen nur ausführendes, vollziehendes Organ, die Stadtverordneten-Versammlung das — im allgemeinen unabhängig von seinem Beitritt — beschließende und zugleich das die Exekution kontrollierende Organ. In einem gewissen Übereifer war die Städteordnung von 1808 hierin zu weit gegangen und das machte sich auch gar bald fühlbar. Die Städteordnung von 1831 hatte zwar nicht die Absicht, mit den grundlegenden Normen, die sie vorfand, zu brechen; tatsächlich indes und im Ergebnis liefen gleichwohl ihre Dispositionen darauf hinaus, daß sie gerade den Magistrat zum überwiegenden Element der Stadtverfassung erhob, ihn nur in gewissen bestimmten Angelegenheiten an die Zustimmung der Stadtverordneten-Versammlung bindend. Umgekehrt näherte sich wieder die Gemeinde-Ordnung vom 11. März 1850 mehr dem älteren Standpunkt von 1808. Allein die Städteordnung von 1853 hat es dabei nicht belassen. Sie erweiterte von neuem den dem Magistrat gebührenden Anteil an der Beschlußfassung über die Gestaltung der Gemeinde-Angelegenheiten, gestand aber andrerseits durch Statuierung eines umfassenden Kontrollrechts auch der Stadtverordneten-Versammlung eine wesentliche Einwirkung auf die Verwaltung zu. Wer demnach — wie nicht selten es noch heutigen Tages geschieht — fortdauernd behaupten wollte: die Stadtverordneten-Versammlung sei das beschließende, der Magistrat das ausführende Organ, träfe damit das Richtige nur unbeschadet des Vorbehalts, daß jedem von beiden Organen zugleich ein ansehnliches Maß der Mitwirkung auf dem prinzipalen Funktionsgebiete des anderen gebührt.

Die hier entscheidenden generellen positiven Satzungen sind die:

daß freilich über „alle Gemeinde-Angelegenheiten“ die Stadtverordneten-Versammlung zu beschließen hat — aber doch nur unbeschadet des Nachsatzes: „soweit dieselben nicht ausschließlich dem Magistrate überwiesen sind“ (§ 35);

daß ferner die Beschlüsse der Stadtverordneten-Versammlung der Zustimmung des Magistrats bedürfen — aber doch wiederum nur unbeschadet des Zwischensatzes: „wenn sie solche Angelegenheiten betreffen, welche durch das Gesetz dem Magistrat zur Ausführung überwiesen sind“ (§ 36);

daß endlich die Stadtverordneten-Versammlung „die Verwaltung kontrolliert“ (§ 37).

Auf dieses Kontrollrecht wird erst später des näheren eingegangen werden. Von den beiden anderen Bestimmungen ist besonders die erste (§ 35) so aufgebaut, daß sie zu Gunsten der

Stadtverordneten-Versammlung einen großen Regelsatz aufstellt, von dessen an sich alles umfassendem Geltungsgebiete nur einzelne Fälle ausgeschlossen sind — diejenigen nämlich, zu deren Erledigung der Magistrat ausschließlich berufen ist. Der Grundgedanke läßt sich — um einmal vorauszusetzen, jedes der beiden Organe nehme in einer bestimmten Angelegenheit die Zuständigkeit für sich in Anspruch — auch dahin formulieren, daß alsdann die Stadtverordneten-Versammlung sich überall einfach und zunächst wirksam auf den Regelsatz berufen und es dem Magistrat überlassen kann, seinerseits mit dem etwa für seine Zuständigkeit sprechenden, besonderen Ausschließungsgrunde hervorzutreten; solange es an einem solchen Grunde fehlt, darf der Stadtverordneten-Versammlung die Zuständigkeit nicht abgesprochen, auch kaum einmal durch Ortsstatut (vglch. unten Vorbemerkungen zu §§ 35 ff.) genommen werden. Aber freilich bleibt auch bei diesem Ausgangspunkte noch Raum genug und mehr als genug übrig für Zweifel, und zwar knüpfen sich solche wesentlich an die Frage, unter welchen Voraussetzungen Gemeinde-Angelegenheiten als „ausschließlich dem Magistrat überwiesen" anzusehen sind. Hierin dürfen nicht gar zu weit reichende Anforderungen gestellt werden. In erster Reihe bietet einen Anhalt in dieser Beziehung der § 56, der den „von den Geschäften des Magistrats" handelnden fünften Titel der Städteordnung zwar nicht mit einem allgemeinen, die Zuständigkeit nach allen Seiten hin generell abgrenzenden Satze einleitet, doch aber eine Reihe von einzelnen Geschäften als solche des Magistrats aufführt und an die Spitze dieses Verzeichnisses die Worte stellt:

> „Der Magistrat hat als Ortsobrigkeit und Gemeinde-Verwaltungsbehörde" (vglch. § 10) „insbesondere folgende Geschäfte":

Darnach wird, was gemeinhin als Gegenstand der „laufenden Verwaltung" (vglch. §§ 127, 128, 131 Tit. 14 T. I ALR.; vglch. auch Entsch. des OVG. Bd. XXXVII S. 118) qualifiziert zu werden pflegt, was bei Wahrung der vorgezeichneten weiteren Grenzen nur zur Erreichung der gesteckten Ziele dient, als eine besondere Domäne des Magistrats angesehen werden dürfen und müssen. Hier so wenig wie an anderen Stellen bringt das Gesetz es zum Ausdruck, daß etwa nur, was gerade expressis verbis „ausschließlich dem Magistrat überwiesen" wäre, seiner alleinigen Zuständigkeit unterläge. Die Grenzen müssen weiter gezogen werden, wenn nicht eine dem Gemeinwesen ersprießliche laufende Verwaltung mehr oder minder unmöglich gemacht werden soll. Die Stadtverordneten-Versammlung hat um so weniger Veranlassung, den Magistrat insoweit gar zu ängstlich und eifersüchtig zu vinkulieren, als ihr immer noch in dem Rechte der unbegrenzten Kontrolle ein wirksames Mittel bleibt, die Verwaltung in denjenigen Bahnen zu erhalten, deren Wahrung sie als durch das Interesse der Gemeinde geboten ansieht. Aber freilich darf es auch hierbei nicht an dem Faktor fehlen, von dem mehr als von irgend einem anderen das Wohl und Wehe jeder Gemeinde abhängt — an einem willigen und billigen Entgegenkommen auch von der anderen, der Gegenseite. Wo der Magistrat selbst der Frage, ob nicht die Stadtverordneten-Versammlung zu beteiligen sein möchte, zweifelnd gegenübersteht, wird er es meisthin vorziehen müssen, hierin eher ein Zuviel als ein Zuwenig zu tun. Der daraus erwachsende Preis, daß der Friede gewahrt bleibe, muß auch ihm höher stehen, als der Erfolg, das Gebiet seiner Zuständigkeit im Einzelfalle um ein immerhin noch zweifelhaftes Stück erweitert zu haben.

Die zweite der oben aneinander gereihten Bestimmungen, den einleitenden Satz des § 36 anlangend, so entspricht der sprachliche Bau nicht ganz dem des § 35. Es wird nicht ein an sich alles beherrschender Regelsatz aufgestellt und dem erst ein nachfolgender Ausschließungsgrund angehängt, sondern die Bedingung ist dergestalt in den Vordergrund gestellt oder doch in das Übrige eingefügt, daß der Kern des Ganzen in dem Satze erblickt werden könnte: es bedürfe im allgemeinen der Zustimmung des Magistrats nicht.

In der Tat indes trifft gerade das Gegenteil zu, und zwar führt dahin der weit reichende Inhalt der Bedingung, die Tatsache, daß das Gesetz, wenn nicht für alle Fälle, doch für nahezu alle die Ausführung der Stadtverordneten-Beschlüsse dem Magistrat überwiesen hat (vglch. neben dem Schlußsatze des § 36 selbst, inhalts dessen wenigstens der Stadtverordneten-Versammlung es für alle Fälle untersagt ist, ihre Beschlüsse selbst auszuführen, noch die §§ 47 und 56). Immerhin bleiben noch Fälle übrig, die, weil eine Ausführung von seiten des Magistrats nicht erheischend und kaum einmal zulassend, damit zugleich der Notwendigkeit einer Zustimmung von dieser Seite enthoben sind. Dahin gehört der Fall, wenn der Beschluß der Stadtverordneten-Versammlung auf eine Unterlassung, ein Nicht-Geschehen gerichtet ist; hier fehlt es für eine „Ausführung“ überhaupt an Raum. Und selbst, wo es daran nicht absolut fehlt, gibt es Beschlußgegenstände, denen gegenüber, wenn sie nur überhaupt der Stadtverordneten-Versammlung zur Erledigung überlassen sind, von der Voraussetzung ausgegangen werden darf und muß: ihr Beschluß habe nicht noch erst an die Zustimmung des Magistrats geknüpft werden sollen. Das gilt nicht nur von gewissen Wahlen, zu denen das Gesetz gerade die Stadtverordneten-Versammlung beruft (§§ 24, 31, 38, 50, 60), sondern auch von gewissen eigentlichen Beschlüssen, insbesondere solchen, die sich auf das Internum der eigenen Geschäftsführung beziehen, einzelne dahin gehörende Fragen regeln (§§ 40, 41, auch MinistReskr. vom 17. Juli 1860 — MBl. d. i. V. S. 169), nicht minder von solchen, in denen Magistrat und Stadtverordneten-Versammlung einander in einem parteiähnlichen Verhältnisse entgegentreten (§§ 36, 37, 44 Abs. 2).

3. Das Nebeneinander von Stadtverordneten-Versammlung und Magistrat ist im vorstehenden zunächst nur auf Grund der §§ 35, 36 der Städteordnung behandelt worden. Hierauf blieb die Stellungnahme sowohl zu der Frage beschränkt, welche Gemeindeangelegenheiten überhaupt der Zuständigkeit der Stadtverordneten-Versammlung — im Gegensatze zu der des Magistrats — unterliegen, als auch zu der, inwieweit es, wo jene zu beschließen an sich berufen ist, doch noch der Zustimmung des Magistrats bedarf. Grundsätzlich hat hierbei es auch die spätere Gesetzgebung belassen. Dagegen hat sich in einer Reihe von einzelnen Gegen-

ständen eine Verschiebung der Zuständigkeitsgrenzen — und zwar zu Gunsten der Stadtverordneten-Versammlung — dadurch vollzogen, daß dieselben das Zuständigkeitsgesetz vom 1. August 1883 (§§ 10, 11, 21) dieser Versammlung mit der Maßgabe überwiesen hat, daß ihr Beschluß keiner Genehmigung oder Bestätigung von seiten des Magistrats bedürfe, sie auch solche Beschlüsse im Streitverfahren zu vertreten habe und zur Wahrnehmung ihrer Rechte in demselben besondere Vertreter bestellen dürfe (vglch. auch § 15 ebendas.). Die letzteren Bestimmungen enthalten zugleich einen Bruch mit dem Satze des § 36 d. StO., daß in „keinem Falle" die Stadtverordneten-Versammlung ihre Beschlüsse selbst zur Ausführung bringen darf.

Das Weitere muß, eben weil es sich hierbei um einzelnes handelt, den späteren Ausführungen vorbehalten bleiben. Doch greifen diese neuen Satzungen so weit in die leitenden, allgemeinen Grundsätze über, daß sie schon hier kurz zu berühren waren.

4. Ausgeschieden von diesem Abschnitte bleibt auch noch die Frage, welche Wege da zu betreten sind, wo Magistrat und Stadtverordneten-Versammlung in Beziehung auf die Grenzen ihrer Zuständigkeit verschiedener Meinung sind, insbesondere jeder von beiden zu seinen Gunsten den andern als von der Zuständigkeit ausgeschlossen ansieht. Es empfiehlt sich, hierauf erst da einzugehen, wo überhaupt von den zwischen den beiden städtischen Kollegien hervortretenden Differenzen gehandelt werden wird (Abschnitt V Nr. 2. zu litt. A).

5. Dagegen sei schon und noch an dieser Stelle mit einigen Worten der Ausdrucksweise gedacht, deren sich die Städteordnung bedient, um die Zuständigkeit des einen oder des anderen Organes oder auch beider als begründet anzuerkennen. Das Wort „Zuständigkeit" selbst ist kein der Städteordnung geläufiges. Die Überschriften der Titel IV und V lauten: von den . . . „Geschäften" der Stadtverordneten, von den „Geschäften" des Magistrats und haben doch wesentlich gerade die Bestimmung einer Abgrenzung der beiderseitigen Zuständigkeiten. Im einzelnen ist zu unterscheiden: Es gibt Angelegenheiten, die zunächst zwar dem Magistrat zur Erledigung überwiesen sind, aber doch nicht ohne jede

Mitwirkung der Stadtverordneten-Versammlung, nur freilich ohne eine entscheidende Mitwirkung. In diesem Sinne werden verstanden werden müssen:

§ 56 Nr. 6, betreffend die Anstellung der Gemeindebeamten („nachdem die Stadtverordneten darüber vernommen worden"), die Bestimmung der von ihnen zu leistenden Kautionen („nach Anhörung der Stadtverordneten-Versammlung") und die Übertragung der Geschäfte des Gemeinde-Einnehmers auf den Kämmerer („nach Vernehmung");

§ 60, betreffend die Teilung größerer Städte in Ortsbezirke („nach Anhörung");

§ 71, betreffend die im Lagerbuche vorkommenden Veränderungen, die den Stadtverordneten „zur Erklärung" vorgelegt werden sollen.

Aber auch, wo es eines förmlichen übereinstimmenden Beschlusses beider Organe bedürfen soll, gelangt das in sehr verschiedenen Fassungen zum Ausdruck — mit eben diesen Worten vielleicht nur im § 75, betreffend die vorzeitige Entbindung gewisser Gemeindebeamten von ihrem Amte. Gleichwertig ist es indes gewiß, wenn der § 59 einen übereinstimmenden Beschluß „beider Stadtbehörden" zur Bildung gemischter Deputationen fordert, gleichwertig auch, wenn die §§ 6, 34, 48, 66 gewisse Funktionen dem einen Organe „im Einverständnisse", oder „in Übereinstimmung" mit dem anderen oder auch „unter Zustimmung" des anderen übertragen, gleichwertig endlich auch, wenn der das Einzugsgeld betreffende § 52 — ohne überhaupt das zuständige Organ zu bezeichnen — einen Gemeindebeschluß fordert, worin ihm die spätere Gesetzgebung in vielen Fällen gefolgt ist (vglch. beispielsweise die Gesetze vom 14. Mai 1860 und vom 18. März 1868, betreffend das städtische Einzugsgeld und die Errichtung öffentlicher Schlachthäuser, die Städteordnung für Schleswig-Holstein vom 14. April 1869 § 52, vor allem aber das Kommunalabgaben-Gesetz vom 14. Juli 1893). Und kaum anders ist der § **11** zu verstehen, wenn er schlechthin ausspricht „jede Stadt" ist befugt, besondere statutarische Anordnungen zu treffen. . . .

2. Einzelne Fälle der Zuständigkeit.

Unbeschadet der Konsequenzen, die sich schon aus den vorstehend entwickelten allgemeinen Grundsätzen über die Zuständigkeit der Stadtverordneten-Versammlung auch für einzelnes ergeben müssen, haben die Gesetze für eine lange Reihe von Fällen sich mit diesem Gegenstande noch besonders befaßt. Vor allem geschieht das in der Städteordnung selbst, dort auch keineswegs ausschließlich etwa in dem gerade von den „Geschäften der Stadtverordneten" handelnden Tit. IV.

Diese Bestimmungen der Städteordnung seien hier — und zwar in der Folge, in der sie dort aneinander gereiht sind — an die Spitze gestellt.

Zu § 2

betreffend die Abgrenzung des städtischen Gemeindebezirks (Stadtbezirks).

Daselbst werden drei Fälle unterschieden:

1. Es sollen mit einem Stadtbezirke sogenannte kommunalfreie Grundstücke — solche, die noch keinem Gemeinde- oder Gutsbezirke angehörten — vereinigt, dorthin eingemeindet werden.
2. Es soll eine Landgemeinde oder ein Gutsbezirk — und zwar dem ganzen Umfange nach — mit einer Stadtgemeinde vereinigt werden.
3. Es sollen einzelne Teile von einem Stadtbezirke abgetrennt und mit einem anderen (angrenzenden) Gemeinde- oder Gutsbezirke vereinigt oder auch — umgekehrt — einzelne bisher zu einer anderen Gemeinde oder zu einem Gutsbezirke gehörige Teile abgetrennt und mit einem (angrenzenden) Stadtbezirke vereinigt werden.

In dem ersten Falle, in dem nunmehr (Zuständigkeitsgesetz § 8) die Beschlußfassung, soweit solche nach den Gemeindeverfassungsgesetzen der Aufsichtsbehörde zustand, dem Bezirksausschusse zusteht, soll der Vereinigung nach jenem § 2 eine „Vernehmung der Beteiligten“ vorangehen. Dabei ist es auch verblieben; insbesondere findet auf diesen Fall die Landgemeindeordnung vom 3. Juli 1891 (§ 2 Nr. 1 und Nr. 6) keine Anwendung (Ausf.-Anw. II z. LGO. Nr. 6).

Im zweiten Falle sollte die Vereinigung nur „unter Zustimmung der Vertretungen der beteiligten Gemeinden“ erfolgen können, und zwar mit Genehmigung des Königs. Hieran hält unter der Voraussetzung, daß „nach Anhörung der beteiligten Gemeinden“ 2c. sich ein „Einverständnis der Beteiligten“ ergibt, auch die Landgemeindeordnung, die hier (§ 2 Nr. 3, 5 und 6) in das Gebiet des Städterechts übergreift, fest — unbeschadet freilich der Möglichkeit einer Ergänzung der „Zustimmung der Beteiligten“ im Wege des Beschlußverfahrens bei vorwaltendem öffentlichen Interesse.

Im dritten Falle endlich forderte die Städteordnung (§ 2) als Regel „Einwilligung der Vertretungen der beteiligten Gemeinden“, wenn auch für gewisse Fälle — die Genehmigung des Königs vorausgesetzt — eine „Vernehmung der Beteiligten“ ausreichen sollte. Die Landgemeindeordnung (§ 2 Nr. 4, 5 und Nr. 6) fordert in erster Reihe gleichfalls die „Einwilligung der beteiligten Gemeinden“ und nur unter der Voraussetzung eines vorwaltenden öffentlichen Interesses überläßt sie „beim Widerspruch Beteiligter“ dem Bezirksausschuß entsprechende Beschlußfassung.

In allen drei Fällen werden, wo das Gesetz von einer „Vernehmung“, einer „Anhörung“, einer „Einwilligung“, einer „Zustimmung“, einem „Einverständnisse“, einem „Widerspruche“ — sei es der beteiligten Gemeinden oder auch allgemein der Beteiligten — spricht, diese Ausdrücke dahin verstanden werden müssen, daß die Stadtverordneten-Versammlung von ihnen mitgetroffen wird, keineswegs etwa ausschließlich der Magistrat, obschon die Ausdrucksweise der Städteordnung: „Vertretungen der beteiligten Gemeinden“ (vglch. oben Abschnitt I) in die Landgemeindeordnung nicht übergegangen ist.

Insoweit der § 2 auch von einer infolge der Bezirksveränderung notwendig werdenden „Auseinandersetzung“ zwischen den Beteiligten und von einer entsprechenden „Übereinkunft“ handelte, sind nunmehr der § 8 des Zuständigkeitsgesetzes von 1883 und der § 3 der Landgemeindeordnung zu beachten (Ausf.-Anw. II z. LGO. Nr. 4 und 6).

In demselben, oben entwickelten Sinne werden — um hier noch einige verwandte Bestimmungen der Kreisordnung vom $\frac{\text{13. Dezember 1872}}{\text{19. März 1881}}$ anzureihen — diese in Ansehung der Zuständigkeit zu verstehen sein, wenn sie

zunächst in dem von dem Umfange und der Begrenzung der Kreise handelnden Abschnitte (§ 4) aussprechen:

jede zu einem Landkreise gehörende Stadt mit einer Einwohnerzahl von mindestens 25000 Seelen könne, um für sich einen Kreisverband (Stadtkreis) zu bilden, „auf . . . Antrag" für ausgeschieden aus dem bisherigen Kreisverbande erklärt werden,

weiter aber auch in dem von der Bildung der Amtsbezirke handelnden Abschnitte (§§ 49, 49a; vglch. Zuständigkeitsgesetz § 6) bestimmen:

diese Bildung sowie die etwa erforderliche Abänderung, desgleichen die Revision und endgültige Feststellung, auch jede spätere Abänderung der Amtsbezirke hätten „nach Anhörung der Beteiligten" zu erfolgen (MBl. d. i. V. 1894 S. 201);

und daneben noch:

gleichfalls nach einer solchen „Anhörung" seien, wo das öffentliche Interesse es erheische, ländliche Gemeinde- und Gutsbezirke, welche innerhalb der Feldmark einer zu einem Landkreise gehörigen Stadt belegen seien oder unmittelbar an dieselbe angrenzen, bezüglich der Verwaltung der Polizei mit dem Bezirke der Stadt zu vereinigen und werde in Ermangelung einer „Einigung unter den Beteiligten" der Beitrag der betreffenden Landgemeinde, beziehungsweise des Gutsbezirks zu den Kosten der städtischen Polizeiverwaltung von dem Bezirksausschusse festgesetzt.

Auch in diesen Fällen würden ohne Mitwirkung der Stadtverordneten-Versammlung die gesetzlichen Anforderungen nicht für erfüllt zu erachten sein; die Zuständigkeit gebührt beiden städtischen Körperschaften. Nicht anders in denjenigen Fällen, die der vierte Titel der Landgemeindeordnung vom 3. Juli 1891, betreffend Verbindung von Gemeinden 2c. behufs gemeinsamer Wahrnehmung kommunaler Angelegenheiten — zu Zweckverbänden — in gewissem Umfange auch für Stadtgemeinden vorsieht (§ 138, auch § 145 und Ausf.-Anw. II z. LGO. Nr. 5 und 6).

Zu §§ 5 ff im allgemeinen

betreffend den Besitz oder Verlust des Bürgerrechts 2c.

Die wesentlichsten von diesem Gegenstande handelnden Bestimmungen der Städteordnung wurden in der dem neuesten Rechte entsprechenden Fassung zwar bereits oben — im Eingange des II. Abschnitts — mitgeteilt. Hier indes, wo die Zuständigkeitsfrage im Vordergrunde steht, ist damit allein nicht auszukommen. Es gilt vor allem noch die Heranziehung des § 10 des Zuständigkeitsgesetzes vom 1. August 1883, durch den die in der Städteordnung geregelte Zuständigkeit wesentliche Änderungen erfahren hat. Gegenüber der Mitteilung dieses § 10, wie sie alsbald folgen wird, wolle man ein Zwiefaches im Auge behalten: Einerseits bleiben hier ausgeschlossen diejenigen Teile des § 10, welche sich ausschließlich auf „die Richtigkeit der Gemeindewählerliste“ und auf „die Gültigkeit der Wahlen zur Gemeindevertretung“ beziehen (Abschn. II zu §§ 18, 19, 20, 27), wie denn auch die an sich ebenfalls hierher gehörenden (ebendas. schon mitgeteilten) §§ 11 und 21, desgleichen diejenigen, welche für den Geltungsbereich der Städteordnung vom 30. Mai 1853 ohne jede Bedeutung sind; andererseits wird alsbald hier — um die Mitteilung nicht später nochmals ergänzen zu müssen — etliches miteinbezogen werden, was im übrigen erst später (zu den §§ 48 und 74) behandelt werden kann.

Hieraus ergibt sich folgende Fassung:

„Die Gemeindevertretung beschließt:

1. auf Beschwerden und Einsprüche, betreffend den Besitz oder den Verlust des Bürgerrechts,

insbesondere:

des Rechts zur Teilnahme an den Wahlen zur Gemeindevertretung,

des Rechts zur Bekleidung einer den Besitz des Bürgerrechts voraussetzenden Stelle in der Gemeindeverwaltung oder Gemeindevertretung;

2. . . . . . .

3. über die Berechtigung zur Ablehnung oder Niederlegung von Ämtern und Stellen in der Gemeinde-Verwaltung oder -Vertretung,

über die Nachteile, welche gegen Mitglieder der Stadtgemeinde wegen Nichterfüllung der ihnen nach den Gemeindeverfassungsgesetzen obliegenden Pflichten — sowie

über die Strafen, welche gegen Mitglieder der Gemeindevertretung wegen Zuwiderhandlungen gegen die Geschäftsordnung nach Maßgabe der Gemeindeverfassungsgesetze zu verhängen sind."

Vor allem läßt diese Gliederung auf den ersten Blick klar erkennen, daß in den Fällen der Nr. 1 — nur in ihnen — die Beschlußfassung der Gemeindevertretung erst „auf Beschwerden oder Einsprüche" stattfinden soll; war in derselben Angelegenheit etwa schon vor Beschwerde oder Einspruch Beschluß zu fassen, so bewendet es in der Frage, von welchem Organe dies zu geschehen hatte, lediglich bei den Bestimmungen der Städteordnung selbst dann, wenn dieses Organ nicht die Gemeindevertretung, ja wohl gar der Magistrat allein war — ein Aufbau, der immerhin einigermaßen befremden kann und jedenfalls aus dem Rahmen der Städteordnung herausfällt. Gleichwohl ist die Auffassung abzuweisen, als ob wenigstens da, wo den ersten Beschluß der Magistrat zu fassen hatte und gefaßt hat, hiernächst auf Beschwerde oder Einspruch die Gemeindevertretung gleich einer richterlichen

Behörde zwischen streitenden Parteien — dem Magistrat nämlich und dem Beteiligten — „entschiede“; vielmehr „beschließt“ sie nur als Organ der Stadtgemeinde über den von dieser gegebenen Falles einzunehmenden Rechtsstandpunkt (Entsch. d. OVG. Bd. XV S. 31, Bd. XIX S. 115, Bd. XX S. 84) und vertritt sie denselben auch nach außen.

Insbesondere zu § 6

betreffend Fälle der Erwerbung des Bürgerrechts mittels Verleihung.

Im allgemeinen wird nach dem Ausgangspunkte des § 5 das Bürgerrecht nicht „verliehen“, auch nicht eigentlich — durch einen besonderen Akt — „erworben“ (PrVerwBl. Jahrg. 20 S. 311), sondern es fällt den Gemeindeangehörigen, in deren Personen „seit einem Jahre“ gewisse Voraussetzungen sich erfüllt haben, von selbst kraft des Gesetzes zu (vglch. die entsprechende Fassung des § 41 der Landgemeindeordnung vom 3. Juli 1891).

Abweichend hiervon gestattet der § 6, das Einverständnis der beiden städtischen Kollegien vorausgesetzt,

einmal, daß, wenn ein Bürger seinen Wohnsitz nach einer anderen Stadt verlegt oder auch der Besitzer eines einen besonderen Gutsbezirk bildenden Gutes oder ein stimmberechtigter Einwohner einer Landgemeinde seinen Wohnsitz nach einer Stadt verlegt, diesen neuen Gemeindeangehörigen schon vor Ablauf eines Jahres das Bürgerrecht, wenn sonst die Erfordernisse zu dessen Erlangung erfüllt sind, verliehen (PrVerwBl. Jahrg. 18 S. 448),

ferner, daß preußischen Staatsangehörigen, welche sich um die Stadt verdient gemacht haben, ohne Rücksicht auf die sonstigen besonderen Erfordernisse des Bürgerrechtserwerbes das Ehrenbürgerrecht (Entsch. d. OVG. Bd. XXX S. 1, auch PrVerwBl. Jahrg. 22 S. 42) erteilt werde.

Nach den zu den §§ 5ff. vorangeschickten allgemeinen Bemerkungen müssen in diesen Fällen auch jetzt noch beide städtische Kollegien einverstanden sein; die ausschließliche Zuständigkeit der Stadtverordneten-Versammlung knüpft sich erst an die Tatsache erhobener Beschwerde oder erhobenen Einspruchs.

Insbesondere zu § 7

betreffend Fälle des Verlustes des Bürgerrechts rc.

Hier wird von drei Fällen gehandelt:

wenn gegen einen Bürger strafrechtlich eingeschritten wird,
wenn in der Person eines Bürgers Erfordernisse, die zur Erlangung des Bürgerrechts erfüllt sein mußten, nicht mehr zutreffen,
wenn ein Bürger in Konkurs verfällt.

Es wird bestimmt, inwieweit alsdann das Bürgerrecht verloren geht oder doch dessen Ausübung ruht. Schon oben (Abschn. II im Eingange und zu § 18) wurde darauf hingewiesen, daß die Bestimmungen für den ersten und dritten Fall neuerlich wesentliche Änderungen erfahren haben. In Ansehung der Zuständigkeit insbesondere enthielt der § 7 nur die eine, den dritten Fall betreffende Bestimmung, daß zwar ein in Konkurs verfallender Bürger das Bürgerrecht „verliere“, doch aber die Befähigung zu dessen Wiedererlangung ihm beim Nachweise der Befriedigung seiner Gläubiger „von den Stadtbehörden“ verliehen werden könne. Dieser Satz hat im ersten Teile die Änderung erfahren, daß der Verlust überhaupt nur noch mit der zeitlichen Einschränkung: „bis zur Beendigung des Konkursverfahrens“ eintritt, darnach aber das Bürgerrecht ohne weiteres wieder auflebt (§ 52 des Ausführungsges. z. Konkursordnung vom 6. März 1879). Von anderen freilich wird auch nicht einmal ein zeitweiser Verlust, sondern nur noch ein „Ruhen“ des Bürgerrechts als mit der Eröffnung des Konkursverfahrens eintretend und bis zu dessen Beendigung fortdauernd angesehen — so insbesondere Oertel Anm. 6 und v. Brauchitsch Anm. 5 zu § 7 gegenüber Schöns Recht der Kommunalverbände S. 90, 169 (vglch. auch MBl. d. i. V. 1882 S. 30); indes — wie man dazu auch Stellung nehmen mag — keinenfalls kommt in Bezug auf das durch Konkurs berührte Bürgerrecht noch eine Wiederverleihung im Sinne des § 7 in Frage und hat übrigens auch hier auf Beschwerde rc. die Stadtverordneten-Versammlung — sie allein — zu beschließen.

Zu § 10

der zur „Vertretung“ der Städte „nach näherer Vorschrift dieses Gesetzes“ den Magistrat (kollegialischen Gemeindevorstand) und die Stadtverordneten-Versammlung, zur „Verwaltung“ der städtischen Gemeindeangelegenheiten aber (nur) den ersteren — ihn zugleich als „die Obrigkeit der Stadt“ bezeichnend — beruft, dies übrigens unbeschadet der besonderen Verfassungsbestimmungen für kleine Städte (Tit. VIII §§ 72ff.), ist an dieser Stelle wesentlich nur auf Früheres oder Späteres zu verweisen.

Von der Vertretung und der Verwaltung wurde schon oben im I. Abschnitt gehandelt und auf die letztere insbesondere wird weiter noch zu den §§ 49, 56 Nr. 1 und 3 bis 5 zurückgekommen werden. In Bezug auf die Stellung des Magistrats als Ortsobrigkeit vglch. PrVerwBl. Jahrg. 23 S. 369.

Zu § 11

betreffend den Erlaß besonderer statutarischer Anordnungen (Ortsstatute).

Der § 11 verbrieft den Städten das schon im ALR. (T. II Tit. 6 §§ 26, 27, Tit. 8 §§ 115 ff.) anerkannte bedeutsame Recht der Autonomie, indem er „jede Stadt“ — freilich nur unbeschadet der nunmehr (Zuständigkeitsgesetz § 16) dem Bezirksausschusse zustehenden Bestätigung — für befugt erklärt, dergleichen Anordnungen zu treffen über:

1. zunächst solche Angelegenheiten der Stadtgemeinden, sowie über solche Rechte und Pflichten ihrer Mitglieder, hinsichtlich deren die Städteordnung selbst Verschiedenheiten gestattet (§§ 5, 12, 19—21, 29, 59, 70) oder keine ausdrücklichen Bestimmungen enthält;

2. dann aber auch über „sonstige eigentümliche Verhältnisse und Einrichtungen“.

Die Städteordnung von 1853 geht hierin, das sachliche Gebiet dieser Autonomie anlangend, besonders weit; ausdrücklich enthält sie nicht einmal den einschränkenden generellen Satz (der Rheinischen

Städteordnung), daß solche Anordnungen „den bestehenden Gesetzen nicht widersprechen dürfen“. (Vglch. indes Entsch. d. OVG. Bd. XVI S. 48, Bd. XIX S. 70 ff., 242 ff.) Das zum Erlasse der Anordnungen zuständige städtische Organ bezeichnet der § 11 ausdrücklich nicht; er spricht nur von der Befugnis „jeder Stadt“. Allein gerade aus diesem Grunde und vermöge der inneren Bedeutung des Gegenstandes kann kaum daran gezweifelt werden, daß es hier in allen Fällen eines „Gemeindebeschlusses“ — gefaßt von beiden städtischen Kollegien — bedarf, wie denn das auch zum Ausdruck gelangt in demjenigen Teile des Zuständigkeitsgesetzes (§ 16), der sich auf die Bestätigung von Ortsstatuten „und sonstigen, die städtischen Gemeindeangelegenheiten betreffenden Gemeindebeschlüssen“ bezieht.

[Vglch. über Ortsstatute Nr. VII der Instruktion zur Ausführung der Städteordnung vom 20. Juni 1853 — MBl. d. i. V. S. 138 — und PrVerwBl. Jahrg. 19 Nr. 2 und 3.]

Zu §§ 12, 13, 19, 20, 21, 24, 27

betreffend Zusammensetzung und Wahl der Stadtverordneten-Versammlung.

Inwieweit auf diesem Gebiete das Gesetz die Versammlung zu einer Mitwirkung berufen oder gar ihr eine ausschließliche Zuständigkeit angewiesen hat, ergeben die vorbezeichneten §§ in Verbindung mit den zugehörigen neueren Gesetzen, insbesondere den oben zu §§ 18, 28 mitgeteilten Bestimmungen des Zuständigkeitsgesetzes (§§ 10, 11, 12, 21). Es genügt hier im wesentlichen eine Zurückverweisung auf die Ausführungen des II. Abschnitts, insbesondere auf diejenigen über:

statutarische Anordnungen in Bezug auf die Zahl der Stadtverordneten (§ 12 — vglch. auch zu § 11);

die zum Zwecke der Wahl der Stadtverordneten von den Stadtbehörden etwa zu beschließende Teilung der stimmfähigen Bürger in drei Abteilungen „nach Maßgabe des Einkommens“ (§ 13; vglch. Entsch. d. OVG. Bd. XIX S. 11);

die Beschlußfassung, betreffend Einführung, Abänderung oder Aufhebung von Ortsstatuten im Sinne der §§ 3 und 4 des Wählerabteilungsgesetzes vom 30. Juni 1900;

statutarische Anordnungen in Bezug auf die Termine der alljährlichen Berichtigung der Gemeindewählerliste, der Offenlegung dieser Liste und der Wahlen (§§ 19, 20, 21);

Beschwerden und Einsprüche, betreffend die Richtigkeit der Gemeindewählerliste (§ 20);

die Vornahme außergewöhnlicher Ersatzwahlen (§ 21);

die Wahl der in den Wahlvorstand abzuordnenden Beisitzer (§ 24);

die Gültigkeit der Wahlen (§ 27).

Zu § 29

betreffend statutarische Anordnungen in Bezug auf die Zahl der Magistrats-Mitglieder, vglch. die obigen Bemerkungen zu § 11.

Zu §§ 31 bis 34

betreffend die Wahl des Magistrats.

Die Stadtverordneten-Versammlung wählt:

den Bürgermeister,

einen Beigeordneten oder zweiten Bürgermeister als dessen Stellvertreter,

die im § 29 nach der Einwohnerzahl der Städte verschieden abgestufte Anzahl von Schöffen (Stadträten, Ratsherren, Ratsmännern — vglch. MBl. d. i. V. 1873 S. 59, 60),

die etwa noch erforderliche Anzahl von besoldeten Mitgliedern (Syndikus, Kämmerer, Schulrat, Baurat ꝛc. — vglch. PrVerwBl. Jahrg. 17 S. 224),

— und zwar den ersten, den etwa mit Besoldung anzustellenden Beigeordneten (§ 64) und die letzten, falls nicht eine Wahl auf Lebenszeit beliebt wird (Ges. vom 25. Februar 1856 — GS.

S. 129), auf 12 Jahre, die übrigen auf 6 Jahre — die Schöffen übrigens unbeschadet eines alle drei Jahre erfolgenden Ausscheidens der Hälfte und daran sich anschließender neuer Wahlen (§ 31).

Das Verfahren bei den Wahlen regelt des näheren der § 32, die Bestätigungsfrage — auf die im Abschnitt VI zurückgekommen werden wird — der § 33.

Der § 34 endlich bestimmt ein Zwiefaches — einmal, daß und von wem die Mitglieder des Magistrats, insbesondere der Bürgermeister „in öffentlicher Sitzung der Stadtverordneten-Versammlung" vor ihrem Amtsantritt in Eid und Pflicht zu nehmen sind, zum anderen, daß der Magistrat solchen Mitgliedern, die ihr Amt mindestens neun Jahre mit Ehren bekleidet haben, in Übereinstimmung mit der Stadtverordneten-Versammlung das Prädikat „Stadtältester" verleihen kann.

Zu den §§ 31 bis 34 sei hier noch hinzugefügt:

1. Die Amtsperiode (§ 31) beginnt, wenn nicht — insbesondere zur Wahrung eines rechtzeitigen Wiederausscheidens der Schöffen (das. Abs. 2) — ortsstatutarisch ein anderes, etwa ein bestimmter Kalendertag vorgesehen ist, mit der Einführung in das Amt, dem damit zusammenhängenden Amtsantritt, weder also mit dem Tage der Wahl, noch mit der vielleicht der Einführung erst nachfolgenden Vereidigung.

2. Für die dem normalen Endtermine der Amtsperiode sich nähernden Magistratsmitglieder sollen in der Regel nicht früher als ein Jahr, aber auch nicht später als sechs Monate vor jenem Termine und nur für die etwa vorzeitig ausscheidenden besoldeten Mitglieder alsbald neue gewählt werden — Instr. z. Ausführung d. StO. vom 20. Juni 1853 Nr. IX.

3. Für Schöffen — aber auch nur für sie — sieht der § 31 auch außergewöhnliche Ersatzwahlen besonders vor, und zwar soll wegen solcher das in § 21 Abs. 2 (vglch. oben Abschn. II) Bestimmte auch hier Anwendung finden (vglch. Zuständigkeitsgesetz § 12, auch MBl. d. i. V. 1860 S. 5).

4. Die ausschließliche Zuständigkeit der Stadtverordneten-Versammlung beschränkt sich auf den Wahlakt selbst (§ 31). Ins-

besondere gehören Vorbereitung und Ausführung auch hier zu den vom Magistrat wahrzunehmenden laufenden Verwaltungsangelegenheiten (vglch. oben Teil I dieses Abschnitts). Selbst von einer Mitwirkung bei der Feststellung der Besoldung, der Wahlperiode und der Qualifikationsbedingungen ist der Magistrat nicht ausgeschlossen. Darüber indes, ob eine vakante Stelle überhaupt erst ausgeschrieben oder ob ohne weiteres zur Wahl geschritten werden soll, mag immerhin, da ein solches Ausschreiben nur der Information der Stadtverordneten-Versammlung dienen soll, diese allein befinden können. Eher ließen sich gegen die weitverbreitete Praxis, daß auch mit der Ausführung eines entsprechenden Beschlusses — durch Veröffentlichung des Ausschreibens — die Stadtverordneten-Versammlung allein vorgeht, Bedenken erheben (MBl. 1865 S. 181).

5. Zur Wahl insbesondere des Bürgermeisters und der besoldeten Magistrats-Mitglieder (§ 31) darf — wie freilich erst aus § 64 der Städteordnung in Verbindung mit § 16 des Zuständigkeitsgesetzes sich ergibt — nicht vor der Festsetzung der Besoldung, die der Genehmigung seitens des Bezirksausschusses unterliegt, geschritten werden, selbst da nicht, wo etwa schon in einem Normal-Besoldungsetat die Besoldung vorgesehen ist. Aber auch in Bezug auf andere Wahlbedingungen, welche die Versammlung beschließt und denen der Magistrat zustimmte, empfiehlt es sich wenigstens, sie vorab der Aufsichtsbehörde mitzuteilen und damit der Eventualität vorzubeugen, daß aus ihnen demnächst Bedenken gegen die Bestätigung der Wahl hergeleitet werden (vglch. MBl. d. i. V. 1869 S. 124, auch 1861 S. 116, 162).

6. Das Wahlverfahren anlangend (§ 32), so soll

für jedes zu wählende Magistrats-Mitglied „besonders“ abgestimmt werden, und zwar mittels Stimmzettel, also geheim,

in dem Falle, wenn die erste Abstimmung noch keine absolute Majorität ergab, eine engere Wahl zwischen denjenigen vier Personen stattfinden, welche die meisten Stimmen erhielten,

bei auch alsdann noch nicht sich ergebender absoluter Majorität eine nochmalige engere Wahl zwischen denjenigen beiden sich anschließen, die bei der zweiten Abstimmung die meisten Stimmen erhielten,

bei Stimmengleichheit das Los entscheiden.

Als eine weitere Voraussetzung der ersten engeren Wahl wird doch aber hierbei auch das noch angesehen werden müssen, daß überhaupt mehr als vier Personen Stimmen erhielten; andernfalls kann füglich nur noch die eine engere Wahl zwischen denjenigen beiden übrig bleiben, welche die meisten Stimmen erhielten (Ledermann Anm. 3 zu § 32).

Stadtverordnete, die als Kandidaten für die Wahl in Frage kommen, sind von dem Rechte, sich an der Abstimmung zu beteiligen, kraft Gesetzes — etwa des § 44 — nicht gerade ausgeschlossen. Doch mögen sie es vorziehen, sich selbst davon auszuschließen.

In Frage gekommen ist noch, ob die Stadtverordneten-Versammlung von der einmal abgeschlossenen Wahl selbst wieder abgehen dürfe. Nach einem Minist.-Erlasse vom 29. Mai 1839 (v. Kamptz Annalen S. 384) soll dem, bis der Gewählte zur Bestätigung präsentiert worden, nichts entgegenstehen. Immerhin indes ließe sich dagegen geltend machen, daß durch einmal erfolgte ordnungsmäßige Ausübung das Wahlrecht als konsumiert angesehen werden müsse, das Gesetz die Versammlung nicht dazu ermächtigt habe, nach unbeschränktem Ermessen das bereits konsumierte Recht wieder aufleben zu lassen.

7. In Ansehung der Bestätigung ergeben sich aus dem § 33 d. StO. in Verbindung mit § 13 des Zuständigkeitsgesetzes von 1883 folgende Sätze:

a. Der Bestätigung bedürfen die gewählten Bürgermeister, Beigeordneten, Schöffen und besoldeten Magistrats-Mitglieder.

b. Die Bestätigung steht zu:

dem Könige hinsichtlich der Bürgermeister und Beigeordneten in Städten von mehr als 10 000 Einwohnern.

dem Regierungspräsidenten hinsichtlich eben jener in Städten von geringerer Einwohnerzahl, hinsichtlich der Schöffen und besoldeten Magistrats-Mitglieder überall.

Das Recht des Regierungspräsidenten unterliegt indes einer zwiefachen Beschränkung:

Einerseits bedarf er zur Versagung der Bestätigung noch der Zustimmung des Bezirksausschusses, die freilich, wenn dieser sie versagt, auf den Antrag des Regierungspräsidenten der Minister des Innern ergänzen kann.

Andererseits kann letzterer, wenn jene beiden Organe die Bestätigung versagen, sie seinerseits auf Antrag des Gemeindevorstandes oder der Gemeindevertretung erteilen.

c. Im Versagungsfalle ist zwar die Stadtverordneten-Versammlung zu einer neuen Wahl zu schreiten berufen; es kann aber auch der Regierungspräsident in gewissen Fällen die Stelle so lange kommissarisch verwalten lassen, bis die Stadtverordneten-Versammlung — was ihr jederzeit offen steht — die Wahl nochmals vornimmt, diese auch bestätigt wird. So in den Fällen:

wenn die neue Wahl gleichfalls nicht bestätigt wird,
wenn ferner die Stadtverordneten die Wahl verweigern,
wenn endlich sie den nach der ersten Wahl nicht Bestätigten wieder erwählen sollten.

Ein Fall wie dieser letzte ereignete sich vor wenigen Jahren in Berlin — woselbst an Stelle des Regierungspräsidenten und des Bezirksausschusses der Oberpräsident allein zuständig ist — und erregte ebensoviel Aufsehen wie er verschiedene Urteile hervorrief. Eine erste, der vakanten Bürgermeisterstelle geltende Wahl war auf den Stadtrat Kauffmann gefallen. Der König versagte aber die Bestätigung. Die Stadtverordneten schritten bald darauf zu einer neuen Wahl und dabei wurde wiederum der Kauffmann gewählt. Nunmehr beantragte der Magistrat bei dem Oberpräsidenten, das Erforderliche zu veranlassen, damit die Allerhöchste Bestätigung des wiederholt Gewählten herbeigeführt werde. Demgegenüber beschränkte sich indes der Oberpräsident auf die Erwiderung: er befinde sich nicht in der Lage, dem Antrage zu entsprechen, da die wiederholte Erwählung des nach der ersten Wahl nicht Bestätigten dem Falle der Verweigerung der Wahl gleichstehe. Verfuhr er darin korrekt oder mußte er nicht vielmehr eine (nochmalige) Allerhöchste Entschließung über Bestätigung oder Nichtbestätigung herbeiführen? Der Verfasser dieses Führers hat sich in der Deutschen Juristen-Zeitung vom 1. November 1901 (Jahrg. VI Nr. 21 S. 465) im Sinne der ersteren Alternative ausgesprochen und hält an dieser Auffassung fortdauernd fest. Vglch. dazu freilich auch Preuß, Das städtische Amtsrecht S. 169 ff.

8. Haben auch die besoldeten Magistrats-Mitglieder eine förmliche Anstellungsurkunde (Kommunalbeamtengesetz vom 30. Juli 1899 §§ 1, 14) zu empfangen? Die Ansichten darüber gingen zunächst auseinander (PrVerwBl. Jahrg. 21 S. 70, 22 S. 494). Der Minister des Innern bejahte die Frage neuerlich (MBl. 1903 S. 122), davon ausgehend, daß der § 14 a. a. O., der betreffs der Anstellung der Magistrats-Mitglieder es im wesentlichen bei den bestehenden Bestimmungen beläßt, sich auf die durchweg geltenden „allgemeinen Bestimmungen" der §§ 1 bis 7 nicht mitbeziehe, sich nur an die in den §§ 8 ff. enthaltenen besonderen Bestimmungen anschließe. Mag aber selbst die Aushändigung einer solchen Urkunde nicht gerade rechtlich geboten sein, so wird doch, wenn sie auch nur tatsächlich erfolgt, die Ausfertigung an sich lediglich gemäß § 56 Nr. 8 d. StO. — also ohne Mitwirkung der Stadtverordneten-Versammlung — erfolgen können, andererseits indes auch nichts dem entgegenstehen, die Urkunde von der Versammlung in der Form mitvollziehen zu lassen, in der die Beschlüsse derselben überhaupt vollzogen werden (MBl. d. i. V. 1869 S. 124, 125, aber auch 1903 S. 122).

9. Die Verleihung des Prädikats „Stadtältester" (§ 34) pflegt erst beim Ausscheiden verdienter Magistrats-Mitglieder zu erfolgen, auch nur bei Erfüllung einer im wesentlichen ununterbrochenen Dienstzeit von mindestens neun Jahren; sie kann aber auch unabhängig von diesen Voraussetzungen erfolgen.

Zu §§ 35 ff. im allgemeinen,

betreffend „Versammlungen und Geschäfte der Stadtverordneten“.

Die vorstehend wiedergegebene Überschrift, mit der der Tit. IV der Städteordnung (§§ 35—55) sich selbst einführt, legt an sich die Voraussetzung nahe: aus ihm würden auch — wenigstens weit überwiegend — die einzelnen Fälle der Zuständigkeit der Stadtverordneten-Versammlung zu entnehmen sein. In der Tat indes trifft das keineswegs zu. Schon die obige, bis zu § 34 reichende Zusammenstellung lehrt, daß auch die vorangehenden Titel eine Reihe von einzelnen, die Zuständigkeit eröffnenden und regelnden Bestimmungen enthalten, und ein Gleiches gilt, wie sich später zeigen wird, von den Titeln V ff. Dort wie hier ist, wo einmal der Gegenstand in seinem Kern Veranlassung zu einer Eingliederung an anderer Stelle gab, im Zusammenhange damit — nebenher — zugleich über die Zuständigkeit Bestimmung getroffen worden. Der Tit. V, handelnd „von den Geschäften des Magistrats“, enthält in dem an der Spitze stehenden § 56 wenigstens insoweit eine auf das einzelne eingehende Zusammenstellung, als er unter 9 Nummern die „insbesondere“ dem Magistrat — als Ortsobrigkeit und Gemeinde-Verwaltungsbehörde — zufallenden Geschäfte aufführt. Der Tit. IV geht nicht einmal so weit; in ihm fehlt eine ähnliche Zusammenstellung. Sein Schwerpunkt liegt, insoweit die Zuständigkeit in Frage kommt, darin, daß er obenan summarisch in allgemeinen, grundsätzlichen Zügen das Zuständigkeitsgebiet der Stadtverordneten-Versammlung abgrenzt, insbesondere zunächst ihr „alle“ Gemeindeangelegenheiten — mit alleiniger Ausnahme der ausschließlich dem Magistrate überwiesenen — zur Beschlußfassung zuweist (§ 35 Satz 1), daß er weiter, wenn auch nur negativ, die nicht noch erst der Zustimmung des Magistrats bedürfenden Beschlüsse bezeichnet (§ 36) und daß er endlich die Versammlung zu einem die Verwaltung kontrollierenden Organe erhebt.

In Betreff der hieran sich knüpfenden allgemeinen leitenden Gesichtspunkte ist an dieser Stelle obenan auf den ersten Teil des Abschnitts III zurückzuverweisen und nur noch eines nachzutragen:

Erreicht zwar hat die Städteordnung es gewiß nicht und kaum einmal es erreichen können, mit den von ihr aufgestellten allgemeinen Grundsätzen auch für jede einzelne Angelegenheit von vornherein jeden Zweifel über die das Zuständigkeitsgebiet der Stadtverordneten von dem des Magistrats scheidende Grenze auszuschließen. Ebenso gewiß aber ist sie doch immerhin davon ausgegangen, daß nach ihren Sätzen — schon allein nach ihnen — aller etwa hervortretenden Zweifel unerachtet schließlich jede Angelegenheit sich dem einen oder dem anderen Gebiete zuweisen lassen müsse. Und damit ist es nicht wohl verträglich, daß für einzelne Angelegenheiten, in denen nach den allgemeinen Grundsätzen der StO. die Stadtverordneten jedenfalls zu regelmäßiger Mitwirkung berufen sind, sie hiervon gleichwohl mittels Ortsstatuts ausgeschlossen werden, dem Magistrat allein die Erledigung übertragen wird. Dennoch ist das als rechtlich möglich behauptet worden, beispielsweise für die Verwendung, insbesondere die Ausleihung disponibler Barbestände (MBl. 1860 S. 70), die Anstellung von Klagen und die Einlassung auf solche, die Aufnahme von Darlehen, die Gewährung von Kredit für gelieferte Gegenstände (ALR. T. I Tit. 14 §§ 119, 123, 126, 127; T. II Tit. 6 § 152; Oertel Anm. 1 und Ledermann Anm. 2 zu § 35). Entgegen stehen dem die obigen Ausführungen zu § 11. Insoweit mit jener abweichenden Behauptung eine Entlastung der Stadtverordneten von minder bedeutsamen, häufig wiederkehrenden Angelegenheiten angestrebt wird, ist eine Annäherung an dieses Ziel noch eher erreichbar unter dem Gesichtspunkte, daß die oben als eine besondere Domäne des Magistrats bezeichneten Gegenstände der laufenden Verwaltung je nach Lage der Verhältnisse, auch der Eigenart einzelner Verwaltungszweige bald über ein weiteres, bald über ein engeres Gebiet sich erstrecken, bald beispielsweise Erlasse, Niederschlagungen, Verkäufe minderwertiger Mobilien, Vermietungen mitumfassen, bald nicht so weit reichen. Nur daran bleibt auch unter diesem Gesichtspunkte festzuhalten, daß von den leitenden Grundsätzen, die einmal unter Mitwirkung der Stadtverordneten für die Verwaltung der Gemeindeangelegenheiten vorgezeichnet worden sind, der Magistrat einseitig nicht abgehen darf (ALR. T. I Tit. 14 §§ 111, 112).

Zu § 35 insbesondere

betreffend Gutachten und Beratung über andere als Gemeinde-Angelegenheiten.

Im Anschluß an den vorstehend bereits berührten ersten Satz des § 35 beruft dieser zunächst im zweiten Satze die Stadtverordneten-Versammlung besonders noch dazu, Gutachten über alle Gegenstände abzugeben, welche ihr zu diesem Zwecke durch die Aufsichtsbehörden vorgelegt werden, und schließt andererseits der dritte Satz sie von jeder Beratung über andere als Gemeinde-Angelegenheiten aus, es wäre denn, daß besondere Gesetze oder in einzelnen Fällen die Aufsichtsbehörde mittels Auftrages ihr solche Angelegenheiten überwiesen hätten. In diesem Aufbau sind die Beziehungen des zweiten Satzes zu den beiden anderen nicht ganz klar; jener ist vielleicht überhaupt entbehrlich. Entweder nämlich, wenn er unter den „Gegenständen" Gemeinde-Angelegenheiten versteht, hätte schon der erste Satz auch den Inhalt des zweiten mit eingeschlossen; denn, wennschon der erste nur von einem „Beschließen" spricht, so ist doch einer kollegialisch organisierten Stelle auch das Abgeben von Gutachten nur mittels Beschließens möglich; oder aber es bezieht sich der zweite Satz auf an sich nicht zu den Gemeinde-Angelegenheiten gehörende Gegenstände — dann hätte sich sein Inhalt füglich auch schon aus dem dritten Satze entnehmen lassen; freilich spricht dieser nur von einem „Beraten"; ein solches ist doch aber keine selbständige, dem Abgeben von Gutachten wie dem Beschließen gegensätzlich gegenüberstehende, sondern nur eine die Erfüllung dieser Aufgaben vorbereitende Aktion; was der Beschlußfassung entzogen ist, unterliegt ebensowenig der Beratung und umgekehrt (vglch. freilich Leidig, Preuß. Stadtrecht S. 107).

Eine große praktische Bedeutung wohnt hiernach — wie übrigens auch erfahrungsmäßig — dem zweiten und dem dritten

Satze des § 35 überhaupt nicht bei. Schon gegenüber dem ersten hätte sich zu den Ergebnissen gelangen lassen, daß mit anderen als Gemeinde-Angelegenheiten die Stadtverordneten-Versammlung sich nicht zu befassen hat — unbeschadet ihres Berufes, auch in solchen anderen, sei es begutachtend oder beratend, mitzuwirken, insoweit besondere Gesetze oder die Aufsichtsbehörde sie damit betrauen.

Zu § 36

betreffend die etwa erforderliche Zustimmung des Magistrats zu den Beschlüssen der Stadtverordneten-Versammlung und die Ausführung der Beschlüsse, ist, anlangend den ersten und den letzten Satz, auf die Ausführungen im allgemeinen, ersten Teile dieses Abschnitts zurückzuverweisen. Es bleibt dann freilich noch das sehr bedeutsame Mittelstück, auf die Frage sich beziehend, wie es in dem Falle gehalten werden soll, wenn der Magistrat die etwa erforderliche Zustimmung versagt. Dabei spielt indes die Zuständigkeitsfrage eine verhältnismäßig untergeordnete Rolle, so daß es sich empfiehlt, den ganzen Gegenstand (vglch. auch § 56 Nr. 2 und § 77) hier auszuscheiden und dem Abschnitt V, betreffend die Beziehungen zum Magistrat, vorzubehalten.

Zu § 37

betreffend die Kontrolle der Verwaltung (Akteneinsicht, Ausschußernennung).

Auch dieser Gegenstand hat in der Hauptsache bereits im ersten Teile des Abschnitts III seine Erledigung gefunden (vglch. auch PrVerwBl. Jahrg. 22 S. 325). Allein aus dem vorangestellten allgemeinen Satze, daß die Stadtverordneten-Versammlung die Verwaltung kontrolliert, werden hier noch bestimmte einzelne Konsequenzen gezogen, und deren Beleuchtung zumal gehört an diese Stelle. In letzterer Beziehung sei indes vorab nochmals betont, daß es sich eben nur um „Konsequenzen" des Prinzips handelt, wie deutlich im zweiten Satze das Wort: „daher", im dritten die Worte: „zu diesem Zwecke" ergeben. Nur im Rahmen der Übung einer Kontrolle der Verwaltung gestehen beide Sätze der Stadtverordneten-Versammlung die ihr darin verbrieften Rechte positiv zu, darüber hinaus nicht (vglch. PrVerwBl. Jahrg. 5 S. 289). Die Rechte selbst aber sind die:

sich Überzeugung zu verschaffen von der Ausführung der Beschlüsse, auch von der Verwendung der Gemeindeeinnahmen (Satz 2),

„zu diesem Zwecke" von dem Magistrat die Einsicht der Akten zu verlangen und Ausschüsse aus ihrer Mitte zu ernennen, zu denen der Bürgermeister ein Mitglied des Magistrats abzuordnen befugt ist (Satz 3).

1. Wie das gesamte Kontrollrecht nur und allein gegenüber der vom Magistrat als „Gemeinde-Verwaltungsbehörde" (§§ 10, 56) zu führenden, insbesondere nicht auch der mit der Eigenschaft des Magistrats als Organ der Staatsgewalt zusammenhängenden Verwaltung besteht, so gilt ein Gleiches von den im Gesetze besonders anerkannten beiden Ausflüssen eben jenes Rechts (vglch. MBl. d. i. V. 1841 S. 162; auch unten zu § 56 Nr. 1). Die Verwaltung von städtischen Stiftungen kann im allgemeinen nicht als ausgeschlossen angesehen werden; es wird für sie wesentlich auf den Inhalt der einzelnen Stiftungsurkunde ankommen (vglch. §§ 49, 56).

2. Der Begriff der Kontrolle ist kein absolut feststehender; es fehlt nicht an jeder Gefahr, daß er hier zu weit, aber auch nicht an der, daß er zu eng gefaßt wird. Ersteres würde geschehen, wenn man in dem Kontrollrecht eine unbestimmte, unbegrenzte Befugnis zu jederzeitigen beliebigen Eingriffen in die laufenden Verwaltungsgeschäfte des Magistrats erblicken wollte. Des Kontrollrechts unerachtet ist und bleibt dieser ein zu *selbständiger* Verwaltung unter *eigener* Verantwortlichkeit berufenes Organ, das auch nicht einmal der Beaufsichtigung oder gar einer Leitung von seiten der Stadtverordneten-Versammlung unterstellt ist (vglch. Entsch. d. OVG. Bd. XXXVII S. 118). Auf der anderen Seite aber ist das Kontrollrecht ebensowenig — etwa gleich dem einer Oberrechnungskammer — beschränkt auf in sich bereits abge-

schlossene Dispositionen oder auch Unterlassungen, auf solche, in denen die von ihnen betroffenen Angelegenheiten schon ihre volle Erledigung gefunden haben und nur noch in Frage kommt, ob etwa ein Regreßanspruch geltend zu machen sein möchte. Diejenige tätige Einwirkung auf die Verwaltung, die der Gesetzgeber mittels Statuierung des Kontrollrechts der Stadtverordneten-Versammlung gesichert sehen wollte, bliebe dieser zu nicht geringem Teile versagt, wenn das Recht nicht auch dazu verwendet werden dürfte, eine erst in Aussicht stehende, der Bürgerschaft erst drohende Schädigung ihrer Interessen noch abzuwenden, schon bei den ersten Schritten auf einem vom Magistrat eingeschlagenen Wege vor Eintritt der Konsequenzen einer weiteren Verfolgung desselben anregend, vermittelnd oder auch sich beschwerend entgegenzutreten, in diesem Sinne fortdauernd darüber zu wachen, daß die Beschlüsse ihrem Wortlaute nicht nur, sondern auch ihrer Tendenz gemäß zur Ausführung, vor allem die Gemeindeeinnahmen dementsprechend zur Verwendung gelangen. Raum genug freilich zu einem Auseinandergehen in der Frage, wo im einzelnen Falle das Kontrollrecht beginnt, wo es aufhört, bleibt auch bei einem Festhalten an diesen allgemeinen Gesichtspunkten immer noch. Es liegt einmal in dem Nebeneinander von Magistrat und Stadtverordneten-Versammlung bei vielen Begegnungen begründet, daß zur Wahrung des Friedens beiderseits willig auch mäßige Opfer an der eigenen Überzeugung gebracht werden müssen, wäre es selbst nur, um den Interessen eines höher stehenden dritten — des Gemeinwesens — gerecht zu werden. Unfriede, schon Mangel an Takt und Entgegenkommen gefährdet niemand mehr als eben jenen dritten und kein Schritt ist gefährlicher auf dieser Bahn als der erste. — Aus einer neueren Entscheidung des OVG. (PrVerwBl. Jahrg. 25 S. 329) sei hier noch der Satz hervorgehoben, daß freilich ein Recht, förmliche Untersuchungen — etwa gar unter Zuziehung dritter — anzustellen, den Stadtverordneten nicht zustehen. Es fragt sich nur, was eine „förmliche Untersuchung" ist.

3. Insbesondere die Einsicht der Akten anlangend, wird der Magistrat nicht ohne dringende Gründe sich den an ihn heran-

tretenden Ansprüchen entziehen dürfen, selbst da nicht, wo es für die Stadtverordneten-Versammlung erst die vorbereitende Frage gilt, ob zu einer Übung des Kontrollrechts Anlaß vorliegt. Vorbereitung und Ausführung lassen sich hier kaum voneinander scheiden (vglch. MBl. d. i. V. 1841, S. 62; 1843, S. 186; 1863, S. 234; auch PrVerwBl. Jahrg. 3 S. 233, Jahrg. 6 S. 240, 264; Bericht d. Kommission d. Abg.-Hauf. für das Gemeindewesen über Petitionen Drucks. v. 1882 Nr. 92 A).

4. Die Städteordnung kennt „Kommissionen", „Ausschüsse" und „Deputationen". Es wird darauf unten (zu § 59) zurückgekommen werden, desgleichen auf die Befugnis des Bürgermeisters, Magistratsmitglieder in solche Kommissionen ꝛc. abzuordnen. Abgesehen von dieser Befugnis, beschränkt sich der § 37 auf die Statuierung des Rechts der Stadtverordneten-Versammlung, „Ausschüsse aus ihrer Mitte zu ernennen", aber nur: „zu diesem Zwecke" — d. i. zu dem der Ausübung des Kontrollrechts.

Der letzteren Beschränkung unerachtet mag schon hier als gleichfalls die Zuständigkeit der Stadtverordneten-Versammlung berührend die Frage aufgeworfen werden, ob denn nicht auch zu anderen Zwecken, vor allem zur Vorberatung der demnächst im Plenum zu behandelnden Gegenstände der Stadtverordneten-Versammlung die Einsetzung von Ausschüssen, sich zusammensetzend aus Stadtverordneten und nur aus solchen, zusteht. Daß tatsächlich ein solches Recht im weitesten Umfange ausgeübt wird, lehrt die tägliche Erfahrung, beispielsweise ein Blick in die weit verbreiteten Versammlungsberichte der Stadtverordneten zu Berlin. Aber auch rechtlich ist ein solches Vorgehen nicht zu beanstanden (vglch. PrVerwBl. Jahrg. 5 S. 289; Entsch. d. OVG. Bd. XLIII S. 89), vollends nicht, wenn die Geschäftsordnung (§ 48) — wie das meisthin zutrifft — es vorsieht. Dem Ausschusse fällt kaum eine andere Aufgabe zu als einem Referenten, nämlich: zunächst selbst das Bestehen und das Gewicht von Gründen und Gegengründen nach Einziehung der etwa noch mangelnden Information in Erwägung zu nehmen und sich darüber schlüssig zu machen, dann aber das Ergebnis als ein votum consultativum dem Plenum zu endgültiger Stellungnahme zu unterbreiten. Das ist ein an sich nicht nur harmloses, sondern unter Umständen auch recht nützliches Internum der Versammlung, hinauslaufend auf die Vorbereitung einer Entschließung mittels Anhörung eines besonders gut unterrichteten und kundigen Zwischenorgans. Immerhin aber hat Oertel gewiß Recht, wenn er hier vor einem Zuviel warnt, insbesondere dem entgegentritt, daß schon die Geschäftsordnungen, wie sie es jetzt häufig und in weitem Umfange tun, ein für alle Mal die Ernennung ständiger Ausschüsse — etwa: eines Wahl-, eines Petitions-, eines Rechnungsprüfungs-, eines Etatsüberschreitungs-Ausschusses ꝛc. — vorsehen mit der Bestimmung, daß keine unter deren Zuständigkeit fallende Angelegenheit im Plenum zur Beratung gelangen dürfe, bevor zu ihr der betreffende Ausschuß sich geäußert habe. Wie förderlich auch, wie notwendig fast zu sachgemäßer Erledigung einer oder der anderen Angelegenheit es sein mag, wenn vorab im engeren Kreise von etlichen Vertrauensmännern der gesamte für die Entscheidung bedeutsame Stoff gesichtet und geklärt, jede einzelne daran sich knüpfende Frage — sei es der Zweckmäßigkeit oder auch des Rechts — nach allen Seiten hin erwogen und zu vorläufigem Austrage gebracht wird, immer bleibt eine gewisse Gefahr bestehen, die nämlich, daß in den einzelnen Stadtverordneten oder doch in manchen von ihnen, denen es an eigener Entschlossenheit fehlt, die nur zu sehr auf die Weisheit des Ausschusses zu bauen geneigt sind, das Bewußtsein der persönlichen Verantwortlichkeit zurücktritt, damit das votum consultativum des Ausschusses im Effekte sich mehr oder minder einem decisivum nähert und so schließlich der Schwerpunkt der ganzen Beratung wie der Entscheidung aus der Gesamtkörperschaft, in deren Hände das Gesetz ihn gelegt sehen wollte, verlegt wird in die eines Häufleins von einzelnen Mitgliedern, die nicht einmal der wohltätigen Einwirkung der Öffentlichkeit unterstellt sind. — Weiteres über die Ausschüsse folgt noch in Abschn. IV C.

Zu § 38

betreffend die Wahl des Vorsitzenden, des Schriftführers und ihrer Vertreter.

Der § 38 betrifft freilich auch noch anderes — einmal die Frage, wie oft die Stadtverordneten zusammentreten, und weiter die Vertretung des Magistrats in den Versammlungen. Hierher gehören indes nur jene Wahlen. Insbesondere darf die Bestimmung, daß die Wahl des Vorsitzenden seitens der Stadtverordneten-Versammlung erfolgt, im Rahmen der Zuständigkeitsfragen insofern behandelt werden, als keineswegs überall der Versammlung ein solches Wahlrecht zusteht. Wohl ist das der Fall, wo verfassungsgemäß ein kollegialisch organisierter Gemeindevorstand fungiert (§ 10), in den Städten mit „Ratsverfassung" (Kollegial-System); in denen dagegen mit „Bürgermeister-Verfassung" (Bureau-System), möglicherweise also auch im Geltungsbereiche der Städteordnung von 1853 (§§ 72, 73), wo an Stelle des Magistrats nur ein Bürgermeister gewählt wird, ist dieser zugleich Vorsitzender der Stadtverordneten-Versammlung, und zwar stimmberechtigter. Um hier nur mit den ersteren — den weitaus die Regel bildenden — Fällen der Ratsverfassung zu rechnen, so laufen die Bestimmungen des § 38 auf folgendes hinaus:

Zwei Wahlen haben unter allen Umständen — und zwar alljährlich — aus der Mitte der Stadtverordneten-Versammlung zu erfolgen: die des Vorsitzenden und die eines Stellvertreters desselben,

zwei andere — event. übrigens gleichfalls jährlich sich wiederholende — Wahlen dagegen, nämlich die des „Schriftführers" und wiederum eines Stellvertreters, nur insoweit „aus der Mitte", als eine Übertragung der Schriftführerstelle auf einen anderweit gewählten „Protokollführer" — den dann der Bürgermeister in öffentlicher Sitzung zu vereidigen hat (PrVerwBl. Jahrg. 20 S. 403, 555) — unterbleibt;

alle Wahlen vollziehen sich in dem für die Wahl von Magistratsmitgliedern (§ 32) vorgesehenen Verfahren.

Dazu sei bemerkt:

1. Die Zuständigkeit der Stadtverordneten-Versammlung erstreckt sich nicht so weit, daß etwa auch andere, nicht zur Protokollführung bestimmte Bureau- und Unterbeamte gewählt werden dürften, und selbst den besonderen Protokollführer anlangend, nicht so weit, daß auch in Bezug auf Anstellung und Besoldung es keiner Zustimmung von Seiten des Magistrats bedürfte. Nur in dieser Beschränkung trifft die Behauptung Halbeys (S. 616) zu, daß für die hier den Stadtverordneten übertragenen Beschlußfassungen als zum ausschließlichen Geschäftskreise derselben gehörend eine Zustimmung von jener Seite entbehrlich, nur für eine Beanstandung Raum sei. Wahlen freilich, zu denen das Gesetz pure die Stadtverordneten-Versammlung beruft, unterliegen niemals noch einer solchen Zustimmung und selbst das nur unbeschadet der Frage, ob der Gewählte in der Lage ist, kraft eigener Entschließung und nur solcher die Wahl anzunehmen.

2. Der § 38 spricht zwar aus, daß die Wahlen „jährlich" stattzufinden haben; einer weiteren Zeitbestimmung aber enthält er sich. Abweichend hiervon disponiert die Städteordnung für Schleswig-Holstein (§ 48): es solle der Vorsteher wie auch dessen Stellvertreter erst „nach Einführung der neugewählten Mitglieder" gewählt werden. Darnach wird auch, um diese schon an der Wahl teilnehmen zu lassen, im Bereiche der Städteordnung von 1853 zu verfahren sein — selbst da, wo dies nicht ausdrücklich in den Geschäftsordnungen vorgesehen sein sollte; denn es ist billig und keinenfalls dem Gesetze entgegen (vglch. Geschäftsinstruktion vom 17. März 1831 — GS. S. 34 — § 6).

Zu §§ 39, 40, 41

betreffend die Zusammenberufung der Stadtverordneten.

Schon der § 38 spricht von diesem Gegenstande, wenn er bestimmt: „die Stadtverordneten versammeln sich, so oft es ihre Geschäfte erfordern". Weiteres in Bezug auf die Zeitfrage, auf den Modus der Zusammenberufung und auf die Organe, von deren Bestimmung es abhängen soll, ob die Berufung zu erfolgen hat, enthalten die §§ 39 ff., daneben meisthin auch die Geschäftsordnungen. Bindend sind die Vorschriften, daß die Zusammenberufung von dem Vorsitzenden ausgeht, übrigens jederzeit erfolgen muß, sobald ein Viertel der Mitglieder oder der Magistrat es verlangt, und daß der Berufung in allen nicht dringenden Fällen zwei freie Tage vorhergehen, ebenso lange vorher auch die Gegenstände der Verhandlung den Stadtverordneten und dem Magistrat mitgeteilt werden müssen (Entsch. d. OVG. Bd. XLI S. 43). Der Zuständigkeit der Stadtverordneten-Versammlung ist es vorbehalten:

einmal darüber zu beschließen, in welcher Art und Weise die Berufung stattfinden soll,

zum anderen regelmäßige Sitzungstage festzusetzen.

Nach den im ersten Teile dieses Abschnitts vorangeschickten Gesichtspunkten werden Beschlüsse solchen Inhalts als zum ausschließlichen Geschäftskreise der Stadtverordneten gehörend, als keiner Zustimmung von seiten des Magistrats bedürfend anzusehen sein, es wäre denn, daß sie an diesen als Teile der Geschäftsordnung (§ 48) heranträten. Aber freilich geschieht gerade letzteres sehr häufig, wie denn auch noch einige verwandte Fragen erst in den Geschäftsordnungen ihre Erledigung zu finden pflegen, so beispielsweise die, wer die Versammlung in dem Falle zu berufen hat, wenn der Vorsitzende und dessen Stellvertreter ausgeschieden und die Stellen noch nicht wieder besetzt sind (vglch. Abschnitt IV litt. C).

Zu § 44

betreffend die Vertretung der Gemeinde in solchen **Prozessen wider Magistratsmitglieder**, die durch deren Amtsführung veranlaßt werden.

Der erste Absatz sieht den Fall vor, wenn bei einem Beratungsgegenstande das persönliche Interesse eines Stadtverordneten mit dem der Gemeinde kollidiert; jener soll dann an den Verhandlungen nicht teilnehmen (vglch. Abschn. IV litt. B zu Nr. 3). Da aber ein solcher Satz unter Umständen zur Beschlußunfähigkeit der ganzen Versammlung führen kann, ein Gleiches auch vom Magistrat gilt (§ 57), so trifft der erste Absatz weiter darüber Bestimmung, wer alsdann das Gemeindeinteresse zu wahren hat.

Im Anschlusse hieran verordnet der zweite Absatz: es habe, wenn ein Prozeß aus vorgedachtem Anlasse notwendig werde, zur Führung desselben die Regierung — nunmehr der Regierungspräsident (Zuständigkeitsgesetz § 7) — „auf Antrag der Stadtverordneten-Versammlung" einen Anwalt zu bestellen (vglch. das Beispiel im PrVerwBl. Jahrg. 22 S. 324). Die Bestimmung bringt es freilich nicht unmittelbar zum Ausdruck, läßt sich aber doch nach dem Zusammenhange mit dem ersten Absatze füglich nur dahin verstehen, daß, wie in diesem, so auch in ihr mit einer durch widersprechende Interessen herbeigeführten Beschlußunfähigkeit als ihrer Voraussetzung zu rechnen ist, ohne solche aber die Stadtverordneten-Versammlung selbst das in der Sache Erforderliche zu beschließen hat. Daß hier das Gesetz den Magistrat, der an sich der zur Vertretung der Gemeinde Berufene sein würde (§ 56 Nr. 5 und 8) ausgeschieden hat, mag darauf beruhen, daß es ihn als mehr oder minder befangen angesehen hat. Unter diesem Gesichtspunkte wird denn auch eine Zustimmung des Magistrats zu dem „Antrage der Stadtverordneten-Versammlung" nicht gefordert werden dürfen.

Nicht hierher gehört der § 17 Nr. 2 des Zuständigkeitsgesetzes, betreffend die Beschlußfassung des Bezirksausschusses an Stelle der durch widersprechende Interessen beschlußunfähig gewordenen Gemeindebehörden, ebensowenig der § 21 das., der nur für gewisse Fälle des Verwaltungsstreitverfahrens die Gemeindevertretung dazu beruft, zur Wahrnehmung ihrer Rechte einen besonderen Vertreter zu bestellen.

Zu § 45

betreffend die Öffentlichkeit der Sitzungen.

In den gegenwärtigen, von der Zuständigkeit handelnden Abschnitt gehört dieser Paragraph nur insoweit, als er es gestattet, daß die Öffentlichkeit, die freilich als Regel obenan steht, doch

„für einzelne Gegenstände durch besonderen Beschluß, welcher in geheimer Sitzung gefaßt wird", ausgeschlossen werde. Auch hierin darf die Stadtverordneten-Versammlung als souverän, als unabhängig von einer Zustimmung des Magistrats angesehen werden, womit nicht ausgeschlossen ist, daß dieser, wo er es für angezeigt hält, den Ausschluß der Öffentlichkeit anregt und befürwortet. Meisthin befassen sich mit der Frage der Öffentlichkeit auch die Geschäftsordnungen, und zwar nicht selten in dem Sinne, daß sie gewisse Gegenstände ein für alle Male als in geheimer Sitzung zu verhandelnde bezeichnen (vglch. Abschn. IV litt. C zu II). Hiergegen läßt sich immerhin das Bedenken erheben, daß der § 45 einen „besonderen" Beschluß fordert — eine Ausdrucksweise, die nicht füglich nur darauf abzielen kann, das Verhältnis von Regel und Ausnahme zu betonen; dieses ergab sich aus der sonstigen Fassung ohnehin. Nur hiermit kongruiert auch die Anforderung, daß der besondere Beschluß in geheimer Sitzung gefaßt werden soll (vglch. indes PrVerwBl. Jahrg. **17** S. 52).

In diesem Zusammenhange mag auch noch die Frage berührt werden, ob der Stadtverordneten-Versammlung eine Veröffentlichung ihrer Beschlüsse zusteht. In beschränktem Umfange gestattete schon eine Kabinetts-Ordre vom 19. April 1844 (GS. S. 101) periodische Veröffentlichungen über die Wirksamkeit der städtischen Behörden und Vertreter, und wenn auch die Städteordnung von 1853 eine entsprechende positive Satzung nicht enthält, so doch ebensowenig eine solche gegenteiligen Inhalts. Gilt aber einmal für die Sitzungen die Regel der Öffentlichkeit, so kann es ohne weiteres nicht füglich als ausgeschlossen angesehen werden, daß auch eine Veröffentlichung der Beschlüsse erfolgt. Soll freilich diese auf städtische Kosten stattfinden, so wird es der Zustimmung des Magistrats bedürfen; an sich steht die Bestimmung ausschließlich der Stadtverordneten-Versammlung zu (vgl. MBl. d. i. V. 1860 S. 169).

Zu § 48

betreffend die Geschäftsordnung.

Die Zuständigkeitsfrage ist hier dahin geregelt, daß es der Stadtverordneten-Versammlung „überlassen bleibt, unter Zustimmung des Magistrats eine Geschäftsordnung abzufassen und darin Zuwiderhandlungen der Mitglieder gegen die zur Aufrechterhaltung der Ordnung gegebenen Vorschriften mit Strafen zu belegen".

Unter Vorbehalt eines späteren näheren Eingehens auf diesen Gegenstand, insoweit es sich um anderes als eben die Zuständigkeit, insbesondere um die Verhängung von Strafen handelt (Abschn. IV litt. B und C), sei hier nur bemerkt, wie es kaum befremden kann, daß die Feststellung geschäftsordnungsmäßiger Bestimmungen, obschon sie — weit überwiegend mindestens — den Charakter eines Internums der Stadtverordneten-Versammlung an sich trägt, doch ausdrücklich abhängig gemacht worden ist von der Zustimmung des Magistrats. Der Grund wird darin zu erblicken sein, daß der Magistrat sich an den Sitzungen der Stadtverordneten zu beteiligen hat, mithin auch seinerseits der Geschäftsordnung unterworfen ist. Hierauf darf aber nicht die Konsequenz gegründet werden, daß es der Zustimmung etwa nur in Bezug auf solche einzelne Bestimmungen bedürfte, die gerade auf jene Mitwirkung des Magistrats in den Sitzungen sich beziehen. Das Gesetz enthält sich jeder derartigen Beschränkung. Allerdings aber liegt für den Magistrat in den hervorgehobenen Gesichtspunkten alle Veranlassung, in der Frage, ob die Zustimmung zu versagen, sich selbst die äußerste Zurückhaltung aufzuerlegen, insoweit der einzelne Gegenstand über die Bedeutung eines nur die Interessen der Versammlung selbst berührenden Internums nicht hinausreicht. Ein nicht mehr oder minder gebotenes Versagen sollte zumal hier immer unterbleiben.

Versagt der Magistrat die im Gesetze vorbehaltene Zustimmung, „so tritt das im § 36 vorgeschriebene Verfahren ein" (vglch. Abschnitt V).

Wegen der ausschließlichen Zuständigkeit der Stadtverordneten-Versammlung in der Frage, ob gegebenen Falles die angedrohten Strafen zu verhängen sind, sei hier vorläufig auf die §§ 10, 11, 21 des Zuständigkeitsgesetzes (vglch. Abschnitt II zu § 18, Abschnitt III zu §§ 5 ff.) hingewiesen.

Zu § 49

betreffend die Benutzung des Gemeindevermögens 2c.

Von den vier Absätzen dieses § scheidet der dritte hier aus, weil er, jeden engeren Zusammenhanges mit der Zuständigkeitsfrage ermangelnd, nur bestimmt, wer — oder vielmehr, wer nicht — Anspruch hat auf das Vermögen der Korporationen, der Stiftungen und einzelner Einwohnerklassen. Dagegen dient es zur Umgrenzung des Zuständigkeitsgebietes, wenn weiter bestimmt wird:

im ersten — die Deklaration vom 26. Juli 1847 (GS. S. 327) aufrechterhaltenden — Absatze, daß über die Benutzung des „Gemeindevermögens" die Stadtverordneten beschließen,

im zweiten, daß diesen dagegen in Ansehung des nicht der Gemeinde-Korporation in ihrer Gesamtheit gehörenden Vermögens ein Beschließen versagt ist — es wäre denn, daß sie dazu der Wille der Beteiligten oder sonstige Rechtstitel berufen,

im vierten, daß in Ansehung des Vermögens der Stiftungen es bewendet bei den stiftungsmäßigen Bestimmungen über Verwaltung und Verwendung.

1. Vorangeschickt sei zu diesen drei Sätzen folgendes in Beziehung auf den Begriff des „Gemeindevermögens".

Das Eigentum der Gemeinde als Gesamtheit, das Gemeindevermögen im weiteren Sinne umfaßt ein Zwiefaches: einmal diejenigen Gegenstände, deren Erträge — um abzusehen von ertragslosen, insbesondere nur dem allgemeinen Gebrauche dienenden Objekten — nach dem Gemeindeverfassungsrecht für die Zwecke des Gemeindehaushalts, daneben aber auch die, welche verfassungsgemäß zu Nutzungen seitens eines engeren oder weiteren Kreises der Gemeindeglieder als solcher bestimmt sind; jene bilden das Gemeindevermögen im engeren Sinne, Korporations- oder Kämmereivermögen, diese das Gemeindeglieder- oder Bürgervermögen (ALR. T. II Tit. 6 §§ 70 ff., Tit. 8 §§ 139, 140, 159 ff.; Deklaration vom 26. Juli 1847; Landgemeindeordnung vom 3. Juli 1891 § 68). Beiden gegenüber steht, was einer Gemeinschaft von Gemeindegliedern nicht vermöge dieser Eigenschaft, sondern auf Grund anderen privatrechtlichen Titels eigentümlich gehört, das Interessentenvermögen, wie insbesondere das der Separationsinteressenten, die Jagdnutzungen der Grundbesitzer der einen gemeinschaftlichen Jagdbezirk bildenden Gemeindefeldmark rc. Und weiter steht dem eigentlichen Gemeindevermögen gegenüber das städtische Stiftungsvermögen, diejenigen Objekte, die von der Stadtgemeinde selbst oder von dritten bestimmten milden Zwecken gewidmet worden sind, sei es in der Weise, daß damit eine selbständige, juristische Persönlichkeit ins Leben gerufen oder auch, wie es meisthin geschieht, einer einfachen Zuwendung der Mittel an die Stadtgemeinde nur eine entsprechende, die Verwendung betreffende Auflage hinzugefügt wurde (BGB. §§ 80 ff., 525, 1940).

2. In der Anwendung auf die oben ausgeworfenen drei Absätze führen diese Begriffsbestimmungen zu dem Ergebnisse, daß der Schwerpunkt in dem ersten, vom eigentlichen Gemeindevermögen handelnden liegt, dem zweiten dagegen und dem letzten keine hervorragende Tragweite beiwohnt. Um jenen bedeutsamen ersten Absatz hier vorläufig noch zurückzustellen, betrifft der letzte das Stiftungsvermögen; er bestimmt nicht mehr, als daß über dieses sich Allgemeines nicht bestimmen läßt, es vielmehr insoweit auf den Inhalt der besonderen „stiftungsmäßigen Bestimmungen" ankommt. Nur der negative Satz kann aufgestellt werden, daß grundsätzlich ausgeschlossen von der Verwaltung und Verwendung solchen Vermögens auch die Stadtverordneten-Versammlung an sich nicht ist, selbst dann nicht, wenn die Stiftung als selbständige, mit juristischer Persönlichkeit ausgestattete Anstalt besteht; denn

auch in diesem Falle kann die entscheidende Disposition dahin getroffen sein, daß die Organe der Stadtgemeinde gerade so wie bei eigentlichem Gemeindevermögen eintreten sollen. Und vollends haben sie in solcher Weise einzutreten, wenn die Stiftung in der einfachen Form einer an die Zuwendung der Mittel geknüpften „Auflage“ (s. oben) begründet wurde, keine juristische Person darstellt. Die Stadtverordneten=Versammlung insbesondere ist unter dem Gesichtspunkte zur Mitwirkung berufen, daß es sich, wenn auch nicht um Kämmereivermögen, doch um eine Gemeindeangelegenheit handelt (vglch. oben zu § 37 Nr. 1).

3. Den zweiten Absatz anlangend, spricht er zwar unbeschränkt von jedem nicht der Gemeinde=Korporation „in ihrer Gesamtheit“ gehörenden Vermögen; allein gerade dieser Zusatz läßt kaum daran zweifeln, daß — gleich dem oben ausgeschiedenen dritten Absatze — auch der zweite zunächst nur auf Interessentenvermögen abzielt, wie denn dafür nicht minder der weitere Inhalt spricht. Dieser ist nämlich im Kern ein die Zuständigkeit der Stadtverordneten=Versammlung ausschließender, verneinender; es soll keine Beschlußfassung möglich sein — nur ausgenommen den Fall, daß zu einer solchen der Wille der Beteiligten oder ein sonstiger Rechtstitel die Versammlung beruft. Daß an sich Niemand über fremdes Vermögen beschließen kann, lag ohnehin nahe genug; wenn der Gesetzgeber dies gleichwohl hier noch besonders ausspricht, so kann er die Veranlassung dazu nur aus der Eigenart des Interessentenvermögens entnommen haben, welches, wenn auch nicht der Gemeinde als solcher, doch immerhin einem — bald weiteren, bald engeren — Kreise ihrer einzelnen Glieder gehört.

Zu einer Stellungnahme des Oberverwaltungsgerichts in der Frage, ob nicht gleichwohl in beschränktem Umfange auch dem Interessentenvermögen gegenüber die Stadtverordneten=Versammlung bei der Verwaltung mitzuwirken habe, gab das Gesetz, betreffend die durch ein Auseinandersetzungsverfahren begründeten gemeinschaftlichen Angelegenheiten, vom 2. April 1887 (GS. S 105) wiederholt Veranlassung. Insoweit nach diesem Gesetze für solche Angelegenheiten die Verwaltung dem Gemeindevorstande übertragen ist, er insbesondere für die Ausführung der zur ordnungsmäßigen Unterhaltung der gemeinschaftlichen Anlagen erforderlichen Arbeiten durch die Verpflichteten zu sorgen hat, „finden die Vorschriften, welche für Gemeindeangelegenheiten bezüglich der Verwaltung . . . gelten, sinngemäße Anwendung". In dieser Beziehung hat das Oberverwaltungsgericht (Entsch. Bd. XXI S. 149, Bd. XXIII S. 71) überzeugend nachgewiesen, daß es zu entsprechenden Dispositionen des Gemeindevorstandes einer Zuziehung der Gemeindevertretung nicht erst bedürfe.

Hierher gehört auch die Frage, ob bei der Verwaltung der Jagd auf den einen gemeinschaftlichen Jagdbezirk bildenden Grundstücken eines Gemeindebezirks (§ 4 des Jagdpolizei-Gesetzes vom 7. März 1850) die Stadtverordneten-Versammlung mitzuwirken hat. An sich führt zur Verneinung der Gesichtspunkt, daß es sich dabei nicht um eine Gemeindeangelegenheit, sondern um Interessentenvermögen handelt, die Besitzer solcher Grundstücke eine Zwangsgenossenschaft des öffentlichen Rechts bilden. Aber freilich werden (nach § 9 a. a. O.) diese Besitzer in allen Jagdangelegenheiten durch die „Gemeindebehörde" vertreten; diese verwaltet die Jagd (§§ 10 ff. ebendas.). Dem gegenüber war früher die Ansicht weit verbreitet: es seien diejenigen Organe der Gemeinde als „Gemeindebehörde" anzusehen, welche — nach den im einzelnen Falle zur Anwendung kommenden Gemeindeverfassungsgesetzen — dann zuständig sein würden, wenn es sich nicht um eine Jagd-, sondern um eine Gemeindeangelegenheit handelte — ein Standpunkt, der gegenüber der Städteordnung von 1853 dahin führen würde, daß Magistrat und Stadtverordneten-Versammlung einzutreten hätten. An allen, dem zur Seite stehenden Argumenten fehlt es denn auch noch heutigen Tages keineswegs. Mehr und mehr indes hat inzwischen gleichwohl die Auffassung Anhänger gefunden, daß unter der Gemeindebehörde im Sinne des Jagdpolizeigesetzes dasjenige Gemeindeorgan begriffen sei, welches die Gemeinde nach außen hin vertrete, die Gemeindeverwaltung leite und an ihrer Spitze stehe und nach außen hin ein obrigkeitliches Amt bekleide. In diesem Sinne nahm neuerlich noch — am

14. Juli 1903 — das Reichsgericht Stellung (PrVerwBl. Jahrg. 25 S. 354), nachdem früher schon Minister und Oberverwaltungsgericht ein Gleiches getan hatten, wie dort des näheren nachgewiesen wird. Diesen vereinigten Autoritäten gegenüber wird kaum noch eine Stadtverordneten-Versammlung sich dazu verstehen, ihre etwa abweichende Auffassung zu verfolgen, und es mag für den Fall, daß sie dennoch dazu sich entschlösse, genügen, hier nur noch sie hinzuweisen auf die Entsch. d. OVG. Bd. III S. 90, Bd. V S. 160, Bd. VIII S. 136, Bd. X S. 107, Bd. XV S. 190, Bd. XXVIII S. 315, 405, Bd. XXXI S. 241 sowie auf das PrVerwBl. Jahrg. 5 S. 238, 18 S. 383, 19 S. 165, 273, 463, 501, 20 S. 303, 508, 22 S. 20, auch auf das MBl. d. i. V. 1861 S. 14, 1897 S. 101. An einzelnen dieser Stellen wird freilich nicht ausschließlich gerade von Jagdangelegenheiten gehandelt.

Ganz unberührt läßt übrigens die Streitfrage den Fall, wenn die einer Gemeinde selbst gehörenden Grundstücke einen besonderen Jagdbezirk bilden, an den sich das Recht des Besitzers zur eigenen Ausübung der Jagd knüpft; dann steht richtiges eigentliches Gemeindevermögen in Frage.

4. Übrig bleibt nunmehr noch der Satz, den der § 49 als den bedeutsamsten mit Recht an die Spitze gestellt hat — daß nämlich über die Benutzung des „Gemeindevermögens" die Stadtverordneten beschließen. Wird damit der weitere Satz in Verbindung gebracht, daß der Magistrat „das Eigentum der Stadtgemeinde zu verwalten" hat (§ 56 Nr. 5), so liegt ein Schluß des Inhalts nicht gerade fern, daß in Bezug auf die Benutzung ausschließlich die Stadtverordneten-Versammlung, in Bezug auf die Verwaltung ausschließlich der Magistrat zuständig sei. Allein das würde zur Voraussetzung haben, daß Benutzung und Verwaltung Gegensätze bilden, die sich greifbar voneinander abheben, und schon daran fehlt es, wie denn der Ausdruck „Benutzung" im letzten Satze des § 49 selbst ersetzt wird durch die Worte: „Verwaltung und Verwendung". Aber auch im übrigen liegt kein ausreichender Anhalt für eine dem entsprechende Ab-

grenzung der beiderseitigen Zuständigkeit vor; beide Sätze wollen und müssen im Sinne der das Nebeneinander-Funktionieren beider Organe allgemein und grundsätzlich regelnden Gesichtspunkte verstanden werden. Darnach aber sind zunächst die Stadtverordneten keineswegs darauf beschränkt, etwa nur in Bezug auf die Benutzung des Vermögens — im engeren Sinne solcher Dispositionen — wohl gar nur über den Modus des Nutzungsbezuges zu beschließen, und von den die Substanz betreffenden Aktionen ausgeschlossen, andrerseits aber auch nur unbeschadet der nach allgemeinen Grundsätzen dem Magistrat gebührenden Mitwirkung zur Beschlußfassung berufen. Und der Magistrat wieder, dessen „Verwaltung“ — verwaltende Tätigkeit — wenn nicht wesentlich gerade in der Nutzbarmachung bestehend, doch jedenfalls diese mitumfaßt, bleibt als Verwalter in allen seinen Maßnahmen gebunden an die innerhalb der Zuständigkeit der Stadtverordneten-Versammlung von dieser gefaßten Beschlüsse. Mit anderen Worten: Die Normen für die Verwaltung — nicht ausgenommen die „Benutzung“ — werden gemeinschaftlich aufgestellt; das Verwalten selbst — aber freilich nur nach diesen Normen — ist Sache des Magistrats (vglch. in Bezug auf die Anlegung von Gemeinde-Kapitalien: oben zu §§ 35 ff., ferner auf Verpachtungen 2c.: MBl. 1842 S. 305, auch PrVerwBl. Jahrg. 17 S. 71, 19 S. 116).

Insoweit besteht an sich auch kein Unterschied zwischen Kämmerei- und Bürgervermögen. Der im ersten Absatze des § 49 gebrauchte Ausdruck: „Gemeindevermögen“ umfaßt hier beides, nicht etwa nur jenes erstere, das Gemeindevermögen im engeren Sinne. Wohl aber spielt jene Unterscheidung eine sehr bedeutsame Rolle in der Frage, ob und inwieweit Bürgervermögen in Kämmereivermögen umgewandelt werden darf. Der Gegenstand steht indes so wenig in engerem Zusammenhange mit der Zuständigkeit der Stadtverordneten-Versammlung, daß des näheren hier nicht auf ihn einzugehen ist. Nur summarisch sei bemerkt: Beruht der Nutzungsbezug der einzelnen, wie meisthin insbesondere da, wo der Kreis der Beteiligten die sämtlichen Gemeindeglieder umfaßt, auf dem einseitig erklärten Korporationswillen der Gemeinde, nicht auf wohlerworbenen Rechten der einzelnen, so besteht für die Gemeinde grundsätzlich kein Hindernis, an die Stelle des früher erklärten Willens einen solchen des gegenteiligen Inhalts treten, die Nutzungen fortan wieder der Gemeindekasse zufließen zu lassen (Entsch. d. OVG. Bd. VIII S. 136, Bd. XI S. 110, Bd. XXIV S. 88, Bd. XXXII S. 50, 58; MBl. d. i. V. 1856 S. 254, 1862 S. 212, 1875 S. 4; vglch. auch Landgemeindeordnung vom 3. Juli 1891 § 69).

Daß eine Verwendung der Erträge des Gemeindevermögens nur zur Durchführung der gesetzlichen Zwecke und Aufgaben der Gemeinde erfolgen darf, ergibt sich für die Stadtverordneten schon als Konsequenz des Satzes, daß diese Körperschaft über „Gemeindeangelegenheiten" — von besonderen Ausnahmefällen abgesehen nur über solche Angelegenheiten — zu beschließen hat (vglch. den allgemeinen, ersten Teil dieses Abschnitts).

5. Keine Mitwirkung gebührt den Stadtverordneten bei derjenigen Beschlußfassung auf Beschwerden und Einsprüche, betreffend das Recht zur Mitbenutzung der öffentlichen Gemeindeanstalten sowie zur Teilnahme an den Nutzungen und Erträgen des Gemeindevermögens, die dem Verwaltungsstreitverfahren voranzugehen hat. Insoweit ist ausschließlich der Magistrat zuständig (Zuständigkeitsgesetz § 18 Nr. 1).

Zu §§ 50, 51

betreffend die Veräußerung von Grundstücken ꝛc.

Gleichfalls noch in dem den Geschäften der Stadtverordneten gewidmeten Titel IV, im § 50, wird für vier Fälle die Genehmigung der Regierung — nunmehr des Bezirksausschusses, im zweiten Falle des Regierungs-Präsidenten (Zuständigkeitsgesetz § 16) — als erforderlich bezeichnet, obenan für den Fall, daß Grundstücke oder solche Gerechtsame veräußert werden sollen, welche Grundstücken gesetzlich gleichgestellt sind. Anknüpfend hieran fährt der § 51 fort: freiwillig dürften Grundstücke, sofern nicht in besonderen Fällen die Regierung — nunmehr der Bezirksausschuß — ein anderes gestatte, nur im Wege der Lizitation veräußert werden, für die auch einige Verfahrensvorschriften erteilt werden. Und darauf wieder folgt ein die Zuständigkeit berührender Satz, der nämlich, daß das Ergebnis der Lizitation der Stadtverordneten-Versammlung mitzuteilen und nicht ohne ihre Genehmigung der Zuschlag zu erteilen sei. — Es fragt sich, ob als durch diese Bestimmung ausgeschlossen anzusehen ist, was an sich kaum ausgeschlossen wäre — daß nämlich, bevor die Lizitation zum Abschluß gelangt ist, die Stadtverordneten-Versammlung den Magistrat zu einem unmittelbar dabei zu erteilenden Zuschlage ermächtigen dürfte? Die Kammerverhandlungen von 1852/53 sprechen für die Verneinung (vglch. Landgemeindeordnung vom 3. Juli 1891 § 115).

Zu § 52

betreffend Einzugs-Bürgerrechts- und Einkaufsgeld.

Der § 52 (in seiner früheren Fassung) gestattete, daß durch „Gemeindebeschluß" abhängig gemacht werde von der Entrichtung:

(Abs. 1) eines „Einzugsgeldes" — die Niederlassung,

(Abs. 2) eines „Eintritts- od. Hausstandsgeldes" — die Begründung eines selbständigen Hausstandes,

(Abs. 3) eines anstatt oder neben einer jährlichen Abgabe zur Hebung gelangenden „Einkaufsgeldes" — die Teilnahme an den Gemeindenutzungen.

Das Gesetz vom 14. Mai 1860 (GS. S. 237) hob diese Bestimmungen auf, gestattete aber seinerseits, daß auf Grund von „Gemeindebeschlüssen" angeordnet werde die Entrichtung

1. von „Einzugsgeld" — bei Erwerb der Gemeindeangehörigkeit,
2. von „Bürgerrechtsgeld" — bei Erwerb des Bürgerrechts,
3. von „Einkaufsgeld" anstatt oder neben einer jährlichen Abgabe — für die Teilnahme an den Gemeindenutzungen.

Inzwischen sind „Einzugs- und Eintrittsgeld" (Abs. 1 u. 2, Nr. 1) überhaupt in Wegfall gekommen durch das weitere Gesetz vom 2. März 1867 (GS. S. 361), nach welchem wegen des Erwerbes der Gemeindeangehörigkeit, der Niederlassung am Orte überhaupt nicht mehr besondere Kommunalabgaben erhoben werden sollen. Für das Bürgerrechts- und das Einkaufsgeld (Nr. 2 und 3) *besteht aber der Satz fort, daß die Anordnung der Entrichtung* einen „Gemeindebeschluß" zur Voraussetzung hat, demnach ohne entsprechenden Beschluß der Stadtverordneten-Versammlung — daneben freilich auch einen solchen des Magistrats — nicht möglich ist (vglch. am Schlusse des ersten allgemeinen Teiles dieses Abschnitts).

Zu § 53

betreffend Gemeindesteuern.

Die einleitenden Worte des § 53 (Abs. 1) besagen: es könnten die Stadtverordneten die Aufbringung von Gemeindesteuern beschließen, soweit die Einnahmen aus dem städtischen Vermögen nicht hinreichen zur Beschaffung der durch das Bedürfnis oder die Verpflichtungen der Gemeinde erforderlichen Geldmittel. Was weiter folgt, betrifft die Arten der Steuern sowie deren Verteilung und ist als durch das Kommunalabgabengesetz vom 14. Juli 1893 aufgehoben und ersetzt anzusehen. Es fragt sich, ob ein gleiches von jenen einleitenden Worten gilt? Sie enthalten ein Zwiefaches: einmal gewähren sie das Recht, die Erhebung von Steuern zu beschließen, schon unter der Voraussetzung, daß nur die gerade „aus dem städtischen Vermögen" erwachsenden Einnahmen sich als unzulänglich erweisen, also selbst für den Fall, wenn es an anderen Einnahmen nicht fehlt; und weiter werden daselbst zur Beschlußfassung die Stadtverordneten berufen ohne jeden Hinweis auf eine dem Magistrat gebührende Mitwirkung. Von diesen beiden Sätzen besteht der erstere keinenfalls mehr in Kraft; die Befugnis der Gemeinden, Steuern zu erheben, hat inzwischen eine erhebliche Einschränkung erfahren; nur noch insoweit darf nach dem Kommunalabgabengesetze (§ 2) Gebrauch von ihr gemacht werden, als die sonstigen Einnahmen überhaupt, „insbesondere" die aus dem Gemeindevermögen, nicht minder aber nunmehr auch solche aus Gebühren, Beiträgen und vom Staate wie von weiteren

Kommunalverbänden den Gemeinden überwiesenen Mittel zur Deckung der Ausgaben nicht hinreichen. Anlangend aber den zweiten Satz, so besteht, nachdem eine frühere bedenkliche Äußerung in v. Brauchitschs Kommentar (zu § 36 d. StO.) aufgegeben zu sein scheint, kaum mehr Meinungsverschiedenheit darüber, daß jene Nicht-Erwähnung des Magistrats in § 53 schon nach seinem Inhalt keinenfalls im Sinne einer den Stadtverordneten allein gebührenden selbständigen Beschlußfassung gedeutet werden durfte, daß vielmehr der leitende Grundsatz des § 36 (s. den einleitenden Teil dieses Abschnitts) zu Gunsten des Magistrats auch auf den Fall des § 53 zu übertragen war — ähnlich wie in den Fällen der §§ 49, 54, 64, 66, welche gleichfalls bei Berufung der Stadtverordneten davon absehen, des dem Magistrat gebührenden Mitwirkungsrechts noch besonders zu gedenken. Dabei hat es aber auch das Kommunalabgaben gesetzvon 1893 belassen. Dieses konnte sich kaum damit befassen und hat sich keinenfalls damit befaßt, einzugreifen in die nach den verschiedenen Gemeindeverfassungsgesetzen sehr verschieden gestalteten Zuständigkeiten der einzelnen Gemeindeorgane; überall befleißigt es sich einer Ausdrucksweise, die der fortdauernden Geltung dieser Gesetze freien Raum läßt; meisthin geschieht das in der Weise, daß dies oder jenes der „Gemeinde" überlassen wird oder auch einem „Gemeindebeschlusse" vorbehalten bleibt, fast überall aber ohne jede Bezeichnung derjenigen Gemeinde**organe**, die dabei einzutreten haben; nur wenige einzelne Funktionen werden speziell dem „Gemeinde**vorstande**" zugewiesen (§§ 9, 61, 69, 70).

Das Ergebnis ist: über die Erhebung von Gemeindeabgaben haben die Stadtverordneten **und** der Magistrat zu beschließen — und zwar dies selbst dann, wenn in der Stellungnahme zu dieser Frage als Ausgangspunkt das neue Kommunalabgaben-Gesetz zu Grunde gelegt wird; denn jedenfalls kann nur in solchem Sinne der dortige Ausdruck: „Gemeindebeschluß" (§§ 9, 38, 49, 61, 68, 77, 78) verstanden werden (vglch. die Schlußsätze des ersten allgemeinen Teiles dieses Abschnitts) und wo das neue Gesetz nicht einmal insoweit auf die Notwendigkeit eines Zusammenwirkens **beider** Organe hinweist, da führt zu demselben Resultat der § 36 der Städteordnung, gleichviel, ob daneben die Worte des § 53: „können die Stadtverordneten die Aufbringung von Gemeindesteuern beschließen“ noch als geltendes Recht anzusehen sind oder nicht (vglch. auch die Städteordnung für Schleswig-Holstein vom 14. April 1869 §§ 22, 52, 72, 73).

Zu § 54

betreffend Naturaldienste (Hand- und Spanndienste).

Hier gilt fast ohne Ausnahme alles, was bereits zu § 53 ausgeführt wurde.

So zunächst darin, daß die einleitenden Worte lauten:

> „Die Gemeinde kann durch Beschluß der Stadtverordneten zur Leistung von Diensten (Hand- und Spanndiensten) behufs Ausführung von Gemeindearbeiten verpflichtet werden.“

So weiter darin, daß, was dann noch folgt, als durch das Kommunalabgabengesetz von 1893 (§ 68; vglch. dazu des Verfassers Aufsatz i. PrVerwBl. Jahrg. 24 S. 257) aufgehoben und ersetzt anzusehen ist. So endlich darin, daß — wie man auch zu der Frage der fortdauernden Geltung jener einleitenden Worte Stellung nehmen mag — die Stadtverordneten-Versammlung nicht die allein oder „selbständig“ entscheidende Stelle ist, zum mindesten es nicht mehr gegenüber dem Satze des Kommunalabgaben-Gesetzes ist, daß durch „Gemeindebeschluß“ die Steuerpflichtigen zu Naturaldiensten herangezogen werden können.

Zu § 55

betreffend Gemeindewaldungen.

Der § 55 beläßt es in Bezug auf die „Behandlung“ dieser Waldungen für die einzelnen Landesteile bei den bestehenden Bestimmungen, wie bei solchen auch das Zuständigkeitsgesetz (§ 16) hinsichtlich der „Verwaltung“ es bewenden läßt. Zu den an letzterer Stelle in Bezug genommenen Bestimmungen gehört nunmehr obenan das Gesetz, betreffend die Verwaltung der den Gemeinden und öffentlichen Anstalten gehörigen Holzungen in den

Provinzen Preußen, Brandenburg, Pommern, Posen, Schlesien und Sachsen, vom 14. August 1876 (GS. S. 373). In Ansehung der daselbst (§ 11) wider gewisse Bescheide des Oberpräsidenten eröffneten Klage hat das Oberverwaltungsgericht (Entsch. Bd. III S. 159) angenommen: aktiv legitimiert sei nur der Magistrat, nicht auch die Stadtverordneten-Versammlung. Auf anderen Gebieten fehlt es freilich jetzt keineswegs mehr an Fällen, in denen auch diese Versammlung klageberechtigt ist (vglch. Nr. 3 des ersten allgemeinen Teiles dieses Abschnitts); doch bleibt anzuerkennen, daß für das Gebiet des Gesetzes vom 14. August 1876 eine entsprechende Satzung — wie es einer solchen eventuell bedürfte — nicht ergangen ist.

Der § 55 schließt den „von den . . . Geschäften der Stadtverordneten" handelnden Titel IV, in dessen Rahmen die obigen Ausführungen sich von § 35 an bewegten, ab.

Für weiteren, einzelne Fälle der Zuständigkeit berührenden Stoff sorgt zunächst der folgende Titel V (§§ 56 bis 63), handelnd „von den Geschäften des Magistrats", obenan der § 56 (vglch. auch § 10), beginnend mit den Worten:

> „Der Magistrat hat als Ortsobrigkeit und Gemeindeverwaltungsbehörde insbesondere folgende Geschäfte:"

In gewissem Sinne berührt jede der hieran sich anschließenden neun einzelnen Nummern zugleich die Zuständigkeit der Stadtverordneten-Versammlung; wenigstens ist alles, wozu das Gesetz den Magistrat ausschließlich beruft, damit zugleich der Zuständigkeit der Stadtverordneten-Versammlung — unbeschadet der von dieser auf dem Gebiete der Gemeindeverwaltung zu übenden Kontrolle (§ 37) — entrückt. In solchem Umfange soll indes hier den einzelnen Nummern des § 56 nicht gefolgt werden. Nur diejenigen Bestimmungen sollen Berücksichtigung finden, die entweder ausdrücklich den Stadtverordneten ein Mitwirken vorbehalten oder von anderen Gesichtspunkten aus ein näheres Eingehen auf die Zuständigkeitsgrenzen angezeigt erscheinen lassen.

Zu § 56 Nr. 1

betreffend Ausführung der Gesetze ꝛc.

Ausgeschlossen von einer Mitwirkung bleiben die Stadtverordneten grundsätzlich in Angelegenheiten, die der Magistrat als „Ortsobrigkeit“ für den Staat zu erledigen hat — so in solchen der Steuererhebung, des Militärersatzwesens, gewisser statistischer Aufnahmen pp. Näheres hierüber enthält des Verfassers Aufsatz: „Der Magistrat als Ortsobrigkeit“ im PrVerwBl. Jahrg. 23 S. 369; vglch. auch oben zu § 37 Nr. 1.

Zu § 56 Nr. 2

betreffend Vorbereitung und Ausführung der Stadtverordneten-Beschlüsse.

Als eines der Geschäfte des Magistrats wird es hier vorab bezeichnet:

> „die Beschlüsse der Stadtverordneten-Versammlung vorzubereiten und, sofern er sich mit denselben einverstanden erklärt, zur Ausführung zu bringen“.

Es folgt dann zwar noch ein weiterer Satz, betreffend die Verpflichtung, in gewissen Fällen Zustimmung und Ausführung zu versagen, sowie das dann eintretende Verfahren; insoweit empfiehlt es sich indes, in gleicher Weise, wie es bereits oben zu dem verwandten § 36 (vglch. auch § 77) geschehen, den Gegenstand zusammenfassend erst an späterer Stelle (Abschnitt V) zu behandeln.

Und selbst den ersten Satz anlangend, kann der von der Vorbereitung der Stadtverordneten-Beschlüsse handelnde Teil nicht eigentlich als eine die Zuständigkeit abgrenzende Vorschrift hierher gezogen werden. Aus der Eigenschaft des Magistrats als der Gemeinde-Verwaltungsbehörde ergibt es sich ohne weiteres, daß zunächst gerade an ihn die weitmeisten Fragen herantreten, in denen es einen die Mitwirkung der Stadtverordneten erheischenden Ausbau, eine Umgestaltung, eine Erweiterung der unter derselben Mitwirkung einmal begründeten Einrichtungen bedarf, daß — mit anderen Worten — die Initiative mehrenteils von ihm auszugehen haben wird, und für diese Regelfälle stellt das Gesetz ihm die Aufgabe, die Beschlüsse ausreichend vorzubereiten, der Versammlung alles an Material zu unterbreiten, was von vornherein als mehr oder minder unentbehrlich für eine erschöpfende Beratung und Würdigung angesehen werden muß. In diesem Sinne beschlußreif sollen die „Vorlagen" des Magistrats an die Versammlung gelangen. Dagegen schließt das Gesetz es keineswegs etwa aus, daß die erste Anregung eines Gegenstandes auch von den Stadtverordneten ausgeht, ebensowenig, daß diese, hinausgehend über eine einfache Anregung, auch ohne entsprechende Vorlage von seiten des Magistrats zu einer positiven Beschlußfassung in Gemeindeangelegenheiten schreiten, in welchen letzteren Fällen der Magistrat sich ex post — zustimmend oder ablehnend — schlüssig zu machen hat. Auf solche Beschlüsse der Stadtverordneten-Versammlung kann die Aufgabe, die das Gesetz dem Magistrat hier stellt, nicht füglich bezogen werden.

In näherem engeren Zusammenhange mit der Zuständigkeitsfrage steht der von der Ausführung der Stadtverordneten-Beschlüsse handelnde Teil des ersten Satzes (der Nr. 2), und zwar ist hier die Zuständigkeit dahin geregelt, daß „in keinem Falle" (§ 36) die Versammlung ihre Beschlüsse selbst zur Ausführung bringen darf, dies vielmehr eine ausschließlich dem Magistrat überwiesene Aufgabe ist. Des näheren wurde hiervon bereits oben im allgemeinen Teile dieses Abschnittes (unter Nr. 2 und 3) gehandelt.

Zu § 56 Nr. 3

betreffend Verwaltung der Gemeindeanstalten rc.

Das Gesetz bezeichnet es hier als eines der Geschäfte des Magistrats:

> „die städtischen Gemeindeanstalten zu verwalten und diejenigen, für welche besondere Verwaltungen eingesetzt sind, zu beaufsichtigen".

In Übereinstimmung hiermit und doch auch wieder im Gegensatze zu den ersten Worten sprechen ebenso die beiden folgenden

Nummern von einem „Verwalten“ und zwar der „Einkünfte“ und des „Eigentums“ der Stadtgemeinde, desgleichen der § 10 von einem „Verwalten“ der „städtischen Gemeindeangelegenheiten“ überhaupt. Dem gegenüber und bei Berücksichtigung der grundsätzlichen Bestimmungen über die „Geschäfte der Stadtverordneten“ (§§ 35 ff.) ist es von vornherein als ausgeschlossen anzusehen, daß etwa hier der Magistrat zu einer von den Beschlüssen jener überall unabhängigen Verwaltung oder auch nur zu einer solchen berufen wäre, in Ansehung deren jene ausschließlich zu „kontrollieren“ hätten. Wohl beruft das Gesetz die „Gemeindeverwaltungsbehörde“ auch hier zu einem „Verwalten“; es enthält sich aber jeder Äußerung über die Grundsätze, nach denen zu verwalten ist, und gerade in dieser Kardinalfrage ist das Nebeneinander von Magistrat und Stadtverordneten-Versammlung prinzipiell so aufgebaut, daß nicht füglich daran gezweifelt werden darf: es habe in Beziehung auf die Grundsätze eine Verständigung zwischen beiden Organen voranzugehen und dann erst ihnen entsprechend der Magistrat zu „verwalten“, die laufenden Verwaltungsgeschäfte zu führen (Entsch. d. OVG. Bd. XXXV S. 96, Bd. XLI S. 49). So grenzen sich die beiderseitigen Zuständigkeiten voneinander ab — mag es sich nun um Anstalten handeln, deren Bestehen auf eine öffentlichrechtliche Verbindlichkeit der Gemeinde zurückzuführen ist, oder um solche, deren Benutzung den Einwohnern, vielleicht auch nur einzelnen Einwohnerklassen auf Grund freier Entschließung der Gemeinde offensteht, unbeschränkt oder unter gewissen Bedingungen, um Schulen, Armenhäuser, Leihanstalten, Schlachthöfe, Sparkassen, Markthallen, Gas-, Wasser-, Kanalisations- oder Elektrizitäts-Werke rc. (Entsch. d. OVG. Bd. XX S. 22, Bd. XXI S. 124; vglch. auch die allgemeinen Ausführungen im ersten Teile dieses Abschnitts und im I. Abschnitt). In der Frage aber, was noch zu den laufenden Verwaltungsgeschäften (vglch. übrigens §§ 127, 128, 131 Tit. 14 T. I ALR.; auch oben Nr. 2 des ersten Teiles dies. Abschn.) gehört, was schon darüber hinausreicht, gilt es wieder einmal, ein verständiges, beiderseitiges Entgegenkommen zu üben, beiderseits mit der bona fides des anderen Teiles zu rechnen und in minder bedeutsamen Punkten selbst da willig nachzugeben, wo immerhin die Grenze nicht voll gewahrt sein mag. Allgemein anerkannt zu werden pflegt das Recht des Magistrats, seinerseits die Anstaltsbeamten innerhalb des Rahmens der durch Gemeindebeschluß festgestellten Verwaltungsgrundsätze mit Instruktionen zu versehen. Und in der Tat ist er dazu schon vermöge der ihm überhaupt den Beamten gegenüber angewiesenen rechtlichen Stellung berufen.

Ausgeschlossen von einer Mitwirkung sind die Stadtverordneten bei derjenigen Beschlußfassung auf Beschwerden und Einsprüche, betreffend das Recht zur Mitbenutzung der öffentlichen Gemeindeanstalten, die dem Verwaltungsstreitverfahren voranzugehen hat (vglch. oben zu § 49 Nr. 5).

Näheres über „polizeiliche Gemeindeanstalten“ insbesondere enthält des Verfassers Aufsatz im PrVerwBl. Jahrg. 22 S. 329.

Zu § 56 Nr. 4

betreffend Verwaltung der Gemeinde-Einkünfte, Anweisung der Einnahmen und Ausgaben, Überwachung des Rechnungs- und Kassenwesens.

Das Gesetz bezeichnet diese drei Gegenstände als „Geschäfte des Magistrats“ — freilich, Einnahmen und Ausgaben anlangend, nur die Anweisung der „auf dem Etat oder besonderen Beschlüssen der Stadtverordneten beruhenden“, was mit den Bestimmungen „von dem Gemeindehaushalte“ (Tit. VIII) zusammenhängt und, das Kassenwesen anlangend, nur mit der Maßgabe, daß bei den Kassenrevisionen auch die Stadtverordneten-Versammlung in der unter Nr. 4 näher bezeichneten Weise zu beteiligen ist.

In Beziehung auf den ersten Gegenstand, die Verwaltung der Einkünfte, gilt auch hier, was schon zu § 56 Nr. 3 (vglch. auch zu § 49) angedeutet wurde, daß nämlich die Aktion des Magistrats nur innerhalb desjenigen Rahmens eine freie ist, über den er sich vorab mit der Stadtverordneten-Versammlung verständigte, sei es in weiterem, eine unbegrenzte Zahl von Fällen in sich schließenden Umfange, sei es für den einzelnen Fall. Kassenbestände beispielsweise, die auf eine nahe bevorstehende Verwendung zu Ausgaben nicht zu rechnen haben, würden als Kapitalien erst, nachdem die Stadtverordneten zustimmten, ausgeliehen werden dürfen (ALR. T. I Tit. 14 § 119; MBl. d. i. V. 1860 S. 70; vglch. auch oben zu §§ 35 ff.).

In Beziehung auf die beiden anderen Gegenstände ist der Magistrat freier gestellt — unbeschadet der bereits im Eingange zu dieser Nr. angedeuteten Beschränkungen. Selbst der Erlaß näherer Bestimmungen über das Kassenwesen — für den die Schleswig-Holsteinsche Städteordnung von 1869 (§ 83) die Form des Ortsstatuts beobachtet sehen will — bleibt seinem freien Ermessen überlassen, auch in Betreff des Inhalts im einzelnen.

Keinenfalls kann nach diesen Bestimmungen der Stadtverordneten-Versammlung oder gar einzelnen Mitgliedern das Recht zugestanden werden, ihrerseits die Kasse zu Vereinnahmungen oder Verausgabungen anzuweisen; dazu ist nur und allein der Magistrat berufen. Und selbst in Bezug auf Revisionen steht den Stadtverordneten neben dem unmittelbar im Gesetze verbrieften Rechte, vom Magistrate dabei zugezogen zu werden, nur etwa noch in Konsequenz ihres allgemeinen Kontrollrechts (§ 37) der Weg offen, daß sie eine unter Mitwirkung des Magistrats abzuhaltende außerordentliche Revision bei ihm in Antrag bringen.

Vglch. auch den Aufsatz: „Die Verwaltung der städtischen Kassen und die Vornahme von Kassenrevisionen" im PrVerwBl. Jahrg. 22 S. 401 und Constantinis Kassen- und Rechnungswesen der deutschen Stadtgemeinden — Leipzig 1904 (Gekrönte Preisschrift).

Zu § 56 Nr. 5

betreffend die Verwaltung des Eigentums der Gemeinde und die Wahrung ihrer Rechte.

Auch dies sind „Geschäfte des Magistrats" in dem Sinne, daß er zu ihrer Wahrnehmung verpflichtet ist, nicht aber in dem, daß dabei die Stadtverordneten von jeder, nach allgemeinen Grundsätzen ihnen an sich gebührenden Mitwirkung ausgeschlossen wären

Von der „Verwaltung“ zumal gilt in Bezug auf das „Eigentum“ wesentlich ein Gleiches wie in Bezug auf „Gemeinde-Angelegenheiten“ überhaupt, auf das „Vermögen der Stiftungen“, auf „Gemeindeanstalten“ und auf „Einkünfte“ (vglch. zu §§ 10, 49, 56 Nr. 3 und 4) — nämlich: der Modus der Verwaltung wird durch Gemeindebeschluß bestimmt, die ihm entsprechende Ausführung ist dann eine besondere Aufgabe des Magistrats. Die „Wahrung der Rechte“ anlangend, kommt hauptsächlich in Frage die Vertretung in Prozessen, sei es, daß solche wider die Gemeinde anhängig gemacht werden, sei es, daß das Anhängigmachen von ihr als Klägerin ausgehen soll. Nicht hierher gehört jedoch die nur die Legitimation berührende Frage der Vertretung nach außen hin (vglch. zu § 56 Nr. 8). Über das interne Nebeneinander von Magistrat und Stadtverordneten gehen die Ansichten hier auseinander — darin zwar nicht, daß in mehr oder minder weitem Umfange vorab und ein für alle Male durch Gemeindebeschluß der Magistrat zu alleinigem selbständigen Vorgehen ermächtigt werden kann, wohl aber darin, ob da, wo dies unterblieben, er in jedem einzelnen Falle sich zunächst mit den Stadtverordneten zu verständigen hat. Die Praxis geht nicht so weit, wie denn in der Tat auch, wenn sie es täte, die Stadtverordneten — zumal nach Einführung des Verwaltungsstreitverfahrens beispielsweise für Abgaben-Streitfälle — mit einer wahren Flut von Bagatellen überschüttet werden würden. Aber auch rechtlich ist dieser Standpunkt keineswegs unannehmbar. Wer überhaupt einmal, was kaum zu umgehen, mit dem — es mag zugegeben werden: ziemlich dehnbaren — Begriffe der „laufenden“ Verwaltungsgeschäfte rechnen will (vglch. den allgemeinen Teil dieses Abschnitts unter Nr. 2, auch zu § 56 Nr. 3), der kann sich auch hier dem nicht entziehen, und wo der Begriff durchaus im Stiche läßt, wird der Magistrat sich schon im eigenen Interesse veranlaßt finden, vorab die Stadtverordneten-Versammlung Stellung nehmen zu lassen (vglch. §§ 123, 127, 128, 131, Tit. 14 T. I ALR., auch MBl. d. i. V. 1884, S. 9 und PrVerwBl. Jahrg. 18 S. 279, 20 S. 264).

Zu § 56 Nr. 6

betreffend die Anstellung der Gemeindebeamten ꝛc.

Das Gesetz beruft hier den Magistrat:

a) „die Gemeindebeamten, nachdem die Stadtverordneten darüber vernommen worden, anzustellen", wobei zugleich die Frage, ob und inwieweit die Anstellnng auf Lebenszeit zu erfolgen hat, geregelt wird;

b) „die von den Gemeindebeamten zu leistenden Kautionen nach Anhörung der Stadtverordneten-Versammlung zu bestimmen";

c) „die Geschäfte des Gemeindeeinnehmers nach Vernehmung der Stadtverordneten-Versammlung" — um abzusehen von noch einigen anderen Beschränkungen — „dem Kämmerer zu übertragen";

d) „die Gemeindbeamten zu beaufsichtigen".

Zu litt. a: Die Anstellung der Gemeindebeamten anlangend, bleibt nunmehr auch noch das Gesetz, betreffend die Anstellung und „Versorgung" der Kommunalbeamten, vom 30. Juli 1899 (GS. S. 141) nebst der ministeriellen Ausführungs-Anweisung vom 12. Oktober 1899 (MBl. S. 192) zu berücksichtigen. Gerade in der Frage indes, die der § 56 Nr. 6 an die Spitze stellt und die dem Gegenstande dieses Abschnitts III näher als jede andere steht, in der Frage der Zuständigkeit zur Anstellung und der den Stadtverordneten gebührenden Mitwirkung, hat jenes Gesetz Neues überhaupt nicht bestimmt, vielmehr lediglich es bei dem Rechte der Städteordnung belassen. Nach diesem allein ist denn auch Stellung zu nehmen zu den beiden, hier im Vordergrunde stehenden Unterfragen, wieweit einmal der Kreis der „Gemeindebeamten" reicht und welche Bedeutung zum anderen der „Vernehmung" der Stadtverordneten zukommt.

In der ersteren Frage bietet auch der § 1 des neuen Gesetzes keinen wesentlichen Anhalt, weder damit, daß er den viel weiter reichenden Begriff des „Kommunalbeamten" — übrigens selbst ihn nur „im Sinne dieses Gesetzes" — bestimmt, noch mit dem Satze, daß die Anstellung „durch Aushändigung einer Anstellungsurkunde“ erfolgt. Und kaum minder läßt die Städteordnung hier im Stiche; die wechselnde Ausdrucksweise, deren sie sich zur Bezeichnung der einzelnen Beamtengattungen bedient, wirkt eher verwirrend als klärend. So nennt zunächst der § 17 (vglch. oben Abschn. II) nebeneinander: „die Mitglieder des Magistrats und alle besoldeten Gemeindebeamten“; der § 30 scheidet „Gemeinde-Unterbeamte“ ohne jede Abgrenzung dieses Begriffes aus (PrVerwBl. Jahrg. 24 S. 204, 332); der § 31 reiht aneinander den „Bürgermeister und die übrigen besoldeten Magistratsmitglieder“; der § 56 Nr. 6 spricht zunächst ohne Einschränkung von „Gemeindebeamten“ überhaupt und befaßt sich dann wieder mit einer besonderen Klasse von „Unterbeamten“, denjenigen nämlich, die „nur zu mechanischen Dienstleistungen bestimmt sind“; der § 65 gliedert in Bezug auf Pensionsansprüche solche „der Bürgermeister, der besoldeten Magistratsmitglieder und übrigen besoldeten Gemeindebeamten“; § 75 wieder befaßt sich mit „von der Stadtverordneten-Versammlung auf eine bestimmte Zeit gewählten unbesoldeten Gemeindebeamten“, zu denen er zwar die Schöffen nicht, wohl aber die zu den bleibenden Verwaltungsdeputationen gewählten Bürger (§ 59) gerechnet sehen will; der § 80 endlich reiht aneinander „Bürgermeister, Mitglieder des Vorstandes und sonstige Gemeindebeamte“. Es fehlt zum mindesten im Ausdruck an jeder Gleichmäßigkeit der Gliederung. Aber auch dem gegenüber darf, die Zuständigkeit anlangend, unbedenklich davon ausgegangen werden, daß zwar im übrigen ohne Ausnahme alle Gemeindebeamte vom Magistrat und nur von ihm anzustellen sind, daß aber, wo an anderen Stellen die Städteordnung den Stadtverordneten ein Wahlrecht verbrieft, daneben kein Raum bleibt für eine vom Magistrat ausgehende „Anstellung“. Ausgeschlossen von diesem Modus der Berufung sind demnach „der Beigeordnete und die Schöffen“, „der Bürgermeister und die übrigen besoldeten Magistratsmitglieder“ (§ 31), ausgeschlossen die zu besonderen Deputationen und Kommissionen zu wählenden Stadtverordneten und stimmfähigen Bürger (§ 59), ausgeschlossen auch die Bezirksvorsteher

(§ 60), wennschon die letzteren vom Magistrat „bestätigt“ werden. Aber auch nach anderen Richtungen hin bedarf es gewisser Einschränkungen, um die Anwendung der an die Spitze des § 56 Nr. 6 gestellten Zuständigkeitsregel von Gebieten fernzuhalten, auf denen sie ihr versagt bleiben sollte. Eines ergibt sich schon unmittelbar aus den Worten des Gesetzes — daß nämlich für seine Anwendung überhaupt kein Raum ist gegenüber Personen, die nicht sowohl mittels des öffentlich-rechtlichen Aktes der „Anstellung“ als „Beamte“, der „Aushändigung einer Anstellungsurkunde“, denn vielmehr ohne Beilegung jener Eigenschaft, ohne Eintreten in ein öffentlich-rechtliches Unterordnungsverhältnis mittels privatrechtlichen Vertrages dazu berufen werden, der Gemeinde Dienste zu leisten (vglch. die Ausf.-Anweisung zum Kommunalbeamtengesetze von 1899 Art. I Nr. 5). Der allgemeine Sprachgebrauch der StO. ferner ergibt, daß Lehrer an städtischen Anstalten nicht zu den „Gemeindebeamten“ zu rechnen sind (vglch. oben Abschn. II zu § 17 Nr. 2 und 3). Es muß aber noch ein weiterer Schritt getan und behauptet werden: wie das Kommunalbeamtengesetz von 1899 sich auf unbesoldete, nur ehrenamtlich fungierende Beamte überhaupt nicht bezieht, ebensowenig gilt ihnen gegenüber die Zuständigkeitsregel des § 56 Nr. 6; sie trifft nach dem Zusammenhange nur (besoldete) Berufsbeamte, diese aber freilich — hierin abweichend vom Kommunalbeamtengesetze (§ 2) — selbst dann, wenn es sich nur um nebenamtliche oder nebenberufliche Funktionen handelt.

In der zweiten Frage, betreffend die der vorgeschriebenen „Vernehmung“ der Stadtverordneten zukommende Bedeutung, gilt gleichfalls zunächst der Satz, daß das neue Kommunalbeamtengesetz sich hierauf überhaupt nicht erstreckt, dasselbe vielmehr es lediglich bei dem bisherigen Rechte, also dabei belassen hat, daß der Magistrat allein das zur Anstellung berufene Organ ist, wenn er auch zuvor die Stadtverordneten darüber zu „vernehmen“ hat, wie denn eine solche vorangehende „Vernehmung“ oder „Anhörung“ auch noch in den beiden letzten Sätzen des § 56 Nr. 6 vorgesehen worden ist. Hiermit gesteht indes das Gesetz zumal in Bezug auf die Anstellung den Stadtverordneten ein Mehreres nicht zu als die Gelegenheit ein votum consultativum abzugeben. Diese Einschränkung — immerhin eine Ausnahme von dem Prinzip des § 35 enthaltend (Entsch. d. OVerwG. Bd. XLI S. 49) — schließt es zwar gewiß nicht aus, daß, wenn die Stadtverordneten etwa bestimmte Ausstellungen gegen die Persönlichkeit der Präsentierten erheben, der Magistrat es als seine Aufgabe anzusehen haben wird, dem nachzugehen und sich dann nochmals schlüssig zu machen. Verneint werden muß dagegen die weitere Frage, ob in dem Falle, wenn bei nochmaliger Erwägung der Magistrat lediglich an seiner ersten Entschließung festhalten zu sollen meint, den Stadtverordneten damit der im § 36 d. StO. (vglch. Zuständigkeitsgesetz § 17) für Fälle der Meinungsverschiedenheit vorgesehene Weg eröffnet wäre. Dieser hat zwei an sich gleichwertige Meinungen zur Voraussetzung und daran fehlt es hier. Nach einem legalen Sprachgebrauche, dem man immer wieder und wieder begegnet, hat von zwei konkurrierenden Stellen die in erster Reihe berufene, wenn ihr nur ein vorangehendes „Anhören" der anderen zur Pflicht gemacht ist, damit auch das Recht, über einen dissensus der anderen zur Tagesordnung überzugehen. Der damit vollzogene Akt ist perfekt, die Frage nicht mehr, wie das der § 36 voraussetzt, eine offene. Keinenfalls übrigens macht eine ohne die vorgeschriebene Vernehmung erfolgte Anstellung diese etwa dem Angestellten gegenüber rechtsunwirksam, was freilich auch damit zusammenhängt, daß die Vernehmung als eine rein innere Angelegenheit der Gemeinde anzusehen ist (PrVerwBl. Jahrg. **14** S. 498, **17** S. 334, 434). Zum Teil abweichende Ansichten vertreten Oertel S. 395 und Schön S. 144.

Erst diejenigen beiden Sätze des § 56 Nr. 6 d. StO., nach denen die Anstellung, soweit es sich nicht um vorübergehende Dienstleistungen handelt, auf Lebenszeit erfolgt, jedoch die nur zu mechanischen Dienstleistungen bestimmten Unterbeamten auf Kündigung angenommen werden können, haben gegenüber dem Kommunalbeamtengesetze vom 30. Juli 1899 aufgehört, bestehendes Recht zu sein. Die Frage, was an die Stelle des früheren Rechts getreten ist, fällt zwar nicht mehr in das Zuständigkeitsgebiet (Abschn. III).

Immerhin seien aus dem neuen Gesetze hier die Kernsätze hervorgehoben, daß grundsätzlich auch nach ihm die Beamten der eigentlichen allgemeinen Stadtverwaltung auf Lebenszeit anzustellen und nur ausnahmsweise auf Grund besonderer Bestimmungen (Statute 2c.) Anstellungen auf Zeit und Kündigung zulässig sind, daß dagegen in Bezug auf die Beamten der städtischen Betriebsverwaltungen — vorausgesetzt, daß insoweit überhaupt eine Anstellung als Gemeindebeamter erfolgt — umgekehrt die nicht-lebenslängliche Anstellung die Regel bildet, unbeschadet jedoch abweichender Beschlußfassung (§§ 8, 9). In den Ausnahmefällen, und zwar in jenen wie in diesen, ist die Stadtverordneten-Versammlung zu voller Mitwirkung neben dem Magistrat berufen.

In einigem Zusammenhange mit der Zuständigkeit zur Anstellung der Beamten steht die Frage, welches Organ dazu berufen ist, den Inhabern der von der Stadtgemeinde eingerichteten Ämter eine deren Stellung ausdrückende Bezeichnung — Titel im weiteren Sinne — beizulegen. Darüber ist neuerlich viel gestritten worden, besonders aus Anlaß von Beschlüssen des Magistrats Berlin, durch die den Vorstandsbeamten der dortigen Landesversicherungsanstalt sowie dem Vorsitzenden des Gewerbegerichts der Titel „Direktor", den lebenslänglich angestellten Magistrats-Assessoren die Amtsbezeichnung „Magistratsrat" beigelegt wurde. Das Oberverwaltungsgericht (Entsch. Bd. XLI S. 44) hat in diesem Falle dahin Stellung genommen, daß die Befugnis der Gemeinde, den Inhabern der Ämter entsprechende Bezeichnungen beizulegen, als ein Ausfluß der Befugnis, neue Ämter einzurichten, vom Magistrat nicht ohne die zustimmende Mitwirkung der Stadtverordneten ausgeübt werden dürfe, übrigens selbst mit dieser Zustimmung nur unbeschadet weiterer, in Sondervorschriften begründeter Einschränkungen.

Zu litt. b und **c**: Anlangend ferner Kautionen und Gemeindeeinnehmer-Geschäfte, so gilt, insoweit auch hier eine „Anhörung" oder „Vernehmung" der Stadtverordneten-Versammlung erfolgen soll, das bereits zu litt. a Ausgeführte dahin, daß den Stadtverordneten nur ein votum consultativum gebührt.

— Für die unmittelbaren Staatsbeamten gibt es zwar eine Kautionspflicht, wie sie durch das Gesetz vom 25. März 1873 geregelt war, nicht mehr (Gesetz vom 7. März 1898). Unberührt davon besteht indes das Recht, Kautionen zu fordern, für Kommunen noch fort; wird davon Gebrauch gemacht, so mag das auch noch in Anlehnung an jenes ältere Gesetz geschehen (MBl. d. i. V. 1872 S. 252, 1898 S. 122).

Zu litt. d: In Bezug auf die Beaufsichtigung der Gemeindebeamten wäre es sprachlich immerhin möglich, den Zwischensatz: „nachdem die Stadtverordneten darüber vernommen worden", auch hierauf zu beziehen. Gleichwohl ist diese Deutung als unannehmbar abzuweisen. Mit Recht hat das Oberverwaltungsgericht (Entsch. Bd. XXIII S. 65) angenommen, die Beaufsichtigung stehe ausschließlich dem Magistrat zu; insbesondere habe auch, wo die Versetzung in den Ruhestand in Frage komme, der Magistrat allein über die Dienstunfähigkeit des Beamten zu befinden (vglch. unten zu § 65).

Zu § 56 Nr. 7

betreffend Aufbewahrung der Akten rc.

Das Oberverwaltungsgericht hat am 27. Juni 1899 (Entsch. Bd. XXXV S. 92) ausgesprochen: die Aufbewahrung der „städtischen" Urkunden und Akten sei überhaupt keine Angelegenheit der Gemeindeverwaltung, liege vielmehr dem Magistrat als Obrigkeit ob, und zwar soll das „schon daraus" folgen, daß jene Akten rc. neben Gegenständen der Gemeindeverwaltung auch Funktionen des Magistrats als Ortsobrigkeit rc. beträfen. Geradezu erdrückend wird dieses Argument — welches übrigens das einzige bleibt — kaum wirken, umsoweniger, wenn man sich vergegenwärtigt, daß der entsprechende § 60 der Schleswig-Holsteinschen Städteordnung von 1869 dieselbe Bestimmung enthält, ohne daß zuvor in den einleitenden Worten, wie in denen des § 56 der Städteordnung von 1853 (vglch. oben), die ortsobrigkeitliche Stellung des Magistrats neben derjenigen als kommunale Verwaltungsbehörde überhaupt Erwähnung gefunden hätte.

Zu § 56 Nr. 8

betreffend die Vertretung der Gemeinde nach außen 2c.

Ein Teil der hier zusammengefaßten Vorschriften berührt die Zuständigkeitsfrage überhaupt kaum, so: die Vorschriften darüber, wie viele und welche Magistratsmitglieder namens der Stadtgemeinde die Ausfertigungen der Urkunden zu vollziehen haben, ferner darüber, in welcher Weise da, wo etwa eine Genehmigung der Aufsichtsbehörde voranzugehen hatte und voranging, die Ausfertigungen zu gestalten sind. Als auch hier bedeutsamer verbleiben die einleitenden Worte, nach denen vor allem es zu den Geschäften des Magistrats gehört, „die Stadtgemeinde nach außen zu vertreten" (Entsch. d. OVG. Bd. XLI S. 40); angereiht werden dem dann noch das Verhandeln mit Behörden und Privatpersonen namens der Gemeinde, die Führung des Schriftwechsels und die Vollziehung der Urschriften der Gemeinde-Urkunden.

Grundsätzlich darf hiernach der Magistrat und nur er als dasjenige Organ bezeichnet werden, welches nach außen hin die Stadtpersönlichkeit repräsentiert, und zwar gleichviel, ob es sich um Angelegenheiten handelt, in denen auch die Entschließung, die Stellungnahme in der Sache selbst ihm als allein entscheidender Stelle zusteht, oder um solche, in denen die internen Beziehungen zwischen Magistrat und Stadtverordneten dahin geregelt sind, daß es eines Zusammenwirkens und -stimmens beider bedarf, beispielsweise ob um die Anstellung eines Boten oder um die Errichtung eines Elektrizitätswerkes. Die in der vorgeschriebenen Form abgegebenen Erklärungen des Magistrats gelten als von der Stadtgemeinde abgegeben, verpflichten diese insbesondere gegenüber dem dritten selbst dann, wenn etwa ein Beschluß der Stadtverordneten, wie er ihnen voranzugehen hatte, tatsächlich nicht vorangegangen oder doch nicht rite zustande gekommen wäre. (Entsch. d. OVG. Bd. XXVII S. 91, 92); der dritte hat keine Veranlassung, erst noch diesen internen Vorgängen nachzugehen. So pflegt denn auch in der Praxis Urkunden, deren Ausfertigung auf einen Stadtverordneten-Beschluß zurückzuführen ist, dieser keineswegs — wie allerdings vorschriftsmäßig die Genehmigung der Aufsichtsbehörde — beigefügt zu werden. (Vglch. auch Entsch. d. OVG. Bd. XXXV S. 160, PrVerwBl. Jahrg. 20 S. 508, 22 S. 482).

Der Grundsatz von der dem Magistrat zukommenden Vertretung der Gemeinde nach außen hin deckt sich, insoweit diese Vertretung mit der Ausführung eines Stadtverordneten-Beschlusses zusammenfällt, sie auf eine solche hinausläuft, im wesentlichen mit dem bereits oben an mehreren Stellen berührten fundamentalen Satze, daß „in keinem Falle“ die Stadtverordneten-Versammlung ihre Beschlüsse selbst zur „Ausführung“ (vglch. §§ 36, 47, 56 Nr. 2) bringen darf. Das gilt insbesondere auch in der Richtung, daß, wie dieser Satz trotz der kühnen Worte: „in keinem Falle“ sich gewisse Einschränkungen gefallen lassen muß, so auch jener demselben Schicksal unterworfen ist — gewiß nach einigen Bestimmungen des neueren Rechts, aber kaum minder gewiß auch schon nach einigen der Städteordnung selbst. Um von den der Stadtverordneten-Versammlung überwiesenen Wahlakten (§§ 24, 31, 38, 59, 60) hier abzusehen, ließ sich schon nach der Städteordnung (§§ 36, 37 — in Verbindung mit § 17 des Zuständigkeitsgesetzes — und § 44) kaum daran zweifeln, daß in einzelnen Fällen die Stadtverordneten-Versammlung ihre Beschlüsse selbst auszuführen, dabei auch — in beschränktem Sinne wenigstens — die Stadtgemeinde nach außen zu vertreten hatte, und vollends hat sie dazu in noch weiterem Umfange das Zuständigkeitsgesetz (§§ 10, 11, 19, 21) berufen.

> [Vglch. oben unter Nr. 2 und 3 des allgemeinen Teiles dieses Abschnittes, ferner zu §§ 5 ff. und 56 Nr. 2; auch Abschnitt II zu §§ 18, 20 Abs. 4 und 5, § 27 Abs. 2 und 3].

Der Grundsatz von der Vertretung nach außen deckt sich desgleichen, wenn auch nur in beschränktem Umfange, mit dem von der Wahrung der Rechte der Stadtgemeinde (§ 56 Nr. 5). Insbesondere konkurrieren dort wie hier die Fälle eines aggressiven wie die eines defensiven Vorgehens, desgleichen die Fälle eines vor den Gerichten sich abspielenden Verfahrens wie die davon unabhängigen, beispielsweise die Fälle der Ausübung des Kirchenpatronats

(ALR. T. II Tit. 11 § 599; v. Kamptz Annalen Bd. V S. 79), der Abweisung unvermögender Neu-Anziehender (Freizügigkeitsgesetz vom 1. November 1867; MBl. d. i. V. 1890 S. 35). Auch treffen sie darin zusammen, daß sie den Magistrat zwar gegen einen etwaigen Versuch des dritten, ihm die Legitimation streitig zu machen, sicher stellen, keineswegs aber auch gegen den etwa von anderer Seite, vor allem seitens der Stadverordneten zu erhebenden Vorwurf und gegen die Konsequenzen des Vorwurfs: er sei in der Sache selbst eigenmächtig hinausgegangen über die Grenzen, innerhalb deren das Gesetz ihm eine selbständige Stellungnahme zugestehe; er habe sich vorab der Zustimmung der Stadtverordneten zu vergewissern gehabt.

Zu § 59

betreffend Deputationen und Kommissionen.

Bevor auf den § 59, insoweit er Zuständigkeitsfragen betrifft, hier des näheren eingegangen wird, sei ein zwiefaches ausgeschieden, was allenfalls desgleichen hierher gerechnet werden könnte, wenigstens nicht jeden Zusammenhanges mit dem Gegenstande der Überschrift ermangelt.

Schon der § 36 führt eine „gemeinschaftliche Kommission" ein; wenn nämlich der Magistrat seine Zustimmnng zu einem ihrer bedürfenden Stadtverordneten-Beschlusse unter der vorgeschriebenen Motivierung versagt, so kann, um eine Verständigung herbeizuführen, er sowohl als auch die Stadtverordneten-Versammlung die Einsetzung einer solchen „gemeinschaftlichen Kommission" — ad hoc — verlangen. Dieser Gegenstand ist schon oben (zu § 36) zurückgestellt worden; es blieb und es bleibt auch hier vorbehalten, ihn in dem von den Beziehungen zum Magistrat handelnden Abschnitt V wieder aufzunehmen.

Sodann gesteht der § 37 den Stadtverordneten die Befugnis zu, behufs Ausübung des ihnen dort verbrieften Kontrollrechts „Ausschüsse aus ihrer Mitte zu ernennen". Insoweit darf auf die Ausführungen zu § 37 zurückverwiesen werden, die zugleich mit der Frage sich befaßt haben, ob denn nicht auch zu anderen als

Kontrollzwecken den Stadtverordneten die Ernennung solcher Ausschüsse zustehe (vglch. auch Abschn. IV C).

Es verbleiben noch die „Deputationen und Kommissionen" des § 59 oder — um es kürzer und treffender auszudrücken — die dortigen „Deputationen"; der Ausdruck „Kommissionen" nämlich, nur an einer Stelle des § 59 gebraucht ohne jede Andeutung der damit verbundenen Absicht, scheidet am besten ganz aus; er kann auch nicht etwa mit dem Gegensatze von vorübergehenden und dauernden Aufträgen in Verbindung gebracht werden; denn im Eingange bedient sich der § 59 für beide Gruppen nur des Ausdrucks: „Deputationen".

In seinem ersten Teile lautet das Gesetz:

> „Zur dauernden Verwaltung oder Beaufsichtigung einzelner Geschäftszweige sowie zur Erledigung vorübergehender Aufträge können besondere Deputationen
>
> (a) entweder bloß aus Mitgliedern des Magistrats
>
> (b) oder aus Mitgliedern beider Gemeindebehörden
>
> (c) oder aus letzteren und aus stimmfähigen Bürgern
>
> gewählt werden. Zur Bildung gemischter Deputationen aus beiden Stadtbehörden ist der übereinstimmende Beschluß beider erforderlich."

In dem folgenden Absatze werden dann die Deputationen in allen Beziehungen dem Magistrat „untergeordnet" und wird

> zur Wahl der Stadtverordneten und der stimmfähigen Bürger (b und c) — die Stadtverordneten-Versammlung, zur Ernennung der Magistratsmitglieder — der Bürgermeister

berufen, der auch unter den letzteren den Vorsitzenden bezeichnen soll.

Statutarischen Anordnungen endlich werden vorbehalten „besondere Festsetzungen über die Zusammensetzung der bleibenden Verwaltungsdeputationen".

Im allgemeinen sei zu diesen Bestimmungen folgendes vorangeschickt:

Der § 59 gehört noch dem Abschnitt von den Geschäften des Magistrats an. Schon damit ist die Annahme nahegelegt, daß die Deputationen in besonders enger, wohl gar ausschließlicher Beziehung gerade zum Magistrat stehen — in direktem Gegensatze zu der „gemeinschaftlichen Kommission" des § 36, wie vollends zu den nur aus der Mitte der Stadtverordneten-Versammlung gewählten „Ausschüssen". Und diese Annahme trifft denn auch voll auf zu, selbst in Ansehung derjenigen Deputationen, denen auch Stadtverordnete und stimmfähige Bürger als Mitglieder angehören. Das Gesetz nennt zwar die Deputationen nicht „Organe des Magistrats", wie es im § 60 sich dieses Ausdrucks den Bezirksvorstehern gegenüber bedient; in der Tat indes sind auch jene nur Hilfsorgane des Magistrats, dazu berufen, diesem einen Teil der an sich ihm obliegenden „Geschäfte" — einzelne „Geschäftszweige" — abzunehmen, solche statt seiner unter seiner Aufsicht zu erledigen, ihn insoweit zu entlasten. Zum Ausdruck gelangt das in den Bestimmungen, daß die Deputationen in allen Beziehungen dem Magistrat „untergeordnet" sind, daß auch stets ein Magistratsmitglied — und zwar vom Bürgermeister — mit dem Vorsitze zu betrauen ist. Damit hängt es denn auch zusammen, daß zum mindesten die „bleibenden" Deputationen (§ 75) als öffentliche, selbst von einem Auftreten nach außen, einer Prozeßführung nicht grundsätzlich ausgeschlossene Behörden (Entsch. d. OVG. Bd. XXXIV S. 87), ihre Mitglieder als öffentliche Beamte und daß selbst die zu ihnen gewählten Stadtverordneten keineswegs als von jedem Disziplinarverfahren (Zuständigkeitsgesetz § 20) eximiert anzusehen sind — wenigstens nicht um dieser ihrer Eigenschaft willen (MBl. d. i. V. 1884 S. 9, Entsch. d. OVG. Bd. XXV S. 417; Schön, Das Recht der Kommunalverbände S. 140. Vglch. auch die Instruktion zur Ausführung der Städteordnung vom 20. Juni 1853 Nr. XIII — MBl. d. i. V. S. 138 sowie die daselbst in Bezug genommene Instruktion für die Stadtmagistrate vom 25. Mai 1835 §§ 26ff., Annalen Bd. XIX S. 733).

Um nunmehr zur Zuständigkeitsfrage zurückzukehren, so ergibt sich schon aus dem mitgeteilten Wortlaute des Gesetzes, daß im Falle a die Stadtverordneten-Versammlung überhaupt nicht beteiligt ist, weder in der Frage, ob eine solche Deputation zu wählen ist, noch bei der Wahl selbst, wohl aber, und zwar nach beiden Richtungen hin, in den Fällen b und c, soweit es sich nicht um die Ernennung der Magistratsmitglieder handelt; in diesen Fällen bedarf es — wie gerade hier das Gesetz in sehr deutlicher Fassung ausspricht (vglch. Nr. 5 des ersten Teiles dieses Abschnitts) — „des übereinstimmenden Beschlusses beider Stadtbehörden", wobei allerdings die bescheidene Frage aufgeworfen werden könnte, ob es denn in der Tat (nur) zwei „Stadtbehörden" gibt. Auch schon in Beziehung auf das Ob? der Einsetzung solcher Deputationen mußte hier der Stadtverordneten-Versammlung ein volles Maß der Mitwirkung zugestanden werden, um sie nicht zur Beteiligung einzelner ihrer Mitglieder an Verwaltungsgeschäften zu nötigen.

Damit auch bei der Verwaltung der Deputationen selbst die Zuständigkeit der Stadtverordneten-Versammlung überall voll gewahrt bleibe, schreibt die (schon in Bezug genommene) Instruktion von 1835 noch ausdrücklich vor: wo irgend nach der Städteordnung es einer Erklärung oder Zustimmung der Versammlung bedürfe, seien die Deputationen verbunden, beim Plenum des Magistrats anzufragen, womit zugleich zum Ausdruck gelangt, daß die Deputationen selbst in direkte Beziehungen zur Stadtverordneten-Versammlung nicht zu treten haben.

Obschon nicht mehr direkt die Zuständigkeitsfrage berührend, sei hier noch der Hinweis darauf angeschlossen, daß es einige Verwaltungsdeputationen gibt, die in ihrer Existenz und Organisation nicht auf dem § 59 der Städteordnung beruhen, wenigstens nicht ausschließlich auf ihm. Zu solchen Sonderbestimmungen sind zu rechnen:

die den Gemeindewaisenrat betreffenden Bestimmungen des Vormundschaftsrechts (BGB. §§ 1675, 1779, 1849—1851, 1862 nebst Art. 77 des preuß. Ausführungsgesetzes; Reichsgesetz über die Angelegenheiten der freiwilligen Gerichtsbarkeit vom 17. Mai 1898 § 49; MBl. d. i. V. 1890 S. 234, 1897 S. 105; Goetze im PrVerwBl. Jahrg. 22 S. 597);

das Reichsgesetz, betreffend die Quartierleistung für die bewaffnete Macht während des Friedensstandes, vom 25. Juni 1868 § 5, auch MBl. d. i. V. 1870 S. 79;

das Gesetz, betreffend die (Dienststellung des Kreisarztes und die) Bildung von Gesundheitskommissionen, vom 16. September 1899 §§ 10ff. (dazu PrVerwBl. Jahrg. 22 S. 428);

das Gesetz, betreffend die Ausführung des Bundesgesetzes über den Unterstützungswohnsitz, vom 8. März 1871 § 3 (Armendeputation).

Vor allem aber gehört hierher die auf der Instruktion vom 26. Juni 1811 (Annalen Bd. XVII S. 659; vglch. dazu das Gesetz, betreffend die Beaufsichtigung des Erziehungs- und Unterrichtswesens, vom 11. März 1872) ganz eigenartig aufgebaute Schuldeputation. Die Eigenart beruht darauf, daß der Wirkungskreis dieser Deputation, insoweit er neben der Verwaltung der äußeren Angelegenheiten der Kommunalschulen auch deren Leitung und Beaufsichtigung — die inneren Angelegenheiten — umfaßt, überhaupt nicht mehr dem Gebiete der „Gemeindeangelegenheiten" angehört, die Deputation vielmehr insoweit als staatliches Organ fungiert — ein Gesichtspunkt, unter dem denn auch der Stadtverordneten-Versammlung es versagt ist, sich mit diesem Gegenstande zu befassen; ihr fehlt hier die Zuständigkeit.

[Vglch. Instruktion zur Ausführung der Städteordnung vom 20. Juni 1853 Nr. XIII; MBl. d. i. V. 1853 S. 138, 1862 S. 262; PrVerwBl. Jahrg. 19 S. 227; Deutsche Juristenzeitung Bd. IV S. 19, 20; Verwaltungsarchiv Bd. XI S. 306ff.; besonders aber Preuß im Arch. f. öff. Recht Bd. XV S. 202 und in seinem städt. Amtsrecht S. 241, 246ff.]

Zu § 60

betreffend Ortsbezirke und Bezirksvorsteher.

Für größere Städte sieht das Gesetz die Teilung in Ortsbezirke vor, für deren jeden als ein dem Magistrat unterstelltes Organ desselben ein Bezirksvorsteher nebst einem Vertreter bestellt wird. Die Teilung hat von dem Magistrat auszugehen, wenn auch erst „nach Anhörung der Stadtverordneten" (vglch. Nr. 5 des ersten Teiles dieses Abschnitts). Gewählt dagegen wird der Bezirksvorsteher wie auch der Stellvertreter — unbeschadet der dem Magistrat vorbehaltenen Bestätigung — von den Stadtverordneten, und zwar aus den stimmfähigen Bürgern auf sechs Jahre.

Zu § 61

betreffend den Jahresbericht des Magistrats.

Wenn hier der Magistrat verpflichtet wird, alljährlich in öffentlicher Sitzung der Stadtverordneten-Versammlung — und zwar, bevor diese mit dem Haushaltsetat sich beschäftigt (PrVerwBl. Jahrg. 4 S. 27) — über Verwaltung und Stand der Gemeinde-Angelegenheiten einen vollständigen Bericht zu erstatten, nachdem Tag und Stunde wenigstens zwei freie Tage vorher in der Gemeinde bekannt gemacht worden sind, so liegt in dem Anspruch auf Entgegennahme dieses Berichts zugleich ein Stück der Zuständigkeit der Versammlung begründet — und zwar ein solches, das sich als ein Ausfluß des ihr überhaupt grundsätzlich eingeräumten Kontrollrechts (§ 37) darstellt. Ausnahmsweise wird freilich hier, wie das die Vorschriften über die Öffentlichkeit der Sitzung und über die vorausgehende Bekanntmachung zum Ausdruck bringen, auch einmal mit der gesamten Bürgerschaft als einem an der Verwaltung direkt zu beteiligenden Subjekte gerechnet. Doch bleibt sie auch dabei nur Publikum, wird sie nicht ein mit einer bestimmten Zuständigkeit ausgestattetes Organ der Stadtverwaltung. In solcher Eigenschaft nimmt nur die Stadtverordneten-Versammlung den Bericht entgegen.

Zu § 63

betreffend den Erlaß ortspolizeilicher Verordnungen.

Das Gesetz beläßt es in Betreff der Befugnis der Stadtbehörden, solche Verordnungen zu erlassen, lediglich bei den darauf bezüglichen Gesetzen. Der Gegenstand ist inzwischen wesentlich umgestaltet worden durch die §§ 136 ff. des Landesverwaltungsgesetzes vom 30. Juli 1883. Er berührt indes die Frage der Zuständigkeit der Stadtverordneten-Versammlung überhaupt nur in bescheidenem Umfange. Hervorzuheben ist die Bestimmung, daß es zu Verordnungen über Gegenstände der landwirtschaftlichen Polizei der Zustimmung der Gemeindevertretung — der Stadtverordneten-Versammlung — bedarf, und zwar soll die Beratung unter dem Vorsitze des mit der örtlichen Polizeiverwaltung beauftragten Beamten erfolgen (Polizeiverwaltungsgesetz vom 11. März 1850 § 7). In anderen Fällen hat die Versammlung — was sie zuweilen und nicht gerade unbegreiflicher Weise einigermaßen befremdet — keinen Anspruch darauf, daß der Erlaß ortspolizeilicher Verordnungen von ihrer Zustimmung abhängig gemacht oder auch nur vorab sie gehört werde, wie derartiges zu Gunsten des Gemeindevorstandes das Landesverwaltungsgesetz in gewissem Umfange allerdings vorsieht (vglch. Rosin, Polizeiverordnungsrecht, II. Aufl. S. 238).

Zu § 64

betreffend Festsetzung der Besoldungen ꝛc. (vglch. auch Abschn. VII Nr. 2).

Dieselbe gehört zur Zuständigkeit des Magistrats und der Stadtverordneten, sei es, daß sie in einem die Besoldungen überhaupt oder doch diejenigen gewisser Verwaltungszweige umfassenden „Normaletat" erfolgt oder daß sie von Fall zu Fall der einzelnen Wahl vorangeht — unbeschadet übrigens der Ein- und Mitwirkung, die hier das Gesetz in Bezug auf die Dotierung des Bürgermeisters und der besoldeten Magistratsmitglieder der Regierung, an deren Stelle inzwischen der Regierungspräsident und der Bezirksausschuß getreten sind (§§ 7, 16, 19 des Zuständigkeitsgesetzes, nunmehr auch noch §§ 11, 14 des Kommunalbeamtengesetzes vom 30. Juli 1899), vorbehalten hat.

[Vglch. oben zu §§ 31ff. Nr. 3, ferner MBl. d. i. V. 1861 S. 116, 162, 1869 S. 124, auch Entsch. d. OVG. Bd. XII S. 57, Bd. XIII S. 174, Bd. XXV S. 111, Bd. XXVII S. 77; dazu PrVerwBl. Jahrg. 20 S. 51.]

Wegen Gehaltszulagen, die während der Dienstperiode besoldeten Magistratsmitgliedern gewährt werden, vglch. PrVerwBl. Jahrg. 21 S. 195, 22 S. 293.

Zu § 65

betreffend **Gewährung von Pension** 2c.

In seiner ersten Fassung traf der § 65 Bestimmung:

1. darüber, welche Gehaltsquoten den Bürgermeistern und den besoldeten Magistratsmitgliedern bei eintretender Dienstunfähigkeit oder bei Nicht-Wiederwahl nach abgelaufener Wahlperiode als Regelsätze zu gewähren seien,

2. dahin, daß die auf Lebenszeit angestellten besoldeten Gemeindebeamten — Subaltern- und Unterbeamten — bei eintretender Dienstunfähigkeit ex lege Pension nach den für die unmittelbaren Staatsbeamten geltenden Grundsätzen erhielten,

3. daß in streitigen Fällen über die Pensionsansprüche die Regierung zu entscheiden habe, dann aber auch noch die Berufung auf richterliche Entscheidung stattfinde — letzteres jedoch nicht in Bezug auf die Frage der Dienstunfähigkeit und auf die, welcher Teil des Diensteinkommens als Gehalt anzusehen sei,

4. inwieweit die Pension, wenn der Pensionierte zu neuem Diensteinkommen 2c. gelange, fortfalle oder ruhe.

Ganz unverändert besteht heutigen Tages keiner dieser Sätze mehr in Kraft. Eine erschöpfende Darstellung des anderweiten derzeitigen Rechts darf aber auch im Rahmen dieses Abschnitts nicht unternommen werden — umsoweniger, als dabei ein ganzes Häuflein neuer Gesetze in weitestem Umfange heranzuziehen sein würde, so insbesondere:

das Gesetz, betreffend die Pensionierung der unmittelbaren Staatsbeamten, vom $\frac{\text{27. März 1872}}{\text{31. März 1882}}$ nebst dem Gesetze vom 1. März 1891;

das Zuständigkeitsgesetz vom 1. August 1883 §§ 7, 16, 20;

das Kommunalbeamtengesetz vom 30. Juli 1899, §§ 7, 12, 13, 14 nebst der Ausführungs-Anweisung vom 12. Oktober 1899 Art. II, IV (dazu die Kommentare von Ledermann und Freytag sowie des Verfassers Aufsatz im PrVerwBl. Jahrg. **21** S. 53 ff.).

Eines Zurückgehens auf diese Unterlagen kann auch nicht überhoben werden, wer, um vorläufig wenigstens einen auf den Kern sich beschränkenden Überblick zu gewinnen, an die nachstehenden Sätze sich hält, in die übrigens zugleich dasjenige eingefügt werden wird, was speziell den Wirkungskreis der Stadtverordneten berührt:

Zu Nr. 1: Die ex lege — im Gegensatze zu etwa getroffenen besonderen Festsetzungen — den Bürgermeistern pp. als Pension gebührende Gehaltsquote beträgt $^1/_4$ nach sechsjähriger, $^1/_2$ nach zwölfjähriger Dienstzeit. Für jedes spätere Dienstjahr bis zum 24. tritt nunmehr alljährlich noch $^1/_{60}$ des Gehalts hinzu.

Zu Nr. 2: Die nicht zum Magistrat gehörenden Beamten — von wenigen Ausnahmen abgesehen — erhalten, und zwar wiederum ex lege, Pension nach den für die unmittelbaren Staatsbeamten geltenden Grundsätzen. Anrechnungsfähig ist dabei, abgesehen von der den Militäranwärtern ꝛc. anzurechnenden Militärdienstzeit, ex lege nur die im Dienste der pensionierenden Kommune zugebrachte Zeit. Die Bestimmungen für solche Staatsbeamte, die das 65. Lebensjahr vollendet haben, finden — an sich — keine Anwendung auf Gemeindebeamte.

Zu Nr. 3: Insoweit es im Pensionierungsverfahren die Feststellung der Dienstunfähigkeit gilt, ist zunächst als die vorgesetzte Dienstbehörde allein der Magistrat zuständig (§ 20 des Pensionsges. von 1872); nur dessen unbeschadet hat bei der Festsetzung, der Bewilligung der Pension die Stadtverordneten-Versammlung mitzuwirken. In streitigen Fällen aber beschließt zunächst der Bezirksausschuß. Des weiteren kommt es dann darauf an, was streitig ist. Wird darüber gestritten, welcher Teil des Diensteinkommens bei Feststellung der Pensionsansprüche als Gehalt anzusehen ist, so steht den Beteiligten gegeneinander dem Beschlusse des Bezirksausschusses gegenüber die Klage bei ihm, im übrigen die bei dem ordentlichen Richter zu. Eine Sonderstellung nimmt jedoch der Fall des Streits über die Tatsache der Dienstunfähigkeit ein; darüber ist — von gewissen etwa ortsstatutarisch getroffenen Bestimmungen abgesehen — in den Formen des auf Entfernung aus dem Amte gerichteten Disziplinarverfahrens zu entscheiden (Entsch. d. OVG. Bd. XIII S. 174, Bd. XVIII S. 429, Bd. XXIII S. 60).

Zu Nr. 4: Das Recht auf den Pensionsbezug ruht, wenn und so lange ein Pensionär im Staats- oder Kommunaldienste ein Diensteinkommen oder eine neue Pension bezieht, insoweit, als der Betrag des neuen Einkommens unter Hinzurechnung der zuvor erdienten Pension den Betrag des von dem Beamten vor der Pensionierung bezogenen Diensteinkommens übersteigt.

Berührt sei hier noch der erst durch das Kommunalbeamtengesetz (§ 15 nebst Art. IV Nr. 3 der Ausführungs-Anweisung) — und zwar im allgemeinen obligatorisch — eingeführte Anspruch der pensionsberechtigten städtischen Beamten auf Witwen- und Waisengeld (Reliktenversorgung); es finden dieserhalb im wesentlichen die für die Witwen pp. der unmittelbaren Staatsbeamten geltenden Vorschriften Anwendung. Für eine regelmäßige Mitwirkung der Stadtverordneten ist insoweit nur geringer Raum.

Die so genannten Gnadenkompetenzen anlangend, verweist dasselbe Gesetz (§§ 4, 5 nebst Art. II d. Ausf.-Anw.) in Ansehung des Gnadenquartals und des Gnadenmonats gleichfalls auf die für die unmittelbaren Staatsbeamten geltenden Bestimmungen, dies jedoch mit der Maßgabe, daß gewisse Funktionen, die nach ihnen der „Verwaltungschef" oder die „Provinzialbehörde" auszuüben hat, der „Kommunalverwaltungsbehörde" zufallen; als solche hat in Städten der Magistrat zu gelten; die Stadtverordneten wirken insoweit nicht mit.

Zu §§ 66, 67

betreffend den Haushaltsetat (vgl. oben zu § 56 Nr. 4).

Als minder bedeutsam — wenigstens für den Gegenstand des III. Abschnitts — seien vorab die Sätze hier ausgeschieden:

> daß nach der dem § 66 zu Grunde liegenden Voraussetzung das Rechnungsjahr für den Gemeindehaushalt vom 1. Januar bis zum 31. Dezember lief, während es nunmehr (vglch. Gesetz vom 29. Juni 1876 und § 95 des Kommunal-

abgabengesetzes vom 14. Juli 1893) vom 1. April bis zum 31. März läuft,

daß der § 66 den Etat in offensichtlichem engsten Zusammenhange mit eben jener — nicht mehr zutreffenden — Voraussetzung schon „spätestens im Oktober" entworfen sehen wollte (PrVerwBl. Jahrg. 4 S. 27),

daß derselbe eine Verlängerung der Etatsperiode bis auf drei Jahre „mit Zustimmung der Stadtverordneten" gestattete, während nunmehr das Kommunalabgabengesetz (§ 95) bestimmt:

> „Der Beschlußfassung der Gemeindebehörden bleibt überlassen, an Stelle des Rechnungsjahres" — für den Gemeindehaushalt — „eine Periode von zwei oder drei Rechnungsjahren treten zu lassen",

daß endlich eine Abschrift des Etats alsbald nach der Feststellung dem Regierungspräsidenten — der Aufsichtsbehörde — eingereicht werden soll, übrigens nur zu informatorischen Zwecken.

Es verbleiben dann als insbesondere die Zuständigkeit der Stadtverordneten-Versammlung, vor allem deren Abgrenzung gegen die des Magistrats berührend, folgende Bestimmungen:

1. „Über alle Ausgaben, Einnahmen und Dienste, welche sich im voraus bestimmen lassen, entwirft der Magistrat jährlich .... einen Haushaltsetat."

2. „Der Entwurf wird" — nach einer im § 66 des näheren geregelten Offenlegung — „von den Stadtverordneten festgestellt."

3. „Der Magistrat hat dafür zu sorgen, daß der Haushalt nach dem Etat geführt werde."

4. „Ausgaben, welche außer dem Etat geleistet werden sollen, bedürfen der Genehmigung der Stadtverordneten."

Der Etat — ein einheitlich geordneter Voranschlag der innerhalb einer bestimmten Periode zu erwartenden Einnahmen und Ausgaben — beherrscht für diese Zeit die gesamte städtische Finanzverwaltung und damit nahezu die sämtlichen Verwaltungszweige dergestalt bindend, daß es für die zu seiner Auf- und Feststellung berufenen Organe kaum eine bedeutsamere Aufgabe als diese gibt. In ihm empfängt zumal das ausführende, unmittelbar verwaltende Organ die Direktiven, nach denen es sodann die Verwaltung unter eigener Verantwortung seinerseits zu führen hat. Dieser hervorragenden Bedeutung des Etats entspricht diejenige der Frage, wie hier die Zuständigkeit des Magistrats und die der Stadtverordneten-Versammlung sich gegeneinander abgrenzen. Das Gesetz weist das „Entwerfen" des Etats dem Magistrat, das „Feststellen" des Entwurfs der Stadtverordneten-Versammlung zu — eine jedenfalls insofern von der Regel abweichende Gliederung, als jenem hier das Recht der Initiative verbrieft wird. Die Bedeutung des „Entwurfes" als eines solchen darf aber nicht unterschätzt werden. Derselbe ist in jeder einzelnen seiner Positionen nur die Form, nur das unscheinbare Gefäß, in denen hier der Magistrat die in der Sache selbst bereits von ihm förmlich und bis auf weiteres verbindlich gefaßten Beschlüsse zur Kenntnis- und Stellungnahme der Stadtverordneten-Versammlung vorlegt. Darüber hinaus freilich bietet der Wortlaut des Gesetzes keinen unfehlbaren Anhalt nach den Richtungen hin, ob und inwieweit die Stadtverordneten-Versammlung einseitig von dem Entwurf abzuweichen, andere als die schon in ihm aufgenommenen Ansätze ein- und damit „festzustellen" berechtigt ist und welche Konsequenzen sich an ein solches Vorgehen knüpfen. Beide Fragen scheiden ohne weiteres aus, sobald der Magistrat, den Entwurf insoweit preisgebend, zustimmt. Auch noch darüber besteht kaum ein Zweifel, daß es bei den von der Stadtverordneten-Versammlung etwa beschlossenen Absetzungen, weil es insoweit an dem consensus beider Organe fehlt, lediglich zu bewenden hat — es müßten denn damit etwa gesetzlich der Stadtgemeinde obliegende, von der zuständigen Behörde festgestellte Leistungen (vglch. unten zu § 78) abgelehnt werden. Eben jener Grund aber scheint schon logisch auch dahin zu führen, daß andererseits nicht minder da, wo die Stadtverordneten-Versammlung ohne nachfolgende Zustimmung des Magistrats über die Ansätze des Entwurfes hinausgeht, ein mehreres oder ganz anderes neu einstellt, gleichfalls zunächst nihil actum est, der Beschluß als des Konsenses ermangelnd ein nullum bleibt. Vor allem aber entspricht diese Konsequenz den im ersten Teile dieses Abschnitts — in Anlehnung an den § 36 — entwickelten allgemeinen Grundsätzen über das Nebeneinander beider Organe; es kann einer nachfolgenden einzelnen Bestimmung ein davon abweichender Sinn nur, wo ihm ein mehr oder minder zwingender Wortlaut zur Seite steht, beigelegt werden und ein solcher liegt in dem Gegensatze von „Entwerfen" und „Feststellen" gewiß noch nicht — so wenig hier wie etwa in dem Falle des § 64 (vglch. oben Nr. 4 zu § 49, ferner zu §§ 53 und 54).

Zuweit geht demnach von Brauchitsch, wenn er (zu § 17 des Zuständigkeitsgesetzes) behauptet: über die Feststellung des Etats habe „ausschließlich" die Stadtverordneten-Versammlung zu beschließen. Freilich ist die Äußerung angeknüpft an die Frage, ob bei hervortretendem dissensus eine den Bezirksausschuß zur Beschlußfassung ermächtigende „Meinungsverschiedenheit" (im Sinne jenes § 17) als gegeben anzusehen sei, in welcher Beziehung das Weitere hier noch vorbehalten bleibt. Mindestens in der Formulierung reicht sie aber über diesen Rahmen weit hinaus und kann sie immerhin irre führen.

Der Etat gibt ein Bild der Zukunft, wie man sich diese einstweilen gestaltet denkt; er rechnet mit nur mutmaßlichen Größen, wenn auch meisthin gestützt auf Erfahrungen aus der Vergangenheit. Der Magistrat steht ratlos da, wenn die Tatsachen sich demnächst anders als erwartet entwickeln. Diesen Fall sieht der § 67 vor. Auf der einen Seite macht er es zwar dem Magistrat zur Pflicht, dafür zu sorgen, daß der Haushalt nach dem Etat geführt werde; andererseits aber gibt er doch die Möglichkeit, daß außer dem Etat zu leistende Ausgaben notwendig werden, selbst zu, wenn auch dies nur, indem er für solche Ausgaben die Genehmigung der Stadtverordneten fordert. Und hierin geht er noch nicht einmal weit genug, wenigstens in der Fassung nicht. Diese nämlich scheint nur mit solchen außeretatsmäßigen Ausgaben zu rechnen, deren Leistung immerhin, bis die Genehmigung erfolgt ist, ausgesetzt bleiben kann. Allein es kann nicht füglich ein anderes da gelten, wo es an der Zeit hierzu fehlt, wo nur übrig bleibt, unverzüglich die Ausgabe aus irgend welchen, sich gerade darbietenden Mitteln zu bestreiten und dann erst die Stadtverordneten-Versammlung um die Genehmigung anzugehen. Derartiges wird unter besonderen Umständen nicht nur als ein Recht, sondern geradezu als eine Pflicht eines getreuen Verwalters angesehen werden dürfen und müssen — als eine Pflicht, deren Erfüllung auch niemals nur um der Eventualität willen, daß hiernächst die Genehmigung dennoch versagt und die Vertretungsverbindlichkeit geltend gemacht werden könnte, unterbleiben sollte. Ihr steht aber allerdings auch die Anstandspflicht der Stadtverordneten-Versammlung gegenüber, überall da, wo an der bona fides des Magistrats nicht zu zweifeln ist, den Verhältnissen billige Rechnung zu tragen.

„Eine Feststellung des Stadtetats durch die Aufsichtsbehörde findet fortan nicht statt" (Zuständigkeitsgesetz § 19; Entsch. d. OVG. Bd. XXV S. 114).

Zu §§ 69, 70

betreffend die Jahresrechnungen (vglch. PrVerwBl. Jahrg. 22 S. 403).

Um auch hier den für die Einwirkung der Stadtverordneten auf die gesamte Verwaltung sehr bedeutsamen Kern, den der bezeichnete Gegenstand schon nach den Worten des Gesetzes in sich birgt, loszulösen von minder wesentlichem Beiwerk, seien als solches vorab wieder ausgeschieden die Sätze:

daß einmal die Rechnung „vor dem 1. Mai des folgenden Jahres" gelegt und „vor dem 1. Oktober" festgestellt sein soll, und

daß zum anderen der Feststellungsbeschluß alsbald abschriftlich der Aufsichtsbehörde — dem Regierungs-Präsidenten — vorgelegt werden muß.

Dabei wird keineswegs verkannt, daß, anlangend insbesondere den ersteren Satz, im Interesse eines geordneten Finanzwesens

Wert darauf zu legen ist, wenn die Rechnungslegung sich in ihren verschiedenen Stadien ohne größeren Verzug abspielt. Immerhin indes gestattete schon die Städteordnung selbst eine abweichende Fixierung jener Termine mittels Ortsstatuts. Jedenfalls aber müssen mit der neuerlich erfolgten anderweiten Abgrenzung des Etatsjahres (vglch. zu §§ 66, 67) die Termine — 1. Mai und 1. Oktober — gleichfalls als entsprechend hinausgeschoben angesehen werden.

In dem entscheidenden Reste läßt sich der Inhalt der §§ 69, 70 dahin zusammenfassen:

> Die Jahresrechnung wird von dem Gemeindeeinnehmer (§ 56 Nr. 6) durch Vermittelung des Magistrats nebst den Äußerungen, zu denen diesem etwa die Vorprüfung Veranlassung gibt, den Stadtverordneten (vor-)gelegt zur Feststellung und Entlastung.

1. In dem weiten Rahmen der Führung des städtischen Haushalts ist das einleitende Glied die Etatsfeststellung, das abschließende die Rechnungslegung, das zwischen beiden vermittelnde die Kassen- und Buchführung. Zeichnet der Etat die Normen vor, nach denen die Finanzwirtschaft sich abwickeln *soll*, so hat die Rechnungslegung zu konstatieren, daß auch tatsächlich die Abwickelung sich dementsprechend vollzogen *hat*, wozu einen wesentlichen Teil des Materials die Kassenverwaltung liefert. Für die Stadtverordneten-Versammlung gibt es kaum eine günstigere Gelegenheit, das ihr der Verwaltung gegenüber grundsätzlich zustehende Kontrollrecht (§ 37) auszuüben, als — um hier schon einen erst im § 71 eingeführten Ausdruck zu verwerten — die „Rechnungsabnahme"; wollte die Versammlung sich bei dieser etwa auf eine Prüfung in calculo beschränken, von einem weiteren Eindringen in das Wesen der Verwaltung absehen, eine unzulängliche Ausnutzung der eröffneten Einnahmequellen, eine unzweckmäßige, unwirtschaftliche Verwendung der zur Verfügung gestellten Mittel unmoniert lassen, so würde sie ihren Aufgaben nicht gerecht werden.

2. Das Gesetz reiht aneinander — um hier abzusehen von der „Prüfung" und stehen zu bleiben bei den Akten, die sich nur

mittels Beschlusses vollziehen können — die „Feststellung" der Rechnung und die „Entlastung". Darnach zerfällt das ganze der „Rechnungsabnahme" in zwei Stadien, ohne daß ein Zusammenfallen von Feststellungs- und Entlastungsbeschluß, ein Zusammenfassen beider uno actu ausgeschlossen wäre. Der Begriff der „Entlastung" ist ein geläufigerer als der der Feststellung. Unter jener wird hier dasselbe verstanden werden dürfen, was das ALR. (T. I Tit. 14 §§ 145 ff., T. II Tit. 18 §§ 885 ff.) „Quittung" oder „Quittungsleistung über gehörig geführte Vormundschaft", die Vormundschaftsordnung vom 5. Juli 1875 (§§ 67 ff.) „Quittung und Entlastung" nannte — nämlich: das dem Verwalter gegenüber abgegebene Bekenntnis, daß Ansprüche aus der geführten Verwaltung wider ihn nicht mehr zu erheben seien (vglch. nunmehr BGB. § 1892). Dies hat zur Voraussetzung, daß auch die im ersten Stadium — in dem der Feststellung — erhobenen, zunächst nicht anerkannten Ausstellungen inzwischen schon ihre Erledigung gefunden haben, der die Rechnung Abnehmende voll befriedigt sei. Die „Feststellung" dagegen, die allerdings da, wo überhaupt keine Ausstellung erhoben wurde, sich von der „Entlastung" als ein besonderer Akt kaum abhebt, erfolgt früher, und zwar, sobald nur darüber Einverständnis erzielt ist, welche Ausstellungen noch der Erledigung bedürfen; sie läuft dann auf die Erklärung hinaus, daß unbeschadet dieser noch ausstehenden Erledigung weiteres nicht zu monieren sei, die Verwaltung vielmehr insoweit als ordnungsmäßig geführt anerkannt werde.

3. Insoweit Feststellung und Entlastung dem Magistrat gegenüber erfolgen, können sie nicht füglich eines Gemeindebeschlusses bedürfen. Allein in erster Reihe werden sie demjenigen gegenüber ausgesprochen, der die Rechnung führte und legte, dem Gemeindeeinnehmer, der Kassenverwaltung gegenüber und insoweit bedürfen allerdings die Beschlüsse der Stadtverordneten-Versammlung auch hier der Zustimmung des Magistrats.

Zu § 71

betreffend das Lagerbuch (PrVerwBl. Jahrg. 22 S. 424, 24 S. 499).

Ein solches, alle Teile des Gemeindevermögens umfassend, hat der Magistrat zu führen; die darin vorkommenden Veränderungen sollen den Stadtverordneten bei der Rechnungsabnahme (vglch. zu §§ 69, 70) „zur Erklärung" vorgelegt werden.

Gewiß können sich an diese Veränderungen Initiativanträge der Stadtverordneten-Versammlung anknüpfen. Davon abgesehen aber bringen die Worte: „zur Erklärung" deutlich genug zum Ausdruck, daß der Gegenstand zu einem entscheidenden Beschlusse der Versammlung keinen Raum bietet (vglch. den ersten Teil dieses Abschnitts unter Nr. 5).

Zu §§ 72, 73

betreffend Städte mit Bürgermeisterei-Verfassung.

Es liegt in der Absicht, diesem Gegenstande demnächst einen besonderen Abschnitt (VIII) zu widmen und daselbst ihm auch insoweit, als er die Zuständigkeit der Stadtverordneten-Versammlung berührt, näher zu treten. Hier scheidet er demnach aus.

Zu § 74

betreffend die Verpflichtung zur Annahme von unbesoldeten Ämtern (PrVerwBl. Jahrg. 25 S. 499).

Bei alsbaldiger Mitberücksichtigung derjenigen Änderungen, die der § 74 durch die §§ 10, 11 und 21 des Zuständigkeitsgesetzes (bereits mitgeteilt oben in Abschnitt II zu § 18 und in III zu §§ 5 ff.) erfahren hat, läßt sich sein wesentlicher Inhalt, wie folgt, zusammenfassen:

a) Jeder stimmfähige Bürger (§§ 13, 14, 19, 25, 27, 59) ist verpflichtet, eine unbesoldete Stelle in der Gemeindeverwaltung oder Vertretung anzunehmen, sowie eine angenommene Stelle mindestens drei Jahre lang zu versehen.

b) Zur Ablehnung oder früheren „Niederlegung", zu deren Wirksamkeit das Oberverwaltungsgericht (Entsch. Bd. XL S. 36;

vglch. auch PrVerwBl. Jahrg. 22 S. 268) für Stadtverordnete ein mehreres nicht als eine entsprechende, an den Gemeindevorstand gerichtete Erklärung fordert, berechtigen nur:

einmal diejenigen mehr oder minder bestimmt umgrenzten, absoluten Entschuldigungsgründe, die das Gesetz unter den Nummern 1 bis 6 aufführt, darunter obenan „anhaltende Krankheit",

zum anderen unbegrenzt „sonstige besondere Verhältnisse, welche nach dem Ermessen der Stadtverordneten-Versammlung eine gültige Entschuldigung begründen".

c) Wer in Beziehung auf eine solche Stelle ohne einen dieser Gründe

entweder sich der Annahme

oder der Fortführung der Verwaltung bis zum Ablaufe von drei Jahren weigert

oder sich tatsächlich dieser entzieht,

kann durch Beschluß der Stadtverordneten — für den es keiner Genehmigung oder Bestätigung von seiten eines anderen Organs bedarf — auf drei bis sechs Jahre der Ausübung des Bürgerrechts verlustig erklärt, kann auch um ein Achtel bis ein Viertel stärker zu den direkten Gemeindeabgaben herangezogen werden.

1. Die unter litt. a statuierte Verpflichtung entspricht in ihrem ersten Teile der nach § 5 in dem Bürgerrechte enthaltenen „Befähigung zur Übernahme unbesoldeter Ämter in der Gemeindeverwaltung und zur Gemeindevertretung", während der zweite Teil einen entsprechenden Ausbau enthält.

Zu den „Ämtern" und „Stellen" — wie beide Ausdrücke auch das Zuständigkeitsgesetz (§ 10) kumuliert — gehören vor allem die der unbesoldeten Magistratsmitglieder, der Stadtverordneten, der Mitglieder städtischer Verwaltungsdeputationen, der Bezirksvorsteher 2c.; nicht dagegen die der Mitglieder der Voreinschätzungs-Kommissionen des Einkommensteuergesetzes (Entsch. d. OVG. Bd. XXIII S. 1; PrVerwBl. Jahrg. 19 S. 100). Zweifel sind möglich, in der Tat auch erhoben worden, in Ansehung der Schiedsmänner (Schiedsmannsordnung vom 29. März 1879; dazu

PrVerwBl. Jahrg. 23 S. 705) und der Waisenräte (Ausf.-Ges. z. BGB. Art. 77, Entsch. d. OVG. Bd. I S. 136). In Beziehung auf beide wird zugegeben werden müssen, daß, insoweit das Zuständigkeitsgesetz (§ 10) die Gemeindevertretung zur Beschlußfassung „über die Nachteile, welche gegen Mitglieder der Stadtgemeinde wegen Nichterfüllung der ihnen nach den Gemeindeverfassungsgesetzen obliegenden Pflichten ..... nach Maßgabe der Gemeindeverfassungsgesetze zu verhängen sind", und dementsprechend auch die Verwaltungsgerichte zur Entscheidung beruft, die hervorgehobenen Worte eine direkte Anwendung dieser Sätze auf Schiedsmänner und Waisenräte kaum gestatten; denn beide Einrichtungen beruhen überhaupt nicht auf „Gemeindeverfassungsgesetzen". Dabei muß es auch in Ansehung der Schiedsmänner bewenden; nicht einmal der Satz litt. a kann insoweit Anwendung finden; sein Inhalt wie auch der der folgenden Sätze stimmt allerdings im wesentlichen überein mit den Bestimmungen der Schiedsmannsordnung; das unmittelbar anwendbare bestehende Recht ist aber nur in dieser enthalten (Entsch. d. OVG. Bd. XXIII S. 5). In Ansehung der Waisenräte dagegen ist die Sach- und Rechtslage eine andere. Das Ausf.-Gesetz z. BGB. nennt das Amt des Waisenrats ausdrücklich „ein unentgeltliches Gemeindeamt"; es rechnet ferner jedenfalls mit der Verpflichtung zur Übernahme des Amts, enthält sich aber gleichwohl seinerseits jeder entsprechenden Bestimmung — dies, wie angenommen werden darf, in der Voraussetzung, daß die allgemeinen Sätze der Gemeindeverfassungsgesetze zur Anwendung zu kommen hätten; und in der Tat bewegt sich die Fürsorge für die Unmündigen oder doch eine gewisse Mitwirkung dabei auch sonst keineswegs außerhalb des Rahmens der der deutschen Gemeinde obliegenden Aufgaben. Und wenn dennoch geltend gemacht werden sollte: immerhin bleibe es dabei, daß jenes Gesetz kein „Gemeindeverfassungsgesetz" sei, so wäre darauf zu erwidern: in diesem Punkte ergänzt das erstere gleich einer Novelle das letztere und, wenn selbst dem nicht beizutreten wäre, so berühre das vielleicht die Anwendbarkeit des Zuständigkeitsgesetzes, nicht aber auch die des § 74. — Dagegen gehört nicht hierher der § 50 des Einkommensteuergesetzes von 1891, betreffend Voreinschätzungs-, Veranlagungs- und Berufungs-Kommissionen (Entsch. d. OVG. Bd. XXIII S. 1, PrVerwBl. Jahrg. 19 S. 100).

2. Wenn das Gesetz jeden Bürger zum Annehmen und Wahrnehmen „einer" Stelle verpflichtet, so wird daraus, daß es im Singularis spricht, kaum die Absicht gefolgert werden dürfen, daß, wer bereits eine Stelle zu versehen habe, der Verpflichtung zur Übernahme jeder weiteren Stelle habe enthoben werden sollen (vglch. Landgemeindeordnung von 1891 § 65, aber auch Entsch. d. OVG. Bd. XL S. 159 und MBl. d. i. V. 1865 S. 180). Es bedarf auch nicht einmal dieses Arguments, um zur Nichtverpflichtung zu gelangen; denn unter Nr. 5 wird unbeschränkt „die Verwaltung eines anderen öffentlichen Amts" als ein berechtigter Entschuldigungsgrund anerkannt.

3. Von den einzelnen Entschuldigungsgründen (litt. b) wurden oben die unter Nr. 1 bis 6 des Gesetzes aufgeführten dem unter Nr. 7 insofern gegenüber gestellt, als bei letzterem lediglich das „Ermessen" der Stadtverordneten-Versammlung entscheidet. Aber auch bei zweien der ersteren bleibt Raum für ein gewisses Ermessen — bei „anhaltender" Krankheit und bei Geschäften, die eine „häufige oder lange dauernde" Abwesenheit mit sich bringen. In allen diesen Ermessensfällen ist zwar die Stadtverordneten-Versammlung zunächst und an sich ganz unbeschränkt, allein dies doch nur unbeschadet einer Korrektur von seiten des demnächst etwa angerufenen, ebenso freigestellten Verwaltungsrichters (Entscheid. d. OVG. Bd. XIII S. 212, PrVerwBl. Jahrg. 10 S. 562).

4. Der Tatbestand der „Ablehnung" einer Stelle, eines „Sich-Weigerns" der Annahme (litt. b und c) hat zur Voraussetzung, daß diese dem Beteiligten von zuständiger Seite bereits definitiv angesonnen worden ist; wird etwa, während die vorbereitenden Verhandlungen, durch deren Abschluß dies erst möglich wird, noch schweben, eine vorbeugende, abwehrende Erklärung abgegeben, so mag damit die Aussicht, daß eine Ablehnung folgen

werde, nahe genug gerückt sein; das Gesetz fordert aber ein mehreres, ein bereits vollzogenes factum (Entsch. d. OVG. Bd. XII S. 9).

5. „Ohne einen dieser Entschuldigungsgründe“ (litt. c) weigerte sich auch derjenige, der zwar beispielsweise „anhaltende Krankheit“ geltend macht, dem gegenüber aber hiernächst angenommen wird: die Krankheit sei keineswegs eine „anhaltende“. Der Beteiligte hat auch nicht etwa Anspruch darauf, daß vorab zu der Frage Stellung genommen werde, ob die Krankheit für eine „anhaltende“ zu erachten sei. Der Beschluß hat vielmehr, wenn auch eine Trennung nicht geradezu ausgeschlossen sein mag, doch an sich und regelmäßig in uno sich auf beides zu erstrecken — auf die Vorfrage und zugleich darauf, ob und wie die Weigerung zu ahnden ist. Die einzelnen Fragen sind um deswillen wohl auseinander zu halten, weil eine Ahndung selbst dann noch, wenn der Tatbestand des geltend gemachten Entschuldigungsgrundes als gegeben nicht anerkannt wird, fakultativ bleibt, so z. B. da eine Abstandnahme von jeder Ahndung wohl angezeigt sein kann, wo offensichtlich dem Beteiligten jede mala fides fern lag, sein Verhalten nur auf entschuldbaren Irrtum zurückzuführen ist (Entscheid. d. OVG. Bd. XIII S. 211 ff., PrVerwBl. Jahrg. **10** S. 562, **16** S. 410). Dafür, daß solchen Gesichtspunkten Rechnung zu tragen sei, hat das Oberverwaltungsgericht einen Anhalt noch darin erblickt, daß der Gesetzgeber sich des Ausdrucks: „tatsächlich sich entzieht“ bedient; es sei damit abgezielt auf das subjektive „Bewußtsein der Pflichtverletzung“ (PrVerwBl. Jahrgang **16** S. 438). Dann wäre freilich, wo es an diesem Bewußtsein fehlt, eine Abstandnahme von der Ahndung nicht mehr nur möglich, sondern geradezu geboten (PrVerwBl. Jahrg. **24** S. 276).

Übrigens wird in einer lässigen Pflichterfüllung ein „tatsächliches Sich-Entziehen“ erst dann erblickt werden dürfen, wenn sie im Effekte auf ein „Ablehnen“, ein „Sich-Weigern“ überhaupt hinausläuft.

6. Das Gesetz (litt. c in Verbindung mit § 10 des Zuständigkeitsgesetzes) gestattet die Verhängung zweier „Nachteile“,

schließt aber eine solche nur des einen oder des anderen nicht aus. Exekutivstrafen werden zu den Nachteilen überhaupt nicht zu rechnen sein (Entsch. d. OVG. Bd. XXXVII S. 110).

7. Wären die Nachteile auf die Dauer beispielsweise von vier Jahren verhängt, so würde der Beteiligte hiergegen, wenn er etwa schon nach zwei Jahren das sechzigste Lebensjahr vollendete, also einen legalen Entschuldigungsgrund erlangte, nicht geltend machen können: für die beiden folgenden Jahre träfen ihn die Nachteile nicht mehr (Entsch. d. OVG. Bd. XII S. 214).

8. Schließlich seien hier noch als in engerem Zusammenhange mit dem § 74 stehend in Bezug genommen:

das Ausführungsgesetz zum Unterstützungswohnsitzgesetze vom 8. März 1871 §§ 3 ff., 12 ff., betreffend unbesoldete Stellen in der Armenverwaltung,

das Feld- und Forstpolizeigesetz vom 1. April 1880 § 64, betreffend Ehrenfeldhüter,

das Kreisarztgesetz vom 16. September 1899 § 10, nach welchem für das Amt als Mitglied der Gesundheitskommission ärztliche Praxis nicht mehr als Ablehnungsgrund gilt.

Zu § 75

betreffend die vorzeitige Enthebung von gewissen Gemeindeämtern.

Die beiden Absätze des § 75 gehen zwar im übrigen inhaltlich weit auseinander, stimmen doch aber darin überein, daß sie sich mit einer disziplinarischen Entfernung aus dem Amte nicht befassen.

Der erste Absatz

regelt die Konsequenzen, die dem Inhaber einer das Bürgerrecht voraussetzenden Stelle aus einem Verluste oder doch einem „Ruhen“ dieses Rechts (vglch. oben zu § 7, auch Entsch. d. OVG. Bd. XL S. 147) erwachsen, und zwar dahin, daß der erstere ein „Ausscheiden“ aus der Stelle, das letztere eine „Suspension“ nach sich zieht, wie denn ähnliches für die Stelle eines Stadtverordneten schon der § 28 (vglch. oben Abschnitt II) vorschreibt. Keine Bestimmung enthielt der § 75 darüber, welches Organ diese Konsequenzen zur Geltung zu bringen habe. In gewissem Umfange haben dies die (in Abschnitt II zu § 18, in Abschnitt III zu §§ 5 ff. mitgeteilten) §§ 10, 11, 21 des Zuständigkeitsgesetzes nachgeholt; wie durch diese Bestimmungen der § 7 in Bezug auf „den Besitz oder den Verlust des Bürgerrechts“ überhaupt, so haben auch die §§ 18 und 75 (Absatz 1) einen weiteren Ausbau in Bezug auf „den Besitz oder den Verlust .... insbesondere .... des Rechts zur Bekleidung einer den Besitz des Bürgerrechts voraussetzenden Stelle in der Gemeindeverwaltung oder Gemeindevertretung“ dahin erfahren, daß „auf Beschwerden und Einsprüche“, betreffend diese Gegenstände, die Stadtverordneten-Versammlung beschließt, daß ihr Beschluß auch keiner Bestätigung oder Genehmigung von seiten des Magistrats bedarf, wohl aber die Klage im Verwaltungsstreitverfahren gegen den Beschluß stattfindet, dieselbe auch dem Magistrat zusteht. Offen lassen freilich auch diese Bestimmungen — wie ein Gleiches schon oben zu § 18 (Abschnitt II) hervorgehoben wurde — die Frage, welches Organ da zu beschließen und einzugreifen hat, wo das Bürgerrecht nur zu einem „Ruhen“ gelangte, ferner da, wo es an „Beschwerden und Einsprüchen“ fehlt, zu solchen noch überhaupt kein Anlaß gegeben war. Für Fälle dieser Art scheint nur ein Zurückgreifen auf die im ersten Teile dieses Abschnittes entwickelten allgemeinen Grundsätze übrig zu bleiben, mithin angenommen werden zu müssen: es bedürfe eines Gemeindebeschlusses, dessen Ausführung dann — das Fernhalten des zu Enthebenden von den Geschäften — dem Magistrat zufalle und obliege. Eine Klage aber ist so wenig hier wie in dem (im Abschnitt II) entwickelten analogen Falle des § 18 als gegeben anzusehen.

Der zweite Absatz

sieht gleichfalls ein — nicht disziplinarisches — Ausscheiden der Inhaber gewisser Stellen aus diesen vor; er weicht aber in folgenden wesentlichen Beziehungen von dem ersten ab:

Einmal ist der von ihm betroffene Kreis von Stelleninhabern ein engerer; er umfaßt nur „die zu den verbleibenden Verwaltungsdeputationen gewählten stimmfähigen Bürger (§ 59) und andere von der Stadtverordneten-Versammlung auf eine bestimmte Zeit gewählte unbesoldete Gemeindebeamte" — mit Ausschluß der Schöffen.

Sodann knüpft dieser Absatz das Ausscheiden nicht ohne weiteres, wie der erste, an einzelne objektive Vorgänge, auch nicht *an deren einfache Konstatierung*, sondern erfordert positiv einen inhaltlich weiter reichenden, übereinstimmenden Beschluß des Magistrats und der Stadtverordneten-Versammlung.

Des weiteren vinkuliert das Gesetz diese beiden Organe in Bezug auf den Anlaß, durch den sie sich zu einem solchen Beschlusse veranlaßt finden mögen, überhaupt nicht, sondern ermächtigt sie unbeschränkt, nach bestem Wissen und Gewissen jene Stelleninhaber „auch vor Ablauf ihrer Wahlperiode von ihrem Amte zu entbinden".

Endlich finden die §§ 10, 11 des Zuständigkeitsgesetzes, betreffend die ausschließliche Zuständigkeit der Stadtverordneten-Versammlung und die Zulässigkeit eines nachfolgenden Streitverfahrens, hier nicht Anwendung — nicht einmal gegenüber „Beschwerden und Einsprüchen". Nur die Aufsichtsbehörde mag im Beschwerdewege angerufen werden können (vglch. Entsch. d. OVG. Bd. XXVI S. 23).

Die Entstehungsgeschichte des § 75 Abs. 2 (vglch. § 206 der Städteordnung von 1808; Drucksachen der I. Kammer von 1852/53 Nr. 62 S. 46) ergibt, zum Teil diese Sätze bestätigend, folgendes: Die getroffenen Bestimmungen wollen und sollen die Möglichkeit eröffnen, die bezeichneten Gemeindebeamten, wenn sie sich nicht bewährten oder wenn aus sonstigen, eine Beurteilung nach streng rechtlichen Gesichtspunkten kaum zulassenden Gründen ihr Verbleiben im Amte zu Bedenken Anlaß gab, in möglichst einfacher und doch schonender Weise der ferneren Wirksamkeit zu entheben — nicht etwa ihnen das Recht zur Bekleidung der Stelle abzusprechen.

Ob durch diese Bestimmungen jede Anwendung des Disziplinargesetzes vom 21. Juli 1852 auf jene Beamten, selbst eine

Verhängung von Ordnungsstrafen — wie das Oberverwaltungsgericht (Entsch. Bd. XXV S. 417) angenommen hat — in der Tat ausgeschlossen ist, unterliegt erheblichen Bedenken (Schön, Das Recht der Kommunalverbände S. 140, 161), berührt indes die hier obenan stehende Zuständigkeitsfrage nicht.

Als sedes materiae in der Zuständigkeitsfrage war, wie es im obigen geschehen, die Städteordnung selbst voranzustellen. Es fehlt aber auch nicht an einzelnen anderen Gesetzen, die der Stadtverordneten-Versammlung eine ihr an sich nicht gebührende Zuständigkeit einräumen.

Insoweit geben zunächst die Reichsgesetze zu folgenden Bemerkungen Anlaß. Die Zahl der in den verschiedenen einzelnen Bundesstaaten geltenden Gemeindeverfassungsgesetze, mit denen die Reichsgesetzgebung, wenn sie etwa das eine oder das andere kommunale Organ zu gewissen Funktionen berufen wollte, zu rechnen hatte, war eine kaum übersehbare und vollends gingen inhaltlich diese vielen Gesetze so weit auseinander, daß Grund genug vorlag, derartige Berufungen tunlichst zu vermeiden oder doch zur Bezeichnung des zuständigen Organs sich einer Ausdrucksweise zu bedienen, die zwar in allgemeinen Umrissen den Rahmen vorzeichnete, die Ausfüllung desselben aber — je nach der Lage des einzelnen Gemeindeverfassungsrechts — den Landesbehörden oder auch der Landesgesetzgebung vorbehielt. So ist denn auch in der Tat die Reichsgesetzgebung vorgegangen. Eine „Stadtverordneten-Versammlung" kennt sie wohl überhaupt nicht und selbst der Ausdruck „Gemeindevertretung", dessen das Zuständigkeitsgesetz sich bedient, um alle diejenigen Glieder des städtischen Verwaltungsorganismus mit einem Worte zu umfassen, die in den verschiedenen preußischen Landesteilen, wenn auch nicht unter dem Namen der „Stadtverordneten-Versammlung", doch deren Stellung einnehmen (vglch. Abschnitt I), kommt nur ausnahmsweise vor; immerhin findet man ihn in dem Gesetze vom 5. Mai 1886, betreffend die Unfall- und Krankenversicherung der in land- und forstwirtschaftlichen Betrieben beschäftigten Personen (§§ 20, 129), von wo er in das die Berufsgenossenschaften abgrenzende und organisierende Landesgesetz vom 20. Mai 1887 übergegangen ist, um endlich in der Ausführungsanweisung vom 4. Juni 1887 eine Definition zu finden, die auch nicht mehr vor dem Worte „Stadtverordneten-Versammlung“ zurückschreckt. Zu dem entsprechenden Unfallversicherungsgesetze vglch. unten.

Im übrigen bedienen sich die Reichsgesetze, um bestimmte kommunale Organe zu treffen, mit Vorliebe des Ausdrucks „Gemeindebehörde“ oder auch „Gemeindebehörden“ — dies indes, ohne damit überall gleichmäßig auf ein und dasselbe Organ abzuzielen. In den weitaus meisten Fällen freilich ist das von ihnen gemeinte Organ dasjenige, welches nach der Städteordnung von 1853 die Bezeichnung „Magistrat“ führt — nicht etwa die Stadtverordneten-Versammlung. Hierher gehören:

die Reichsgewerbeordnung von 1869/1900 § 155 — dazu: die Preuß. Ausführungsbestimmungen vom 4. März 1892, 1. März 1898 und 9. August 1899;

das Gesetz über die eingeschriebenen Hilfskassen von 1876/1884 — dazu: die Preuß. Ausführungsbestimmungen vom 14. Juli 1884;

das Krankenversicherungsgesetz von 1883/1892 — dazu: die Preuß. Ausf.-Anweisung vom 10. Juli 1892;

das Invalidenversicherungsgesetz von 1899 — dazu: die Preußische Ausf.-Bekanntmachung vom 26. August 1899;

das Unfallversicherungsgesetz für Land- und Forstwirtschaft von 1900 § 162 — dazu: die Preuß. Ausf.-Anweisung vom 19. August 1900.

Wenn dagegen das Personenstandsgesetz vom 6. Februar 1875 im § 4 der „Gemeindebehörde“ es gestattet, die Anstellung besonderer Standesbeamten zu beschließen, so sind als diese Behörde jedenfalls da, wo nach Lage der örtlichen Gemeindeverfassungsgesetze mehrere Gemeindebehörden über die Einrichtung neuer Gemeindeämter (Abs. 4 das.) zu beschließen haben, diese mehreren zu verstehen, demnach im Geltungsbereiche der Städteordnung von

1853 Magistrat und Stadtverordneten-Versammlung (Bekanntmachung der Preuß. Ressortminister vom 17. Oktober 1899 — MBl. d. i. V. S. 189 — Nr. 5; vglch. die Ausf.-Anweisung zum Kommunalbeamtengesetze vom 30. Juli 1899 Art. 4 Nr. 2, auch PrVerwBl. 1898 S. 391).

Von den neben der Städteordnung und den Reichsgesetzen die Zuständigkeit berührenden Landesgesetzen fanden einige bereits oben Erwähnung — so:

das Jagdpolizeigesetz vom 7. März 1850 (Zuständigkeitsgesetz §§ 103 ff.) oben zu § 49 Nr. 3;

das Polizeiverwaltungsgesetz vom 11. März 1850 oben zu § 63;

die Kreisordnung vom 13. Dezember 1872 §§ 4, 49, 49a oben zu § 2;

die Schiedsmannsordnung vom 29. März 1879 oben zu § 74 Nr. 1;

die Landgemeindeordnung vom 3. Juli 1891 § 2 oben zu § 2;

der vom Gemeindewaisenrat handelnde Art. 77 des Ausf.-Ges. z. BGB. vom 20. September 1899 oben zu § 74 Nr. 1.

Daneben sei hier noch auf folgende Bestimmungen hingewiesen:

Nach der Verordnung wegen Bildung der Ersten Kammer vom 12. Oktober 1854 hat in denjenigen Städten, denen das Recht beigelegt worden ist, einen Vertreter zur Berufung als Mitglied des Herrenhauses zu präsentieren, die Wahl des zu Präsentierenden „in Ermangelung eines kollegialischen Vorstandes von den übrigen kommunalverfassungsmäßigen Vertretern der Stadt" auszugehen; wo freilich ein Magistrat besteht, wie meisthin im Geltungsgebiete der Städteordnung von 1853, wählt dieser.

Die Wahl der städtischen Kreistagsabgeordneten anlangend, werden diese nach der Kreisordnung von 1872 § 104 in denjenigen Städten, welche für sich einen oder mehrere Abgeordnete zu wählen haben, von dem Magistrat und der Stadtverordneten-Versammlung, welche zu dem Behufe unter dem Vorsitze des Bürgermeisters zu einer Wahlversammlung vereinigt werden, gewählt und in denjenigen, welche mit anderen Städten des Kreises zu einem Wahlbezirke vereinigt sind, erfolgt in derselben Weise die Wahl von Wahlmännern.

Dasselbe Gesetz (§ 169) bestimmt, daß in den nur aus einer Stadt bestehenden (Stadt-) Kreisen die Geschäfte des Kreistages und die auf die Verwaltung der Kreiskommunal-Angelegenheiten sich beziehenden Geschäfte des Kreisausschusses „von den städtischen Behörden nach den Vorschriften der Städteordnung" wahrgenommen werden (MBl. d. i. V. 1885 S. 107).

Nach der Provinzialordnung vom 29. Juni 1875 (§ 15) werden die Abgeordneten der Stadtkreise zum Provinziallandtage „von dem Magistrate und der Stadtverordneten-Versammlung" in gemeinschaftlicher Sitzung unter dem Vorsitze des Bürgermeisters gewählt.

Nach dem Zuständigkeitsgesetze vom 1. August 1883 (§ 154) wird die Entschädigung für die Wahrnehmung der Standesbeamtengeschäfte in den Fällen des § 7 Abs. 2 des Personenstandsgesetzes vom 6. Februar 1875 in den Stadtgemeinden durch die Gemeindevertretung festgesetzt.

Nach dem Einkommensteuergesetze vom 24. Juni 1891 (§§ 31, 34, 50; vglch. Ausführungs-Anweisung vom 5. August 1891 Art. 40, 46) wählt einen Teil der Mitglieder sowohl der Voreinschätzungs- als auch der Veranlagungs-Kommission, desgleichen der Stellvertreter die „Gemeindeversammlung, beziehungsweise Gemeindevertretung".

Eine volle Mitwirkung gebührt jedenfalls auch nach der Landgemeindeordnung vom 3. Juli 1891 der Stadtverordneten-Versammlung, insoweit daselbst einmal (§ 1; vglch. Ausf.-Anweisung II Nr. 7) bestimmt wird: Stadtgemeinden könne die Annahme der Landgemeindeordnung auf ihren Antrag gestattet werden, und weiter der Tit. IV (§§ 128 bis 138), betreffend „Verbindung nachbarlich gelegener Gemeinden und selbständiger Gutsbezirke behufs gemeinsamer Wahrnehmung kommunaler Angelegenheiten" (Zweckverbände) mit dem Satze schließt, daß diese Bestimmungen mit gewissen Maßgaben auch auf die Verbindung von Landgemeinden oder Gutsbezirken mit Stadtgemeinden sinngemäße Anwendung finden (vglch. Ausf.-Anweisung II Nr. 6). Der letztere Gegenstand wurde übrigens bereits oben zu § 2 berührt.

Schließlich sei hier noch, die Zwangsetatisierung anlangend, auf die Ausführungen des Abschnitts VI (Nr. 1 litt. e) hingewiesen.

IV. Leitung und Betrieb der Geschäfte.

A. Der Stadtverordneten-Vorsteher

— von der Städteordnung „Vorsitzender" genannt — hat daselbst keine, nach allen Seiten hin seine Aufgaben umgrenzende und erschöpfende Behandlung gefunden; tatsächlich ist sein Amt inhaltsreicher und bedeutsamer, als die wenigen vorhandenen Bestimmungen solches annehmen lassen. In manchen Beziehungen muß es, zumal für größere Städte, geradezu als unerläßlich bezeichnet werden, daß diese Bestimmungen durch die Geschäftsordnungen einen weiteren Ausbau erfahren.

Die Städteordnung selbst beschränkt sich auf folgende Sätze:

§ 38: Die Stadtverordneten-Versammlung wählt jährlich einen Vorsitzenden, sowie einen Stellvertreter desselben aus ihrer Mitte, und zwar in dem Verfahren, welches zunächst für die Wahl der Magistratsmitglieder der § 32 vorsieht (vglch. Abschnitt III zu §§ 31—34 und 38).

§ 39 (vglch. ebenfalls Abschnitt III): Die Zusammenberufung der Stadtverordneten geschieht durch den Vorsitzenden; sie muß erfolgen, sobald es von einem Viertel der Mitglieder oder von dem Magistrat verlangt wird.

§ 43: Die Beschlüsse der Stadtverordneten werden zwar nach Stimmenmehrheit gefaßt; bei Stimmengleichheit indes entscheidet die Stimme des Vorsitzenden (vglch. unten B Nr. 2).

§ 46: Der Vorsitzende leitet die Verhandlungen, eröffnet und schließt die Sitzungen und handhabt die Ordnung in der Versammlung. Er kann jeden Zuhörer aus dem Sitzungszimmer entfernen lassen, welcher öffentliche Zeichen des Beifalls oder Mißfallens gibt oder Unruhe irgend einer Art verursacht (vglch. unten B Nr. 5, auch C Nr. 4).

Im wesentlichen reichen diese Bestimmungen nicht über den Kreis derjenigen Funktionen hinaus, die der Vorsteher nach der internen Seite hin — der Stadtverordneten-Versammlung gegenüber — zu üben hat, und selbst innerhalb dieser Grenzen denkt sich die Städteordnung den Vorsteher kaum anders denn als „Vorsitzenden", als das Haupt der versammelten Stadtverordneten, während es in der Tat noch mancherlei andere fortlaufende Geschäfte gibt, die, wenn nicht das Räderwerk ins Stocken geraten soll, erledigt werden müssen und füglich nur vom Vorsteher erledigt werden können. Vollends aber hat der Kreis solcher Geschäfte neuerlich eine Erweiterung durch das Zuständigkeitsgesetz erfahren. Die Städteordnung mochte, bauend auf den sehr nachdrücklich bestimmten Satz des § 36, daß „in keinem Falle" die Stadtverordneten-Versammlung selbst ihre Beschlüsse zur Ausführung bringen dürfe, allenfalls noch damit rechnen, daß die Aufgabe, auch nach außen aufzutreten, überhaupt nicht an die Versammlung herantreten könne. Das Zuständigkeitsgesetz aber (vglch. oben Abschnitt II zu § 18 Nr. 2, zu § 20 Abs. 4 und 5, zu § 27 Abs. 2 und 3, Abschnitt III zu §§ 5 ff., zu §§ 74 und 75 d. StO.) beruft für eine Reihe von Gegenständen die Stadtverordneten-Versammlung zu selbständiger Beschlußfassung in dem Sinne, daß es nicht nur als ein Recht, sondern auch als eine Pflicht der Versammlung bezeichnet werden darf, die gefaßten Beschlüsse nach außen hin zu vertreten, und das ist geradezu unausführbar, wenn der Vorsteher auf ein „Vorsitzen" beschränkt bleiben soll. In diesem Punkte hat denn auch bereits das Oberverwaltungsgericht nachgeholfen, das unzulängliche bestehende Recht weiter ausgebaut. In einem Streitverfahren über die Gültigkeit einer Stadtverordnetenwahl hatte der Vorsteher wider das erstinstanzliche, entgegen dem Standpunkte der Stadtverordneten-Versammlung — der Beklagten — die Wahl für ungültig erklärende Urteil Berufung eingelegt, ohne dazu von der Versammlung vor Ablauf der Berufungsfrist beauftragt zu sein; allerdings hatte nachträglich die Versammlung die Einlegung des Rechtsmittels genehmigt; immerhin indes liegt in dem Ausspruche des Oberverwaltungsgerichts (Entsch. Bd. XX S. 11), daß es hier dem Vorsteher an der Befugnis, wie geschehen, vorzugehen, nicht gefehlt habe, das Anerkenntnis eingeschlossen, daß derselbe die Versammlung nach außen zu vertreten hat — unter Umständen selbst da zu vertreten, wo ihm ein besonderer Auftrag dazu nicht zu teil geworden ist (Pr. Verw. Bl. Jahrg. 24 S. 281).

Aber abgesehen selbst von den Bestimmungen des Zuständigkeitsgesetzes kann der Vorsteher nicht füglich auf die wenigen Funktionen beschränkt bleiben, die ihm die Städteordnung expressis verbis überträgt. Wer anders als er kann — unbeschadet etwa einzelner, von der Versammlung selbst getroffener Dispositionen — dazu berufen sein, Bestimmung zu treffen, ob nach Lage der Geschäfte oder entsprechender Anträge die Stadtverordneten zusammenzuberufen sind, wie ferner die Tagesordnung zu gestalten ist, welche Gegenstände etwa schon bei der Zusammenberufung, bei der damit zu verbindenden Angabe der Verhandlungsgegenstände (§ 40, vglch. unten Nr. 4) der Verhandlung in nichtöffentlicher Sitzung vorzubehalten sind, ob und in wessen Person ein Referent zu bestellen ist, wie dringliche Schriftstücke, die zwar unter der Adresse der Versammlung eingehen, offensichtlich aber vom Absender selbst nicht für sie bestimmt waren, vorläufig zu behandeln sind, wer anders als er Mitteilungen, die an den Magistrat zu ergehen haben, Berufungen besonderer Vertreter zur Wahrnehmung der Rechte der Versammlung im Verwaltungsstreitverfahren oder Schriftsätze in diesem, auch Vorstellungen bei der Aufsichtsbehörde u. a. m. zu vollziehen haben? (Vglch. auch den ersten allgemeinen Teil des Abschnitts III unter Nr. 1 und den Abschnitt II zu § 18 Nr. 2.) Dies alles und ähnliches pflegt denn auch in solchem Sinne durch die Geschäftsordnungen geregelt zu werden. Beispielsweise bestimmt die Geschäftsordnung für die Stadtverordneten zu Berlin vom $\frac{\text{3. Februar 1876}}{\text{8. Dezember 1894}}$ nicht nur im allgemeinen

(§ 5), daß dem Vorsteher die Vertretung der Versammlung nach außen obliegt, sondern sie überweist ihm auch noch folgendes speziell (§ 6):

„Der Vorsteher eröffnet alle eingehenden Sachen, prüft die Vollständigkeit der für die Versammlung bestimmten Vorlagen und läßt das etwa Fehlende ergänzen. Er kontrolliert die schwebenden, dem Magistrat zur Erledigung vorliegenden Sachen und erläßt die etwa notwendigen Erinnerungsschreiben. Mit Ausnahme der letzteren und der darauf eingehenden vorläufigen Antworten des Magistrats, sowie des zur Vervollständigung der Vorlage erforderlichen Schriftwechsels darf der Vorsteher eine für die Versammlung bestimmte Angelegenheit nicht ohne Beschluß derselben erledigen. Demselben ist das Beamten- und Dienstpersonal der Versammlung untergeordnet; er beschließt über die Ausgaben zur Deckung der Bedürfnisse der Versammlung innerhalb des in dem Stadthaushaltsetat aufzunehmenden Voranschlages."

(Vglch. auch Geschäfts-Instruktion vom 17. März 1831 §§ 7 ff., 14, 31, 32 — GS. S. 34.)

Hinzugefügt sei dem nur noch in Bezug auf das Beamten- und Dienstpersonal, welches der Versammlung vom Magistrat zugewiesen zu werden pflegt, daß die Beamten nicht über das sachliche Gebiet hinaus dem Vorsteher untergeordnet sein können, seine dienstlichen Weisungen also zwar zu befolgen haben, keinenfalls aber ihm etwa eine Disziplinargewalt gegenüber den Beamten zukommt. In Charlottenburg haben sich auf diesem Gebiete vor einigen Jahren böse Auseinandersetzungen abgespielt.

Einzelne Geschäftsordnungen gehen sogar so weit, daß sie dem Vorsteher als solchem auch das Recht zugestehen, den Sitzungen der Ausschüsse, welchen er nicht als Mitglied angehört, doch jederzeit beizuwohnen, wenn auch nur mit beratender Stimme. So u. a. Berlin und Charlottenburg.

Wie bei gleichzeitiger Behinderung oder gleichzeitigem Ausscheiden sowohl des Vorstehers als auch des Stellvertreters verfahren werden soll, bestimmt das Gesetz nicht. Und doch hätte es dessen umsomehr bedurft, als dieser Fall sich bei Beginn jeden neuen Jahres, nachdem die Mandate des im Vorjahre gewählten Vorstehers und dessen Stellvertreters erloschen sind, wiederholt. Es wird darauf später (unter litt. C) zurückgekommen werden, ebenso (im Abschnitt VI) auf die Frage, ob und inwieweit die Aufsichtsbehörde rechtlich in der Lage ist, den Vorsteher mit Weisungen zu versehen und deren Befolgung zu erzwingen.

Schließlich noch eines, was freilich unmittelbar auf Rechtssätze sich nicht zurückführen und ebensowenig in solche sich einkleiden läßt! Aus dem engen Nebeneinander von Magistrat und Stadtverordneten erwachsen fort und fort mancherlei Fragen, zu deren befriedigender Abwickelung und Lösung innerhalb der Kollegien kaum ein anderes so wirksam beitragen kann, wie ein voran- oder auch nebenhergehender persönlicher Austausch zwischen den beiderseitigen Häuptern. Der größte Wert ist demnach darauf zu legen, daß diese beiden allezeit in dem Maße bedacht bleiben, eine rege, dem Frieden geneigte Fühlung miteinander zu unterhalten, wie es — unbeschadet der Unabhängigkeit und Selbständigkeit der Körperschaften — dem Gemeinwesen förderlich sein kann. Und nach dieser Richtung das seinige zum Gelingen beizutragen, die feinen Grenzen, deren Wahrung es dabei gilt, überall zu treffen, gehört zu den bedeutsamsten Aufgaben des Stadtverordneten-Vorstehers. Entraten kann er dabei freilich nicht eines gewissen Einflusses auch auf die Entschließungen der Stadtverordneten-Versammlung selbst. Ein solcher aber ist ihm in weitem Umfange schon in dem Ansehen und Vertrauen verbrieft, die ihn zu seiner Stellung erhoben, und es würde übel bestellt sein um seine gesamte Geschäftsleitung, wenn er sich diese fundamentalen Stützen nicht fortdauernd auch zu bewahren, vielleicht selbst noch fester zu begründen verstände.

B. Die Sitzungen.

Der Geschäftsbetrieb der Stadtverordneten — im Gegensatze zur Geschäftsleitung — vollzieht sich nahezu ausschließlich in den „Sitzungen“, und zwar in denen der gesamten Körperschaft. Allenfalls ließen sich diesen auch noch die der Kommissionen und Ausschüsse anreihen; von ihnen wurde indes bereits oben (Abschnitt III zu §§ 36, 37 Nr. 4 und zu § 59) gehandelt und bleibt hierzu weiteres vorbehalten.

Im einzelnen bezieht sich das Folgende auf:

1. die Bestimmung der Sitzungstage — §§ 38 (Abs. 2) und 41;
2. die Beschlußfähigkeit und Beschlußfassung — §§ 42, 43;
3. die Ausschließung wegen persönlichen Interesses — § 44;
4. die Öffentlichkeit — § 45;
5. die Leitung der Verhandlungen und die Sitzungspolizei — § 46;
6. die Beurkundung der Beschlüsse — § 47;
7. die Zuwiderhandlungen der Mitglieder gegen Ordnungsvorschriften — § 48.

Zu Nr. 1. Von den beiden Sätzen, die sich auf die Bestimmung der Sitzungstage beziehen, ist der des § 38:

> „Die Stadtverordneten versammeln sich, so oft es" — nach dem Ermessen des Vorsitzenden (vglch. oben unter A) — „ihre Geschäfte erfordern"

als die Regel anzusehen, die so lange zur Anwendung gelangt, als kein Gebrauch gemacht ist von dem zweiten Satze, dem des § 41:

> „Durch Beschluß der Stadtverordneten können auch regelmäßige Sitzungstage festgesetzt werden" (vglch. oben Abschnitt III zu § 41).

Übrigens schließt weder der eine, noch der andere Satz eine Bestimmung der Geschäftsordnung des Inhalts aus, daß die Tage der ordentlichen Sitzungen für gewisse längere Perioden von der Versammlung selbst vorausbestimmt werden, wie eine solche Einrichtung beispielsweise in Charlottenburg besteht (vglch. Abschn. IV litt C zu II). Darin liegt noch nicht gerade — wenigstens nicht notwendig — eine Festsetzung „regelmäßiger Sitzungstage".

Zu Nr. 2. Die Beschlußfähigkeit hat zur ersten Voraussetzung, daß die Zusammenberufung von der Stelle aus erfolgte, die allein dazu berufen ist — von dem Vorsitzenden, sei es, daß dieser aus eigener Entschließung dazu schritt oder erst, nachdem ein

Viertel der Mitglieder oder der Magistrat es verlangt hatte. Eine zweite Voraussetzung ist die, daß sämtliche Mitglieder ordnungsmäßig — also in der ein für allemal von der Stadtverordneten-Versammlung festgestellten Art und Weise — einberufen worden sind (vglch. oben Abschnitt III zu §§ 39, 40). Im übrigen bestimmt der § 42:

„Die Stadtverordneten-Versammlung kann nur beschließen, wenn mehr als die Hälfte der Mitglieder zugegen ist. Eine Ausnahme hiervon findet statt, wenn die Stadtverordneten, zum zweiten Male zur Verhandlung über denselben Gegenstand zusammenberufen, dennoch nicht in genügender Anzahl erschienen sind. Bei der zweiten Zusammenberufung muß auf diese Bestimmung ausdrücklich hingewiesen werden."

Welches ist die Vollzahl der Mitglieder — dasjenige Ganze also, mit dessen „Hälfte" der erste Satz rechnet? Ist es die durch das Gesetz, vielleicht auch durch Statut vorgeschriebene Mitgliederzahl, die normale (Abschnitt II § 12) oder vielmehr diejenige, nicht immer sich gleichbleibende der jeweilig noch im Amte befindlichen Stadtverordneten? Das Oberverwaltungsgericht hat sich für die erstere Alternative entschieden (Entsch. Bd. XVIII S. 48) und die dafür geltend gemachten Gründe werden als voll überzeugend anerkannt werden müssen. In derselben Entscheidung (vom 16. April 1889) wird nebenher zugleich der im Gesetze vorgesehene Ausnahmefall berührt und in dieser Beziehung erwogen: das Gesetz habe hier, um einen Stillstand der Geschäfte zu verhindern, Abhilfe gewähren wollen — doch aber nur für den Fall, daß die Nichtanwesenheit einer im Sinne der Regel beschlußfähigen Anzahl auf dem Fernbleiben solcher Mitglieder, die noch im Amte befindlich, beruhe, nicht auch für den Fall, daß es an einer solchen Anzahl noch fungierender Mitglieder überhaupt fehle. Auch dem kann beigetreten werden.

In Beziehung auf den Abstimmungsmodus, darüber also, wie der einzelne seinen Willen kundzugeben hat, enthält das Gesetz nähere Vorschriften nicht (vglch. indes die Geschäfts-Instruktion vom 17. März 1831 § 31 — GS. S. 34). Nur Wahlen anlangend, fordert der § 32, daß die Wahl der Magistratsmitglieder durch Stimmzettel erfolge, und ein Gleiches bestimmt der § 38 in Ansehung der Wahl des Vorsitzenden, des Schriftführers und der Stellvertreter beider (vglch. Abschnitt III zu §§ 32, 38). Damit ist der weiteste Raum für die der Versammlung angemessen erscheinenden Ausdrucksformen oder -mittel eröffnet, auch für entsprechende Satzungen der Geschäftsordnungen; es mag insbesondere bestimmt werden, daß gewisse, minder bedeutsame Wahlen auf anderem als dem umständlichen Wege der §§ 32 und 38 — „durch Stimmzettel" — zu erfolgen haben, daß ferner eine Fragestellung stattzufinden hat, der gegenüber durch ein mündliches Ja oder Nein, durch Aufstehen oder Sitzenbleiben, durch Aufheben der Hand oder Nicht-Aufheben und dergleichen mehr Stellung zu nehmen ist (vglch. Abschn. IV litt. C). Nur ein Zwiefaches muß als ausgeschlossen angesehen werden — einmal ein Abstimmen mittels Umlaufs, dann aber auch ein in der Sitzung sich vollziehendes g e h e i m e s Abstimmen. Jenem würde schon die Ausdrucksweise des § 42 (Satz 1) entgegenstehen; das dortige „zugegen" kehrt auch im § 57 wieder; in Betreff des geheimen Abstimmens aber sei auch hier wieder Bezug genommen auf eine überzeugende Entscheidung des Oberverwaltungsgerichts — PrVerwBl. Jahrg. XV S. 427. Dagegen kann selbst das nicht als von vorneherein ausgeschlossen angesehen werden, daß der Wille der Versammlung sich mittels Stillschweigens zu erkennen gibt; nur wird bei der Konstatierung eines solchen Ergebnisses, da dieser Weg der Willenserklärung für eine kollegialisch organisierte Körperschaft immerhin ein ungewöhnlicher, irregulärer ist, nicht ohne Anwendung der äußersten Vorsicht verfahren werden dürfen (vglch. PrVerwBl. Jahrg. 19 S. 162 und die Geschäftsordnung für die Stadtverordneten zu Berlin von 1876/94 §§ 15a, 24, 25, 28—31, 42).

In neueren Kommentaren begegnet man nicht selten noch dem folgenden — meisthin freilich an § 47 angeknüpften — Satze: Eine durch Beschlußfassung erledigte Angelegenheit dürfe jedenfalls dann nicht mehr zum Gegenstande einer neuen Beratung und

Beschlußfassung in derselben Versammlung gemacht werden, wenn sich deren Zusammensetzung inzwischen durch das Weggehen stimmberechtigter Gemeindeglieder verändert habe. Dabei wird regelmäßig Bezug genommen auf eine Entscheidung des Oberverwaltungsgerichts vom 12. Januar 1887 (Bd. XIV S. 174). Dort ist nun freilich ein solcher Satz ausgesprochen, allein nur in Beziehung auf die Versammlung einer Landgemeinde und vollends müssen aus der Begründung, aus den an die Spitze gestellten Sätzen, daß eine Gemeindeversammlung kein „Kollegium“ sei, auch keine „Sitzungen“ halte, erhebliche Bedenken erwachsen, ob eine Übertragung jenes Satzes auf Stadtverordneten-Versammlungen im Sinne des Oberverwaltungsgerichts lag. Doch mag im wesentlichen zu demselben Ergebnisse der Gesichtspunkt führen, daß ein Gegenstand, der einmal durch Beratung und Beschlußfassung seine Erledigung gefunden hat, insoweit überhaupt nicht mehr einen Gegenstand der für die betreffende Sitzung bestimmten Tagesordnung bildet, vielmehr nur noch auf diejenige einer späteren Sitzung gebracht werden kann (§§ 40, 41). In dieser aber dann nochmals, vielleicht auch in abweichendem Sinne zu beschließen, ist die Stadtverordneten-Versammlung rechtlich kaum behindert, es wäre denn, daß bereits der erste Beschluß dem entgegenstehende Rechte dritter begründet hätte (vglch. v. Kamptz, Annalen 1825 S. 1046, 1839 S. 384, 647; PrVerwBl. Jahrg. **15** S. 178, **16** S. 492, **24** S. 603; MBl. d. i. V. 1869, S. 266; Entsch. d. OVG. Bd. XXVII S. 25).

Mit der weiteren Frage, auf welchem Wege aus der Gesamtheit der abgegebenen einzelnen Stimmen der Wille der einheitlichen Körperschaft zu konstruieren und zu konstatieren ist, befaßt sich der § 43. Derselbe ist in zwei Teile zu zerlegen:

„Die Beschlüsse werden nach Stimmenmehrheit gefaßt. Bei Stimmengleichheit entscheidet die Stimme des Vorsitzenden.

Wer nicht mitstimmt, wird zwar als anwesend betrachtet, die Stimmenmehrheit wird aber lediglich nach der Zahl der Stimmenden festgestellt.“

Unter der „Stimmenmehrheit“ kann füglich nur ein Mehr als die Hälfte der gültig abgegebenen Stimmen verstanden werden — so zumal bei Wahlen (vglch. § 8 des Wahlreglements und die Instruktion vom 10. März 1873 Nr. 25 zur Kreisordnung vom 13. Dezember 1872). An dem Satze, daß bei Stimmengleichheit die Stimme des Vorsitzenden entscheidet, haben die neueren Verwaltungsgesetze nicht immer festgehalten; nach § 124 der Kreisordnung vom 13. Dezember 1872 und § 30 der Provinzialordnung vom 29. Juni 1875 gilt bei Stimmengleichheit im Kreis- und im Provinziallandtage „der Antrag als abgelehnt“.

Der zweite Teil des § 43 tritt der Eventualität entgegen, daß eine Versammlung, die an sich beschlußfähig, in der also mehr als die Hälfte der Mitglieder zugegen ist (§ 42), etwa dadurch, daß einige von diesen sich des Mitstimmens enthalten, zu einer beschlußunfähigen gemacht werden könnte; sie bleibt vielmehr solchen Falles beschlußfähig und nur der Effekt knüpft sich an jenes passive Verhalten einzelner, daß das Ganze, dessen Hälfte überschritten werden muß, wenn Stimmenmehrheit erreicht werden soll, ohne Mitzählung der Nichtstimmenden berechnet wird.

Zu Nr. 3. Die Ausschließung wegen persönlichen Interesses anlangend, berührt der zweite Absatz des hiervon handelnden § 44 die Zuständigkeit der Stadtverordneten-Versammlung und damit einen Gegenstand der — wie geschehen — bereits oben in Abschnitt III zu erledigen war.

Der erste Absatz enthält einmal das Verbot der Mitwirkung des Interessierten:

> „An Verhandlungen über Rechte und Verpflichtungen der Stadtgemeinde darf derjenige nicht teilnehmen, dessen Interesse mit dem der Gemeinde in Widerspruch steht —“ eine Fassung, der auch die Kreisordnung vom 13. Dezember 1872 (§ 122) und die Landgemeindeordnung vom 3. Juli 1891 (§ 108) gefolgt sind;

und er sieht zum anderen die Eventualität vor, wenn dieser Satz zur Beschlußunfähigkeit der Versammlung führt:

> „Kann wegen dieser Ausschließung eine beschlußfähige Versammlung nicht gehalten werden, so hat der Magistrat

oder, wenn auch dieser aus dem vorgedachten Grunde einen gültigen Beschluß zu fassen nicht befugt ist, die Aufsichtsbehörde" — nunmehr der Bezirksausschuß (Zuständigkeitsgesetz § 17 Nr. 2) — „für die Wahrung des Gemeindeinteresses zu sorgen und nötigenfalls einen besonderen Vertreter für die Stadtgemeinde zu bestellen" (vglch. die Allerh. Kabinettsorder v. 18. Juni 1833 — GS. S. 84).

Vor allem fragt es sich: unter welchen Voraussetzungen steht das Interesse des einzelnen im Widerspruch mit dem der Gemeinde? (Vglch. den an einen Spezialfall anknüpfenden Aufsatz i. PrVerwBl. Jahrg. **21** S. 273.) Schon das ist auffallend in dieser Beziehung, daß die verwandte, auf Magistratsmitglieder sich beziehende Bestimmung des § 57:

> „Bei Beratungen über solche Gegenstände, welche das Privatinteresse eines Mitgliedes oder seiner Angehörigen berühren, muß dasselbe sich der Teilnahme an der Beratung und Abstimmung enthalten, auch während der Beratung sich aus dem Sitzungszimmer entfernen"

viel schärfer und bestimmter formuliert worden ist. Hier wird kein „Widerspruch" der beiderseitigen Interessen gefordert, ferner das Interesse „Angehöriger" dem eigenen gleichgestellt, auch dem Verbleiben des Interessierten im „Sitzungszimmer" entgegengetreten, andererseits freilich nur mit einem „Privatinteresse" gerechnet. Beruhen die ersteren Abweichungen etwa darauf, daß man sich den Stadtverordneten gegenüber mit einem geringeren Maße der Unbefangenheit begnügen zu sollen meinte, oder darauf, daß man ihnen ein Mehr an Takt zutraute, vermöge dessen sie sich schon freiwillig eine gewisse Zurückhaltung, wo solche schicklich, auferlegen würden? In beiden Fällen bleiben die Abweichungen befremdlich (vglch. freilich Verhandlgg. des Hauses d. Abgeordneten von 1890/91 zu Nr. 7, Kommissions-Prot. d. 9. Sitzung S. 8, 9). Wie dem aber auch sei — jedenfalls muß es ausgeschlossen bleiben, etwa auch da, wo es einmal die strikte Anwendung des bestehenden Rechts gilt, wo beispielsweise der Magistrat einen Beschluß der Stadtverordneten-Versammlung als auf Verletzung des § 44 beruhend beanstandet (Zuständigkeitsgesetz § 15), einem Gesetze gegenüber, welches die Frage der persönlichen Beteiligung und die Konsequenzen einer solchen immerhin positiv ausgebaut hat, hinauszugehen über die in ihm selbst aufgerichteten Schranken. Gleichwohl bleibt es von Interesse, dem nachzugehen, in welcher Weise dieselbe Frage in anderen, neueren Verwaltungsgesetzen geregelt worden ist — das nicht nur, weil wenigstens einige von diesen, vor allem die Städteordnung für Schleswig-Holstein vom 14. April 1869 (vglch. Entsch. d. OVG. Bd. XVIII S. 53, Bd. XIX S. 10, Bd. XXVIII S. 16), eine vorsichtige Verwertung auch bei der Deutung des § 44 der Städteordnung von 1853 gestatten, sondern auch, weil Stadtverordnete, die sich über die Bedeutung einer Interessen-Kollision unabhängig von dem Buchstaben des Gesetzes klar zu werden geneigt sind, immerhin Wert darauf legen mögen, wie neuerlich der Gesetzgeber in dieser Frage Stellung genommen hat.

Den Gesetzen vorangeschickt sei indes zunächst noch ein Ausspruch des Oberverwaltungsgerichts (Entsch. Bd. IV S. 326, Bd. XVI S. 357, Bd. XXIII S. 212, Bd. XXXVIII S. 225; PrVerwBl. Jahrg. 22 S. 325), dahin gehend, daß auf allen Gebieten des Verwaltungsrechts und selbst da, wo es an entsprechenden positiven Satzungen fehle, solche Beamte, deren persönliches Interesse von einer Amtshandlung wesentlich betroffen werde, der Beteilung an dieser sich grundsätzlich zu enthalten hätten.

Von den Gesetzen nimmt eine Sonderstellung ein der vom Amtsvorsteher handelnde § 57 der Kreisordnung vom 13. Dezember 1872, indem er in der denkbar knappesten Fassung ausspricht:

> „Ist der Amtsvorsteher bei der Erledigung eines Amtsgeschäftes persönlich beteiligt, so“ . . . .

(vergl. Entsch. d. OVG. Bd. I S. 255, auch S. 243, Bd. II S. 249, Bd. VI S. 359, Bd. X S. 368, Bd. XI S. 222).

Darüber hinaus gehen:

der § 139 derselben Kreisordnung, betreffend Kreisausschuß-Mitglieder;

der § 54 der Provinzialordnung vom 29. Juni 1875, betreffend Provinzialausschuß-Mitglieder;

der § 115 des Landesverwaltungsgesetzes vom 30. Juli 1883, betreffend die Mitglieder der im Beschlußverfahren zuständigen Behörden;

der § 89 der Landgemeindeordnung vom 3. Juli 1891, betreffend Gemeindevorstands-Mitglieder

endlich und insbesondere:

der § 64 der Städteordnung für Schleswig-Holstein vom 14. April 1869, betreffend die Mitglieder der beiden städtischen Kollegien.

Diese Gesetze stellen sämtlich das Interesse eines mehr oder minder weiten Kreises der Familienangehörigen dem eigenen gleich und die drei ersten bringen auch das noch zum Ausdruck, daß ein amtliches Interesse dem persönlichen, privaten keineswegs gleich zu stellen sei, wie eben dies auch mehrere der zitierten Entscheidungen in Beziehung auf den Amtsvorsteher aussprechen. Eine Gleichstellung in ersterem Sinne gestattet freilich der § 44 seinem Wortlaut nach nicht, es wäre denn, daß — was immerhin möglich — das Interesse eines nahen Angehörigen mittelbar zugleich den Stadtverordneten selbst persönlich interessiert erscheinen ließe. Der Satz aber wird ohne weiteres auch auf den § 44 übertragen werden können, daß ein nur amtliches Interesse den dort vorausgesetzten Tatbestand noch nicht herstellt, daß es vielmehr überhaupt ein den allgemeinen Interessen gegenüberstehendes, wenn auch nicht gerade das Vermögen berührendes Sonderinteresse des einzelnen ist, mit dem das Gesetz rechnet. Unter diesen Gesichtspunkten trifft die Ausschließung beispielsweise denjenigen nicht, der nur gleich den sämtlichen Grundbesitzern oder den Angehörigen eines einzelnen Stadtteiles oder als Mitglied einer Kirchengemeinde ein Interesse daran nimmt, daß die zur Beratung stehende Angelegenheit nicht in dem vielleicht den Interessen der ganzen Gemeinde vorzugsweise entsprechenden Sinne erledigt werde.

[Vglch. MBl. d. i. V. 1840 S. 343, 1841 S. 271, 1865 S. 181; v. Kamptz, Annalen Bd. XXIII S. 385.]

Von Interesse ist noch ein zu dem mit dem ersten Satze des § 44 übereinstimmenden § 122 der Kreisordnung vom 13. Dezember 1872 bei v. Brauchitsch mitgeteilter Minist.-Erlaß vom 13. Juni 1874, der die Beteiligung von Kreistagsabgeordneten an der Abstimmung über die Beanstandung ihrer Wahl als unzulässig, die Aufnahme einer bezüglichen Vorschrift in die Geschäftsordnung als zulässig ansieht (vglch. Geschäftsordnung f. Berlin von 1876/94 § 15c, auch oben Abschn. II § 27 unter Nr. 7).

Zu Nr. 4. Auch in Beziehung auf die Öffentlichkeit der Verhandlungen hatte schon die Verfassungsurkunde vom 31. Januar 1850 (vglch. auch die Kabinettsorder vom 19. April 1844) Vorsorge getroffen. Im Gegensatze zu den Städteordnungen von 1808 und 1831 bestimmte sie (Art. 105):

> „Die Beratungen der .... Gemeindevertretungen sind öffentlich. Die Ausnahme bestimmt das Gesetz."

Die Städteordnung (§ 45) enthält — neben dem fürsorglichen Satze, daß die Sitzungen nicht in Wirtshäusern oder Schenken gehalten werden dürfen — die Regel und die Ausnahme in folgender Fassung:

> „Die Sitzungen der Stadtverordneten sind öffentlich.
>
> Für einzelne Gegenstände kann durch besonderen Beschluß, welcher in geheimer Sitzung gefaßt wird, die Öffentlichkeit ausgeschlossen werden."

Insoweit diese Ausnahme die Zuständigkeit der Stadtverordneten-Versammlung berührt, darf hier auf den III. Abschnitt (zu § 45) zurückverwiesen werden (vglch. auch Abschn. IV litt. C zu II). Auch die Regel wurde schon oben (Abschn. IV litt. B unter Nr. 2) gestreift im Zusammenhange mit der Frage, ob ein geheimes Abstimmen als zulässig anzusehen sei. Unbeschränkt erklärt das Gesetz die „Sitzungen" für öffentlich, damit aber auch alles, was sich füglich nur in den Sitzungen vollziehen kann. Die Öffentlichkeit hat zu nicht geringem Teile die Bestimmung, ein Band lebendig zu erhalten zwischen der Gesamtheit der Bürger und ihren Vertretern; in dieser Richtung ist aber immerhin auch das von Interesse für die Bürgerschaft, wie die einzelnen Vertreter stimmen.

An die Öffentlichkeit der Sitzungen knüpft sich als Konsequenz das Bestehen einer Sitzungspolizei (vglch. unten zu § 46), zum anderen die Frage, wie der Grundsatz der Öffentlichkeit oder vielmehr der einer unter Umständen zulässigen Ausschließung derselben zu vereinigen ist mit der Vorschrift (§§ 40, 41), daß die Stadtverordneten vor der Sitzung davon in Kenntnis gesetzt werden sollen, welche Gegenstände zur Verhandlung gelangen werden. Das Interesse, welches für ein nicht-öffentliches Verhandeln spricht, wird meisthin auch dafür sprechen, es vorher nicht bekannt werden zu lassen, daß überhaupt in nächster Sitzung die betreffende Angelegenheit zur Verhandlung gelangen werde. Gleichwohl gewährt das Gesetz nicht die rechtliche Möglichkeit, den Anspruch der Stadtverordneten auf die vorgängige Mitteilung unerfüllt zu lassen. Generell — ohne Rücksicht auf die in Ansehung des Zusammenberufungs-Modus getroffenen ortsrechtlichen Satzungen — kann nicht einmal das für zulässig erachtet werden, daß wenigstens von den durch die Zeitungen zu veröffentlichenden Tagesordnungen ausgeschlossen bleibt, was der Vorsteher als zu öffentlicher Verhandlung ungeeignet ansieht (PrVerwBl. Jahrg. 17 S. 52). Allenfalls passieren mag es indes, daß der Vorsteher solche Gegenstände als geheim zu verhandelnde nur summarisch — ohne nähere Kennzeichnung des individuellen Inhalts — in die Tagesordnung aufnimmt (vglch. Geschäfts-Instruktion vom 17. März 1831 § 11 — GS. S. 34). Aber freilich sichert ihn das noch nicht gegen demnächstigen Einspruch von seiten der Versammlung.

Zu Nr. 5. Die Leitung der Verhandlungen und die Handhabung der „Ordnung", insbesondere der Sitzungspolizei überträgt der bereits oben unter litt. A, betreffend den Stadtverordneten-Vorsteher, mitgeteilte § 46 dem Vorsitzenden. Wie es dort schon geschehen, so muß auch hier behauptet werden, daß die Bahnen, innerhalb deren die Lösung dieser Aufgaben zu erfolgen hat, dringend noch eines Ausbaues durch die Geschäftsordnungen bedürfen. In diesen pflegen denn auch einzelnen Gegenständen, vor allem der Redeordnung, aber auch dem Abstimmungsmodus (oben Nr. 2) und den Ordnungsvorschriften (unten Nr. 7), ganze Abschnitte gewidmet zu werden und das liegt gleichmäßig im Interesse der Versammlung wie auch des Vorsitzenden selbst, dem andernfalls die mißliche Aufgabe zufiele, von Fall zu Fall, wo ihn das knappe Gesetz im Stiche läßt, sein eigenes Ermessen walten zu lassen. Weiteres hierzu folgt noch unter litt. C zu VI.

Zu Nr. 6. Der § 47 handelt einmal von der Beurkundung der Beschlüsse, zum anderen von deren Mitteilung an den Magistrat. Um den letzteren Gegenstand dem besonderen, den Beziehungen zum Magistrat überhaupt zu widmenden Abschnitt V vorzubehalten, sei hier nur mitgeteilt, was in ersterer Hinsicht das Gesetz bestimmt.

> „Die Beschlüsse der Stadtverordneten-Versammlung" — lautet der erste Absatz — „und die Namen der dabei anwesend gewesenen Mitglieder sind in ein besonderes Buch einzutragen. Sie werden von dem Vorsitzenden und wenigstens drei Mitgliedern unterzeichnet."

An anderer Stelle (Abschnitt III zu § 38) war bereits von dem „Schriftführer" und dem „Protokollführer" die Rede. Das Gesetz setzt also zunächst die Führung eines Protokolles voraus und daneben fordert es die eines Beschlußbuches. Die Führung nur eines solchen letzteren würde auch ungeeignet sein, das Protokoll zu ersetzen, da außer den Beschlüssen es noch mancherlei andere, in der Sitzung sich vollziehende Vorgänge gibt, die mehr oder minder notwendig einer urkundlichen Festlegung bedürfen. Dagegen würde nichts entgegenstehen, um das Nebeneinander von Protokoll und Beschlußbuch zu vermeiden, beides in der Weise zu kombinieren, daß jenes seinem ganzen Umfange nach in dem Beschlußbuche niedergelegt, dieses also zu einem Protokoll- und Beschlußbuche gemacht würde. So scheint denn auch in der Praxis verfahren zu werden. Auf alle Fälle bleibt ein wunder Punkt die Konstatierung der Tatsache, welche einzelnen Mitglieder bei dem einzelnen Beschlusse abstimmend mitgewirkt haben, während es doch hierauf, wenn die formale Rechtsbeständigkeit eines Beschlusses etwa unter den Gesichtspunkten der Beschlußunfähigkeit der Versammlung oder der Mitwirkung persönlich interessierter Mitglieder in Frage gestellt wird, entscheidend ankommen kann. Allenfalls läßt sich ja das feststellen, wer in den Sitzungssaal eintritt, seinen Platz daselbst einnimmt, obschon selbst diese Feststellung einigermaßen dadurch erschwert wird, daß nicht wenige Mitglieder erst mehr oder minder lange nach Eröffnung der Sitzung zu erscheinen pflegen. Gesetzt aber auch, insoweit sei noch eine Kontrolle möglich, so fehlt es doch an jeder Gewähr dafür, daß, wer einmal anwesend war, es auch bis zu dem Zeitpunkte dieser oder jener Beschlußfassung blieb, nicht etwa — vorübergehend oder auch dauernd — sich wieder entfernte. Allein korrekt wäre es, vor jeder einzelnen Abstimmung von neuem zu konstatieren, wer dann gerade anwesend, noch anwesend ist, und das geschieht keineswegs immer; es wird zu Unrecht *fingiert*, die Versammlung setze sich fortdauernd aus der Zahl eben derjenigen Mitglieder zusammen, die einmal bei Eröffnung der Sitzung als anwesend im Eingange des Protokolles aufgeführt wurden. Ein solches Verfahren darf — der Ausdruck ist kaum zu hart — als tumultuarisch bezeichnet werden; eine ausreichende Rechtfertigung liegt auch nicht darin, daß es schwer ist, hier Abhilfe zu schaffen. Übrigens könnte es immerhin verboten werden, den Sitzungssaal vor Schluß der Verhandlungen ohne Abmeldung zu verlassen, wie das manche Geschäftsordnungen in der Tat bestimmen.

Zu dem Landgemeindeverfassungsgesetze vom 14. April 1856 § 10 hat das Oberverwaltungsgericht (Entsch. Bd. IX S. 41) angenommen: die Aufnahme der dort vorgeschriebenen, insbesondere die gegenwärtig gewesenen Gemeindemitglieder aufführenden, rite vollzogenen Verhandlung sei nicht conditio sine qua non des Zustandekommens und der Rechtsbeständigkeit eines Gemeindebeschlusses. Die Gründe scheinen auch für Stadtverordneten-Beschlüsse zuzutreffen (vglch. indes Städteordnung für Schleswig-Holstein vom 14. April 1869 § 51).

Zu Nr. 7. Der § 48 (vglch. oben Abschnitt III) ist zunächst die einzige von der „Geschäftsordnung“ handelnde Bestimmung der Städteordnung von 1853 — ein Gegenstand, der zu bedeutsam ist, um an dieser Stelle seine Erledigung finden zu können, wie er denn auch keineswegs ausschließlich gerade mit den „Sitzungen“ (oben litt. B) zusammenhängt; im weiteren Umfange wird auf ihn erst unten (litt. C) eingegangen werden.

Sodann aber handelt der § 48 noch speziell von Zuwiderhandlungen gegen Ordnungsvorschriften und insoweit gehört er hierher. Er überläßt es den Stadtverordneten für den Fall, daß sie überhaupt eine Geschäftsordnung abfassen,

> „darin Zuwiderhandlungen gegen die zur Aufrechterhaltung der Ordnung gegebenen Vorschriften mit Strafe zu belegen“

und zwar entweder mit Geldbußen bis zu 15 M. oder bei mehrmals wiederholten Zuwiderhandlungen mit der Ausschließung aus der Versammlung — sei es mit einer für die Dauer der Wahlperiode zu verhängenden oder mit einer zeitlich enger begrenzten Ausschließung. — Dazu hat weiter noch das Zuständigkeitsgesetz in den §§ 10, 11, 21 (oben Abschnitt II zu § 18, Abschnitt III zu §§ 5 ff.) bestimmt: zu beschließen habe über Strafen, welche wegen Zuwiderhandlungen gegen die Geschäftsordnung nach Maßgabe der Gemeindeverfassungsgesetze zu verhängen seien, die Stadtverordneten-Versammlung, ohne dazu noch irgend einer Genehmigung oder Bestätigung zu bedürfen, und gegen ihren Beschluß finde die Klage im Verwaltungsstreitverfahren statt.

Einigermaßen auffallen muß es, daß für Landgemeinden der dem § 10 des Zuständigkeitsgesetzes entsprechende § 27 das. auch noch eine gleiche Ahndung „wegen unentschuldigten Ausbleibens“ vorsieht. Indes wird auch dieser Fall durch den § 10 gedeckt, vorausgesetzt, daß die Geschäftsordnung ein solches Ausbleiben mit Strafe bedroht (Entsch. d. OVG. Bd. XXXV S. 83; vglch. unten litt. C Nr. VI).

Die Fassung des § 48 ist übrigens keine ganz glückliche, weder in dem nur auf den Richter passenden Ausdruck „belegen“, noch in den Worten: „mehrmals wiederholte Zuwiderhandlungen“; an eine zweite Zuwiderhandlung würde nach ihnen eine Ausschließung noch nicht geknüpft werden können; erst die dritte wäre eine „mehrmals wiederholte“.

Auf die eigentümliche Einrichtung der für einzelne Fälle vorgesehenen gemeinschaftlichen Sitzungen beider städtischen Kollegien wird erst im folgenden Abschnitt (V) zurückgekommen werden.

C. Die Geschäftsordnung.

Schon die bisherigen Ausführungen, zumal des IV. Abschnitts, boten manche Veranlassung, diesen sehr bedeutsamen Gegenstand gelegentlich zu streifen.

Auch darauf wurde bereits hingewiesen, daß das Gesetz selbst sich hier auf ein Minimum der Dispositionen beschränkt. Abgesehen von der besonderen Satzung, daß in den Geschäftsordnungen Zuwiderhandlungen gegen Ordnungsvorschriften unter Strafe gestellt werden können (oben litt. B Nr. 7), bestimmt der § 48 (s. Abschnitt III) lediglich:

> überlassen bleibe es den Stadtverordneten-Versammlungen, unter Zustimmung des Magistrats — wobei für den Versagungsfall auf § 36 (vglch. oben Abschnitt III zu § 48, auch unten Abschnitt V) hingewiesen wird — eine Geschäftsordnung abzufassen.

Über ein solches „Überlassen“ hinaus ist denn auch — wie es kaum anders möglich war — die Instruktion zur Ausführung der Städteordnung vom 20. Juni 1853 (MBl. d. i. V. S. 138) nicht gegangen; es bleibt dabei: nur fakultativ ist der Erlaß einer Geschäftsordnung, wie es denn in der Tat an einer solchen für manche kleinere Stadt überhaupt fehlen, ein Bedürfnis zum Erlasse — so befremdlich das erscheinen mag — nicht anerkannt sein soll. Immerhin aber versucht doch jene Instruktion für den Bedürfnisfall einen Anhalt zur inhaltlichen Gestaltung der Geschäftsordnung zu gewähren, indem sie unter Nr. XIII ausspricht: als Grundlage seien, insoweit die neue Städteordnung sich entgegenstehender ausdrücklicher Bestimmungen enthalte,

die als Anlage zur Städteordnung vom 19. November 1808 (vglch. § 128 das.)

oder

die als Anhang zur revidierten Städteordnung vom 17. März 1831 (vglch. § 78 derselben)

ergangene Instruktion zur Geschäftsführung der Stadtverordneten zu benutzen. Bequem genug hat es sich mit diesem Hinweise die Instruktion von 1853 allerdings gemacht. Sie selbst aber — inzwischen auch ihrerseits zu nicht geringem Teile schon wieder veraltet — konnte es sich nicht wohl verhehlen, daß gegenüber den mancherlei, zum Teil tief eingreifenden Abweichungen der neuen Städteordnung von den beiden Vorgängerinnen auch die alten Instruktionen von 1808 und 1831 in vielen Beziehungen längst veraltet sein und sich manche Bedenken an die Wiederbenutzung etlicher, etwa noch verwendbarer Bauteile knüpfen mußten. Hiervon aber auch abgesehen, bleibt bei einem Zurückgehen auf die alten Instruktionen immer eines festzuhalten: ausgeschlossen ist eine unmittelbare Anwendung der dortigen Satzungen in dem Sinne, als ob für sie auch da Raum wäre, wo sie nicht eingegliedert sind in eine neue Geschäftsordnung; erst durch Aufnahme in eine solche gewinnt das Abgelebte neues Leben; wo es dagegen hieran fehlt, mag man immerhin das eine oder das andere um deswillen, weil es schon die vergilbten alten Instruktionen aussprachen, verständig oder rationell nennen; weiter aber zu gehen in Bezug auf die fortdauernde Anwendbarkeit, ist nicht tunlich. Um so näher scheint es für jede Stadtverordneten-Versammlung — selbst für die eines kleineren, engeren Gemeinwesens — zu liegen, nicht zu unterlassen, was zu tun freilich das Gesetz ihr nur anheimgibt, das ist: eine Geschäftsordnung „abzufassen“.

Von diesen Gesichtspunkten aus darf hier der Versuch nicht unterlassen werden, an die Praxis anknüpfend und zugleich ihr die Wege ebenend der Bedeutung des Gegenstandes mittels einer den gesamten Stoff tunlichst erschöpfenden, mindestens aber die wesentlichsten Teile zusammenfassenden Darstellung weiter gerecht zu werden, als das durch gelegentliche Hinweisungen auf einzelnes geschehen konnte. Ganz leicht freilich ist die Ausführung nicht. Was insbesondere die Anlehnung an die bisherige Praxis, an die bestehenden Geschäftsordnungen — wäre es auch nur an ein Häuflein solcher der größten Städte — anlangt, so liegt freilich die Versuchung nicht gerade fern, durch deren Nebeneinanderstellung und Vergleichung sich einen Überblick über das Ganze zu verschaffen, und der Verfasser selbst hat früher diesen Weg eingeschlagen, um — wenn möglich — zu einer Muster-Geschäftsordnung zu gelangen. Indes als befriedigend erwies sich das Ergebnis gleichwohl nicht. Schon in Größe und Umfang, aber auch in anderen mehr oder minder eigenartigen örtlichen Verhältnissen und selbst in mancherlei Neigungen gehen die verschiedenen Stadtgemeinden zu weit auseinander, um in der Mehrzahl einem und demselben Vorbilde, wenn auch nur in den wesentlichsten Fragen, folgen und damit demjenigen, der ein solches Bild vorzeichnen wollte, einen entsprechenden Erfolg sichern zu können. Doch soll darum noch nicht ganz auf jegliche Anlehnung an das Bestehende verzichtet werden. Zwar nicht als ein überall anwendbares Muster wird im folgenden die Geschäftsordnung für die Stadtverordneten-Versammlung zu Charlottenburg vom 6./7. Februar 1901*) zu Grunde gelegt, wohl aber, um zunächst den beteiligten Kreisen ein ungefähres Bild, wie etwa das Ganze aufzubauen und auszugestalten sein möchte, vorzuführen, und um zum anderen für die sich hier anschließende Darstellung selbst einen Faden zu gewinnen, der auch den Überblick über das einzelne wesentlich erleichtert. Wenn dabei die Wahl gerade auf Charlottenburg gefallen ist —, unbeschadet übrigens gelegentlicher Heranziehung auch anderer Vorgänge —, so hat das weniger darin seinen Grund, daß bei dem dortigen Werke auch der Verfasser dieses Führers mitgewirkt hat, als darin, daß jenes Werk ver-

*) Abgedruckt im Anhange unter Nr. II.

hältnismäßig noch jüngeren Datums, auch nicht ohne umfassende Berücksichtigung der Satzungen anderer größerer Städte zum Abschluß gelangt ist und inzwischen im allgemeinen sich wohl bewährt hat. Was aber nunmehr, wie jeder Geschäftsordnung gegenüber, so auch der Charlottenburger gegenüber obenan zu prüfen bleibt, läuft etwa auf die Fragen hinaus: dient sie im ganzen wie im einzelnen noch und nur dem legalen Ziele einer befriedigenden Regelung gerade des Geschäftsganges, bewegt sie sich ferner dabei, wie sie es soll, überall praeter, nirgend contra legem und wird sie endlich allen begründeten Ansprüchem der Mehrheit der Versammlung gerecht, ohne doch — soweit das damit verträglich — den Intentionen der Minderheit billige Berücksichtigung zu versagen.

Charlottenburg hat den gesamten Stoff in sechs Teile gegliedert und diese mit folgenden Überschriften versehen:

I. Vorstand und Beamte der Stadtverordneten-Versammlung — §§ 1 bis 7;

II. Vollsitzungen — §§ 8 bis 12;

III. Anträge und Magistratsvorlagen — §§ 13 bis 27;

IV. Ausschüsse der Versammlung —

A. Ständige — §§ 28 bis 33;

B. Nichtständige — § 34;

C. Gemeinsame Bestimmungen — §§ 35 bis 40;

V. Redeordnung — §§ 41 bis 45;

VI. Ordnungsbestimmungen — §§ 46 bis 50.

Zu I (§§ 1 bis 7 d. Charlottenb. Gesch.-O.):

Hier wird zunächst ein in der Städteordnung selbst unbekanntes Organ neu eingeführt — ein „Vorstand“ der Stadtverordneten-Versammlung, in anderen Städten auch „Bureau“ genannt, sich zusammensetzend aus dem Vorsteher, dessen Stellvertreter und vier „Beisitzern“, welche in der ersten Sitzung nach Neujahr gemäß §§ 32, 38 d. StO. (vglch. oben Abschnitt III) mit der Maßgabe auf Jahresfrist gewählt werden, daß die Gewählten bis zum Amtsantritt ihrer Nachfolger im Amte verbleiben, bei vorzeitigem Ausscheiden aber für die Restzeit eine Ersatzwahl stattfindet (§§ 1, 2).

Weiter wird hier (§ 3) der Fall vorgesehen, wenn gleichzeitig sowohl der Vorsteher als auch der Stellvertreter behindert werden oder gar ausscheiden. Wie schon nach § 1 die Wahl des Vorstehers das an Jahren älteste Mitglied der Versammlung zu leiten hat, so tritt eben dieses auch im Falle des § 3 ohne weiteres wieder ein — zunächst, um alsbald einen „zeitweiligen Vertreter" wählen zu lassen, über dessen Verbleiben im Amte freilich nur für den Fall gleichzeitiger Behinderung beider Vorsteher dahin Bestimmung getroffen wird, daß er bei Beendigung dieses Tatbestandes zurücktritt.

Mit den wesentlichsten Funktionen des Vorstehers, event. seines Stellvertreters, befassen sich die §§ 4 und 5 (vglch. litt. A dieses Abschn.). Hervorgehoben zu werden verdienen die Sätze über die Vertretung der Versammlung nach außen, die engen Grenzen, innerhalb deren die an sich für die Versammlung bestimmten Angelegenheiten ohne deren Beschluß vom Vorsteher erledigt werden dürfen, das Recht der selbständigen Verfügung über die für die Bedürfnisse der Versammlung im Etat vorgesehenen Mittel und die Überordnung über das der Versammlung vom Magistrat zur Verfügung gestellte „Beamten- und Dienstpersonal".

Von den — nicht gerade sehr hervorragenden — Funktionen der „Beisitzer" endlich und von denen des Schriftführers (vglch. Abschn. III zu § 38 d. StO.) handeln die §§ 6 und 7 (von den ersteren auch noch der § 22).

Im großen und ganzen sind diese Bestimmungen nicht gerade zu beanstanden, mehrenteils sogar als sach- und zweckgemäß anzuerkennen -- dies zumal in Rücksicht darauf, daß sie manche Frage lösen, die das Gesetz selbst ungelöst gelassen hat (vglch. oben litt. A). Der Vorstand freilich in seiner Gesamtheit hätte füglich entbehrt werden können; überwies doch in ihrer ersten Fassung (vglch. nunmehr den bescheidenen Nachtrag zu § 11 von 1904) die Geschäftsordnung ihm — als einem Ganzen -- nicht eine einzige Funktion! Zu billigen ist auch nur, daß Charlottenburg davon abgesehen hat, die Einteilung der Stadtverordneten-Versammlung in „Abteilungen" einzuführen, wie insbesondere Berlin solche „behufs

Wahl der Ausschüsse" — anscheinend nach dem Vorgange des Abgeordnetenhauses — vorgesehen hat; es wird darauf noch zu § 35 zurückgekommen werden.

Zu II (§§ 8 bis 12 d. Charlottenb. Gesch.-O.):

Zunächst treffen die §§ 8 und 9 darüber Bestimmung, wann, insbesondere an welchen Tagen die „Vollsitzungen" — ordentliche wie außerordentliche — abgehalten werden sollen (vglch. Abschn. III zu §§ 39 ff. d. StO., Abschn. IV B zu Nr. 1). Besonders wird dabei (§ 9) tunlichst dagegen Vorkehrung getroffen, daß etwa während der Ferien in schwach besuchten außerordentlichen Sitzungen die Erledigung wichtigerer Gegenstände übereilt werden möchte.

Weiter wird (§ 10) die Frage der Öffentlichkeit der Vollsitzungen behandelt (vglch. Abschn. III zu § 45 d. StO., Abschn. IV B zu Nr. 4); in Bezug auf eine Reihe von besonders bezeichneten Gegenständen, für die das — meisthin wenigstens — wohl angezeigt erscheint, soll die Erledigung „stets" in geheimer Sitzung erfolgen, während im übrigen für einzelne in eben solcher der Ausschluß der Öffentlichkeit beschlossen werden kann, wenn auch das nur, sofern es von gewissen Seiten aus beantragt wird.

Von dem Protokoll (vgl. Abschn. IV B zu Nr. 6), insbesondere davon, was es enthalten muß und von wem es zu vollziehen ist, handelt der § 11. Auch begegnet man hier zum ersten Male dem Modus einer stillschweigenden Beschlußfassung in dem Satze, daß das Protokoll als genehmigt gilt, wenn nicht bis zum Schlusse der nächsten Sitzung Einspruch dagegen erhoben worden ist; über etwaigen Einspruch entscheidet die Versammlung.

Erst im Jahre 1904 ist zu dem § 11 noch ein Nachtrag hinzugetreten, der dem Vorstand als erste und einzige Aufgabe (vglch. oben zu §§ 1 bis 7 a. E.) die Prüfung der stenographischen Berichte zuweist. Dabei hat — und das muß einigermaßen auffallen — die Stadtverordneten-Versammlung der Voraussetzung des Magistrats ohne weiteres zugestimmt, daß die Stenogramme über die Auslassungen 2c. der Magistratsvertreter in der von diesen selbst festgestellten Form zum Druck gelangen, daß sie also dem Vorstande gegenüber ein noli me tangere in Anspruch zu nehmen haben.

Endlich befaßt sich der § 12 (vglch. auch §§ 4 und 14) mit der Zusammenberufung der Stadtverordneten, aber auch mit der Einladung des Magistrats zu den Vollsitzungen (vglch. Abschn. III zu §§ 38 ff. d. StO.). Unbeschadet der hier vorangestellten Sätze, insbesondere desjenigen, daß bei ersterer jedem Mitgliede der Versammlung die Tagesordnung übersendet werden soll, wird doch demnächst als ausreichend zum Nachweise beider Akte die rechtzeitige Bekanntmachung in einem Anzeigeblatt bezeichnet. Indirekt wird hier (vglch. dazu § 17) auch mit der Vorschrift des Gesetzes, daß, abgesehen von dringenden Fällen, die Berufung unter Angabe der Verhandlungsgegenstände wenigstens zwei freie Tage vorher statthaben muß (StO. § 40), in dem Satze gerechnet, daß bei Nichtwahrung dieser Frist kein Beschluß über einen Gegenstand gefaßt werden soll, bei dessen Verhandlung zehn Mitglieder widersprechen.

Es wird nicht behauptet werden können, daß hiermit etwa schon alles erschöpft wäre, was überhaupt sich auf „Vollsitzungen“ bezieht; die Überschrift der §§ 8 bis 12 reicht zu weit. Das Vermißte findet sich erst in den Abschnitten V und VI der Charlottenburger Geschäftsordnung, betreffend Redeordnung und Ordnungsbestimmungen.

Zu III (§§ 13 bis 27 d. Charlottenb. Gesch.-O.):

Auch hier kann die Überschrift „Anträge und Magistratsvorlagen“ irre führen; sie läßt, wie sich später zeigen wird, manches unberührt, was doch im Texte keineswegs übergangen wird — so: Wahlen, Interpellationen, Petitionen 2c. Die vorangestellten beiden Gegenstände anlangend, werden die weitmeisten Bestimmungen gleichmäßig sowohl auf (Initiativ-) Anträge von Mitgliedern — für die übrigens fünf Unterschriften, unter gewissen Voraussetzungen auch Vorberatung in einem Ausschusse, gefordert werden (§ 13) — wie nicht minder auf Magistratsvorlagen zu beziehen sein. So insbesondere:

der § 14 (vgl. §§ 4, 12), betreffend die Einstellung aller rechtzeitig eingegangenen Vorlagen ꝛc. in die Tagesordnung, deren Druck und Mitteilung an die Stadtverordneten;

der § 15, betreffend die den Stadtverordneten vor den Sitzungen zu ermöglichende Einsicht in die auf Gegenstände der Tagesordnung sich beziehenden Akten;

der § 16, betreffend die Ernennung von Berichterstattern;

der § 17 (vglch. § 12), betreffend die Bedingungen, unter denen (ausnahmsweise) selbst dann in eine alsbaldige Verhandlung eingetreten werden kann, wenn entweder die Tagesordnung nicht zwei Tage zuvor den Mitgliedern zugegangen ist oder die Einbringung gar erst im Laufe der Sitzung erfolgte, betreffend ferner die Voraussetzungen und Modalitäten, unter denen der ersten Beratung noch eine zweite zu folgen hat;

der § 18, betreffend die Abstimmung über Vorlagen, die sich aus mehreren einzelnen Gliedern (Paragraphen, Artikeln ꝛc.) zusammensetzen, betreffend ferner die Zulässigkeit einer zweiten und selbst einer dritten Beratung über Vorlagen, zu denen Abänderungsanträge angenommen worden sind;

der § 19, betreffend die Zulässigkeit und die Behandlung von Abänderungsanträgen;

der § 21, betreffend die nach geschlossener Beratung (vglch. § 44) erfolgende Fragestellung, die Beratung und die Entscheidung darüber;

der § 22, betreffend den Modus der Abstimmung, insbesondere die Voraussetzungen namentlicher Abstimmung und das bei dieser zu beobachtende Verfahren;

der § 23, betreffend das Recht, Separatvota abzugeben;

der § 24, betreffend die Entscheidung bei etwa sich ergebender Stimmengleichheit (vglch. Abschn. IV B zu Nr. 3).

Über Schluß- und Vertagungsanträge disponiert erst der von der Redeordnung handelnde Teil V (§ 44).

Von denjenigen Gegenständen, welche die Überschrift des Teil III (s. oben) nicht deckt, nehmen die erste Stelle Wahlen ein; sie sollen sämtlich durch Stimmzettel erfolgen, „sobald zehn

Mitglieder es verlangen". Gewisse Wahlen freilich müssen unter allen Umständen in dieser Weise erfolgen (vglch. Abschn. III zu § 38 d. StO., auch oben zu §§ 1 bis 7).

Von „selbständigen Anfragen an den Magistrat (Interpellationen)" — sie müssen von fünf Mitgliedern unterzeichnet sein — und von dem an sie sich knüpfenden Verfahren handeln die §§ 25, 26.

Der § 27 endlich betrifft noch „Zuschriften von Privatpersonen und Vereinen &c.", obenan solche, „die Bittgesuche oder Beschwerden enthalten (Petitionen)" (vgl. §§ 28, 29, 31). Je nach dem Ziele, das sie verfolgen, oder auch dem Gegenstande, den sie betreffen, sieht der § 27, drei Gruppen unterscheidend, eine abweichende Behandlung vor. Insoweit darf zunächst auf den im Anhange mitgeteilten Text verwiesen werden.

Auch den Bestimmungen des III. Teiles der Charlottenburger Geschäftsordnung wird, wenn kein noch günstigeres Zeugnis erteilt, doch das nicht versagt werden können, daß sie in summa wohl annehmbar seien. Gar manches von ihnen scheint von einem bereits oben gestreiften Bestreben beherrscht zu werden, dem nämlich, billig zu vermitteln zwischen dem Anspruche des einzelnen Stadtverordneten, seinen besonderen, ob auch vielleicht recht eigenartigen Standpunkt unter Umständen selbst auf Kosten der weitmeisten übrigen Mitglieder zur Geltung zu bringen, und andererseits dem der Mehrheit, nicht über Gebühr mit wenig bedeutsamen Geschäften belastet und bei Erledigung der Geschäfte überhaupt aufgehalten zu werden, dies um so weniger, als doch die weitmeisten Stadtverordneten nur über ein bescheidenes Maß ihrer Zeit zu Gunsten des Ehrenamtes zu verfügen in der Lage sind. Beispiele zunächst von solchen Fällen, in denen dem Verlangen oder auch dem Einspruche schon eines einzelnen — formell wenigstens — Folge gegeben werden muß, weisen die §§ 13, 17, 18, 19, 21 (vglch. auch Teil II § 11) nach, Beispiele dagegen von solchen, in denen dies erst dann zu geschehen hat, wenn mehrere sich zu einem Verlangen oder Einspruche vereinigen, die §§ 13, 17, 18, 20, 22, 25, 26 (vglch. auch Teil II §§ 9, 10, 12, Teil IV § 31,

Teil V § 44 und Städteordnung § 39). Einigermaßen willkürlich bleibt ja die Entscheidung darüber immer, ob man diesen oder jenen Fall zur ersten oder zur zweiten Gruppe verweisen soll, und kaum minder willkürlich die Bezifferung des Häufleins von Stadtverordneten, das sich zusammengefunden haben muß, wenn dem von ihm erhobenen Verlangen oder Einspruch der Erfolg zugesichert werden soll, wie denn auch Charlottenburg zwischen einer Häupterzahl von fünf (§§ 10, 13, 25, 26, 31) und einer solchen von zehn (§§ 9, 12, 17, 18, 20, 22, 44) hin- und herschwankt. Im großen und ganzen indes scheint die dortige Geschäftsordnung — im Gegensatze zu mancher anderen — das Richtige getroffen, nirgend wenigstens auffällig fehlgegriffen zu haben.

Auch noch auf anderem Wege läßt der Teil III der Charlottenburger Geschäftsordnung es sich angelegen sein, die Versammlung durch Vereinfachung des Geschäftsbetriebes zu entlasten. Einmal zielen darauf die Bestimmungen ab, nach denen gewisse Angelegenheiten vorab an Ausschüsse zur Beratung gelangen sollen, zum anderen auch die, daß es nicht immer gerade einer ausdrücklichen Beschlußfassung, im Falle des § 18 einer besonderen Schlußabstimmung bedürfen soll (§§ 13, 27). Der Teil IV wird noch weitere Gelegenheit bieten, hierauf zurückzukommen. Einstweilen sei nur betreffs stillschweigender Beschlußfassung zurückverwiesen auf § 11 (Teil II) und auf Abschn. IV litt. B zu Nr. 2.

Zu IV (§§ 28 bis 40 d. Charlottenb. Gesch.-O.):

Dieser Teil ist den — übrigens bereits in den §§ 13, 17, 27 berührten — Ausschüssen (vglch. Abschn. III zu § 37 unter Nr. 3 und 4, auch zu § 59 und Abschn. V Nr. 1 zu § 37 d. StO.) gewidmet, und zwar vorab den ständigen, dann den nicht-ständigen, endlich gleichmäßig beiden.

Die ständigen Ausschüsse anlangend (litt. A §§ 28 bis 33), kennt Charlottenburg deren vier, für jedes Kalenderjahr zu bildende, und bestimmt die dortige Geschäftsordnung zugleich die Mitgliederzahl (§ 28). Die Gegenstände des Ressorts dieser Ausschüsse gelangen zunächst an sie und erst nach ihrer Berichterstattung an das Plenum. Die Ressortgrenzen der einzelnen Ausschüsse bestimmt für den „Wahlausschuß“ der § 30, übrigens weder ausschließlich eigentliche Wahlen, noch andererseits alle Wahlen treffend (vglch. § 33); im Anschluß daran wird der Versammlung selbst wiederum (vglch. oben zu §§ 11 und 27) eine stillschweigende Beschlußfassung über die Ausschuß-Vorschläge vorbehalten. Das Ressort des Petitionsausschusses (§ 31) erstreckt sich auf diejenigen Zuschriften Privater 2c., „welche Bittgesuche oder Beschwerden enthalten“ (§ 27 litt. a). Auch hier folgt erst auf die Vorberatung im Ausschusse die Beratung im Plenum, wenn nicht letztere gleichfalls wieder mittels stillschweigender Beschlußfassung sich überhaupt erübrigt (§ 31). Die dem Rechnungsprüfungsausschuß zufallende Vorberatung und Berichterstattung umfaßt alle auf die Feststellung und Entlastung von Rechnungen sich beziehenden Vorlagen (§ 32). Endlich besteht noch ein besonderer ständiger Ausschuß zur Prüfung von Stadtverordnetenwahlen und von darauf sich beziehenden Einsprüchen (§ 33).

Zur Vorberatung einzelner, dessen bedürfender Gegenstände nicht-ständige Ausschüsse (litt. B § 34; vglch. auch §§ 13, 17) zu bestellen, bleibt der Versammlung überlassen. Doch erlischt ihr Auftrag spätestens mit Ablauf des Kalenderjahres.

Es folgen schließlich noch „gemeinsame Bestimmungen“ für beide Gattungen von Ausschüssen (litt. C §§ 35 bis 40). Den schwierigsten Punkt — die Wahl der Ausschüsse — berührt der obenanstehende § 35. Zu erwägen blieb hierbei insbesondere ein Zwiefaches. Eine etwa in der Plenarsitzung zu vollziehende förmliche Wahl mittels Stimmzettel würde einen ganz unverhältnismäßigen Zeitaufwand erfordern und zum anderen würde sie noch immer nicht den Erfolg sicherstellen, daß auch die minder starken Fraktionen, wie doch immerhin billig, in den Ausschüssen eine numerisch angemessene Vertretung finden. Dem gegenüber ist Berlin schon darauf verfallen, in den „Abteilungen“ ein besonderes Wahlorgan zu schaffen (oben zu I a. E.). Charlottenburg hat es versucht, ohne diesen schwerfälligen, in der Tat kaum empfehlenswerten Apparat auszukommen. Blendend freilich ist der Erfolg nicht gerade. Aussprechen konnte die Geschäftsordnung nicht füglich, was die Verfasser sich in § 35 gedacht haben — sie hätte denn die Fraktion, was unmöglich, als ein eigentliches Organ der Versammlung anerkennen müssen. Was jetzt der § 35 bestimmt — daß nämlich die Wahl in der Sitzung erfolgt und die Vorschläge von Kandidaten dem Vorsteher zu überreichen sind — beruht auf den nicht ausgesprochenen Gedanken, daß die Fraktionen in sich und untereinander unschwer sich über die abzuordnenden Mitglieder verständigen möchten und das Plenum dem Ergebnis ohne weiteres (stillschweigend) zustimmen werde. In der Tat trifft denn das in Charlottenburg auch regelmäßig zu. Eventuell freilich bliebe nur übrig, gemäß § 20 zu verfahren. — Der § 36 ferner handelt von der Wahl eines Vorsitzenden (vglch. PrVerwBl. Jahrg. 23 S. 588), eines Schriftführers und ihrer Stellvertreter, von der Zuständigkeit zur Einberufung des Ausschusses, von der Beschlußfähigkeit, von einem etwa erforderlichen Austausche mit dem Magistrat und von der Regelung der Tagesordnung. — Für besondere Fälle beruft daneben der § 37 den Stadtverordneten-Vorsteher, bei dessen Behinderung zugleich dessen Stellvertreter, ohne Wahl zum Vorsitze — dann nämlich, wenn sie zugleich als Mitglieder dem Ausschusse angehören; mit nur beratender Stimme können sie auch in anderen Fällen den Ausschußsitzungen beiwohnen, der Stellvertreter freilich wieder nur bei Behinderung des Vorstehers. — Nicht überall Unbedenkliches bestimmt der § 38. Passieren mag noch, daß, wenn nicht in der Vollsitzung anders beschlossen wird, alle Stadtverordneten als Zuhörer den Ausschußverhandlungen beiwohnen können. Aber auch der Magistrat soll sich nur unter eben jener Bedingung in den Ausschüssen vertreten lassen können? Das geht zuweit (vglch. Abschn. V zu § 37 d. StO.). — Ein Recht, mit beratender Stimme an den Verhandlungen teilzunehmen, räumt der § 39 in gewissem Umfange denjenigen Stadtverordneten ein, über deren Initiativanträge die Vorberatung stattfindet. — Von dem für die Vollsitzung zu bestellenden Berichterstatter und der (schriftlichen) Abfassung sowie dem Drucke der Ausschußbeschlüsse endlich handelt der § 40. Er schließt zugleich den IV. Teil mit der sehr bedeutsamen Bestimmung ab, daß im übrigen die Vorschriften für die Vollsitzungen auch auf die Ausschußsitzungen sinngemäße Anwendung finden.

Den Bemerkungen, die bereits im obigen an einzelne Sätze des IV. Teiles angeknüpft wurden, sei hier nur noch ein Zwiefaches hinzugefügt.

Schon im III. Abschnitt (zu § 37 unter Nr. 4) wurde zwar anerkannt, daß eine der Beschlußfassung im Plenum vorangehende Ausschuß-Vorberatung in manchen Fällen sich wohl empfehle, zugleich aber doch vor einem Zuviel hierin gewarnt und insbesondere einer gar zu weit reichenden Einsetzung von ständigen Ausschüssen entgegengetreten. Es wird nicht behauptet werden können, daß in dieser Beziehung auch Charlottenburg — gleich anderen Städten — zu weit gegangen sei. Die Gegenstände, zu deren Vorberatung seine vier ständigen Ausschüsse berufen sind, treten an größere städtische Verwaltungen nicht ohne einige Stetigkeit heran und eine regelmäßige Vorbehandlung in einem engeren, gewisse Traditionen herausbildenden und ausgestaltenden Kreise mag ihrer sachgemäßen Erledigung förderlich sein. — Der zweite hier noch zu berührende Punkt betrifft das in vielen Geschäftsordnungen ausdrücklich den Ausschüssen verbriefte Recht, Untersuchungen anzustellen durch Einsicht von Akten, Einnahme des Augenscheins, Vernehmung dritter rc. Charlottenburg beruft nur den zur Prüfung von Stadtverordnetenwahlen eingesetzten Ausschuß und selbst ihn nur in dem Falle, wenn Einspruch wider die Gültigkeit einer Wahl erhoben ist, äußerst zurückhaltend auch dazu, „alle ihm erforderlich erscheinenden Erhebungen zu veranlassen“ (§ 33). Darin können immerhin Beschränkungen erblickt werden, die zum mindesten nicht geboten waren (vglch. Instruktion vom 17. März 1831 § 25 — GS. S. 35).

Zu V (§§ 41 bis 45 d. Charlottenb. Gesch.-O.):

Über die Redeordnung, von der dieser Teil handelt, bestimmt Charlottenburg kaum anderes als die weitmeisten Geschäftsordnungen. Das gilt schon von den Sätzen des § 41, daß niemand sprechen darf, den nicht der Vorsteher dazu ermächtigt hat, daß ferner er selbst erst nach Abtretung des Vorsitzes sich an der Beratung beteiligen darf und daß jene Ermächtigung nach der Reihenfolge der Meldungen (vglch. § 6) erteilt wird. Der letztere Satz gilt freilich nicht ohne gewisse Ausnahmen, betreffend Magistratsvertreter (StO. § 38), Mitglieder, welche zur Geschäftsordnung sprechen wollen, und persönliche Bemerkungen (§ 42; vglch. auch § 45 Abs. 2). Auch daß die Redner weder anders als stehend sprechen, noch ihre Reden ablesen dürfen (§ 43), entspricht dem allgemeinen Brauche. Auf den Schluß der Verhandlung und auf Vertagungen bezieht sich der § 44; für entsprechende Anträge wird hier wieder einmal eine Unterstützung, und zwar von zehn Mitgliedern gefordert (vglch. die Bemerkungen zum III. Teil). Zu dem Satze des § 44, daß die Anwesenheit von Magistratskommissarien gefordert werden kann, wenn mit der Vertagung einer Beratung zugleich deren Wiederaufnahme in einer bestimmten Sitzung beantragt wird, vglch. StO. § 38. Der Billigkeit und der Gewohnheit entspricht es endlich auch, daß, wenn ein Magistratsvertreter nach dem Schlusse der Beratung das Wort nimmt, diese für wieder eröffnet gilt (§ 45).

Verschmäht hat Charlottenburg eine Bestimmung des Inhalts, daß grundsätzlich keine Rede länger als x Minuten dauern darf, obschon es ihm dabei an jedem Vorbilde nicht gefehlt haben würde — mit Recht verschmäht selbst unter der Voraussetzung, daß seine Stadtverordneten-Versammlung mit mancher anderen das Schicksal etwa teilen sollte, im Kreise ihrer Mitglieder etliche Dauerredner mit besonderer Vorliebe für offene Fenster aufweisen zu können.

Zu VI (§§ 46 bis 49 d. Charlottenb. Gesch.-O.):

Die „Ordnungsbestimmungen“ bilden das Schlußglied des Ganzen. Vorab sei hier verwiesen auf die obigen Ausführungen zu §§ 46 und 48 d. StO., betreffend die entsprechenden Aufgaben des Vorsitzenden und Zuwiderhandlungen gegen Ordnungsvorschriften der Geschäftsordnungen (Abschn. IV litt. B zu Nr. 5 und Nr. 7). Charlottenburg behandelt zunächst im § 46 die Handhabung der Ordnung von seiten des Vorstehers gegenüber Mitgliedern der Versammlung, und zwar obenan den Ordnungsruf.

Gegen solchen gewährt es zwar dem davon betroffenen Mitgliede das Recht des Einspruchs bei der Stadtverordneten-Versammlung, unterwirft aber doch das Verfahren bei dieser gewissen Beschränkungen. Daneben wird — ob auch in inhaltlichem Zusammenhange mit diesen Sätzen oder im Gegensatze zu ihnen? — der Vorsteher ermächtigt, die Mitglieder „auf den Gegenstand der Verhandlung zurückzuweisen und zur Ordnung zu rufen“. Fährt ein Mitglied, nachdem jenes oder dieses zweimal in der nämlichen Rede geschehen, gleichwohl fort, „sich vom Gegenstande oder von der Ordnung zu entfernen“, so kann unter Umständen auch noch die Entziehung des Worts verhängt werden. Weiter bestimmt der § 47, wie der Vorsteher sich in dem Falle zu verhalten hat, wenn in der Versammlung störende Unruhe entsteht, und der § 48 beruft nochmals den Vorsteher zur Handhabung der Ordnung — an dieser Stelle unter besonderer Bezeichnung einmal der Räume, innerhalb deren ihm das obliegt, und weiter der gegen Zuhörer etwa zu treffenden Maßnahmen (StO. § 46). Der § 49 endlich verpflichtet die an der Wahrnehmung der Sitzungen behinderten Mitglieder zu entsprechender, an den Vorsteher zu richtender Anzeige und sieht daneben noch die Führung eines Verzeichnisses über die Beurlaubungen vor; in letzterer Beziehung vglch. Abschn. VII Nr. 5.

Die Bestimmungen dieses Teiles sind, was zumal Aufbau und Gliederung anlangt, die am wenigsten befriedigenden. Aber auch inhaltlich hätte wenigstens hier und da weiter gegangen werden können, als geschehen. Offen bleibt, ob und inwieweit etwa der Vorsteher kraft der Aufgabe, die Ordnung „in der Versammlung“ (§ 46) und „im Sitzungssaale“ (§ 48) zu handhaben, dazu auch den Magistratsvertretern gegenüber berufen ist. Förmliche „Ordnungsrufe“ wider sie zu erlassen, muß freilich nach der Fassung des § 46 als ausgeschlossen angesehen werden. Im übrigen aber wird die Frage in dem Sinne bejaht werden dürfen und müssen, daß der Vorsteher auch jenen Vertretern gegenüber dafür einzutreten hat, daß die Verhandlungen sich in geordneten Bahnen bewegen; insoweit enthält insbesondere auch der dem Magistrat einen Anspruch auf jederzeitiges Gehör gewährende § 38 d. StO. (unten Abschn. V Nr. 1) keinen den Vertretern zur Seite stehenden Freibrief (PrVerwBl. Jahrg. 20 S. 348, 21 S. 332). Abgesehen hat Charlottenburg davon, unter Umständen selbst eine „Ausschließung" aus der Stadtverordneten-Versammlung wider Stadtverordnete, die sich ungebührlich benehmen, verhängen zu lassen (StO. § 38), desgleichen davon (zu § 49), dem unentschuldigten Ausbleiben auch ein zu spätes Erscheinen, wohl gar ein vorzeitiges Verlassen der Versammlung anzureihen, wie derartiges in anderen Städten geschehen ist. Gar knapp ist endlich, was der § 49 über Beurlaubungen bestimmt. Hierauf, wie auch auf die Verpflichtung zur Amtsverschwiegenheit wird unten (Abschn. VII Nr. 4 und 5) noch zurückgekommen werden.

Finden sich etwa in anderen Teilen der Charlottenburger Geschäftsordnung noch wesentliche Lücken? Im großen und ganzen wird die Frage verneint werden dürfen — selbst von dem, der die Mühe nicht scheute, eine längere Reihe von anderen Geschäftsordnungen mit jener zu vergleichen. Einige enthalten allerdings noch Bestimmungen über die Anordnung außergewöhnlicher Wahlen und über die Einführung der bei der regelmäßigen Ergänzung neu gewählten Stadtverordneten, auch wohl über die Amtsverschwiegenheit (vglch. Abschn. II zu § 21 und § 28, Abschn. VII Nr. 4).

V. Die Beziehungen zum Magistrat.

Das Beste und Bedeutsamste, was von diesen Beziehungen gilt oder doch gelten sollte, läßt sich kaum in Worte, geschweige denn in Paragraphen fassen; es will empfunden sein und beherzigt werden; es beruht auf Takt und für diesen gibt es nicht einmal Lehrmeister, geschweige denn geschriebene Gesetze. Gleichwohl sind hier und da schon im obigen Versuche gemacht worden, wenigstens Mißgriffe abzuwenden (Abschnitt III T. 1, auch T. 2 zu §§ 37, 56 Nr. 3 und §§ 66, 67 a. E.). Hier indes, an der sedes materiae mag noch ein weiteres Wort hinzugefügt werden.

Magistrat und Stadtverordnete stehen beide, wenn auch nicht in streng rechtlichem Sinne, im Dienste eines höheren dritten, eines und desselben dritten — des Gemeinwesens. Gedeihen kann dieses dauernd nur, wenn die ihm dienenden, in erster Reihe zur Wahrung und Förderung seines Wohles berufenen Organe im Frieden miteinander leben und wirken. Nun können freilich die Meinungen darüber, was dem gemeinschaftlichen Ziele dient, was ihm entgegen ist, kaum immer hüben und drüben miteinander stimmen, sei es, daß die Angemessenheit und Zweckmäßigkeit dieser oder jener Maßregel, sei es, daß selbst der Inhalt des bestehenden Rechts den Gegenstand einer Meinungsverschiedenheit bildet. Und es fehlt denn auch in den Gesetzen nicht an Mitteln und Wegen, um in solchen Differenzfällen eine dritte, außerhalb des kommunalen Verbandes stehende Stelle das letzte entscheidende

Wort sprechen zu lassen. Es läßt sich endlich nicht wohl in Abrede stellen, daß unter Umständen ein solcher Spruch geeignet sein kann, das Gemeinwohl wesentlich zu fördern oder doch eine Schädigung von ihm fern zu halten, daß zu viel auf dem Spiele stand, um etwa von vornherein denjenigen, der den Spruch des dritten extrahierte, von diesem Schritte absehen zu lassen, daß ein vorzeitiges Nachgeben sich schon einer Pflichtwidrigkeit genähert haben würde. Ultima ratio aber müßte demohnerachtet immer das Betreten eines Weges bleiben, der dazu führt, daß die beiden leitenden städtischen Organe einander als Parteien gegenüberstehen. Jedes von beiden sollte zuvor in aller Mäßigung und Unbefangenheit mit sich zu Rate gehen, ob in der Tat es an jedem anderen Mittel zur Lösung der Differenz fehlt, ob der Gegenstand bedeutsam genug ist, ein Stück der freien Selbstverwaltung und Selbstbestimmung preiszugeben, ob nicht selbst ein mäßiges Opfer an eigener Überzeugung einen immer noch annehmbaren Preis darstellt, wenn damit der Friede, das einmütige Zusammengehen ungestört erhalten, auch andere unliebsame Konsequenzen, die selbst für den Obsiegenden sich an den Sieg zu knüpfen pflegen, abgewendet werden können. Dies alles hat zu geschehen unter den Gesichtspunkten nicht irgend eines eigenen Interesses, etwa gar kleinlicher Eifersüchtelei, sondern nur und allein der Interessen des gemeinschaftlichen dominus negotiorum.

Insoweit aber der Gegenstand der Überschrift eine Würdigung und Beurteilung nach den Satzungen des positiven Rechts zuläßt und erheischt, steht obenan die Frage, wie die Zuständigkeit der Stadtverordneten sich gegen die des Magistrats abgrenzt. Hierzu ist indes bereits in dem besonderen Abschnitt III Stellung genommen worden. Allerdings blieb dabei noch alles ausgeschieden, was die Städteordnung (§§ 36, 56 Nr. 2 und 77) und das Zuständigkeitsgesetz (§§ 15, 17) für die Fälle von Meinungsverschiedenheiten zwischen beiden Organen bestimmen.

1. Vorangestellt seien indes hier die Bestimmungen der Städteordnung, die den Magistrat in den Stand setzen sollen, unausgesetzt in Fühlung mit den Stadtverordneten zu bleiben (MBl.

d. i. V. 1903 S. 90), insbesondere auch darauf einzuwirken, daß und in welchem Sinne sie beschließen. In dieser Richtung bestimmen:

der § 37: daß zu allen behufs Kontrolle der Verwaltung von den Stadtverordneten aus ihrer Mitte ernannten Ausschüssen der Bürgermeister ein Magistratsmitglied abordnen darf;

der § 38: daß, die Versammlungen der Stadtverordneten als Gesamtheit anlangend, der Magistrat

stets geladen wird,

sich durch Abgeordnete vertreten lassen kann,

gehört werden muß, so oft er es verlangt,

wohingegen andererseits auch die Stadtverordneten verlangen können, daß Magistrats-Abgeordnete den Versammlungen beiwohnen;

der § 39: daß die Zusammenberufung der Stadtverordneten erfolgen muß, sobald es der Magistrat verlangt;

der § 41: daß selbst da, wo regelmäßige Stadtverordneten-Sitzungstage festgesetzt sind, die Verhandlungsgegenstände — von dringenden Fällen abgesehen — mindestens zwei freie Tage vorher dem Magistrate angezeigt werden müssen;

der § 47: daß dem Magistrate alle Stadtverordnetenbeschlüsse — auch die gesetzlich nicht ihm zur Ausführung überwiesenen — mitgeteilt werden müssen;

— sämtlich übrigens Bestimmungen, deren sonstiger Inhalt bereits in den Abschnitten III und IV Berücksichtigung fand.

Zu § 37: Ausschüsse werden keineswegs ausschließlich gerade zu Kontrollzwecken ernannt. Besteht nun, wo sie anderen Zwecken dienen, gleichfalls das Recht des Bürgermeisters zur Abordnung von Magistratsmitgliedern und — dementsprechend — ein Anspruch darauf, zu den Sitzungen solcher Ausschüsse geladen zu werden? Der Gesichtspunkt, welcher der Mitteilung vorstehender Bestimmungen oben vorangeschickt wurde, scheint für die Bejahung zu sprechen; auch das kann kaum dagegen geltend gemacht werden, daß doch die Städteordnung selbst andere als zu Kontrollzwecken ernannte Ausschüsse überhaupt nicht kenne (Abschnitt III zu § 37 Nr. 4). Besitzen einmal die Stadtverordneten ein solches Ernennungsrecht praeter legem, warum sollte nicht ein gleiches „praeter“ auch dem Bürgermeister, wo es die Abordnung von Magistratsmitgliedern gilt, zur Seite stehen? In diesem Sinne hat denn auch neuerlich das Oberverwaltungsgericht entschieden (Entsch. Bd. XLIII S. 85). Früher freilich ist von anderer, gleichfalls übrigens autoritativer Seite die gegenteilige Ansicht vertreten worden, und das selbst in Bezug auf die Abordnung zu einem Rechnungsrevisions-Ausschuß, dessen Aufgabe doch wesentlich gerade in einer Kontrolle besteht (PrVerwBl. Jahrg. 3 S. 2, 4 S. 27, 5 S. 289). Demgegenüber kann es denn auch nicht befremden, wenn selbst einige Geschäftsordnungen sich in diesem Punkte recht knapp verhalten, dem Magistrat nämlich nur für den Fall das Recht, sich vertreten zu lassen, zugestehen, wenn es an einem gegenteiligen Beschlusse der Stadtverordneten-Versammlung fehlt (Abschn. IV litt. C zu IV).

Zu § 38: Wenn der Magistrat zu „allen“ Versammlungen geladen werden und dazu berechtigt sein soll, sich vertreten zu lassen, so kann selbst für geheime Sitzungen keine Ausnahme statuiert werden (MBl. d. i. V. 1851 S. 116). Auch das Recht, gehört zu werden, „so oft er es verlangt“, reicht sehr weit — so weit, daß selbst noch, nachdem die Verhandlung bereits für geschlossen erklärt worden ist, seine Ausübung zuzulassen sein wird; nur pflegen die Geschäftsordnungen für solchen Fall die Bestimmung zu treffen, daß dann die Beratung überhaupt für wiedereröffnet gilt (Abschn. IV litt. C zu V).

Trifft der Magistrat selbst eine Bestimmung darüber, wer ihn vertreten soll, überhaupt nicht, so kann als dazu berufen zunächst nur der Bürgermeister angesehen werden (§ 58 d. StO.; PrVerwBl. Jahrg. 24 S. 211).

Zu § 39: Wenn das Gesetz dem Magistrat das Recht zuerkennt, jederzeit die Zusammenberufung der Stadtverordneten zu fordern, so kann dies doch nicht füglich nur in dem Sinne geschehen sein, daß solchen Falles die Stadtverordneten sich auf ein Zusammentreten beschränken dürften. Ist es damit zu vereinigen, wenn die Berliner Geschäftsordnung bestimmt: während der Ferien könnten nur solche Gegenstände zur Beratung gelangen, gegen „deren Vornahme" nicht mindestens zehn Mitglieder der Versammlung Widerspruch erheben? Allein der Magistrat Berlin hat dem zugestimmt.

Zu § 47: Durch die vorgeschriebene Mitteilung der Beschlüsse wird der Magistrat zugleich zu einer Nachprüfung dahin in den Stand gesetzt werden müssen, ob dieselben unter Beobachtung der maßgebenden Formvorschriften zustande gekommen sind, sodaß eine auf den Inhalt allein beschränkte Mitteilung kaum ausreicht.

2. In Bezug auf die Beanstandung von Beschlüssen der Stadtverordneten seitens des Magistrats und auf andere, zwischen beiden entstehende Meinungsverschiedenheiten seien hier vorab die Bestimmungen der Städteordnung — in der ursprünglichen Fassung — und die des Zuständigkeitsgesetzes einander gegenübergestellt.

Städteordnung:

§ 36. Die Beschlüsse der Stadtverordneten bedürfen, wenn sie solche Angelegenheiten betreffen, welche durch das Gesetz dem Magistrate zur Ausführung überwiesen sind, der Zustimmung des letzteren. Versagt dieser die Zustimmung, so hat er die Gründe dieser Versagung der Stadtverordneten-Versammlung mitzuteilen. Erfolgt hierauf keine Verständigung, zu deren Herbeiführung sowohl von dem Magistrate als den Stadtverordneten die Einsetzung einer gemeinschaftlichen Kommission verlangt wer-

Zuständigkeitsgesetz (Tit. IV):

§ 15. Beschlüsse der Gemeindevertretung . . ., welche

a) deren Befugnisse überschreiten oder

b) die Gesetze verletzen,

hat der Gemeindevorstand . . ., entstehenden Falles auf Anweisung der Aufsichtsbehörde, mit aufschiebender Wirkung unter Angabe der Gründe zu beanstanden. Gegen die Verfügung des Gemeindevorstandes . . . steht der Gemeindevertretung . . . die Klage im Verwaltungsstreitverfahren zu.

Die in den Gemeindeverfassungsgesetzen begründete Befugden kann, so ist die Entscheidung der Regierung einzuholen ...

§ 56 (Nr. 2). Der Magistrat hat als .. Gemeindeverwaltungsbehörde ... die Beschlüsse der Stadtverordneten-Versammlung ..., sofern er sich mit denselben einverstanden erklärt, zur Ausführung zu bringen.

Der Magistrat ist verpflichtet, die Zustimmung und Ausführung zu versagen, wenn von den Stadtverordneten ein Beschluß gefaßt ist, welcher

a) deren Befugnisse überschreitet,
b) gesetz- oder rechtswidrig ist,
c) das Staatswohl oder
d) das Gemeindeinteresse verletzt.

In Fällen dieser Art ist nach den Bestimmungen im § 36 zu verfahren.

§ 77. Wenn die Stadtverordneten einen Beschluß gefaßt haben, welcher

a) deren Befugnisse überschreitet,
b) gesetz- oder rechtswidrig ist,
c) oder das Staatswohl verletzt,

so ist die Aufsichtsbehörde ebenso befugt als verpflichtet, den Vorgesetzten ... nis der Aufsichtsbehörden, aus anderen als den vorstehend angegebenen Gründen eine Beanstandung der Beschlüsse der Gemeindevertretung ... herbeizuführen, wird aufgehoben.

§ 17. Der Bezirksausschuß beschließt, soweit die Beschlußfassung nach den Gemeindeverfassungsgesetzen der Aufsichtsbehörde zusteht,

1. abgesehen von den Fällen des § 15 über die zwischen dem Gemeindevorstande und der Gemeindevertretung ... entstehenden Meinungsverschiedenheiten, wenn von einem Teile auf Entscheidung angetragen wird und zugleich die Angelegenheit nicht auf sich beruhen bleiben kann.

§ 21. Zuständig in erster Instanz ist im Verwaltungsstreitverfahren für die in diesem Titel vorgesehenen Fälle ... der Bezirksausschuß ... Die Frist zur Anstellung der Klage beträgt in allen Fällen zwei Wochen.

Die Gemeindevertretung ... kann zur Wahrnehmung ihrer Rechte im Verwaltungsstreitverfahren einen besonderen Vertreter bestellen.

stand der Stadtgemeinde zur vorläufigen **Beanstandung** der Ausführung zu veranlassen. Dieser hat hiervon die Stadtverordneten zu benachrichtigen und über den Gegenstand des Beschlusses sofort an die Regierung zu berichten. Die Regierung hat sodann ihre Entscheidung unter Anführung der Gründe zu geben.

Der weitaus wichtigste Punkt, in dem das frühere Recht eine Änderung durch das Zuständigkeitsgesetz erfahren hat, besteht darin, daß — mögen sich Bedenken wider einen Stadtverordneten-Beschluß im Zusammenhange mit der Frage, ob derselbe als ein dem Magistrat zur Ausführung überwiesener seiner Zustimmung bedarf (§§ 36, 56 Nr. 2 der Städteordnung), oder unabhängig davon (§§ 77) erheben — die vier Fälle a b c d nicht mehr, wie im wesentlichen bisher, einander gleichgestellt, vielmehr in zwei Gruppen, deren jede auf einem besonderen Wege zu erledigen ist, gegliedert worden sind, sodaß überall obenan gefragt werden muß:

von welchem der vier Gesichtspunkte aus wird dem Beschlusse entgegengetreten?

A. **Entweder** nämlich wird gerügt: der Beschluß enthalte eine Überschreitung der Befugnisse der Versammlung (a) oder er sei gesetzwidrig (b); alsdann — aber auch nur dann — findet, sei es auf Anweisung der Aufsichtsbehörde oder ohne solche, eine mit Gründen zu versehende „**Beanstandung**" von seiten des Magistrats statt, der gegenüber den Stadtverordneten, da es sich insoweit um eigentliche Rechtsfragen handelt, die **Klage** im **Verwaltungsstreitverfahren** offen steht (Zuständigkeitsgesetz § 15).

B. **Oder** es besteht eine (andere) „**Meinungsverschiedenheit**" in dem Sinne, daß der Magistrat das Staatswohl (c) oder doch das Gemeindeinteresse (d) als durch den Beschluß verletzt ansieht; alsdann — aber auch nur dann — erfolgt die Erledigung, sofern solche nicht anderweit, insbesondere mittels Beratung in einer gemeinschaftlichen Kommission, gelingt, mittels Beschlusses des Bezirksausschusses, dies aber freilich nur unter der zwiefachen Voraussetzung:

daß von einem Teile darauf angetragen wird und
daß es unmöglich ist, die Angelegenheit auf sich beruhen zu lassen (Zuständigkeitsgesetz § 17).

Zu A (a und b):

Von den beiden Fällen der Beanstandung — nur zweien — steht obenan der, daß ein Beschluß der Stadtverordneten-Versammlung „deren Befugnisse überschreitet". Wird diese Ausdrucksweise derjenigen gegenübergehalten, deren das Gesetz sich zur Bezeichnung des zweiten Falles, betreffend „Verletzung der Gesetze", bedient, so wird jene auf ein Hinausgehen der Stadtverordneten-Versammlung über das ihr angewiesene Zuständigkeitsgebiet bezogen werden müssen, vor allem auf ein Übergreifen in andere als „Gemeindeangelegenheiten" (vglch. den allgemeinen Teil des Abschnitts III). Aber auch der Fall wird hierher gezogen werden müssen (gegen Leidig, Preuß. Stadtrecht S. 131 Note 2), wenn es sich bei dem Hinausgehen über das Zuständigskeitsgebiet nur darum handelt, ob nicht die Stadtverordneten Funktionen, die gerade der Magistrat als solche seines Ressorts ansieht, für sich in Anspruch genommen haben (s. ebendas. Nr. 4, ferner im zweiten Teile desselben Abschnitts zu § 36). Den Stadtverordneten freilich würde, wenn sie umgekehrt ihrerseits dem Magistrat einen solchen Vorwurf des Übergreifens in ihr Zuständigkeitsgebiet machen zu sollen meinen, nur übrig bleiben, den Weg des § 36 der Städteordnung (§ 17 des Zuständigkeitsgesetzes) einzuschlagen; eine verwaltungsrichterliche Entscheidnng herbeizuführen, sind sie nicht in der Lage und selbst jener Weg knüpft sich für sie an die Voraussetzung, daß der Vorwurf darauf hinausläuft: es habe der Magistrat gegenüber einem bereits gefaßten, der Zustimmung desselben überhaupt nicht bedürfenden Beschlusse der Stadtverordneten-Versammlung sich ablehnend verhalten, insbesondere auch die Ausführung versagt. In anderen Fällen werden die Stadtverordneten nur die Aufsichtsbehörde anrufen können.

Der zweite Fall — der einer „Verletzung der Gesetze“ — begreift auch denjenigen einer unrichtigen Auslegung des Gesetzes in sich; denn ein Verstoß gegen den nach den Regeln der Auslegung festgestellten Sinn des Gesetzes ist zugleich ein solcher gegen dieses selbst, also immer auch eine Verletzung des letzteren.

Die Beanstandung und das ihr sich anschließende Verfahren finden statt, gleichviel ob der Beschluß, gegen den jene sich richtet, ein der Zustimmung des Magistrats bedürfender oder ein von solcher nicht abhängiger ist, gleichviel auch, ob mit der Ausführung bereits der Anfang gemacht ist oder diese noch im ganzen Umfange aussteht. Selbst der Umstand, daß ein Beschluß zur rechtlichen Wirksamkeit noch erst der höheren Genehmigung bedarf, schließt die Beanstandung nur etwa zunächst, bis über die Erteilung der Genehmigung entschieden worden, und dann wieder, nachdem die Genehmigung unanfechtbar versagt worden ist, aus. Letzteres aber beruht auf einem weiter reichenden, allgemeinen Gesichtspunkt, darauf nämlich, daß überhaupt diejenigen Beschlüsse sich der Beanstandung entziehen, an die sich keinerlei — auf diesem Wege abzuwendende — Rechtswirkungen knüpfen können; solchen Falles würde es an jedem Objekte für einen praktischen Erfolg der Beanstandung fehlen, es nur noch die Lösung einer „Doktorfrage“ gelten; dazu aber das Beanstandungsverfahren eingeführt zu haben, kann dem Gesetzgeber nicht füglich imputiert werden.

Eine umfassende Darstellung des Rechtes, die Beschlüsse kommunaler Selbstverwaltungsorgane zu beanstanden, enthält das PrVerwBl. Jahrg. **17** Nr. 49 ff. Dieselbe gewährt auch einen Überblick über die einschlagende Judikatur des Oberverwaltungsgerichts; hier mag folgende, im wesentlichen die oben entwickelten Sätze bestätigende Nachweisung genügen: Entsch. Bd. XIII S. 89, Bd. XIV S. 76, Bd. XVI S. 58, Bd. XVII S. 84, Bd. XXI S. 29, Bd. XXIV S. 18, Bd. XXVII S. 87, Bd. XXXV S. 97, Bd. XXXIX S. 50, Bd. XLI S. 34; PrVerwBl. Jahrg. **9** S. 465, **11** S. 346, **13** S. 1, **16** S. 459, **19** S. 481, 518, **20** S. 298, **21** S. 541, **24** S. 295, **25** S. 165.

Zu B (c und d).

Das zweite, für Fälle der „Meinungsverschiedenheit“ vorgesehene Verfahren — gipfelnd in einem Beschlusse des Bezirksausschusses — hat zur Voraussetzung, daß der Magistrat zwar nicht eine Verletzung der den Stadtverordneten angewiesenen Zuständigkeitgrenzen oder der Gesetze, wohl aber eine solche des Staatswohles oder des Gemeindinteresses geltend macht. Eine weitere Voraussetzung ergibt sich aus dem Begriffe der „Meinungsverschiedenheit“. Eine solche, der Lösung bedürfende bringt es begrifflich mit sich, daß der Widersprechende in einer Angelegenheit auftritt, in der er aufzutreten überhaupt berufen ist, in der ihm ein wirksames votum zusteht. Zwischen mehreren Miteigentümern eines Objekts ist eine Meinungsverschiedenheit darüber, wie am zweckmäßigsten das Objekt zu nutzen sein möchte, gewiß möglich; handelt es sich aber um die Nutzung eines mir allein gehörenden Grundstücks, so mag der zuschauende Nachbar meine Dispositionen zwar recht verkehrt finden, das auch gelegentlich mir gegenüber äußern; allein für eine förmliche Auseinandersetzung über eine „Meinungsverschiedenheit“, für die Anrufung eines entscheidenden dritten ist hier kein Raum. Dem entsprechend ist ohne weiteres anzuerkennen, daß überall da, wo die Stadtverordneten-Versammlung mit Angelegenheiten, die ausschließlich zu ihrem Geschäftskreise gehören, befaßt ist, wo sie selbständig zu beschließen hat, es nicht erst einer Zustimmung des Magistrats bedarf, der § 17 des Zuständigkeitsgesetzes überhaupt keine Anwendung findet. Nur daran knüpfen sich — wenigstens für einzelne Fälle — Zweifel, ob jene Voraussetzungen der Nicht-Anwendbarkeit des § 17 als gegeben anzusehen sind. So scharf und klar wie der § 11 des Zuständigkeitsgesetzes es ausspricht, daß in den dort bezeichneten Fällen (des § 10 das.) es „keiner Genehmigung oder Bestätigung von seiten des Gemeindevorstandes bedarf“, bringt solche Zweifel die Städteordnung selbst kaum an einer einzigen Stelle zur Erledigung (vglch. den ersten allgemeinen Teil des Abschnitts III unter Nr. 2, ferner die Ausführungen des dortigen zweiten Teils zu §§ 49, 53, 54, 66). Immerhin mag zugegeben werden, daß nach den

Intentionen des Zuständigkeitsgesetzes es zu weit gehen würde, den Weg des § 17 das. schon damit allein als eröffnet anzusehen, daß es an einem consensus zwischen Stadtverordneten und Magistrat, wo es einer Zustimmung des letzteren bedarf, fehlt, so beispielsweise da, wo jene eine von diesem im Entwurfe des Haushalts-Etats vorgesehene Ausgabe absetzten. Solchen Falles unterbleibt eben die Ausgabe, wenn nicht etwa die das Zwangsetatisierungs-Verfahren eröffnenden Voraussetzungen (§ 19 ebendas.) gegeben sind.

Verpflichtet übrigens, in allen Fällen den Weg des § 17 seinerseits einzuschlagen, insbesondere eine Entscheidung des Bezirksausschusses zu extrahieren, ist der Magistrat keineswegs und selbst der Bezirksausschuß ist nicht nur nicht verpflichtet, überall, wo er angerufen wird, in der Sache selbst zu entscheiden, sondern er muß sich sogar dessen enthalten, wenn er in der Vorfrage, ob nicht „die Angelegenheit auf sich beruhen bleiben kann“, zur Bejahung gelangt. Freilich wird selbst eine hierauf beschränkte Stellungnahme meisthin ohne ein gewisses Eintreten in die Sache selbst kaum möglich sein. Jene Nicht-Verpflichtung des Magistrats aber würde beispielsweise in dem Falle anerkannt werden müssen, wenn nach seiner Überzeugung zwar der Beschluß der Stadtverordneten das Gemeindeinteresse nicht voll wahrt, dieses aber durch eine Verfolgung der Meinungsverschiedenheit jedenfalls noch einer darüber hinausreichenden Verletzung ausgesetzt werden würde; die Möglichkeit, daß mehrere Interessen in solcher Weise konkurrieren, einander durchkreuzen und gegeneinander abgewogen werden wollen, läßt sich nicht füglich in Abrede stellen.

3. Nach vorstehendem kennt die Städteordnung von 1853 (§ 36) wohl eine „gemeinschaftliche“ Kommission, sich zusammensetzend ad hoc zu einer selbständigen Einheit aus Vertretern des Magistrats und der Stadtverordneten als ebenbürtigen gleichwertigen Gliedern und darin sich abhebend von Ausschüssen sowohl als auch von bleibenden, immer dem Magistrat untergeordneten Verwaltungsdeputationen (Abschnitt III zu §§ 37, 59); fremd dagegen ist ihr eine aus der Gesamtheit der Magistratsmitglieder und derjenigen der Stadtverordneten sich zusammensetzende einheitliche Körperschaft.

Die Städteordnungen einiger anderer Provinzen freilich statuieren gerade als Regel eine gemeinsame Beratung und Beschlußfassung beider städtischen Kollegien (vglch. PrVerwBl. Jahrg. 20 S. 76); dafür ist aber, wo es an einer entsprechenden positiven Satzung fehlt, kein Raum. Es kann auch nicht, obschon dafür mehrere bewährte Kommentatoren der Städteordnung eintreten, zugegeben werden, daß ein solches gemeinschaftliches Tagen allein aus dem Grunde, weil es an entgegenstehenden Bestimmungen fehle, immerhin rechtlich möglich sei; schon deshalb ist es unmöglich, weil, wie die prinzipielle Zulässigkeit wenigstens nicht anerkannt, ebensowenig das Verfahren, das doch notwendig event. einer Regelung bedurft hätte, eine solche gefunden hat, geschweige denn im einzelnen ausgebaut worden ist. Es mag dem nichts gerade entgegenstehen, daß aus besonderen Anlässen die einzelnen Glieder des Magistrats und der Stadtverordneten-Versammlung sich zusammenfinden und austauschen; irgend eine rechtliche Bedeutung knüpft sich aber an einen solchen Vorgang nicht; auch bei ihm bleiben — den Grundanschauungen der Städteordnung wie allen ihren einzelnen Bestimmungen entsprechend — Magistrat und Stadtverordnete zwei unerachtet unausgesetzter engster Beziehungen zu- und miteinander sich gegenüberstehende, streng von einander geschiedene Körperschaften, die niemals zu einer dritten verschmelzen, in einer solchen aufgehen können.

Dies alles freilich nur unbeschadet einzelner, ausdrücklich Gegenteiliges statuierender Rechtssätze aus neuerer Zeit. Abgesehen sei in dieser Beziehung hier noch von Berlin, abgesehen auch von § 60 des das Unterstützungswohnsitz-Gesetz betreffenden Ausführungs-Gesetzes vom 8. März 1871 (vglch. Zuständigkeitsgesetz § 43). Es verbleiben der § 104 der Kreisordnung vom 13. Dezember 1872 und der § 15 der Provinzialordnung vom 29. Juni 1875. Nach jenem erfolgt in den für sich wählenden Städten die Wahl der Kreistagsabgeordneten durch den Magistrat und die Stadtverordneten-Versammlung, „welche zu diesem Behufe unter dem Vorsitze des Bürgermeisters zu einer Wahlversammlung vereinigt werden“, und in den Städten der Städte-Wahlbezirke wählen dieselben beiden Organe „in vereinigter Sitzung“ die Wahlmänner. Ebenso werden nach der zweiten Stelle die Abgeordneten der Stadtkreise zum Provinzial-Landtage „in gemeinschaftlicher Sitzung“ unter dem Vorsitze des Bürgermeisters gewählt. An näheren Bestimmungen über das in solchen Fällen zu beobachtende Verfahren fehlt es freilich; vglch. indes MBl. d. i. V. 1871 S. 168.

4. Aus den Beziehungen der Stadtverordneten-Versammlung zum Magistrat, insbesondere aus der Aufgabe jener, die von diesem geführte Verwaltung zu kontrollieren, erwachsen endlich als Konsequenzen die Sätze, daß die Stadtverordneten nicht Mitglieder des Magistrats, auch Vater und Sohn, Schwiegervater und Schwiegersohn, sowie Brüder nicht zugleich Mitglieder des Magistrats und der Stadtverordneten-Versammlung sein können (Städteordnung § 30 — vglch. Abschnitt II zu § 17 Nr. 2).

VI. Die Beziehungen zur Aufsichtsbehörde.

Es ist kaum ausführbar, diesen Gegenstand in der engen Beschränkung auf dasjenige, was gerade die Stadtverordneten-Versammlung betrifft oder doch berührt, zu behandeln, ihn insoweit überall loszulösen von dem großen Ganzen des Aufsichtsrechts überhaupt. Die Schwierigkeit liegt darin, daß im allgemeinen die Gesetze sich mit diesem Rechte nicht etwa in der besonderen subjektiven Beziehung auf einzelne Organe der städtischen Verwaltung, sondern objektiv auf die städtischen „Gemeindeangelegenheiten" (Städteordnung § 76) oder auf deren „Verwaltung" (Zuständigkeitsgesetz § 7) befassen. Einleitend wenigstens läßt es sich nicht wohl umgehen, den an sich in engeren Grenzen vorgezeichneten Rahmen hier um einiges zu überschreiten.

Den kraft öffentlich-rechtlicher Satzung zur „Selbstverwaltung ihrer Angelegenheiten" (Städteordnung § 9) berufenen Verbänden ist insoweit ein subjektives Recht verbrieft — ein Recht, nicht etwa ausgesetzt einer beliebigen Einschränkung oder gar Entziehung, sondern gerade umgekehrt gedeckt und geschützt gegen willkürliche Eingriffe durch die Eröffnung eines mehr oder minder weit ausgestalteten Rechtsweges. Andererseits freilich sind und bleiben diese Verbände dem Staate gegenüber verpflichtet, überall die ihnen angewiesenen Schranken zu beobachten und jedes Tuns, aber auch jedes Unterlassens sich zu enthalten, das sich mit den vom Staate selbst verfolgten Zwecken, mit dem Gemeinwohle der Gesamtheit in Widerspruch setzt. Innerhalb jener Schranken und im Einklange mit diesen Zwecken das im übrigen freilich selbständige Leben, Schaffen und Wirken der Stadtgemeinden fortdauernd zu erhalten — darin wurzelt und gipfelt das Wesen des staatlichen Aufsichtsrechts. Für die Übung dieses Rechtes ist denn auch da überhaupt kein Raum, wo es an jedem öffentlichen Interesse fehlt (Entsch. d. OVG. Bd. XXXIV S. 165). Eine Stadtgemeinde mag beispielsweise Dispositionen treffen, durch die sie sich immerhin selbst schädigt, sie mag sich aus kaum haltbaren Gründen ihren im Privatrechte beruhenden Verpflichtungen gegen dritte entziehen — weder dort, noch hier wird sie, wenn nicht noch anderes hinzukommt, im Aufsichtswege angehalten werden können, verständigere, näher liegende Wege einzuschlagen (Entsch. d. OVG. Bd. XVI S. 221; MBl. d. i. V. 1863 S. 119, 1867 S. 334, aber auch v. Kamptz, Annalen 1831 S. 102, 775, 1839 S. 395).

Insoweit war es kaum erst geboten, auf das positive Recht zurückzugehen (vglch. übrigens die Verfassungsurkunde von 1850 Art. 105). Ohne jedes Aufsichtsrecht die Städte zu eigenen, vom Staate verschiedenen Persönlichkeiten zu erheben, sie in weitem Umfange zur Betätigung eines selbständigen Lebens zu berufen, wie das zuerst die Städteordnung von 1808 unternahm, war geradezu unmöglich, wenn nicht damit innerhalb des einen großen Gesamtstaates ein ihn schließlich in seiner Existenz bedrohendes Heer von zwar kleineren, aber kaum minder souveränen Staaten ihm an die Seite oder vielmehr gegenüber gestellt werden sollte. Schwieriger war die Bestimmung und vollends die Formulierung eines generellen, auf alle Fälle passenden Satzes oder auch einer Mehrheit von Sätzen, die ebenso ein Zuviel wie ein Zuwenig der Aufsicht vermieden — die Festlegung überall und allezeit unschwer erkennbarer Grenzen. Hier ist in erster Reihe entscheidend, was das positive Recht zum Ausdruck bringt.

Die Städteordnung von 1853 enthält sich in dieser Beziehung — um vorläufig noch abzusehen von dem besonderen Falle der „Beanstandung" — jeder Bestimmung; sie hat darauf verzichtet, das Aufsichtsrecht inhaltlich zu umgrenzen. In dem „von der Oberaufsicht über die Stadtverwaltung" handelnden Titel X, und zwar in dem ihn einleitenden § 76 wird alsbald zu der — an sich doch erst in zweiter Reihe stehenden — Frage Stellung genommen, von welchen Behörden „die Aufsicht des Staates über die städtischen Gemeindeangelegenheiten“ ausgeübt wird, und der § 7 des Zuständigkeitsgesetzes, der inzwischen an die Stelle jenes § 76 getreten ist, verhält sich nicht minder schweigsam. Ebenso wenig hat in neuerer Zeit die Landgemeindeordnung vom 3. Juli 1891 (§ 139) Vollkommeneres zu bieten vermocht oder für nötig gehalten. Immerhin aber darf mit einer Neigung der Städteordnung, die Grenzen des Aufsichtsrechts etwa besonders eng zu ziehen, nicht gerechnet werden. Bedeutsam in dieser Beziehung ist vielleicht die Tatsache, daß die Ausführungsinstruktion vom 20. Juni 1853 nicht weniger als 22 Paragraphen des Gesetzes, welche die Regierung zu gewissen Aktionen beruft, ausdrücklich gerade als Ausflüsse des Aufsichtsrechts kennzeichnet — so insbesondere von den bereits in den früheren Abschnitten berührten:

den § 2, betreffend die Abgrenzung des Stadtbezirks;

den § 11, betreffend den Erlaß statutarischer Anordnungen;

die §§ 15, 20, 21, 27, betreffend Zusammensetzung und Wahl der Stadtverordneten-Versammlung;

den § 33, betreffend die Bestätigung der gewählten Bürgermeister 2c;

den § 36, betreffend Meinungsverschiedenheiten zwischen Magistrat und Stadtverordneten;

den § 44, betreffend die Wahrung des Gemeindeinteresses in gewissen Fällen der Beschlußunfähigkeit der städtischen Kollegien;

die §§ 50, 51, betreffend Veräußerung von Grundstücken 2c., Aufnahme von Anleihen, Veränderungen im Genusse von Gemeindenutzungen;

die §§ 52, 53, 54, betreffend die Erhebung von Einzugs-, auch Eintritts- oder Hausstandsgeld, desgleichen von Steuern und die Leistung von Hand- und Spanndiensten;

die §§ 64, 65, betreffend Gehälter und Pensionen;

die §§ 72, 73, betreffend die Einrichtung der städtischen Verfassung ohne kollegialischen Gemeindevorstand.

(Vglch. auch die §§ 66, 70, betreffend den Haushaltsetat und die Jahresrechnung.)

Besonders ausgestaltet waren daneben noch und schon in der Städteordnung von 1853 — und zwar gerade in dem von der „Oberaufsicht" handelnden Tit. X —

die Beanstandung der Ausführung gewisser Stadtverordneten-Beschlüsse (§ 77),

die Zwangsetatisierung (§ 78),

die Auflösung der Stadtverordneten-Versammlung (§ 79)

— Bestimmungen, auf die erst später des näheren eingegangen werden wird.

Gedeckt indes war für die Praxis durch solche, nur auf einzelnes sich beziehende, spezielle Satzungen das darüber hinausreichende Bedürfnis, das Aufsichtsrecht allgemein bestimmter umgrenzt zu sehen, noch keineswegs und es lag nahe, in anderen Gemeindeverfassungs-Gesetzen sich nach einem Anhalt umzusehen. Man ging (vglch. insbesondere die Entsch. d. OVG. Bd. XXV S. 46, Bd. XXVII S. 80, Bd. XXVIII S. 95, Bd. XXXV S. 118; PrVerwBl. Jahrg. 24 S. 53) zunächst zurück auf die Vorgängerin der Städteordnung von 1853 — auf die von 1831 — und fand hier (§ 139) ausgesprochen: die Regierungen sollten in Ausübung des Oberaufsichtsrechts berechtigt und verpflichtet sein:

„a) sich Überzeugung zu verschaffen, ob in jeder Stadt die Verwaltung nach den Gesetzen überhaupt und nach gegenwärtiger Ordnung insbesondere eingerichtet sei;

b) dafür zu sorgen, daß die Verwaltung fortwährend in dem vorgeschriebenen Gange bleibe und angezeigte Störungen beseitigt werden;

c) die Beschwerden einzelner über die Verletzung der ihnen als Mitglieder der Gemeinde zustehenden Rechte zu untersuchen und zu entscheiden;

d) die Stadtgemeinden zur Erfüllung ihrer Pflichten anzuhalten, und

e) in den Fällen zu entscheiden, welche in dieser Ordnung dahin verwiesen sind."

(Vglch. auch die Gemeindeordnung für die Rheinprovinz vom 23. Juli 1845 § 114 und die — noch ausführlichere — Kurhessische Gemeindeordnung vom 23. Oktober 1834 § 93.)

Allerdings bleibt demgegenüber zu erwägen, daß die Städteordnung von 1853 es eben, wenn auch vielleicht nicht gar vermieden, doch unterlassen hat, diese älteren, von ihr vorgefundenen Bestimmungen zu übernehmen. Andrerseits aber spricht nichts dafür, daß sie dieselben grundsätzlich habe einschränken oder perhorreszieren wollen; die Unterlassung darf füglich auf die ihr eigenartige, überhaupt knappere Ausdrucksweise zurückgeführt werden und endlich wird zugestanden werden müssen, daß keiner jener älteren Sätze sich außerhalb desjenigen Rahmens bewegt, auf den der allgemeine, eines näheren Ausbaues ermangelnde Begriff einer „Aufsicht" oder auch „Oberaufsicht" hinweist. Unter solchen Umständen mag immerhin, wer das Bedürfnis empfindet, diesen Begriff aufgelöst oder doch um einiges näher bestimmt zu sehen, wohl dazu berechtigt sein, noch heutigen Tages sich, wenn auch nur mit aller Vorsicht, an das ältere Recht anzulehnen, obschon er sich auch damit noch keineswegs jeden Zweifels im Einzelfalle überhoben finden wird.

Einschränkend sei im allgemeinen nur noch — und das zumal auch zu Gunsten der Stadtverordneten-Versammlung — folgendes hinzugefügt: Die Unterstellung einer Körperschaft, insbesondere aber einer zur Selbstverwaltung berufenen Körperschaft, unter eine allgemeine staatliche Aufsicht reicht nicht so weit, wie die unter eine ständige, unausgesetzt zu übende Kontrolle. Schließlich zwar mag auch der Aufsichtsstelle nichts versagt sein, was der Kontrollstelle zusteht, und so mag beispielsweise auch die der städtischen Verwaltung gegenüber zuständige Aufsichtsstelle unter Umständen dazu schreiten dürfen, die gesamte Verwaltung ohne Beschränkung auf einzelnes einer Revision zu unterziehen, auch extraordinäre Kassenrevisionen vornehmen zu lassen, die Protokollbücher der Stadtverordneten-Versammlung wie Akten überhaupt einzufordern (v. Kamptz, Annalen 1838 S. 1029, 1031; MBl. d. i. V. 1840 S. 343, 1842 S. 182, 1845 S. 249, 1847 S. 191, 1853 S. 222). Auch nur fördernd, beratend, anregend einzutreten, liegt gewiß nicht überall außerhalb der Aufgabe der Aufsichtsbehörde. Allein gewisse Beschränkungen erwachsen dieser gleichwohl schon daraus, daß sie eben einer „Selbstverwaltung“ gegenübersteht. Wo es an jedem Anhalt für die Voraussetzung fehlt, daß die Verwaltung die gesetzlich gewiesenen, geordneten Bahnen bereits verlassen habe oder doch zu verlassen im Begriffe stehe, und vollends wo die Aufsichtsbehörde allen Anlaß gerade zu der gegenteiligen Voraussetzung hat, sei es auch nur daraus zu entnehmen hat, daß bislang die Verwaltung allen Anforderungen vollauf entsprach, da liegt für sie Grund genug vor, sich die äußerste Zurückhaltung auch in jedem einzelnen, an sie herantretenden Falle aufzuerlegen und nicht „ohne Not“ Gebrauch zu machen von einem Rechte, dessen letzte Wurzel in der bloßen Möglichkeit einzelner Ausschreitungen zu suchen ist, nicht etwa in einem auf solche bereits gerichteten Verdachte.

Zum Gegenstande eines besonderen Aufsatzes ward neuerlich „das Recht der Kommunalaufsicht“ von Schmieder im PrVerwBl. Jahrg. 25 S. 483 gemacht. Vglch. auch die sehr schätzenswerten Ausführungen von v. Arnstedt im Verw. Archiv Bd. XII S. 326 ff.

Diesen allgemeinen Gesichtspunkten über die Grenzen und die Ziele des staatlichen Aufsichtsrechts bleibt nunmehr im einzelnen noch folgendes anzuschließen:

1. Von den oben neben der Auflösung der Stadtverordneten-Versammlung noch zurückgestellten beiden anderen Punkten hat der eine — die Beanstandung gewisser Beschlüsse der Versammlung — bereits in dem vorigen Abschnitte (unter Nr. 2) seine Erledigung gefunden, und zwar um deswillen schon dort, weil, wenn auch der § 77 der Städteordnung das Recht der Beanstandung noch als ein der Aufsichtsbehörde zustehendes, obschon durch Vermittelung des Gemeindevorstandes auszuübendes, kennzeichnete, doch das Zuständigkeitsgesetz (§ 15) den letzteren — obschon „entstehenden Falles auf Anweisung der Aufsichtsbehörde“ — zur Beanstandung verpflichtet, folgeweise aber auch berechtigt.

Der zweite zurückgestellte Punkt betrifft die **Zwangsetatisierung**. Hier stehen einander gegenüber:

der § 78 der Städteordnung:

„Wenn die Stadtverordneten es unterlassen oder verweigern, die der Gemeinde gesetzlich obliegenden Leistungen auf den Haushalts-Etat zu bringen oder außerordentlich zu genehmigen, so läßt die Regierung, unter Anführung des Gesetzes, die Eintragung in den Etat von Amts wegen bewirken oder stellt beziehungsweise die außerordentliche Ausgabe fest."

der § 19 des Zuständigkeitsgesetzes:

„Unterläßt oder verweigert eine Stadtgemeinde, die ihr gesetzlich obliegenden, von der Behörde innerhalb der Grenzen ihrer Zuständigkeit festgestellten Leistungen auf den Haushalts-Etat zu bringen oder außerordentlich zu genehmigen, so verfügt der Regierungs-Präsident unter Anführung der Gründe die Eintragung in den Etat, bezw. die Feststellung der außerordentlichen Ausgabe.

Gegen die Verfügung des Regierungs-Präsidenten steht der Gemeinde die Klage bei dem Oberverwaltungsgericht zu."

Bestände die ältere Bestimmung noch unverändert in Kraft, so würde allerdings an dieser Stelle auf alle an das Recht der Zwangsetatisierung sich knüpfenden Fragen im ganzen Umfange einzugehen sein; denn dort wird ein Unterlassen oder Verweigern gerade der Stadtverordneten als erste Voraussetzung jenes Rechts hingestellt und gefordert, woraus denn zugleich weiter folgte, daß die für solche Fälle vorgesehenen Maßnahmen der Regierung sich — zunächst wenigstens — wieder gegen die Stadtverordneten richteten. Allein das neuere Gesetz fragt überhaupt nicht mehr darnach, von welchem Organe der städtischen Verwaltung das Unterlassen oder Verweigern ausging, vollends nicht, ob gerade von den Stadtverordneten, und im Zusammenhange damit ist es nunmehr auch ausgeschlossen, das vorgesehene Einschreiten des Regierungs-Präsidenten als ein gegen die Körperschaft der Stadtverordneten gerichtetes anzusehen; das neue Gesetz macht lediglich den Tatbestand zum Ausgangspunkte, daß überhaupt eine „Stadtgemeinde" ihre Schuldigkeit unerfüllt ließ, und dementsprechend hat auch der Zwangsverfügung gegenüber die Stadtverordneten-Versammlung aufgehört, der richtige, unmittelbar betroffene Adressat zu sein; an ihre Stelle ist die Gemeinde als solche getreten, die auch die Verfügung zu Händen des für Zustellungsakte passiv legitimierten Hauptes entgegenzunehmen hat.

Unter diesen Gesichtspunkten liegt — abgesehen allerdings von einer, gerade in ihrer Beziehung auf die Stadtverordneten-Versammlung sehr bedeutsamen Frage — das Recht der Zwangsetatisierung nicht mehr voll innerhalb derjenigen Grenzen, die ihm den Anspruch auf eine überall erschöpfende Behandlung hier gesichert haben würden. Doch soll es nicht unterlassen werden, in Anlehnung wesentlich an einen neueren, insbesondere auch die Judikatur des Oberverwaltungsgerichts vollauf berücksichtigenden Aufsatz des Preuß. Verwaltungsblatts Jahrg. 18 Nro. 1 und 2*) die im Vordergrunde stehenden leitenden Sätze kurz zusammenzufassen.

a) Conditio sine qua non jeder Anordnung der Aufsichtsbehörde, daß der Adressat eine bestimmte Leistung, eine Ausgabe in seinen Haushaltsetat einzutragen oder sich ihr als einer „außerordentlichen" zu unterziehen habe, ist der vorangehende präparatorische Akt einer von zuständiger Stelle aus zu treffenden „Feststellung" der Leistung als einer dem Adressaten — mittelbar oder unmittelbar — „gesetzlich obliegenden" (Entsch. d. OVG. Bd. XXXV S. 102, Bd. XXXVII S. 182, Bd. XXXVIII S. 150, 192, Bd. XLI S. 151, Bd. XLIII S. 417; PrVerwBl. Jahrg. 21 S. 140, 149, 349, 22 S. 46, 121, 24 S. 663, 25 S. 250). Zu diesen gehören rein privatrechtliche Leistungen

*) Ergänzt zunächst bei dem Wiederabdruck in Jebens' Verwaltungsrechtlichen Aufsätzen (Berlin 1899) S. 28 ff. und des weiteren ergänzt im nachfolgenden durch Hinweise auf inzwischen noch ergangene bedeutsamere Entscheidungen d. OVG.

nicht. Kaum aber wird die Zwangsetatisierung auch überall da als ausgeschlossen anzusehen sein, wo es an einem besonderen, sie erheischenden öffentlichen Interesse fehlt — man müßte denn einen Satz solchen Inhalts aus dem Zusammenhange des Zwangsetatisierungsrechts mit dem Aufsichtsrechte überhaupt ableiten wollen, während doch das erstere im Gesetze besonders auf- und ausgebaut worden ist. Im allgemeinen anerkannt wird andererseits, daß es an Raum für das Zwangsetatisierungsverfahren da fehlt, wo nach Lage des bestehenden Rechts mit der von zuständiger Seite erfolgten Feststellung der Verpflichtung ohnehin schon auch eine (andere) Form zu deren Durchführung, ein Titel für die etwa noch erforderliche Exekution gegeben ist, wie vor allem in rechtskräftigen Erkenntnissen der ordentlichen Gerichte; in Beziehung auf andere Titel freilich, besonders auf unanfechtbar gewordene polizeiliche Verfügungen, anscheinend aber auch auf Erkenntnisse der Verwaltungsgerichte nimmt das Oberverwaltungsgericht an: sie überhöben eines weiteren Vorgehens auf dem Wege der Zwangsetatisierung dann keineswegs, wenn, wo nach einem Haushaltsplane gewirtschaftet werde, dem Gemeindevorstande darin Mittel zur Deckung der festgestellten Leistung nicht angewiesen seien und die Gemeinde deren Bewilligung verweigere (Entsch. Bd. XLIII S. 137).

b) Die vorangehende „Feststellung" kann, je nachdem der konkrete Tatbestand, die vorausgesetzte Verpflichtung und ihre Geltendmachung dem kommunalrechtlichen oder einem anderen Gebiete angehören, von der Kommunal-Aufsichtsbehörde — eben derjenigen, die demnächst auch zur Zwangsetatisierung selbst zu schreiten hat — oder auch von einer anderen Behörde auszugehen haben und eben darnach bestimmt sich auch diejenige höhere Behörde, mittels deren Anrufens im Beschwerdewege schon der Feststellung entgegengetreten werden kann. Immer aber, auch in jenem ersteren Falle, ist es ausgeschlossen, die Feststellung der Leistung und die Anordnung der Etatisierung etwa uno acto ergehen zu lassen; es muß Raum bleiben zwischen beiden zum Unterlassen oder Verweigern (vglch. die Nachweisungen unter litt. a).

c) Die Zustellung der Zwangsetatisierungs-Verfügung anlangend, so hat die Gemeinde keinen Anspruch darauf, daß dieselbe gerade an das nach der inneren Gemeindeverfassuug zum Beschlusse über die Anforderung zunächst berufene Organ erfolge; die Zustellung erfolgt wirksam an die zur Vertretung der Gemeinde nach außen hin zuständige Stelle, an den Magistrat zu Händen des Bürgermeisters und dem entsprechend bestimmt sich auch der terminus a quo der Klagefrist.

d) Die Rechtskontrolle wird angebahnt durch eine Klage der Gemeinde — dieser selbst, gleichviel, welches einzelne Organ durch sein Verhalten Anlaß zu der Zwangsverfügung gab. Inhaltlich aber unterliegt sie mannigfachen Beschränkungen. Vor allem bleiben Fragen des reinen Ermessens, solche der Notwendigkeit, Zweckmäßigkeit oder Angemessenheit überall ausgeschlossen (Entsch. d. OVG. Bd. XXXV S. 115, Bd. XXXVI S. 218, Bd. XXXIX S. 34, Bd. XLIII S. 422; MBl. d. i. V. 1902 S. 50; PrVerwBl. Jahrg. 21 S. 349, 22 S. 47, 119, 23 S. 487, 24 S. 54). Darüber hinaus ist zu unterscheiden: es gibt Fälle, in denen schon für den Akt der Feststellung ein auf Rechtsschutz abzielendes Verfahren vorgesehen ist — ein dem gerichtlichen Verfahren sich näherndes, ähnliche Garantien, zumal einen bestimmten Instanzenzug eröffnendes besonderes Verfahren vor der Feststellungsbehörde; insoweit findet eine Nachprüfung im Verwaltungsstreitverfahren nicht mehr statt; die Rechtskontrolle bleibt hier beschränkt auf die Zwangsverfügung selbst und, anlangend den Feststellungsakt, darauf, ob in der Tat die Verwaltungsbehörde innerhalb der Grenzen ihrer Zuständigkeit in einem solchen Verfahren Stellung genommen hat; in allen anderen Fällen dagegen erstreckt sich nach der rechtlichen Seite hin die Nachprüfung auch auf den Akt der Feststellung, wennschon das Urteil schließlich immer nur entweder die Aufhebung gerade der Zwangsverfügung oder die Abweisung der Klage auszusprechen hat (Entsch. d. OVG. Bd. XXXV S. 106, Bd. XLI S. 152; MBl. d. i. V. 1902 S. 49, 50; PrVerwBl. Jahrg. 21 S. 149, 22 S. 46, 118, 121, 24 S. 663, 25 S. 267).

Manchen wertvollen weiteren Anhalt bietet die lange Reihe derjenigen Entscheidungen des Oberverwaltungsgerichts, die am Schlusse des vorbezeichneten Aufsatzes (unter „IV. Stadtgemeinden") — überall unter kurzer Bezeichnung des Streitgegenstandes — zusammengestellt worden sind. Angereiht seien noch einige Hinweise auf solche aus neuerer Zeit, und zwar:

betreffend Aufwendungen zu polizeilichen Zwecken, insbesondere den Gegensatz von s. g. unmittelbaren und mittelbaren Polizeiverwaltungskosten: Entsch. Bd. XXXV S. 97, Bd. XXXVIII S. 150, Bd. XXXIX S. 35, Bd. XL S. 123, 131, Bd. XLII S. 77; PrVerwBl. Jahrg. **21** S. 140, 538, **22** S. 46, **23** S. 599, **24** S. 326;

betreffend die Anstellung und Dotierung von Beamten ꝛc.: Entsch. Bd. XXXV S. 113, Bd. XLI S. 151, 156 (vglch. MBl. d. i. V. 1902 S. 48, 71); PrVerwBl. Jahrg. **21** S. 349, **23** S. 487, **24** S. 53, **25** S. 250;

betreffend Schulunterhaltungslasten: Entsch. Bd. XXXVI S. 208, Bd. XXXVII S. 182, Bd. XXXVIII S. 192.

e) Anlangend endlich die schon oben berührte, besonders nahe gerade die Stadtverordneten-Versammlung angehende Frage, so handelt es sich darum, ob gegenüber einer an die Stadtgemeinde gerichteten Zwangsetatisierungs-Verfügung die Stadtverordneten zur Klage im Verwaltungsstreitverfahren legitimiert sind. Es kann kaum einem Bedenken unterliegen, daß nach den in der Städteordnung selbst (§ 56 Nr. 5 und 8; vglch. auch § 36) niedergelegten allgemeinen Grundsätzen der Magistrat — nur er — berufen war, „die Rechte der Gemeinde zu wahren", diese „nach außen zu vertreten", daß ferner im Falle des § 19 des Zuständigkeitsgesetzes es gerade gilt, Rechte der G e m e i n d e — nicht etwa solche eines einzelnen Gemeindeorganes — zu wahren, eben die G e m e i n d e zu vertreten, daß endlich auch der § 21 das. (vglch. Abschnitt II zu § 18) an sich die Gemeindevertretung nur dazu ermächtigt, für gewisse Fälle „zur Wahrnehmung i h r e r Rechte im Verwaltungsstreitverfahren einen besonderen Vertreter zu bestellen." Dies alles hat denn auch das Oberverwaltungsgericht zuerst in einer Entscheidung vom 2. Februar 1887, dann noch in einer weiteren vom 18. Dezember 1889 anerkennen müssen (Bd. XIV S. 89, Bd. XIX S. 111). Gleichwohl wird, wenn auch erst an letzterer Stelle, die Stadtverordneten-Versammlung für legitimiert erachtet, im Streitverfahren über Zwangsetatisierungen „ihre Rechte oder — was dasselbe ist — die Rechte der Stadtgemeinde" an Stelle oder neben dem in erster Reihe hierzu berufenen Magistrate zu wahren. Freilich mußte dieses Ergebnis erst durch das zwiefache Zugeständnis erkauft werden: weder sei der § 21 in den Worten: „ihrer Rechte" völlig korrekt gefaßt, meine vielmehr die verfassungsmäßig der Beschlußfassung der Gemeindevertretung unterstellten und somit innerhalb der Korporations-Autonomie von dieser wahrzunehmenden Rechte der Gemeinde, noch schließe der § 19, wenn er die Klage nur allgemein „der Gemeinde" gewähre, hiermit jeden anderen als den durch die Städteordnung berufenen, gesetzlichen Vertreter aus; der unzulängliche Wortausdruck habe gegenüber dem wirklichen, hinlänglich erkennbaren Willen des Gesetzgebers zurückzutreten. Man kann sich diesem Ergebnisse, für das von Brauchitsch schon vor dem Oberverwaltungsgericht eingetreten war, allenfalls fügen.

2. Neben der Beanstandung und der Zwangsetatisierung ist in Tit. X der Städteordnung noch ein dritter Ausfluß des Aufsichtsrechts aus diesem großen Ganzen ausgelöst und besonders ausgestaltet worden — eine Aktion der Aufsichtsbehörde, die noch weit tiefer als jene beiden in das Leben der Stadtverordneten-Versammlung einschneidet, diesem Leben sogar ein Ende macht: die Auflösung der Versammlung. Der § 79 verfügt,

daß durch Königliche Verordnung auf den Antrag des Staatsministeriums eine Stadtverordneten-Versammlung aufgelöst werden könne,

daß sodann eine Neuwahl derselben anzuordnen sei, diese auch binnen sechs Monaten vom Tage der Auflösungs-Verordnung an erfolgen müsse,

daß endlich bis zur Einführung der neu gewählten Stadtverordneten deren Verrichtungen durch besondere vom Minister des Innern zu bestellende Kommissarien zu besorgen seien.

Eine Modifikation hat diese Bestimmung durch den § 17 (Nr. 3) des Zuständigkeitsgesetzes erfahren, dem zufolge, soweit die Beschlußfassung nach den Gemeindeverfassungsgesetzen der Aufsichtsbehörde zusteht, der Bezirksausschuß „an Stelle der nach Maßgabe der Gemeindeverfassungsgesetze aufgelösten Gemeindevertretung" beschließt, also an die Stelle der Kommissarien getreten ist.

Besondere materielle Voraussetzungen hat das Gesetz für die Auflösung nicht fixiert. Indes spricht immerhin schon die Tatsache, daß es einer Königlichen Verordnung bedürfen und selbst eine solche nur auf den Antrag des Staatsministeriums ergehen soll, deutlich genug dafür, daß der Gesetzgeber selbst die Maßregel nur als eine erst äußersten Falles zu treffende angesehen und eingeführt hat. Die Städteordnung von 1831 (§ 83) ließ sie denn auch nur für den Fall zu, daß eine Stadtverordneten-Versammlung „fortwährend ihre Pflichten vernachlässigen und in Unordnung und Parteiung verfallen sollte". Die Stadtverordneten-Versammlung zu Berlin freilich wurde im Jahre 1863 lediglich zur Richtigstellung der ganz ungleich gewordenen Wahlbezirke in optima forma aufgelöst (vglch. Abschnitt II zu §§ 14, 21).

Desgleichen enthält sich das Gesetz jeder Bestimmung in der Richtung, ob nicht die besonderen Kommissarien — nunmehr der Bezirksausschuß — sich gewisse Beschränkungen in der Erledigung der ihnen übertragenen Geschäfte aufzuerlegen, insbesondere etwa nur „die laufenden Geschäfte" (Städteordnung f. Schleswig-Holstein § 65; vglch. auch oben Abschnitt III T. 1 Nr. 2) zu erledigen hätten. Es liegt indes nahe, daß sie ohnehin geneigt sein werden, nicht gar zu tief in das einmal Bestehende während des Interregnums einzugreifen.

3. Anlangend diejenigen einzelnen Funktionen, die in der Städteordnung außerhalb des von der Aufsicht überhaupt handelnden Tit. X als solche der Aufsichtsbehörde dieser überwiesen worden sind, so sind schon im einleitenden Teile des gegenwärtigen Abschnitts die entsprechenden §§ zusammengestellt worden und es darf hier einmal auf die mit ihnen sich befassenden Ausführungen der Abschnitte II bis V zurückverwiesen, zugleich aber auch, was

insbesondere die als Aufsichtsinstanz fungierenden Behörden betrifft, auf die folgende Nr. 4 des Abschnitts VI und in Ansehung der §§ 72, 73 auf den Abschnitt VIII hingewiesen werden. An dieser Stelle sei nur noch in Bezug auf die gerade für die Stadtverordneten-Versammlung besonders bedeutsamen Funktionen, betreffend einmal die Bestätigung gewisser Beamten (§ 33), sodann Gehälter und Pensionen (§§ 64, 65), folgendes hervorgehoben:

Nach § 33 bedürfen der Bestätigung — von welcher Stelle, bleibt hier noch offene Frage — die gewählten Bürgermeister, Beigeordneten, Schöffen und besoldeten Magistratsmitglieder. Von welchen Gesichtspunkten aus die berufene Behörde sich über die Bestätigung schlüssig zu machen hat, besagt das Gesetz nicht; es besteht in dieser Beziehung keinerlei Beschränkung, wie andrerseits auch keine Verpflichtung, eine etwaige Versagung besonders zu motivieren, sich über die Versagungsgründe zu äußern (vglch. die Verhandlungen des Abgeordneten-Hauses zur Landgemeindeordnung von 1891 § 84). So kann denn auch der Versagungsgrund aus formellen Verstößen wider das Wahlverfahren, nicht minder daraus entnommen werden, daß dem Gewählten unzulässige oder doch unangemessene Bedingungen auferlegt worden sind, wenn überhaupt noch unter solchen Voraussetzungen eine Bestätigung möglich wäre. Der Schwerpunkt der Vorprüfung wird aber meisthin in der Frage liegen, ob in seiner Person der Präsentierte die unerläßlichen Garantien bietet — zunächst nach der sittlichen, daneben nach der geschäftlichen Seite hin. Meint der Präsentierte, Bedenken, die in letzterer Beziehung gegen ihn bestehen, dadurch beseitigen zu können, daß er sich einer Prüfung unterwirft, so steht nichts entgegen, auch hierauf einzugehen.

Ausführungs-Instruktion vom 20. Juni 1853 Nr. IX, auch MBl. d. i. V. 1868 S. 153, 1869 S. 124.

Auch an dem politischen Standpunkt des eventuell zu Bestätigenden wird nicht füglich ganz vorüber gegangen werden können, wäre es auch nur, weil der Magistrat keineswegs ausschließlich Gemeindeverwaltungsbehörde ist, sondern auch Obrigkeit und selbst in Angelegenheiten der staatlichen Landesverwaltung zur Mitwirkung berufen ist.

Die Ausführungs-Instruktion weiß kaum genug der Worte zu finden, um die Regierungen vor einer leichtfertigen Handhabung des Bestätigungsrechts zu warnen. Nicht gerade mit Unrecht! Aber auch vor einem Zuviel in der gegenteiligen Richtung hätte mit kaum geringerem Rechte gewarnt werden können. Worauf es ankommt, das ist: eine weise Mittelstraße einzuhalten.

Gehälter und Pensionen anlangend, war in der Städteordnung (§§ 64, 65; vglch. dazu oben Abschn. III) die Regierung berufen:

1. zur Genehmigung bei der Festsetzung der Besoldungen der Bürgermeister und der besoldeten Magistrats-Mitglieder — nur dieser,

2. zu dem Verlangen, daß denselben Beamten — wiederum nur ihnen — die zu einer zweckmäßigen Verwaltung angemessenen Besoldungsbeträge bewilligt würden,

3. zur Genehmigung bei etwaiger Bewilligung fester Entschädigungsbeträge für die ohne Besoldung angestellten Beigeordneten,

4. zur Genehmigung bei etwaigen Vereinbarungen — auch hier nur mit eben jenen Beamten — wegen einer der unmittelbar gesetzlichen Regel nicht entsprechenden Pension.

Hinsichtlich der übrigen Beamten kannte die Städteordnung derartige Bestimmungen überhaupt nicht.

Die obigen vier Sätze bestehen, wenn auch inzwischen zu 1, 3 und 4 der Bezirksausschuß, zu 2 der Regierungspräsident an die Stelle der Regierung getreten ist (Zuständigkeitsgesetz §§ 16, 7), doch im übrigen noch in Kraft.

In Bezug dagegen auf andere besoldete Kommunalbeamte treten für die Mitwirkung der Aufsichtsbehörde nunmehr auf Grund des Kommunalbeamtengesetzes vom 30. Juli 1899 (§§ 11, 12, 14, auch §§ 1, 2; dazu Ausf.-Anweisung vom 12. Oktober 1899 Art. IV Nr. 1, 2, auch I) noch folgende Sätze den obigen hinzu:

5. Auch zu Gunsten dieser Beamten ist die Aufsichtsbehörde zu einem Eingreifen im Sinne des Satzes 2 berechtigt; widerspricht die Gemeinde, so beschließt der Bezirksausschuß über die Feststellung der Besoldungsbeträge;

6. Auch für diese Beamten gilt der Satz 4 in dem Sinne, daß in Ansehung der Pension nicht ohne Genehmigung des Bezirksausschusses ein anderes als das der gesetzlichen Regel Entsprechende festgesetzt werden kann.

4. Es kommt weiter in Frage: welches Organ der staatlichen Verwaltung oder vielmehr — wie wenigstens nach neuerem Rechte gefragt werden muß — welche Organe sind die zur Übung der Aufsicht über die Verwaltung der städtischen Gemeinde-Angelegenheiten berufenen, die zuständigen?

Die Städteordnung (§ 76) berief knapp und kurz, wenn auch nur „soweit nicht durch die Vorschriften dieses Gesetzes ein anderes ausdrücklich bestimmt ist", die Regierung, in den höheren Instanzen den Oberpräsidenten und den Minister des Innern, ohne etwa solche Angelegenheiten auszunehmen, in denen es galt, über eine behauptete Verletzung bestimmter, aus der Städteordnung abgeleiteter Rechte zu befinden. Regierung und Oberpräsident wurden dabei (Ausführungs-Instruktion vom 20. Juni 1853 Nr. XVI) einfach auf die für ihre Geschäftsführung überhaupt ergangenen Instruktionen vom 23. Oktober 1817 und 31. Dezember 1825 hingewiesen. Die Änderungen, die hierin vor allem das Zuständigkeitsgesetz vom 1. August 1883 getroffen hat, wären verhältnismäßig bescheiden, wenn es sein Bewenden behalten hätte bei dem ersten Satze des § 7 das., lautend:

> „Die Aufsicht des Staates über die Verwaltung der städtischen Gemeinde-Angelegenheiten wird in erster Instanz von dem Regierungs-Präsidenten, in höherer und in letzter Instanz von dem Oberpräsidenten geübt."

Aber schon dort folgt noch der Nachsatz:

> „unbeschadet der in den Gesetzen geordneten Mitwirkung des Bezirksausschusses und des Provinzialrates."

Und selbst damit sind die neuerlichen Beschränkungen noch keineswegs erschöpft. Insoweit übrigens der Regierungs-Präsident entsprechend dem ersten Satze zuständig und selbständig geblieben ist, hat er sich selbst der Ausübung der Aufsicht zu unterziehen; nur etwa als ausführender Organe mag er sich der Landräte bedienen

(Ausführungs-Instruktion a. a. O., MBl. d. i. V. 1860 S. 17; Entsch. d. OVG. Bd. XIII S. 79).

Anlangend aber jene Beschränkungen, so reichen diejenigen vielleicht am weitesten, die mit der Einführung der Verwaltungsgerichtsbarkeit zusammenhängen. Funktionen, die bis dahin als mit zum Zuständigkeitsbereiche der Aufsichtsbehörde gehörend angesehen waren — zu entscheiden nämlich auch da, wo im öffentlichen Rechte begründete Ansprüche geltend gemacht, Rechtsbeschwerden erhoben wurden — schieden aus diesem Bereiche aus und gingen, insoweit ihrer Natur nach zur Erledigung im Verwaltungsstreitverfahren geeignet, auf die Verwaltungsgerichte über. Hierher gehört vor allem die lange Reihe von Gegenständen, die der bereits oben (Abschnitt II zu § 18, Abschnitt III zu §§ 5 ff.) mitgeteilte § 10 des Zuständigkeitsgesetzes behandelt, desgleichen der § 18 das., betreffend das Recht zur Mitbenutzung öffentlicher Gemeindeanstalten, die Teilnahme an den Nutzungen und Erträgen des Gemeindevermögens, die Heranziehung oder Veranlagung zu den Gemeindelasten. — Auch der von der Beanstandung handelnde § 15 das. (oben Abschnitt V Nr. 2) kann hierher gerechnet werden; denn er reduziert nicht nur die Zahl der Beanstandungsgründe um ein Ansehnliches und stellt als das in erster Reihe zur Beanstandung berufene Organ den Magistrat voran, sondern er läßt auch das letzte Wort fortan die Verwaltungsgerichte sprechen, wie ein Gleiches auch in Beziehung auf die Zwangsetatisierung.

Auf weitere Beschränkungen des Regierungs-Präsidenten als Aufsichtsinstanz weist generell der schon mitgeteilte Nachsatz des § 7 des Zuständigkeitsgesetzes hin.

Eine Sonderstellung nimmt in dieser Beziehung der § 13 das., betreffend die Bestätigung der Wahlen von Gemeindebeamten, ein — und zwar insofern, als er den Regierungs-Präsidenten in gewissem Umfange an die Zustimmung des Bezirksausschusses bindet, ein Zusammenwirken beider fordert. Im Anschluß an Früheres (Abschnitt III zu §§ 31—34, Abschnitt VI Nr. 3) ist hier noch hinzuzufügen: Zwar dabei ist es unbeschränkt verblieben, daß hinsichtlich der Bürgermeister und Beigeordneten in größeren Städten (mehr als 10000 Einwohner) das Bestätigungsrecht dem Könige zusteht (Städteordnung § 33), dessen Bestimmung auch dann einzuholen bleibt, wenn die Bestätigung etwa nicht befürwortet werden kann (MBl. 1860 S. 71); eine Beschränkung dagegen hat der weitere Satz erfahren, daß hinsichtlich eben jener Beamten kleinerer Städte sowie hinsichtlich der Schöffen und der besoldeten Magistratsmitglieder aller Städte die Regierung zur Bestätigung berufen ist; er besteht nur noch mit der Maßgabe in Kraft, daß eine Versagung seitens des Regierungspräsidenten — der an die Stelle der Regierung getreten ist — nunmehr der Zustimmung des Bezirksausschusses bedarf; doch gilt selbst in dieser Gestalt der Satz nur unbeschadet der zwiefachen Befugnis des Ministers des Innern, seinerseits auf Antrag des Regierungspräsidenten die abgelehnte Zustimmung zu ergänzen, auf Antrag des Magistrats oder der Stadtverordneten bei erteilter Zustimmung gleichwohl die Bestätigung auszusprechen.

Nicht auf ein Zusammenwirken läuft diejenige in jenem Nachsatze des § 7 des Zuständigkeitsgesetzes generell vorbehaltene „Mitwirkung" des Bezirksausschusses hinaus, welche die §§ 8, 12, 14, 16 und 17 des näheren regeln, indem sie diesen, „so weit die Beschlußfassung nach den Gemeindeverfassungsgesetzen der Aufsichtsbehörde zusteht", berufen (vglch. Entsch. d. OVG. Bd. XIX S. 134, 135). Zu den davon betroffenen Angelegenheiten gehören:

die Veränderung der Stadtbezirksgrenzen (§ 8);

die Zahl der aus jeder einzelnen Ortschaft einer Stadtgemeinde zu wählenden Mitglieder der Stadtverordneten-Versammlung und

die Vornahme außergewöhnlicher Ersatzwahlen zur Stadtverordneten-Versammlung (§ 12);

die Gültigkeit von Wahlen solcher Gemeindebeamten, welche der Bestätigung nicht bedürfen (§ 14), also: Bezirksvorsteher, Armenvorsteher ꝛc. (Städteordnung §§ 59, 60 — nicht etwa auch § 56 Nr. 6),

die Bestätigung (Genehmigung) von Ortsstatuten und sonstigen, die städtischen Gemeindeangelegenheiten betreffenden Gemeindebeschlüssen — ausgenommen nur die Beschlüsse über die Veräußerung oder wesentliche Veränderung von Sachen, die einen besonderen wissenschaftlichen historischen oder Kunstwert haben (Entsch. d. OVG. Bd. XLIII S. 416), desgleichen die über die Verwaltung der Gemeindewaldungen (§ 16);

gewisse Meinungsverschiedenheiten zwischen Stadtverordneten und Magistrat (vglch. oben Abschnitt V Nr. 2)

die Beschlußfassung an Stelle der Gemeindebehörden bei einer durch widersprechende Interessen herbeigeführten Beschlußunfähigkeit derselben, desgleichen an Stelle der aufgelösten Stadtverordneten-Versammlung. (§ 17)

Auch die (gleichfalls noch im § 17) dem Bezirksausschusse „an Stelle der Aufsichtsbehörde" überwiesene Beschlußfassung über:

die Art der gerichtlichen Zwangsvollstreckung wegen Geldforderungen gegen Stadtgemeinden;

die Feststellung und den Ersatz der Defekte der Gemeindebeamten (Verordnung vom 24. Januar 1844)

kann noch hierher gerechnet werden.

Neu ist auch, was den Instanzenzug anlangt, daß es eine über den Oberpräsidenten hinausreichende letzte Instanz — die des Ministers des Innern — nicht mehr gibt. Aber freilich sind dem Minister die oberste dienstliche Aufsicht und die allgemeine Direktion der ihm nachgeordneten Beamten verblieben (Landesverwaltungsgesetz vom 30. Juli 1883 §§ 3, 50) und vermöge dieser Aufgaben ist er — wie übrigens auch jede untere Aufsichtsinstanz — immerhin, wenn es ihm angemessen erscheint, in der Lage, selbst da noch Abhilfe eintreten zu lassen, wo etwa die Beschwerdefrist, die nicht mehr vier (Städteordnung § 76), sondern nur noch zwei Wochen (Zuständigkeitsgesetz § 7), auch für die städtischen Behörden nicht länger währt, versäumt sein sollte; nur freilich wird auch damit in bereits wohlerworbene Rechte dritter nicht mehr eingegriffen werden dürfen.

5. An dieser Stelle bleibt endlich noch auf die Frage zurückzukommen, ob und inwieweit auch der Stadtverordneten-Vorsteher den Aufsichtsbehörden unterstellt ist. Eine schrankenlose

Unabhängigkeit kann ihm nicht zugestanden werden; es ist nahezu unmöglich, auch nur mit einer gegenteiligen Intention des Gesetzgebers zu rechnen. Man erwäge nur, daß allein der Stadtverordneten-Vorsteher es ist, der die Stadtverordneten zusammenzuberufen, dabei auch die Gegenstände der Verhandlung ihnen vorher mitzuteilen, desgleichen die Verhandlungen selbst zu leiten hat. Wäre er hierin absolut unbeschränkt auch gegenüber der Aufsichtsbehörde, so hinderte ihn überhaupt nichts, den Betrieb der städtischen Verwaltung lahm zu legen und selbst mehr oder minder zum Stillstehen zu bringen; ebenso bliebe die Möglichkeit ausgeschlossen, Gutachten von der Stadtverordneten-Versammlung über Gegenstände, die ihr zu diesem Zwecke „durch die Aufsichtsbehörden" vorgelegt werden, eine Stellungnahme in anderen als Gemeindeangelegenheiten, die durch „Aufträge der Aufsichtsbehörde" an die Stadtverordneten gewiesen werden (Städteordnung § 35), zu erlangen. Andrerseits wäre es dem Stadtverordneten-Vorsteher unbenommen, Gegenstände auf die Tagesordnung zu setzen und zur Beratung gelangen zu lassen, in Ansehung deren die Auffassung, daß sie in den Kreis der „Gemeinde-Angelegenheiten" fielen, von niemand vertreten werden könnte, auch nicht einmal von ihm selbst vertreten würde. In diesem Sinne hatte denn auch bereits vor der neueren Verwaltungs-Reorganisation die Zentral-Instanz Stellung genommen. Insbesondere der allbekannten, das Verbot von Zeitungen 2c. betreffenden Verordnung vom 1. Juni 1863 gegenüber — gezeichnet freilich obenan: „v. Bismarck-Schönhausen" — hatte manche Stadtverordneten-Versammlung der Versuchung nicht widerstehen können, ablehnend oder gar auflehnend sich mit diesem Gegenstande zu befassen, und dem trat ein Ministerial-Erlaß vom 6. Juni 1863 sehr entschieden entgegen, hinweisend insbesondere auf eine entsprechende Anwendung der nach § 48 Nr. 2 der Verordnung vom 26. Dezember 1808 den Regierungen zustehenden Exekutivmittel gegen die Stadtverordneten-Vorsteher und deren Stellvertreter, „um in der angedeuteten Richtung eine unbefugte Tätigkeit der Stadtverordneten-Versammlungen nicht zuzulassen". Der Magistrat zu Bromberg glaubte zwar, dagegen remonstrieren zu sollen, sich darauf berufend, daß der Städteordnung solche Exekutivmittel fremd seien. Allein der Erlaß wurde unter weiterer Hinweisung auf die Regierungs-Instruktion vom 23. Oktober 1817 (§ 2 Nr. 5, §§ 7, 8, 11) aufrechterhalten (MBl. d. i. V. 1863 S. 118, 153). Ähnlich eine Verfügung des Oberpräsidenten von Berlin vom 29. März 1884, mittels deren dem Stadtverordneten-Vorsteher unter Strafandrohung verboten wurde, einen ähnlichen Gegenstand auf die Tagesordnung zu setzen (PrVerwBl. Jahrg. 5 S. 216; vglch. oben Abschnitt III, Nr. 1 des allgemeinen Teiles). Die letztere Verfügung konnte sich allenfalls auch noch auf den § 132 des Landesverwaltungsgesetzes vom 30. Juli 1883 berufen.

Man sagt: in Stadtverordnetenkreisen finde sich nicht selten die gegenteilige Auffassung vertreten. Wer etwa dem folgt, wird dann freilich auch die befremdliche Konsequenz in den Kauf nehmen müssen, daß die Verpflichtung des Stadtverordneten-Vorstehers, die Stadtverordneten schon dann zusammenzuberufen, sobald nur ein Viertel von ihnen es verlangt (Städteordnung § 39), einem widerwilligen Vorsteher gegenüber ziemlich wertlos für die Berechtigten ist. Wo bleibt die Möglichkeit eines Zwanges? Und nicht anders, wenn ein solches Verlangen vom Magistrat ausgeht. Nur die Aufsichtsbehörde kann in solchen Fällen helfen und keinenfalls steht ihr dabei etwa der Satz (Zuständigkeitsgesetz § 20) entgegen, daß ein Disziplinarverfahren gegen Mitglieder der Stadtverordneten-Versammlung nicht stattfindet.

Abweichend neuerlich Ledermann in seinem Kommentar zur Städteordnung von 1853 S. 144.

VII. Die Stadtverordneten als einzelne.

Das Nachfolgende mag mit dem Zugeständnisse eingeleitet werden, daß manches, was in Hinblick auf die vorstehende Überschrift vielleicht nicht mit Unrecht hier gesucht werden wird, schon im obigen seine Erledigung gefunden hat. In dieser Beziehung sei zurückverwiesen:

zu § 30 der Städteordnung, betreffend die Sätze, daß die Stadtverordneten nicht Mitglieder des Magistrats, auch gewisse nähere Angehörige nicht zugleich Mitglieder des Magistrats und der Stadtverordneten-Versammlung sein können, — auf Abschnitt V Nr. 4;

zu § 35 das., betreffend den Satz, daß „die Stadtverordneten an keinerlei Instruktion oder Aufträge der Wähler oder der Wahlbezirke gebunden" sind, auf die Einleitung;

zu § 44, betreffend die Unzulässigkeit einer Teilnahme persönlich interessierter Stadtverordneter an den Verhandlungen, — auf Abschnitt VI litt. B Nr. 3;

zu § 48 (Zuständigkeitsgesetz § 10), betreffend Strafen bei Zuwiderhandlungen wider Ordnungsvorschriften, — auf Abschnitt IV litt. B Nr. 7, auch litt. C Nr. II und VI;

zu §§ 74, 75 (Zuständigkeitsgesetz § 10), betreffend die Verpflichtung zur Annahme von unbesoldeten Gemeindeämtern und die vorzeitige Enthebung von gewissen Ämtern, — auf Abschnitt III, Teil 2 (zu jenen beiden §§).

Anzureihen bleibt dem noch folgendes:

1. Wohl sind die Stadtverordneten Mitglieder, wenn nicht einer Behörde, so doch gewiß einer „politischen Körperschaft“ (Strafgesetzbuch § 197; vglch. oben Abschnitt I a. E., auch Schön, Das Recht der Kommunalverbände S. 100, Anmerkung 7), gleichwohl aber Beamte nicht; sie stehen in keinem Dienstverhältnisse zur Stadt und ohne ein solches gibt es keinen städtischen Beamten (PrVerwBl. Jahrg. 25 S. 302). Nicht ausgeschlossen ist damit, daß die Stadtverordneten, wenn sie zugleich einer Verwaltungsdeputation als Mitglieder angehören, in dieser Eigenschaft allerdings Beamte sind, wie die Deputationen selbst öffentliche Behörden (vglch. Abschnitt III zu § 59, insbesondere aber die Nachweisungen in Bd. XXV S. 417, 418 der Entsch. d. OVG.). Ein „Ehrenamt“ mag man das Amt des Stadtverordneten nennen; viel gewonnen ist aber mit diesem rechtlich ziemlich verschwommenen Begriffe nicht (PrVerwBl. Jahrg. 25 S. 502).

2. Einigermaßen eigenartig ist der Zusammenhang, in den die Frage der ehrenamtlichen Stellung mit der der Remuneration in der Städteordnung von 1808 gebracht wird. Es heißt daselbst in den §§ 114, 115:

> „Alle Stadtverordnetenstellen müssen unentgeltlich verwaltet werden und es wird jede Remuneration einzelner Stadtverordneter um so mehr ausdrücklich untersagt, als die Annahme solcher Remunerationen ohnehin schon Mangel an Gemeinsinn verraten würde“. . . .
>
> „Jeder Stadtverordnete wird dagegen durch das Vertrauen, welches die Bürgerschaft vermöge der auf ihn gefallenen Wahl ihm bezeigt, in einem hohen Grade geehrt und hat daher unter seinen Mitbürgern auf eine vorzügliche öffentliche Achtung Anspruch.“

Die Städteordnung von 1853 hat jedenfalls davon abgesehen, diesen Anspruch als ein Ersatzstück für die Unentgeltlichkeit zu verbriefen. An letzterer hält aber auch sie fest. „Stadtverordnete erhalten“ — bestimmt der § 64 — „weder Gehalt, noch Remuneration und ist nur die Vergütung barer Auslagen zulässig, welche für sie aus der Ausrichtung von Aufträgen entstehen."

Ein Disziplinarverfahren gegen Stadtverordnete gibt es nicht; ausdrücklich sogar schließt ein solches der § 20 des Zuständigkeitsgesetzes aus. Der Grund, aus dem es kaum möglich war, einen andern Standpunkt einzunehmen, liegt darin, daß jede Disziplin ein Ausfluß der diensthеrrlichen Gewalt ist, für den Stadtverordneten aber es keinen Dienstherrn gibt. Keineswegs unverträglich ist es aber damit, daß ein Vorgehen mit Exekutivstrafen — wäre es auch nur gegen den Stadtverordneten-Vorsteher — geeigneten Falles stattfinden darf und muß (vglch. Abschnitt VI Nr. 5).

4. Besteht für die Stadtverordneten eine Verpflichtung zur Amtsverschwiegenheit? Hier schweigt das Gesetz. Die nur von der Amtsverschwiegenheit der öffentlichen Beamten handelnde Kabinetsorder vom 21. November 1835 kann nicht füglich Anwendung finden, es sei denn auf die Mitglieder der Verwaltungs-Deputationen (oben Nr. 1). Der Gegenstand wäre wohl geeignet, in den Geschäftsordnungen geregelt zu werden, und zwar vollständiger, als es meisthin dort geschieht. Nur für geheime Sitzungen ist das hier und da geschehen, bald in dem Sinne, daß die Beschlüsse zwar erst, wenn eine entsprechende ausdrückliche Bestimmung getroffen wird, dagegen die Verhandlungen immer geheim zu halten sind, bald auch in dem, daß, wo nicht eine absolute Geheimhaltung beschlossen wird, nur solche Mitteilungen zu unterbleiben haben, die mit den städtischen Interessen oder mit den Rücksichten auf einzelne Personen unverträglich sind. Abgesehen von solchen Satzungen, wird Verschwiegenheit zwar als an sich geboten nicht angesehen, wohl aber durch Beschluß der Versammlung den Mitgliedern zur Pflicht gemacht werden können (MBl. d. i. V. 1841 S. 207). Das übrige muß dem Takte des einzelnen überlassen bleiben. Leider lehrt die Erfahrung, daß hier allzuviel selbst mit Geboten und Verboten nicht auszurichten ist.

5. Auch von der Beurlaubung schweigt das Gesetz. Wer Urlaub in Anspruch nimmt, will zeitweise übernommener Verpflich-

tungen enthoben sein unter Umständen, die deren Erfüllung nicht ohnehin geradezu ausschließen; zum Kranksein nimmt man nicht erst „Urlaub“. Diese Enthebung hängt zunächst von der Entschließung des als Berechtigter dem Verpflichteten gegenüber stehenden Dienstherrn oder des dazu berufenen Organes desselben ab. Der Stadtverordnete hat keinen Dienstherrn. Wer ist es denn, der über sein Urlaubsgesuch zu befinden hat, sei es bewilligend oder auch ablehnend? Ausgeschlossen bleiben muß der Gedanke, es bedürfe der Stadtverordnete, der die Erfüllung seiner Pflichten zeitweise aussetzen will, dazu eines weiteren überhaupt nicht als seiner eigenen Entschließung; das wäre nicht nur unverträglich mit der ersten, gesetzlich festgelegten Bedingung des einmal erfolgten Eintritts in die Versammlung, sondern hieße auch, nahezu den ungestörten Bestand derselben der Willkür der einzelnen preisgeben. Es bleibt nur übrig, nach dem Vorgange anderer, ähnlich gestalteter Körperschaften die Stadtverordneten-Versammlung selbst als zuständig zur Entscheidung über Urlaubsgesuche anzusehen, vielleicht auch das Haupt der Versammlung, den Vorsteher. Dem gegenüber liegt die Voraussetzung nahe genug, es werde der Gegenstand den ihm gebührenden Ausbau in den Geschäftsordnungen gefunden haben. In der Tat indes ist dem keineswegs so; nicht einmal Berlin hat es — gleich Charlottenburg — zu einem mehreren als dem dürftigen Satze gebracht, daß über die Beurlaubungen „ein Register“ geführt wird; andere berufen den Vorsteher allein zur Entscheidung, wieder andere daneben für gewisse Fälle auch die Versammlung selbst. Ganz vorübergegangen wird, wie es scheint, überall an der — doch gleichfalls sich keineswegs von selbst beantwortenden — Frage, wie es denn mit der Beurlaubung während der Ferien gehalten werden soll; kann doch auch in diesen die Zusammenberufung der Stadtverordneten notwendig werden (vglch. Abschnitt IV litt C zu Nr. II, Abschnitt V Nr. 1 zu § 39).

6. Die Städteordnung von 1831 sah es noch keineswegs als ausgeschlossen an, daß aus dem Verhalten, wie der Stadtverordneten-Versammlung selbst als einheitlicher Körperschaft, so auch einzelner Stadtverordneter denselben eine „Vertretungs-Ver-

bindlichkeit" gegenüber der geschädigten Stadtgemeinde erwachsen könne; der § 82 traf darüber nähere Bestimmungen; selbst für den Inhalt der Beschlüsse sollten die Stadtverordneten verantwortlich gemacht werden können, obschon dies nur, „wenn sie wider besseres Wissen, also in unredlicher Absicht, verfahren haben". Die Möglichkeit, letzteren Falles wider den einzelnen vorzugehen, mag noch heutigen Tages bestehen, wenn auch die Städteordnung von 1853 schweigt. Grundsätzlich aber ist an dem schon oben in der Einleitung entwickelten Standpunkte der Städteordnung von 1808 dahin festzuhalten, daß die einzige „Behörde", der die Stadtverordneten über ihr Tun und Lassen „Rechenschaft zu geben" haben, allein ihr „Gewissen" ist, daß sie vollends nicht nach privatrechtlichen Grundsätzen etwa gleich Bevollmächtigten (§ 35 Absatz 2 der Städteordnung von 1853) oder auch Beamten für den Schaden haften, der vielleicht aus einem unter ihrer Mitwirkung gefaßten Beschlusse der Gemeinde erwächst.

Nicht gerade ganz unpraktisch ist die Frage, ob die Stadtverordneten, wennschon sie nach der Geschäftsinstruktion vom 17. März 1831 nicht nur berechtigt, sondern sogar verpflichtet sind, „über alle zum Vortrage gebrachten Gegenstände sich freimütig zu äußern", doch strafbar bleiben wegen beleidigender Äußerungen. Die Bejahung unterliegt an sich keinem Bedenken; doch tritt die Strafbarkeit nur in dem Falle ein, wenn gerade aus der Form — im Gegensatze zum Inhalte — der Äußerung oder doch aus den sie begleitenden Umständen das Vorhandensein einer Beleidigung erhellt (Strafgesetzbuch § 193).

Gegen einzelne Stadtverordnete gerichtete Beleidigungen — und darin leistet nicht selten die Lokalpresse recht Bedenkliches — mögen die persönlich Beteiligten verfolgen wie andere ihnen außerhalb ihrer Stellung als Stadtverordnete zugefügte Beleidigungen. (Wegen Beleidigungen, welche die Stadtverordneten-Versammlung selbst treffen, vglch. Schön, Das Recht der Kommunalverbände S. 100 Note 7).

7. „Um ... den hohen Beruf der Stadtverordneten ... auszuzeichnen, wird hierdurch bestimmt, daß die ... Stadtverordneten

... bei ihren Zusammenkünften im Dienste der Stadt und bei der Ausübung ihres Amts in ganz schwarzer Kleidung als Amtskleidung erscheinen, außerdem aber ... nachstehende Amtszeichen tragen sollen:"

[folgt ein langes und breites über Ketten und Medaillen — abgestuft nach der Größe der Städte.]

So die splendide Städteordnung von 1808! Die von 1853 schweigt. Jedenfalls lebt die dem hohen Berufe entsprechende, „ganz schwarze" Kleidung nicht mehr fort. In Beziehung auf Amtszeichen finden Wißbegierige weiteres Material in v. Kamptz, Annalen 1836 S. 130 und im MBl. d. i. V. 1848 S. 34, 1851 S. 87. Das Wichtigste mag das sein, daß jetzt das Tragen solcher Zeichen nur noch im einzelnen Falle als eine besondere — bald der Stadt, bald dem Amte, bald einzelnen verliehene — Auszeichnung Allerhöchst gestattet wird.

VIII. Die Städte mit Bürgermeister-Verfassung.

Des Gegensatzes von „Ratsverfassung" (Kollegial-System) und „Bürgermeister-Verfassung" (Bureau-System) wurde bereits oben gedacht (Abschnitt III Nr. 2 zu § 38) In den Abschnitten I bis VII ist zunächst überall mit der ersteren gerechnet worden. An dieser Stelle bleibt nunmehr noch von der letzteren zu handeln. Freilich berührt der Gegenstand obenan und direkt nur die Zusammensetzung und die rechtliche Stellung des Stadtvorstandes — dies aber nicht, ohne zugleich auf diejenigen der Stadtverordneten-Versammlung erheblich einzuwirken.

In der Absicht, eine Einrichtung zu treffen, die „den kleineren Städten eine ihren Verhältnissen im allgemeinen entsprechende einfache, wohlfeile und prompte Verwaltung bietet" (Ausführungs-Instruktion vom 20. Juni 1853 Nr. VI), bestimmt die Städteordnung im § 72 folgendes:

> In Städten von nicht mehr als 2500 Einwohnern könne auf Antrag der Gemeindevertretung unter Genehmigung der Regierung — nunmehr des Bezirksausschusses (Zuständigkeitsgesetz § 16) — die Einrichtung getroffen werden, daß
> 1. die Zahl der Stadtverordneten bis auf sechs vermindert,
> 2. statt des Magistrats nur ein Bürgermeister, der den Vorsitz in der Stadtverordneten-Versammlung mit Stimmrecht zu führen habe, und zwei oder drei Schöffen, die den Bürgermeister zu unterstützen und in Behinderungsfällen zu vertreten hätten, gewählt werden.

Und weiter bestimmt in Ansehung der aus einer solchen „städtischen Verfassung“ erwachsenden Konsequenzen der § 73 d. StO.:

Werde eine Einrichtung nach Maßgabe jenes Satzes 2 getroffen, so gingen alle dem Magistrat in den Tit. I bis VII — also auch in den von der Zusammensetzung und der Wahl der Stadtverordneten-Versammlung sowie von den Versammlungen und den Geschäften der Stadtverordneten handelnden — beigelegten Rechte und Pflichten auf den Bürgermeister mit den daraus erwachsenden Modifikationen über, daß dieser zugleich stimmberechtigter Vorsitzender der Stadtverordneten-Versammlung sei. Ihm stehe insbesondere ein Recht der Zustimmung zu den Beschlüssen der Stadtverordneten nicht zu; er habe aber in den Fällen, in denen der Magistrat Stadtverordneten-Beschlüssen gegenüber gemäß § 56 Nr. 2 Satz 2 die Zustimmung und Ausführung versagen solle, die Ausführung zu beanstanden und, wenn die Versammlung bei nochmaliger Beratung bei dem Beschlusse beharre, die Entscheidung der Regierung einzuholen. — Im übrigen fänden die Bestimmungen der Tit. I bis VII gleichfalls Anwendung, jedoch mit der Maßgabe, daß die Schöffen zugleich Stadtverordnete sein könnten, und daß es genüge, wenn die Unterzeichnung der Beschlüsse der Stadtverordneten-Versammlung (§ 47) nur von seiten des Vorsitzenden und eines Stadtverordneten erfolge.

Was in diesen Bestimmungen als Ausnahme vorgesehen wird, ist in der Rheinprovinz (Städteordnung vom 15. Mai 1856) Regel und umgekehrt — Letzteres freilich nur mit der Beschränkung, daß tatsächlich keine einzige Stadt der Rheinprovinz von der rechtlichen Möglichkeit, die Ratsverfassung einzuführen, Gebrauch gemacht haben soll, obschon doch die Voraussetzung nahe liegt, es sei zum mindesten in größeren Städten geradezu unmöglich, daß ein einzelner die Kommunalverwaltung in allen ihren Zweigen mit voller effektiver Verantwortlichkeit beherrsche und führe. Dagegen kann immerhin in kleineren Städten, wo es schon an einer genügenden Anzahl geeigneter Persönlichkeiten für die Besetzung der

Magistratsämter häufig fehlen mag, ein bescheidenerer Apparat, wie ihn die §§ 72, 73 zulassen, wohl am Platze sein.

Im einzelnen gibt das Gesetz hier noch zu folgenden Bemerkungen Anlaß:

1. Es ist im obigen dem Ausdruck „Ratsverfassung" der Vorzug gegeben worden vor dem oft gebrauchten Ausdruck „Magistrats-Verfassung" — nicht etwa nur aus Vorliebe für ein gutes deutsches Wort, sondern aus dem Grunde, weil das Wort „Magistrat" — gleichbedeutend an sich der „Obrigkeit" — den Gegensatz, auf den es hier gerade ankommt, die kollegialische Verfassung, nicht voll zum Ausdruck bringt, wie denn auch für die Bezeichnung eines gemäß §§ 72, 73 organisierten Vorstandes das Wort „Magistrat" in Anspruch genommen worden ist (MBl. d. i. V. 1856 S. 91). Gegen letzteres hätte freilich wieder geltend gemacht werden können, daß doch immerhin, zumal in den östlichen Provinzen, der Ausdruck „Magistrat" den Gedanken an ein Kollegium nahe legt.

2. Das Gesetz bezeichnet die „Gemeindevertretung" als dasjenige Organ, auf dessen Antrag die Bürgermeister-Verfassung eingeführt werden könne. Es muß davor gewarnt werden, jenen Ausdruck hier — etwa dem Sprachgebrauche des Zuständigkeitsgesetzes folgend — nur auf die Stadtverordneten-Versammlung zu beziehen, den Magistrat als ausgeschlossen anzusehen von der ihm nach allgemeinen Rechtsgrundsätzen gebührenden vollen Mitwirkung (vglch. Abschnitt III T. 2 zu §§ 49, 53, auch Schön, das Recht der Kommunalverbände S. 119 Note 4). Mustergültig ist ja freilich, wie schon in Abschnitt I des näheren begründet wurde, die Terminologie der Städteordnung, wo es ein Auseinanderhalten der beiden leitenden Organe gilt, überhaupt nicht; unter „Gemeindevertretung" zumal wird bald dies, bald das verstanden (§§ 2, 11, 74, 75).

3. Unmittelbar werden die Stadtverordneten von den §§ 72, 73 hauptsächlich dadurch berührt,

einmal, daß ihre Zahl, die nach der Regel (§ 12) in Gemeinden von weniger als 2500 Einwohnern 12 beträgt, hier eventuell bis auf 6 vermindert wird, zum anderen, daß, während sonst (§ 38) der Vorsitzende aus ihrer Wahl und Mitte hervorgeht, hier der statt des Magistrats fungierende Bürgermeister zugleich ihr Vorsitzender, auch als solcher stimmberechtigt ist.

Kein Raum bleibt dem gegenüber für ein Zustimmungsrecht, wie ein solches sonst nahezu allen Stadtverordneten-Beschlüssen gegenüber dem Magistrat zusteht. Die Stadtverordneten einerseits sind als beschließendes Organ souverän, dem Bürgermeister andererseits verbleibt — insoweit er nicht als Stadtverordneten-Vorsteher mitwirkt — nur die Ausführung, diese freilich im weitesten Sinne des Wortes.

Von geringerer, gleichfalls unmittelbar die Stadtverordneten angehender Bedeutung sind dann noch die Sätze:

daß, während die Mitglieder des Magistrats nicht Stadtverordnete sein können (§ 17), dies den zwei oder drei Schöffen, die den Bürgermeister zu unterstützen, in Verhinderungsfällen auch zu vertreten haben, nicht versagt ist;

daß ferner, während sonst die Beschlüsse der Stadtverordneten-Versammlung von dem Vorsitzenden und wenigstens drei Mitgliedern unterzeichnet werden müssen (§ 47), hier der Unterschrift jenes nur noch die eines Mitgliedes hinzuzutreten hat.

Den ersteren Satz anlangend, so sollten die Wähler nicht unterlassen, einen oder den anderen geeigneten Schöffen der Stadtverordneten-Versammlung als Mitglied zuzuführen. An und für sich nur dazu berufen, nach den Weisungen des allmächtigen Bürgermeisters sich an der Erledigung der Geschäfte zu beteiligen, könnten die Schöffen wohl einigermaßen gehoben werden, wenn sie als vollberechtigte Mitglieder mit Sitz und Stimme der Gemeindevertretung angehörten, und dem Bürgermeister würde es meisthin auch nicht gerade schaden, wenn das ihm nach dem Gesetze selbst der Stadtverordneten-Versammlung gegenüber zukommende Übergewicht um einiges abgeschwächt würde. Es ist kaum daran zu zweifeln, daß jener erste Satz selbst derartigen, nicht allzu fern liegenden Gesichtspunkten seine Entstehung verdankt.

4. „Souverän“ wurde unter Nr. 3 die Stadtverordneten-Versammlung als beschließendes Organ genannt, weil ihre Beschlüsse nicht, wie die weitmeisten in den Städten mit Ratsverfassung, an die Zustimmung eines ihr ebenbürtig an die Seite gestellten Organes gebunden seien. Ihre Grenzen hat aber auch die Souveränität — und zwar liegen solche keineswegs etwa nur darin, daß die einzige für die Verwaltung verantwortliche Persönlichkeit zugleich mit der Führung der beschließenden Versammlung betraut und in dieser Doppelfunktion jederzeit einen weitreichenden Einfluß zu üben in der Lage ist. Weit bedeutsamer noch ist diejenige Begrenzung, die sich unmittelbar aus dem Gesetze ergibt. Zwar ein Zustimmungsrecht — besagt inhaltlich der § 73 — steht gegenüber den Beschlüssen der Stadtverordneten dem Bürgermeister nicht zu; aber — fährt er fort — die Verpflichtung besteht auch hier, in Beziehung auf Beschlüsse, welche die Befugnisse der Stadtverordneten überschreiten, gesetz- oder rechtswidrig sind, das Staatswohl oder das Gemeindeinteresse verletzen (§ 56 Nr. 2 Satz 2), die Ausführung zu beanstanden und, wenn gleichwohl die Stadtverordneten bei den Beschlüssen beharren, die Entscheidung der Regierung einzuholen. Es fragt sich, ob diese Verpflichtung noch heutigen Tages unverändert fortbesteht, nachdem inzwischen das Beanstandungsrecht die oben im Abschnitt V unter Nr. 2 dargestellte Umgestaltung durch das Zuständigkeitsgesetz erfahren hat. Jedenfalls findet der dortige § 15, betreffend solche Beschlüsse, welche die Befugnisse der Stadtverordneten überschreiten oder die Gesetze verletzen, nunmehr Anwendung auch hier, sodaß die Angelegenheit eventuell im Verwaltungsstreitverfahren zur Erledigung zu bringen ist. Auseinander gehen aber die Ansichten in der Frage, ob auch in dem Falle, wenn in sonstigen Beziehungen Meinungsverschiedenheiten zwischen der Stadtverordneten-Versammlung und dem Bürgermeister entstehen, nunmehr auf Anrufen des einen oder des anderen Teiles gemäß § 17 das. der Bezirksausschuß — sofern die Angelegenheit nicht auf sich beruhen bleiben kann — zu beschließen hat. Gewiß ist nur einmal, daß es eine Verpflichtung für den Bürgermeister hier nicht mehr gibt, zum andern, daß nicht mehr die Regierung,

sondern der Bezirksausschuß anzurufen sein würde. Das Recht hierzu aber scheint jenem nicht abgesprochen werden zu können, auch nicht unter dem Gesichtspunkte, der dafür geltend gemacht worden ist, daß nämlich er doch stimmberechtigter Vorsitzender der Stadtverordneten-Versammlung sei und die Stimmenmehrheit entscheide; nicht als Vorsitzender würde er das Recht zu üben haben, sondern in der Eigenschaft als Bürgermeister — ein Nebeneinander, welches freilich dabei einigermaßen die Gestalt eines Durcheinander annimmt; das liegt aber in dem ganzen Aufbau, in der Eigenart der Bürgermeister-Verfassung überhaupt begründet.

5. Will eine Stadtgemeinde, in der einmal die Bürgermeister-Verfassung eingeführt ist, zur Ratsverfassung übergehen, so wird auf demselben Wege, auf dem jenes geschehen, auch dieses geschehen können; eine entsprechende statutarische Festsetzung (§ 11 der Städteordnung) bedürfte freilich der Bestätigung von seiten des Bezirksausschusses (Zuständigkeitsgesetz § 16).

6. Mit Unrecht pflegt es als eine Eigenart der den Städten mit Bürgermeister-Verfassung angehörenden Stadtverordneten angesehen zu werden, daß es ihnen versagt sei, ohne den Bürgermeister oder dessen Vertreter — ihren Vorsitzenden — als beschlußfähige Körperschaft zusammenzutreten. Allerdings hat das Oberverwaltungsgericht (Entsch. Bd. XXI S. 3) einen Satz dieses Inhalts in Beziehung auf eine jener Städte ausgesprochen, keineswegs aber für andere Städte etwa einen Satz gegenteiligen Inhalts. Überall fehlt es den Gliedern ohne das Haupt an der Aktionsfähigkeit. Der Unterschied freilich besteht, daß in den Städten mit Bürgermeister-Verfassung der ex lege zum Vorsitzenden berufene Bürgermeister, obschon voll stimmberechtigt, doch nicht eigentlich selbst Stadtverordneter ist, während dies in den Städten mit Ratsverfassung der Vorsitzende immer sein muß. Allein das läßt die Frage, ob die Stadtverordneten mit Ausschluß ihres Hauptes — dieses umgehend — sich selbst als beschlußfähige Körperschaft konstituieren können, durchaus unberührt.

7. Eine besondere Bestimmung für Fälle, „in denen der Bürgermeister allein den Gemeindevorstand bildet“, enthält auch

noch der § 38 des Landesverwaltungsgesetzes, betreffend die Wahl der Mitglieder des Stadtausschusses. Einen solchen gibt es indes nur für Stadtkreise (§ 4 ebendas.) und Städte von nicht mehr als 2500 Einwohnern bilden keine Stadtkreise. Von jener Bestimmung darf demnach hier abgesehen werden; sie bezieht sich wesentlich nur auf die Rheinprovinz.

Wegen der Mitwirkung bei den Geschäften der allgemeinen Landesverwaltung in gewissen zu Landkreisen gehörenden Städten, in welchen der Bürgermeister allein den Gemeindevorstand bildet, vglch. § 4 des Landesverwaltungsgesetzes; hier treten einmal Bürgermeister und Beigeordnete als Kollegium auf — ebenso in dem Falle des § 9 des Kommunalbeamtengesetzes vom 30. Juli 1899, betreffend die Kündigung gegenüber Beamten, die nur auf solche angestellt sind.

IX. Berlin.

Der vorige Abschnitt hat gelehrt, daß, was bis dahin zunächst unterschiedlos für alle Städte dargestellt und weiter ausgeführt war, einiger Restriktionen für eine gewisse Klasse von kleineren Städten bedurfte. Der gegenwärtige Abschnitt führt zu weiteren Restriktionen gegenüber der Haupt- und Residenzstadt Berlin.

Für die Stadtverordneten ist insbesondere folgendes von Interesse:

„Aus dem Kommunalverbande" der Provinz Brandenburg war Berlin schon durch die Provinzialordnung vom 29. Juni 1875 (§ 2) ausgeschieden worden. Freilich plante man (nach Abs. 2 das.) damals noch „die Bildung eines besonderen Kommunalverbandes aus der Haupt- und Residenzstadt Berlin und angrenzenden Gebieten", einer „Provinz Berlin". Allein die zur Ausführung dieses Vorbehalts unternommenen mehreren legislativen Anläufe führten sämtlich nicht zum Ziele und die weitere Verfolgung wurde aufgegeben. Es verblieb aber nicht nur bei der Negative, daß in kommunaler Hinsicht Berlin keiner Provinz angehört (vglch. die jenen Absatz 2 aufhebende Provinzialordnungs-Novelle vom 22. März 1881), sondern es schied zufolge des Organisationsgesetzes vom 26. Juli 1880 (§ 1) Berlin auch aus dem Verwaltungsbezirke der Provinz Brandenburg — also in Beziehung auf die Staatsverwaltung — und damit zugleich aus dem Regierungsbezirke Potsdam, von dessen Regierung damals insbesondere noch die Aufsicht über die kommunalen Angelegenheiten

Berlins ressortierte, fortan aus. Damit war zugleich eine Neugestaltung der Behördenorganisation für Berlin geboten — eine Organisation übrigens, die bereits früher in mancher Beziehung und insbesondere darin eine eigenartige gewesen war, daß das Polizei-Präsidium nicht nur als Orts- sondern auch als Landes-Polizeibehörde zu fungieren gehabt hatte. Was an die Stelle des Alten oder doch Veralteten gesetzt wurde, mag sich kurz und knapp, wenn auch nicht vollkommen, etwa dahin zusammenfassen lassen, daß fortan Berlin die Eigenschaften eines Stadtkreises, eines Regierungsbezirkes und einer Provinz in sich vereinigte — die einer Provinz sogar in Bezug auf einzelne kommunale Rechte und Pflichten (vglch. obenan Dotationsgesetz vom 8. Juli 1875 §§ 1 ff., 18 ff.).

Von den zur Zeit noch in Kraft bestehenden Bestimmungen nehmen die des Landesverwaltungsgesetzes vom 30. Juli 1883 und des Zuständigkeitsgesetzes vom 1. August 1883 die erste Stelle ein.

1. Das Landesverwaltungsgesetz spricht zunächst im § 1 — schief genug — nochmals aus, was bereits längst Rechtens war, daß nämlich die Stadt Berlin „aus der Provinz Brandenburg ausscheidet und einen Verwaltungsbezirk für sich bildet". Das ist die „Grundlage der Organisation" (Tit. I). In dem von den „Verwaltungsbehörden" handelnden Titel II widmet es sodann einen besonderen — den vierten — Abschnitt den „Behörden für den Stadtkreis Berlin". Hier stehen obenan die Sätze (des § 41), daß der Oberpräsident der Provinz Brandenburg zugleich „Oberpräsident von Berlin" ist, also zwei Oberpräsidien verwaltet, das einer Provinz und das eines den Provinzen ähnlichen Bezirks, daß ferner ingleichen noch mehrere andere Behörden für die staatliche Provinzialverwaltung der genannten Provinz (Provinzial-Schulkollegium, Medizinalkollegium, Generalkommission, Direktion der Rentenbank, auch Provinzial-Steuerdirektion — GS. 1876 S. 167) „auch für den Stadtkreis Berlin fungieren".

Von besonderer Bedeutung für die Stadtverordneten, wesentlich abweichend von dem Rechte der übrigen Landesteile, sind sodann die §§ 42 und 43 des Landesverwaltungsgesetzes.

Der erstere beruft den Oberpräsidenten dazu, „an Stelle des Regierungspräsidenten“ — eines für Berlin nicht mehr existierenden Organes — „die Aufsicht des Staates über die Verwaltung der Gemeinde-Angelegenheiten der Stadt Berlin“ zu führen.

[Daneben behält er einmal die Bestimmung darüber, auf welche Behörden die sonstigen Zuständigkeiten der Regierungsabteilung des Innern zu Potsdam in Betreff Berlins übergehen, einer Königl. Verordnung vor — die aber schon vorher ergangen war (GS. 1881 S. 14) — und beruft er „im übrigen und, soweit nicht sonst die Gesetze anderes bestimmen,“ für den Stadtkreis Berlin an die Stelle des Regierungs-Präsidenten den Polizei-Präsidenten von Berlin.]

Der § 43 aber befaßt sich mit einem zwiefachen:

Einmal schafft er Ersatz für den Provinzialrat, und zwar dies in der Weise, daß an dessen Stelle in den Fällen, wo er in erster Instanz beschließt, der Oberpräsident, in den übrigen Fällen der zuständige Minister tritt.

Zum anderen beruft er für den Stadtkreis Berlin einen „besonderen“ Bezirksausschuß — einen „besonderen“ schon insofern, als in den übrigen Landesteilen nur am Amtssitze des Regierungs-Präsidenten ein Bezirksausschuß besteht (Landesverwaltungsgesetz § 4). Auf diesen „besonderen“ Bezirksausschuß, für den dann freilich auch noch ein besonderer Präsident geschaffen werden mußte und geschaffen worden ist, finden zwar im großen und ganzen die von den Bezirksausschüssen überhaupt handelnden organisatorischen Bestimmungen Anwendung. In zwei Punkten aber trifft der § 43 wesentlich abweichende Vorschriften. Zunächst war es unmöglich, die zu wählenden Mitglieder vom Provinzialausschuß — für Berlin gibt es keinen solchen — wählen zu lassen. Das Gesetz bestimmt dieserhalb:

„Die zu wählenden Mitglieder werden durch den Magistrat und die Stadtverordneten-Versammlung unter dem Vorsitze des Bürgermeisters gewählt. Dasselbe Kollegium beschließt an Stelle des Provinzialausschusses über das Aufhören einer der für die Wählbarkeit vorgeschriebenen Bedingungen sowie über die Abänderung der Dauer der Wahlperiode. Die Mitglieder des Magistrats und der Stadtverordneten-Versammlung sind von der Wählbarkeit ausgegeschlossen."

(Zu dem zweiten Satze vglch. § 28 in Verbindung mit §§ 11 und 13 des Landesverwaltungsgesetzes.) Der zweite Punkt, in dem der § 43 von dem für den Bezirksausschuß geltenden Rechte der übrigen Landesteile wesentlich abweicht, betrifft die Zuständigkeit. Zwar werden die im Verwaltungsstreitverfahren zu behandelnden Angelegenheiten auch dem Bezirksausschusse für den Stadtkreis Berlin ohne Beschränkung überwiesen, dagegen von den im Beschlußverfahren zu behandelnden nur diejenigen, „welche im einzelnen durch die Gesetze seiner Zuständigkeit überwiesen werden; in Betreff der übrigen im Beschlußverfahren zu behandelnden Angelegenheiten tritt für den Stadtkreis Berlin der Oberpräsident an die Stelle des Bezirksausschusses, soweit nicht in den Gesetzen ein anderes bestimmt ist".

2. Vorstehendes führt zunächst und unmittelbar zu dem Zuständigkeitsgesetze vom 1. August 1883. Dieses enthält insbesondere für Gemeinde-Angelegenheiten der Stadt Berlin folgende Bestimmungen:

Nach § 7 wird die Aufsicht des Staates über die Verwaltung dieser Angelegenheiten in erster Instanz von dem Oberpräsidenten, in höherer und letzter Instanz von dem Minister des Innern geübt (vglch § 42 des Landesverwaltungsgesetzes — oben unter Nr. 1). Diesem generellen Satze gemäß erleiden dann auch diejenigen einzelnen Vorschriften des Zuständigkeitsgesetzes, in denen der dortige Titel IV an spezielle Funktionen der Aufsichtsbehörde anknüpft oder sonst Bestimmung über solche trifft (vglch. oben Abschnitt IV), entsprechende Modifikationen — unbeschadet des erst im Titel XXV § 161 nachfolgenden Satzes, daß für den Stadtkreis Berlin der Bezirksausschuß auch in den Fällen:

des § 14, betreffend die Gültigkeit von Wahlen der einer Bestätigung nicht bedürfenden Gemeindebeamten, des § 17 Nr. 2, betreffend Beschlußfassungen an Stelle der Gemeindebehörden im Falle ihrer durch widersprechende Interessen herbeigeführten Beschlußunfähigkeit,

des § 17 Nr. 5, betreffend die Feststellung und den Ersatz der Defekte der Gemeindebeamten,

zuständig ist.

Desgleichen weicht, was die Zuständigkeit der Verwaltungsgerichte in Angelegenheiten der Stadtgemeinden anlangt, das im Zuständigkeitsgesetze für Berlin begründete Sonderrecht von dem allgemeinen Landesrecht darin ab, daß in einigen Fällen (§ 21) zuständig in erster Instanz nicht der Bezirksausschuß ist, sondern das Oberverwaltungsgericht — so:

a) auf Klagen wider Beschlüsse, betreffend die in Folge einer Veränderung der Grenzen der Stadtbezirke notwendig werdende Auseinandersetzung zwischen den beteiligten Gemeinden (§ 8),

b) bei Streitigkeiten über die bestehenden Grenzen der Stadtbezirke (§ 9),

c) auf Klagen wider Verfügungen, mittels deren Beschlüsse der Gemeindevertretung [oder des kollegialischen Gemeindevorstandes] als deren Befugnisse überschreitend oder die Gesetze verletzend vom Gemeindevorstande [beziehungsweise dem Bürgermeister] beanstandet werden (§ 15).

Ihre Erklärung finden diese Bestimmungen darin, daß die Klage sich hier wider Beschlüsse des Oberpräsidenten richtet oder doch — den letzten Fall anlangend — die Beanstandung erst auf seine Anweisung erfolgt sein kann.

3. Schon das Landesverwaltungsgesetz hatte Bestimmung dahin getroffen, daß die Mitglieder der nach § 24 des Gesetzes vom $\frac{\text{1. Mai 1851}}{\text{25. Mai 1873}}$ gebildeten Bezirkskommission für die klassifizierte Einkommensteuer in Berlin von dem Magistrate und der Stadtverordneten-Versammlung in gemeinschaftlicher Sitzung unter dem Vorsitze des Bürgermeisters gewählt werden (§ 46 — vglch. Provinzial-Ordnung vom 29. Juni 1875 § 126). Eine gleichartige Bestimmung enthält nunmehr für die Mitglieder der zu

bildenden Berufungskommission, insoweit solche nicht der Finanzminister ernennt, der § 41 des Einkommensteuergesetzes vom 24. Juni 1891 (vglch. Ausführungs-Anweisung vom 5. August 1891 Art. 64). Die Bestimmung war notwendig, um den sonst zur Wahl berufenen Provinzialausschuß zu ersetzen.

Ähnliches gilt von den zu wählenden Mitgliedern des Steuerausschusses für die Veranlagung in der Gewerbesteuerklasse I nach § 10 des Gewerbesteuergesetzes vom 24. Juni 1891. Auch hier wird Berlin wieder — insoweit das eben möglich ohne einen Provinzialausschuß — den Provinzen gleich behandelt.

X. Neuere Städteordnungen.

Dem Fundamentalbau Steins vom Jahre 1808 und dem Umbau (der revidierten Städteordnung) von 1831 folgte keineswegs in unmittelbarem Anschlusse derjenige Bau von 1853, unter dessen Dache die östlichen Provinzen noch heutigen Tages leben. Kurz vor diesem dritten war noch in der Gemeindeordnung für den Preußischen Staat vom 11. März 1850 der kühne Versuch unternommen worden, das Gemeinderecht einheitlich zu gestalten für Stadt und Land. Doch ließ das Erwachen aus dem Traume einer solchen Einheit nicht lange auf sich warten. Schon mittels Gesetzes vom 24. Mai 1853 ward diese Gemeindeordnung von 1850, die übrigens für die Städte nicht allzuviel Neues brachte, wieder aufgehoben und zugleich ausgesprochen: es sollen Städteordnungen ergehen einmal für die sechs östlichen Provinzen — mit Ausschluß von Neuvorpommern und Rügen —, zum anderen für die Provinz Westfalen.

Die Einlösung dieses Wechsels erfolgte zunächst und alsbald gegenüber den (sechs — vglch. das Gesetz, betreffend die Teilung der Provinz Preußen, vom 19. März 1877) östlichen Provinzen durch die Städteordnung vom 30. Mai 1853 — unter Vorbehalt eines besonderen Gesetzes für Neuvorpommern und Rügen, welches letztere übrigens auch schon Tags darauf folgte, indes weit davon entfernt blieb, das dortige Städterecht erschöpfend zu kodifizieren, es vielmehr im Kern bei den bisherigen Verfassungen beließ.

Als zweite Städteordnung folgte der östlichen die für die Provinz Westfalen vom 19. März 1856,

als dritte die für die Rheinprovinz vom 15. Mai 1856.

Von diesen dreien, deren älteste in der obigen Darstellung des bestehenden Rechts — bis zurück auf die Einleitung — überall als Ausgangspunkt desselben vorangestellt worden ist, läßt sich übereinstimmend behaupten: unbeschadet mancher, insbesondere in den Eigentümlichkeiten der verschiedenen Landesteile begründeten Abweichungen sowohl voneinander als von der Gemeindeordnung von 1850 lehnen sie sich inhaltlich im großen und ganzen sämtlich an die letztere an und mittelbar damit auch an die Städteordnung von 1831 — an jene in dem weiten Umfange, daß sogar ganze Abschnitte aus ihr wörtlich übernommen worden sind und daß, wer sich über die eine oder die andere Bestimmung der drei Städteordnungen des näheren aus den Materialien unterrichten will, oft genug das Beste und Bedeutsamste erst in denjenigen finden wird, aus denen jene längst aufgehobene Gemeindeordnung hervorgegangen ist, nicht in denen des neueren Gesetzes.

Auf die Städteordnung für die Rheinprovinz folgte eine lange Pause; erst die Erweiterung des preußischen Staatsgebietes von 1866 gab Veranlassung zu weiteren Kodifikationen des Stadtgemeinde-Rechts in den neuen Landesteilen.

Als vierte Städteordnung folgte das Gemeindeverfassungs-Gesetz für die Stadt Frankfurt a./M. vom 25. März 1867 (GS. S. 401),

als fünfte das Gesetz, betreffend die Verfassung und Verwaltung der Städte und Flecken in der Provinz Schleswig-Holstein, vom 14. April 1869 (GS. S. 589),

als sechste die Städteordnung für den Regierungsbezirk Wiesbaden vom 18. Juni 1891 (GS. S. 107),

als siebente die für die Provinz Hessen-Nassau vom 4. August 1897 (GS. S. 254).

Wie der Inhalt der drei ältesten nach Ursprung und Ziel sich in einem zusammenfassenden Worte kurz kennzeichnen ließ, so ist ein Gleiches möglich den vier jüngsten gegenüber. Überall hatte man böse, zum Teil kaum mehr haltbare Zustände vorgefunden; man schonte wohl, was von dem Bestehenden als berechtigte Eigenart anzuerkennen war; im übrigen aber schuf man Neues nach keinem anderen Muster als dem immerhin leidlich bewährten der ältesten unter den neuen Städteordnungen, derjenigen von 1853, ohne übrigens die Anlegung einer nachbessernden Hand da zu unterlassen, wo ein mehr oder minder dringender Anlaß dazu aus der Handhabung der älteren Gesetze in einzelnen Punkten erwachsen war. So ist ein gelegentliches Nachschlagen in den neueren selbst da nicht ohne Nutzen, wo es zunächst die Klarstellung des dem älteren Rechte zuzuerkennenden Inhalts gilt, wie denn unter diesem Gesichtspunkte das Oberverwaltungsgericht oft genug besonders die Städteordnung für Schleswig-Holstein zu Rate gezogen hat (vglch. oben Abschnitt II zu § 23 Nr. 7). Und umgekehrt darf dieser kleine Überblick über die Gesetzgebung der letzten Jahrzehnte als eine Bestätigung für den schon im Vorworte ausgesprochenen Satz herangezogen werden, daß der Interessentenkreis, mit dem der Verfasser rechnen durfte, keineswegs ausschließlich der des Geltungsbereichs der Städteordnung von 1853 war, wenn auch zunächst überall an diese im obigen angeknüpft wurde.

Wird erwogen, daß anderen als den vorbezeichneten neu erworbenen Landesteilen das Recht, welches dort vor der Erwerbung bestand, belassen worden ist, so liegt die Frage wahrlich nahe genug, ob denn noch niemals der Versuch gemacht worden ist, einheitliches Recht für das gesamte Staatsgebiet herzustellen. Das ist nun freilich nicht geschehen; wohl aber gab die durch die Kreisordnung vom 13. Dezember 1872 eingeleitete große Verwaltungsreform im Jahre 1876 Veranlassung zur Vorlegung des Entwurfs einer Städteordnung für den engeren Geltungsbereich jenes Gesetzes, der Provinzialordnung vom 29. Juni 1875 und des Verwaltungsgerichtsgesetzes vom 3. Juli 1875 — eines Entwurfes, der im wesentlichen darauf abzielte, die Intentionen der neuen organischen Verwaltungsgesetze auch für die städtischen Kommunalangelegenheiten zur Geltung zu bringen. Doch gelang es nicht, damals eine Einigung der gesetzgebenden Faktoren herbeizuführen; das Abgeordnetenhaus stellte Anforderungen, denen die Staatsregierung und das Herrenhaus nicht folgen zu können meinten. Auch der Entwurf einer im Jahre 1877 vorgelegten, auf eben jenes Ziel beschränkten Novelle zur Städteordnung ward nicht Gesetz. Erst das Zuständigkeitsgesetz vom 1. August 1883 hat in dem von „Angelegenheiten der Stadtgemeinden" handelnden IV. Titel die Aufgabe gelöst, wobei freilich das materielle Recht der Städteordnung von 1853 wesentlich unverändert geblieben ist.

Schließlich sei hier noch die — gleichmäßig auf alle Land- und Stadtgemeinden der Hohenzollernschen Lande Anwendung findende — dortige Gemeindeordnung vom 2. Juli 1900 (GS. S. 189) in Bezug genommen.

Anhang I.

Städte-Ordnung

für die

sechs östlichen Provinzen der Preußischen Monarchie

vom 30. Mai 1853.*)

Wir Friedrich Wilhelm, von Gottes Gnaden, König von Preußen rc. rc.

verordnen, unter Zustimmung beider Kammern, was folgt:

§ 1.

Die gegenwärtige Städte-Ordnung soll in den bisher auf dem Provinzial-Landtage, im Stande der Städte vertretenen Städten der Provinzen Preußen, Brandenburg, Pommern, Schlesien, Posen und Sachsen zur Anwendung kommen, desgleichen in den im Stande der Städte nicht vertretenen Ortschaften dieser Provinzen, in welchen bisher eine der beiden Städte-Ordnungen vom 19. November 1808 und vom 17. März 1831 gegolten hat.

In Ansehung derjenigen im Stande der Städte auf den Provinzial-Landtagen nicht vertretenen Ortschaften (Flecken), wo bisher weder eine dieser Städte-Ordnungen gegolten, noch die ländliche Gemeindeverfassung bestanden hat, bleibt die nähere Festsetzung ihrer Gemeindeverhältnisse mit Berücksichtigung der Vorschriften im Titel VIII der gegenwärtigen Städte-Ordnung der Bestimmung des Königs nach Anhörung des Provinzial-Landtages vorbehalten.

Wegen der Städte in Neuvorpommern und Rügen ergeht ein besonderes Gesetz.

*) Der obige Text gibt lediglich — unverändert — die der ersten Publikation des Gesetzes (Nr. 24 S. 261 der Gesetzsammlung von 1853) entsprechende Fassung wieder. Ein solcher reiner Wiederabdruck ist vielleicht mehr Bedürfnis, als der neuerlich von den meisten Kommentatoren beliebte Abdruck eines von ihnen erst aus altem und neuem Rechte zusammengebauten Ganzen.

Titel I.

Von den Grundlagen der städtischen Verfassung.

§ 2.

Den städtischen Gemeindebezirk (Stadtbezirk) bilden alle diejenigen Grundstücke, welche demselben bisher angehört haben.

Grundstücke, welche bisher noch keinem Gemeinde- oder selbständigen Gutsbezirke angehört haben, können nach Vernehmung der Beteiligten und nach Anhörung des Kreistages unter Genehmigung des Ministers des Innern mit dem Stadtbezirk vereinigt werden.

Eine Vereinigung eines ländlichen Gemeinde- oder eines selbständigen Gutsbezirks mit einer Stadtgemeinde kann nur unter Zustimmung der Vertretungen der beteiligten Gemeinden, sowie des beteiligten Gutsbesitzers nach Anhörung des Kreistages mit Genehmigung des Königs erfolgen.

Die Abtrennung einzelner Grundstücke von einem Stadtbezirk und deren Vereinigung mit einem angrenzenden Gemeinde- oder selbständigen Gutsbezirk, sowie die Abtrennung einzelner bisher zu einer andern Gemeinde oder zu einem selbständigen Gute gehörender Grundstücke und deren Vereinigung mit einem angrenzenden Stadtbezirk kann nach Anhörung des Kreistages mit Genehmigung des Ministers des Innern vorgenommen werden, wenn außer den Vertretungen der beteiligten Gemeinden und den beteiligten Gutsbesitzern auch die Eigentümer jener Grundstücke darin einwilligen. In Ermangelung der Einwilligung aller Beteiligten kann eine Veränderung dieser Art in den Gemeinde- oder Gutsbezirken nur in dem Falle, wenn dieselbe im öffentlichen Interesse als notwendiges Bedürfnis sich ergibt, und alsdann nur mit Genehmigung des Königs nach Vernehmung der Beteiligten und nach Anhörung des Kreistages stattfinden.

In allen vorstehenden Fällen ist der Beschluß des Kreistages vor Einholung der höheren Genehmigung den Beteiligten nachrichtlich mitzuteilen.

Wo und soweit infolge einer derartigen Veränderung eine Auseinandersetzung zwischen den Beteiligten sich als notwendig ergibt, ist solche im Verwaltungswege zu bewirken.

Wird hierbei eine Übereinkunft der Beteiligten vermittelt, so genügt die Genehmigung der Regierung; im Falle des Widerspruches entscheidet der Minister des Innern.

Privatrechtliche Verhältnisse dürfen durch dergleichen Veränderungen niemals gestört werden.

Eine jede solche Veränderung ist durch das Amtsblatt bekannt zu machen. Veränderungen, welche bei Gelegenheit einer Gemeinheitsteilung vorkommen, unterliegen diesen Bestimmungen nicht.

§ 3.

Alle Einwohner des Stadtbezirks, mit Ausnahme der servisberechtigten Militärpersonen des aktiven Dienststandes, gehören zur Stadtgemeinde.

Als Einwohner werden diejenigen betrachtet, welche in dem Stadtbezirk nach den Bestimmungen der Gesetze ihren Wohnsitz haben.

§ 4.

Alle Einwohner des Stadtbezirks sind zur Mitbenutzung der öffentlichen Gemeindeanstalten der Stadt berechtigt und zur Teilnahme an den städtischen Gemeindelasten nach den Vorschriften dieses Gesetzes verpflichtet.

Die Bestimmungen besonderer Stiftungen, welche mit dergleichen städtischen Gemeindeanstalten verbunden sind, sowie die hinsichtlich solcher Anstalten auf besonderen Titeln beruhenden Privatrechte werden hierdurch nicht berührt.

Wer, ohne in dem Stadtbezirke zu wohnen, daselbst Grundbesitz hat oder ein stehendes Gewerbe betreibt, ist dennoch verpflichtet, an denjenigen Lasten teilzunehmen, welche auf den Grundbesitz oder das Gewerbe oder auf das aus jenen Quellen fließende Einkommen gelegt sind. Dieselbe Verpflichtung haben juristische Personen, welche in dem Stadtbezirke Grundeigentum besitzen oder ein stehendes Gewerbe betreiben.

Wo städtische Gemeindeabgaben durch Zuschläge zur Klassen- oder klassifizierten Einkommensteuer erhoben werden, müssen alle diejenigen, welche im Stadtbezirk sich aufhalten, um dort ihren Unterhalt zu erwerben, sobald sie daselbst eine dieser Steuern zu entrichten haben, auch die gedachten Zuschläge zahlen. Wo eine Kommunalsteuer anderer Art eingeführt ist, sind dergleichen Personen bei einem Aufenthalt von mehr als drei Monaten im Stadtbezirk vom Ablauf des dritten Monats an zu jener Steuer beizutragen verpflichtet. Zu den auf den Grundbesitz oder auf das stehende Gewerbe gelegten Lasten sind auch die in § 3 erwähnten Militärpersonen verpflichtet, wenn sie im Stadtbezirk mit Grundeigentum angesessen sind oder ein stehendes Gewerbe treiben. Von anderen direkten Gemeindeabgaben und -Lasten sind dieselben, mit Ausnahme der Militärärzte rücksichtlich ihres Einkommens aus einer Zivilpraxis, frei; von Verbrauchssteuern bleiben nur die Militär-Speiseeinrichtungen und ähnliche Anstalten in dem bisherigen Umfange befreit.

Inwieweit zu den Gemeindeabgaben und -Lasten auch Waldungen herangezogen werden können, ist nach den besonderen Verhältnissen derselben zu den Gemeinden zu bemessen. Der Provinzial-Landtag hat darüber nähere Bestimmungen zu treffen, welche der Genehmigung des Königs bedürfen.

Bis zum Erlaß solcher Bestimmungen können Waldbesitzer zu den Gemeindeabgaben und -Lasten in höherem Maße als seither nicht herangezogen werden.

Die im § 2 des Gesetzes vom 24. Februar 1850 (Gesetzsammlung S. 62) bezeichneten ertragsunfähigen oder zu einem öffentlichen Dienste oder Gebrauche bestimmten Grundstücke sind nach Maßgabe der Kabinettsordre vom 8. Juni 1834 (Gesetzsammlung S. 87), die Dienstgrundstücke der Geistlichen, Kirchendiener und Elementar-Schullehrer aber überhaupt von den Gemeindeauflagen befreit.

Zeitweilige Befreiungen von Gemeindeabgaben und -Leistungen für neu bebaute Grundstücke sind zulässig.

Alle sonstigen, nicht persönlichen Befreiungen können von den Stadtgemeinden abgelöst werden und hören auf, wenn die Entschädigung festgestellt und gezahlt ist; bis dahin bestehen dieselben in ihrem bisherigen Umfange fort, erstrecken sich jedoch nur auf den gewöhnlichen Zustand, nicht auf außerordentliche Leistungen.

Die Befreiung und der Anspruch auf Entschädigung erlöschen, wenn sie in Städten, wo die Gemeinde-Ordnung vom 11. März 1850 bereits eingeführt ist, nicht binnen Jahresfrist nach deren Einführung bei dem Gemeindevorstand (Magistrat) angemeldet sind, und in den anderen Städten nicht binnen Jahresfrist nach Einführung der gegenwärtigen Städte-Ordnung bei demselben angemeldet werden. Die Entschädigung wird zum zwanzigfachen Betrage des Jahreswertes der Befreiung nach dem Durchschnitt der letzten zehn Jahre vor der Verkündigung dieser Städte-Ordnung geleistet.

Steht ein anderer Entschädigungsmaßstab durch speziellen Rechtstitel fest, so hat es hierbei sein Bewenden. Der Entschädigungsbetrag wird durch Schiedsrichter, mit Ausschluß der ordentlichen Rechtsmittel, festgestellt; von diesen wird der eine von dem Besitzer des bisher befreiten Grundstücks, der andere von der Gemeindevertretung ernannt. Der Obmann ist, wenn sich die Schiedsrichter über dessen Ernennung nicht verständigen können, von der Aufsichtsbehörde zu ernennen.

Die Geistlichen, Kirchendiener und Elementarschullehrer bleiben von den direkten persönlichen Gemeindeabgaben hinsichtlich ihres Diensteinkommens insoweit befreit, als ihnen diese Befreiung zur Zeit der Verkündigung der Gemeinde-Ordnung vom 11. März 1850 zustand. Geistliche und Schullehrer bleiben von allen persönlichen Gemeindediensten, soweit dieselben nicht auf ihnen gehörigen Grundstücken lasten, befreit; Kirchendiener insoweit, als ihnen diese Befreiung zur Zeit der Verkündigung der Gemeinde-Ordnung vom 11. März 1850 zustand.

Alle übrigen persönlichen Befreiungen sind ohne Entschädigung aufgehoben.

Wegen der Besteuerung des Diensteinkommens der Beamten sind die Vorschriften des Gesetzes vom 11. Juli 1822 (Gesetzsammlung S. 184) und der Kabinettsordre vom 14. Mai 1832 (Gesetzsammlung S. 145) anzuwenden.

Durch die in diesen Gesetzen bestimmten Geldbeiträge sind die Beamten zugleich von persönlichen Diensten frei. Sind sie jedoch Besitzer von Grundstücken oder betreiben sie ein stehendes Gewerbe, so müssen sie die mit diesem Grundbesitz resp. Gewerbe verbundenen persönlichen Dienste entweder selbst oder für den Fall der Verhinderung durch Stellvertreter leisten.

§ 5.

Das Bürgerrecht besteht in dem Rechte zur Teilnahme an den Wahlen, sowie in der Befähigung zur Übernahme unbesoldeter Ämter in der Gemeindeverwaltung und zur Gemeindevertretung.

Jeder selbständige Preuße erwirbt dasselbe, wenn er seit einem Jahre

1. Einwohner des Stadtbezirks ist und zur Stadtgemeinde gehört (§ 3),
2. keine Armenunterstützung aus öffentlichen Mitteln empfangen,
3. die ihn betreffenden Gemeinde-Abgaben gezahlt hat und außerdem
4. entweder
   a) ein Wohnhaus im Stadtbezirk besitzt (§ 16), oder
   b) ein stehendes Gewerbe selbständig als Haupterwerbsquelle und in Städten von mehr als 10 000 Einwohnern mit wenigstens zwei Gehilfen selbständig betreibt, oder
   c) zur klassifizierten Einkommensteuer veranlagt ist, oder
   d) an Klassensteuer einen Jahres-Betrag von mindestens vier Talern entrichtet. In den mahl- und schlachtsteuerpflichtigen Städten sind statt dessen die Einwohner von dem Magistrat nach den Grundsätzen der Klassensteuer-Veranlagung einzuschätzen; es können jedoch auch die Stadtbehörden beschließen, an die Stelle des Klassensteuersatzes von mindestens vier Talern ein jährliches Einkommen treten zu lassen, welches beträgt:
      in Städten von weniger als 10 000 Einwohnern 200 Tlr.
      in Städten von 10 000 bis 50 000 Einwohnern 250 Tlr.
      in Städten von mehr als 50 000 Einwohnern 300 Tlr.

Steuerzahlungen, Einkommen, Haus- und Grundbesitz der Ehefrau werden dem Ehemann, Steuerzahlungen, Einkommen, Haus- und Grundbesitz der minderjährigen, beziehungsweise der in väterlicher Gewalt befindlichen Kinder, dem Vater angerechnet.

In den Fällen, wo ein Haus durch Vererbung auf einen andern übergeht, kommt dem Erben bei Berechnung der Dauer des einjährigen Wohnsitzes die Besitzzeit des Erblassers zu gute.

Als selbständig wird nach vollendetem vierundzwanzigsten Lebensjahre ein jeder betrachtet, der einen eigenen Hausstand hat, sofern ihm nicht das Verfügungsrecht über sein Vermögen oder dessen Verwaltung durch richterliches Erkenntnis entzogen ist.

Inwiefern über die Erlangung des Bürgerrechts von dem Magistrat eine Urkunde (Bürgerbrief) zu erteilen ist, bleibt den statutarischen Anordnungen vorbehalten.

§ 6.

Verlegt ein Bürger seinen Wohnsitz nach einer andern Stadt, so kann ihm das Bürgerrecht in seinem neuen Wohnort, wenn sonst die Erfordernisse zur Erlangung desselben vorhanden sind, von dem Magistrate im Einverständnisse mit der Stadtverordneten-Versammlung (§ 12) schon vor Ablauf eines Jahres verliehen werden.

Diese Bestimmungen finden auch auf den Fall Anwendung, wenn der Besitzer eines, einen besonderen Gutsbezirk bildenden Gutes oder ein stimmberechtigter Einwohner einer Landgemeinde seinen Wohnsitz nach einer Stadt verlegt.

Der Magistrat ist, im Einverständnis mit der Stadtverordneten-Versammlung, befugt, Männern, welche sich um die Stadt verdient gemacht haben, ohne Rücksicht auf die oben gedachten besonderen Erfordernisse, das Ehrenbürgerrecht zu erteilen, wodurch keine städtischen Verpflichtungen entstehen.

§ 7.

Wer infolge rechtskräftigen Erkenntnisses der bürgerlichen Ehre verlustig geworden (§ 12 des Strafgesetzbuches), verliert dadurch auch das Bürgerrecht und die Befähigung, dasselbe zu erwerben.

Wem durch rechtskräftiges Erkenntnis die Ausübung der bürgerlichen Ehrenrechte untersagt ist (§ 21 des Strafgesetzbuches), der ist während der dafür in dem Erkenntnisse festgesetzten Zeit von der Ausübung des Bürgerrechts ausgeschlossen.

Ist gegen einen Bürger wegen eines Verbrechens die Versetzung in den Anklagestand, oder wegen eines Vergehens, welches die Untersagung der Ausübung der bürgerlichen Ehrenrechte nach sich ziehen muß oder kann, die Verweisung an das Strafgericht ausgesprochen, oder ist derselbe zur gerichtlichen Haft gebracht, so ruht die Ausübung des ihm zustehenden Bürgerrechts so lange, bis die gerichtliche Untersuchung beendigt ist.

Das Bürgerrecht geht verloren, sobald eines der zur Erlangung desselben vorgeschriebenen Erfordernisse bei dem bis dahin dazu Berechtigten nicht mehr zutrifft.

Verfällt ein Bürger in Konkurs, so verliert er dadurch das Bürgerrecht; die Befähigung, dasselbe wieder zu erlangen, kann ihm, wenn er die Befriedigung seiner Gläubiger nachweist, von den Stadtbehörden verliehen werden.

§ 8.

Wer in einer Stadt seit einem Jahre mehr als einer der drei höchstbesteuerten Einwohner sowohl an direkten Staats- als an Gemeinde-Abgaben entrichtet, ist, auch ohne im Stadtbezirke zu wohnen oder sich daselbst aufzuhalten, berechtigt, an den Wahlen teilzunehmen, falls bei ihm die übrigen Erfordernisse dazu vorhanden sind.

Dasselbe Recht haben juristische Personen, wenn sie in einem solchen Maße in der Gemeinde besteuert sind.

§ 9.

Die Stadtgemeinden sind Korporationen; denselben steht die Selbstverwaltung ihrer Angelegenheiten nach näherer Vorschrift dieses Gesetzes zu.

§ 10.

In den Städten wird ein Magistrat (kollegialischer Gemeinde-Vorstand) und eine Stadtverordneten-Versammlung gebildet, welche nach näherer Vorschrift dieses Gesetzes dieselben vertreten. Der Magistrat ist die Obrigkeit der Stadt und verwaltet die städtischen Gemeinde-Angelegenheiten. Die Ausnahmen bestimmt Tit. VIII.

§ 11.

Jede Stadt ist befugt, besondere statutarische Anordnungen zu treffen:

1. über solche Angelegenheiten der Stadtgemeinden, sowie über solche Rechte und Pflichten ihrer Mitglieder, hinsichtlich deren das gegenwärtige Gesetz Verschiedenheiten gestattet oder keine ausdrücklichen Bestimmungen enthält;
2. über sonstige eigentümliche Verhältnisse und Einrichtungen, insbesondere hinsichtlich der den gewerblichen Genossenschaften bei Einteilung der stimmfähigen Bürger und bei Bildung der Wahlversammlungen und der städtischen Vertretung zu gewährenden angemessenen Berücksichtigung.

Dergleichen Anordnungen bedürfen der Bestätigung der Regierung.

Titel II.

Von der Zusammensetzung und Wahl der Stadtverordneten-Versammlung.

§ 12.

Die Stadtverordneten-Versammlung besteht aus zwölf Mitgliedern in Stadtgemeinden von weniger als 2500 Einwohnern,

aus 18	in Gemeinden	von	2 500	bis	5 000 Einwohnern,
„ 24	„ „	„	5 001	„	10 000 „
„ 30	„ „	„	10 001	„	20 000 „
„ 36	„ „	„	20 001	„	30 000 „
„ 42	„ „	„	30 001	„	50 000 „
„ 48	„ „	„	50 001	„	70 000 „
„ 54	„ „	„	70 001	„	90 000 „
„ 60	„ „	„	90 001	„	120 000 „

In Gemeinden von mehr als 120 000 Einwohnern treten für jede weiteren 50 000 Einwohner sechs Stadtverordnete hinzu.

Wo die Zahl der Stadtverordneten bisher eine andere gewesen ist, verbleibt es bei dieser Zahl, bis durch statutarische Anordnung, welcher überhaupt abweichende Festsetzungen über die Zahl der Stadtverordneten vorbehalten werden, eine Änderung getroffen ist.

§ 13.

Zum Zweck der Wahl der Stadtverordneten werden die stimmfähigen Bürger (§§ 5 bis 8) nach Maßgabe der von ihnen zu entrichtenden direkten Steuern (Gemeinde-, Kreis-, Bezirks-, Provinzial- und Staats-Abgaben) in drei Abteilungen geteilt. In den Städten, wo die Mahl- und Schlachtsteuer besteht, werden diejenigen stimmfähigen Bürger, welche zur Staats-Einkommensteuer nicht herangezogen werden, von dem Magistrat nach den Grundsätzen der Klassensteuer-Veranlagung eingeschätzt und der Betrag, welcher danach als Klassensteuer zu zahlen sein würde, bei den vorstehend gedachten Steuern mitberechnet. Doch können auch die Stadtbehörden in den gedachten Städten beschließen, die Bildung der drei Abteilungen nach Maßgabe des Einkommens der stimmfähigen Bürger zu bewirken.

Die erste Abteilung besteht aus denjenigen, auf welche die höchsten Beträge bis zum Belauf eines Drittels des Gesamtbetrages der Steuer aller stimmfähigen Bürger fallen, oder welche das höchste Einkommen bis zum Belauf eines Drittels des Gesamt-Einkommens aller stimmfähigen Bürger besitzen. Die übrigen stimmfähigen Bürger bilden die zweite und dritte Abteilung; die zweite reicht bis zum zweiten Drittel der Gesamtsteuer, beziehungsweise des Gesamt-Einkommens aller stimm fähigen Bürger.

In die erste beziehungsweise zweite Abteilung gehört auch derjenige, dessen Steuerbetrag oder Einkommen nur teilweise in das erste, beziehungsweise zweite Dritteil fällt.

Steuern, die für Grundbesitz oder Gewerbebetrieb in einer anderen Gemeinde entrichtet werden, sowie die Steuern für die im Umherziehen betriebenen Gewerbe sind bei der Bildung der Abteilungen nicht anzurechnen.

Kein Wähler kann zweien Abteilungen zugleich angehören.

Läßt sich weder nach dem Steuerbetrage oder Einkommen, noch nach der alphabetischen Ordnung der Namen bestimmen, welcher unter mehreren Wählern zu einer bestimmten Abteilung zu rechnen ist, so entscheidet das Los.

Jede Abteilung wählt ein Drittel der Stadtverordneten, ohne dabei an die Wähler der Abteilung gebunden zu sein.

§ 14.

Gehören zu einer Abteilung mehr als fünfhundert Wähler, so kann die Wahl derselben nach dazu gebildeten Wahlbezirken geschehen. Enthält eine Stadtgemeinde mehrere Ortschaften, so kann dieselbe mit Rücksicht hierauf in Wahlbezirke eingeteilt werden. Die Anzahl und die Grenzen der Wahlbezirke, sowie die Anzahl der von einem jeden derselben zu wählenden Stadtverordneten werden nach Maßgabe der Zahl der stimmfähigen Bürger von dem Magistrat festgesetzt.

§ 15.

Bei Stadtgemeinden, welche mehrere Ortschaften enthalten, kann die Regierung nach Verhältnis der Einwohnerzahl bestimmen, wieviel Mitglieder der Stadtverordneten-Versammlung aus jeder einzelnen Ortschaft zu wählen sind.

§ 16.

Die Hälfte der von jeder Abteilung zu wählenden Stadtverordneten muß aus Hausbesitzern (Eigentümern, Nießbrauchern und solchen, die ein erbliches Besitzrecht haben) bestehen.

§ 17.

Stadtverordnete können nicht sein:

1. diejenigen Beamten und die Mitglieder derjenigen Behörden, durch welche die Aufsicht des Staats über die Städte ausgeübt wird (§ 76);

2. die Mitglieder des Magistrats und alle besoldeten Gemeinde-Beamten; die Ausnahmen bestimmen §§ 72 und 73;
3. Geistliche, Kirchendiener und Elementarlehrer;
4. die richterlichen Beamten, zu denen jedoch die technischen Mitglieder der Handels-, Gewerbe- und ähnlicher Gerichte nicht zu zählen sind;
5. die Beamten der Staats-Anwaltschaft;
6. die Polizei-Beamten.

Vater und Sohn, sowie Brüder dürfen nicht zugleich Mitglieder der Stadtverordneten-Versammlung sein. Sind dergleichen Verwandte zugleich erwählt, so wird der ältere allein zugelassen.

§ 18.

Die Stadtverordneten werden auf sechs Jahre gewählt. Jedoch verliert jede Wahl ihre Wirkung, sobald einer der Fälle eintritt, in denen nach den Bestimmungen im § 7 der Gewählte des Bürgerrechts verlustig geht oder von der Ausübung desselben für eine gewisse Zeit ausgeschlossen wird. Tritt einer der Fälle ein, in denen nach jenen Bestimmungen die Ausübung des Bürgerrechts ruhen muß, so ist der Gewählte zugleich von der Teilnahme an den Geschäften der Stadtverordneten-Versammlung einstweilen bis zum Austrage der Sache ausgeschlossen. Alle zwei Jahre scheidet ein Dritteil der Mitglieder aus und wird durch neue Wahlen ersetzt. Die das erste und zweite Mal Ausscheidenden werden für jede Abteilung durch das Los bestimmt.

§ 19.

Eine Liste der stimmfähigen Bürger, welche die erforderlichen Eigenschaften nachweist, wird von dem Magistrat geführt und alljährlich im Juli berichtigt.

Die Liste wird nach den Wahlabteilungen und im Falle des § 14 nach den Wahlbezirken eingeteilt.

§ 20.

Vom 1. bis 15. Juli schreitet der Magistrat zur Berichtigung der Liste.

Vom 15. bis zum 30. Juli wird die Liste in einem oder mehreren zu öffentlicher Kenntnis gebrachten Lokalen in der Stadtgemeinde offen gelegt.

Während dieser Zeit kann jedes Mitglied der Stadtgemeinde gegen die Richtigkeit der Liste beim Magistrat Einwendungen erheben.

Die Stadtverordneten-Versammlung hat darüber bis zum 15. August zu beschließen; der Beschluß bedarf der Zustimmung des Magistrats; versagt dieser die Zustimmung, so ist nach Vorschrift des § 36 zu verfahren.

Ist in diesem Falle über die Einwendungen von der Regierung entschieden, so findet eine Berufung an letztere von seiten desjenigen, welcher die Einwendungen erhoben hat, nicht weiter statt; in allen anderen Fällen steht demselben innerhalb zehn Tagen nach Mitteilung des Beschlusses der Stadtverordneten der Rekurs an die Regierung zu, welche binnen vier Wochen ohne Zulassung einer weiteren Berufung entscheidet.

Soll der Name eines einmal in die Liste aufgenommenen Einwohners wieder ausgestrichen werden, so ist ihm dieses acht Tage vorher von dem Magistrate unter Angabe der Gründe mitzuteilen.

§ 21.

Die Wahlen zur regelmäßigen Ergänzung der Stadtverordneten-Versammlung finden alle zwei Jahre im November statt. Bei dem zunächst vorhergehenden wöchentlichen Hauptgottesdienst ist auf die Wichtigkeit dieser Handlung hinzuweisen. Die Wahlen der dritten Abteilung erfolgen zuerst, die der ersten zuletzt.

Außergewöhnliche Wahlen zum Ersatze innerhalb der Wahlperiode ausgeschiedener Mitglieder müssen angeordnet werden, wenn die Stadtverordneten-Versammlung oder der Magistrat oder die Regierung es für erforderlich erachten. Der Ersatzmann bleibt nur bis zum Ende derjenigen sechs Jahre in Tätigkeit, auf welche der Ausgeschiedene gewählt war.

Alle Ergänzungs- oder Ersatzwahlen werden von denselben Abteilungen und Wahlbezirken (§ 14) vorgenommen, von denen der Ausgeschiedene gewählt war. Ist die Zahl der zu wählenden Stadtverordneten nicht durch drei teilbar, so ist, wenn nur einer übrig bleibt, dieser von der zweiten Abteilung zu wählen. Bleiben zwei übrig, so wählt die erste Abteilung den einen und die dritte Abteilung den andern.

Die in den §§ 19—21 bestimmten Termine können durch statutarische Anordnungen abgeändert werden.

§ 22.

Der Magistrat hat jederzeit die nötige Bestimmung zur Ergänzung der erforderlichen Anzahl von Hausbesitzern (§ 16) zu treffen.

Ist die Zahl der Hausbesitzer, welche zu wählen sind, nicht durch die Zahl der Wahlbezirke teilbar, so wird die Verteilung auf die einzelnen Wahlbezirke durch das Los bestimmt.

Mit dieser Beschränkung können die ausscheidenden Stadtverordneten jederzeit wieder gewählt werden.

§ 23.

Vierzehn Tage vor der Wahl werden die in der Liste (§§ 19 und 20) verzeichneten Wähler durch den Magistrat zu den Wahlen mittels schriftlicher Einladung oder ortsüblicher Bekanntmachung berufen.

Die Einladung oder Bekanntmachung muß das Lokal, die Tage und die Stunden, in welchen die Stimmen bei dem Wahlvorstande abzugeben sind, genau bestimmen.

§ 24.

Der Wahlvorstand besteht in jedem Wahlbezirk aus dem Bürgermeister oder einem von diesem ernannten Stellvertreter als Vorsitzenden und aus zwei von der Stadtverordneten-Versammlung gewählten Beisitzern. Für jeden Beisitzer wird von der Stadtverordneten-Versammlung ein Stellvertreter gewählt.

§ 25.

Jeder Wähler muß dem Wahlvorstande mündlich und laut zu Protokoll erklären, wem er seine Stimme geben will. Er hat so viele Personen zu bezeichnen, als zu wählen sind.

Nur die in § 8 erwähnten juristischen oder außerhalb des Stadtbezirks wohnenden höchstbesteuerten Personen können ihr Stimmrecht durch Bevollmächtigte ausüben. Die Bevollmächtigten müssen selbst stimmfähige Bürger sein. Ist die Vollmacht nicht in beglaubigter Form ausgestellt, so entscheidet über die Anerkennung derselben der Wahlvorstand endgültig.

§ 26.

Gewählt sind diejenigen, welche bei der ersten Abstimmung die meisten Stimmen und zugleich absolute Stimmenmehrheit (mehr als die Hälfte der Stimmen) erhalten haben.

Wenn sich bei der ersten Abstimmung nicht für so viel Personen, als zu wählen sind, die absolute Stimmenmehrheit ergeben hat, wird zu einer zweiten Wahl geschritten.

Der Wahlvorstand stellt die Namen derjenigen Personen, welche nächst den gewählten die meisten Stimmen erhalten haben, soweit zusammen, daß die doppelte Zahl der noch zu wählenden Mitglieder erreicht wird. Diese Zusammenstellung gilt alsdann als die Liste der Wählbaren.

Zu der zweiten Wahl werden die Wähler durch eine, das Ergebnis der ersten Wahl angebende Bekanntmachung des Wahlvorstandes sofort oder spätestens innerhalb acht Tagen aufgefordert. Bei der zweiten Wahl ist die absolute Stimmenmehrheit nicht erforderlich.

Unter denjenigen, die eine gleiche Anzahl von Stimmen erhalten haben, gibt das Los den Ausschlag.

Wer in mehreren Abteilungen oder Wahlbezirken gewählt ist, hat zu erklären, welche Wahl er annehmen will.

§ 27.

Die Wahlprotokolle sind vom Wahlvorstande zu unterzeichnen und vom Magistrate aufzubewahren. Der Magistrat hat das Ergebnis der vollendeten Wahlen sofort bekannt zu machen.

Gegen das stattgehabte Wahlverfahren kann von jedem stimmfähigen Bürger innerhalb zehn Tagen nach der Bekanntmachung bei der Regierung Beschwerde erhoben werden.

Bei erheblichen Unregelmäßigkeiten hat die Regierung die Wahlen auf erfolgte Beschwerde oder von Amts wegen innerhalb 20 Tagen nach der Bekanntmachung durch eine motivierte Entscheidung für ungültig zu erklären.

Für einen Ungültigkeitsgrund ist es nicht zu erachten, wenn die der betreffenden geistlichen Behörde anheimzugebende Hinweisung auf die Wichtigkeit der Wahl (§ 21) unterblieben ist.

§ 28.

Die bei der regelmäßigen Ergänzung neu gewählten Stadtverordneten treten mit dem Anfang des nächstfolgenden Jahres ihre Verrichtungen an; die Ausscheidenden bleiben bis zur Einführung der neugewählten Mitglieder in Tätigkeit.

Der Magistrat hat die Einführung der Gewählten und deren Verpflichtung durch Handschlag an Eides Statt anzuordnen.

Titel III.

Von der Zusammensetzung und Wahl des Magistrats.

§ 29.

Der Magistrat besteht aus dem Bürgermeister, einem Beigeordneten oder zweiten Bürgermeister als dessen Stellvertreter, einer Anzahl von Schöffen (Stadträten, Ratsherren, Ratsmännern) und, wo das Bedürfnis es erfordert, noch aus einem oder mehreren besoldeten Mitgliedern (Syndikus, Kämmerer, Schulrat, Baurat 2c.). Es gehören zum Magistrat in Stadtgemeinden von weniger als

		2 500	Einwohnern	2	Schöffen,
2 500	bis	10 000	„	4	„
10 001	„	30 000	„	6	„
30 001	„	60 000	„	8	„
60 001	„	100 000	„	10	„

Bei mehr als 100 000 Einwohnern treten für jede weiteren 50 000 Einwohner zwei Schöffen hinzu.

Wo die Zahl der Mitglieder des Magistrats bisher eine andere gewesen ist, verbleibt es bei dieser Zahl, bis durch statutarische Anordnung, welcher überhaupt abweichende Festsetzungen über die Zahl der Magistrats-Mitglieder vorbehalten werden, eine Änderung getroffen ist.

§ 30.

Mitglieder des Magistrats können nicht sein:

1. diejenigen Beamten und die Mitglieder derjenigen Behörden, durch welche die Aufsicht des Staats über die Städte ausgeübt wird (§ 76);
2. die Stadtverordneten, ingleichen Gemeinde-Unterbeamte und in Städten über 10 000 Seelen die Gemeinde-Einnehmer (§ 56, Nr. 6);
3. Geistliche, Kirchendiener und Lehrer an öffentlichen Schulen;
4. die richterlichen Beamten, zu denen jedoch die technischen Mitglieder der Handels-, Gewerbe- und ähnlicher Gerichte nicht zu zählen sind;
5. die Beamten der Staatsanwaltschaft;
6. die Polizeibeamten.

Vater und Sohn, Schwiegervater und Schwiegersohn, Brüder und Schwäger dürfen nicht zugleich Mitglieder des Magistrats sein.

Entsteht die Schwägerschaft im Laufe der Wahlperiode, so scheidet dasjenige Mitglied aus, durch welches das Hindernis herbeigeführt worden ist.

Vater und Sohn, Schwiegervater und Schwiegersohn, sowie Brüder dürfen nicht zugleich Mitglieder des Magistrats und der Stadtverordneten-Versammlung sein.

Personen, welche die in dem Gesetze vom 7. Februar 1835 (Gesetzsammlung Seite 18) bezeichneten Gewerbe betreiben, können nicht Bürgermeister sein.

§ 31.

Der Beigeordnete und die Schöffen (§ 29) werden auf sechs Jahre, der Bürgermeister und die übrigen besoldeten Magistratsmitglieder dagegen auf zwölf Jahre von der Stadtverordneten-Versammlung gewählt. Auch können Beigeordnete mit Besoldung angestellt werden, und erfolgt in diesem Falle deren Wahl gleichfalls auf zwölf Jahre.

Alle drei Jahre scheidet die Hälfte der Schöffen aus und wird durch neue Wahlen ersetzt. Die das erste Mal Ausscheidenden werden durch das Los bestimmt. Die Ausscheidenden können wieder gewählt werden. Wegen der außergewöhnlichen Ersatzwahlen kommt die Bestimmung § 21 zur Anwendung.

§ 32.

Für jedes zu wählende Mitglied des Magistrats wird besonders abgestimmt. Die Wahl erfolgt durch Stimmzettel. Wird die absolute Stimmenmehrheit bei der ersten Abstimmung nicht erreicht, so werden diejenigen vier Personen, auf welche die meisten Stimmen gefallen sind, auf eine engere Wahl gebracht. Wird auch hierdurch die absolute Stimmenmehrheit nicht erreicht, so findet unter denjenigen zwei Personen, welche bei der zweiten Abstimmung die meisten Stimmen erhalten haben, eine engere Wahl statt. Bei Stimmengleichheit entscheidet das Los.

§ 33.

Die gewählten Bürgermeister, Beigeordneten, Schöffen und besoldeten Magistrats-Mitglieder bedürfen der Bestätigung. Die Bestätigung steht zu:

1. dem König hinsichtlich der Bürgermeister und Beigeordneten in Städten von mehr als 10000 Einwohnern;
2. der Regierung hinsichtlich der Bürgermeister und Beigeordneten in Städten, welche nicht über 10000 Einwohner haben, sowie hinsichtlich der Schöffen und der besoldeten Magistrats-Mitglieder in allen Städten, ohne Unterschied ihrer Größe.

Wird die Bestätigung versagt, so schreitet die Stadtverordneten-Versammlung zu einer neuen Wahl. Wird auch diese Wahl nicht bestätigt, so ist die Regierung berechtigt, die Stelle einstweilen auf Kosten der Stadt kommissarisch verwalten zu lassen.

Dasselbe findet statt, wenn die Stadtverordneten die Wahl verweigern oder den nach der ersten Wahl nicht Bestätigten wieder erwählen sollten.

Die kommissarische Verwaltung dauert so lange, bis die Wahl der Stadtverordneten-Versammlung, deren wiederholte Vornahme ihr jederzeit zusteht, die Bestätigung des Königs, beziehungsweise der Regierung erlangt hat.

§ 34.

Die Mitglieder des Magistrats werden vor ihrem Amtsantritt durch den Bürgermeister in öffentlicher Sitzung der Stadtverordneten-Versammlung in Eid und Pflicht genommen; der Bürgermeister wird vom Regierungs-Präsidenten oder einem von diesem zu ernennenden Kommissar in öffentlicher Sitzung der Stadtverordneten-Versammlung vereidet.

Magistrats-Mitgliedern, welche ihr Amt mindestens neun Jahre mit Ehren bekleidet haben, kann in Übereinstimmung mit der Stadtverordneten-Versammlung von dem Magistrat das Prädikat „Stadtältester“ verliehen werden.

Titel IV.

Von den Versammlungen und Geschäften der Stadtverordneten.

§ 35.

Die Stadtverordneten-Versammlung hat über alle Gemeinde-Angelegenheiten zu beschließen, soweit dieselben nicht ausschließlich dem Magistrate überwiesen sind. Sie gibt ihr Gutachten über alle Gegenstände ab, welche ihr zu diesem Zwecke durch die Aufsichtsbehörden vorgelegt werden. Über andere als Gemeinde-Angelegenheiten dürfen die Stadtverordneten nur dann beraten, wenn solche durch besondere Gesetze oder in einzelnen Fällen durch Aufträge der Aufsichtsbehörde an sie gewiesen sind.

Die Stadtverordneten sind an keinerlei Instruktion oder Aufträge der Wähler oder der Wahlbezirke gebunden.

§ 36.

Die Beschlüsse der Stadtverordneten bedürfen, wenn sie solche Angelegenheiten betreffen, welche durch das Gesetz dem Magistrate zur Ausführung überwiesen sind, der Zustimmung des letztern. Versagt dieser die Zustimmung, so hat er die Gründe dieser Versagung der Stadtverordneten-Versammlung mitzuteilen. Erfolgt hierauf keine Verständigung, zu deren Herbeiführung sowohl von dem Magistrate als den Stadtverordneten die Einsetzung einer gemeinschaftlichen Kommission verlangt werden kann, so ist die Entscheidung der Regierung einzuholen. — Die Stadtverordneten-Versammlung darf ihre Beschlüsse in keinem Falle selbst zur Ausführung bringen.

§ 37.

Die Stadtverordneten-Versammlung kontrolliert die Verwaltung. Sie ist daher berechtigt, sich von der Ausführung ihrer Beschlüsse und der Verwendung aller Gemeinde-Einnahmen Überzeugung zu verschaffen. Sie kann zu diesem Zwecke von dem Magistrat die Einsicht der Akten verlangen und Ausschüsse aus ihrer Mitte ernennen, zu welchen der Bürgermeister ein Mitglied des Magistrats abzuordnen befugt ist.

§ 38.

Die Stadtverordneten-Versammlung wählt jährlich einen Vorsitzenden, sowie einen Stellvertreter desselben und einen Schriftführer, sowie einen Stellvertreter desselben, aus ihrer Mitte; doch kann auch die Stelle des Schriftführers ein von den Stadtverordneten nicht aus ihrer Mitte gewählter, in öffentlicher Sitzung hierzu von dem Bürgermeister vereideter Protokollführer vertreten. Diese Wahlen erfolgen in dem § 32 vorgeschriebenen Verfahren.

Die Stadtverordneten versammeln sich, so oft es ihre Geschäfte erfordern.

Der Magistrat wird zu allen Versammlungen eingeladen und kann sich durch Abgeordnete vertreten lassen. Die Stadtverordneten können verlangen, daß Abgeordnete des Magistrats dabei anwesend sind. Der Magistrat muß gehört werden, so oft er es verlangt.

§ 39.

Die Zusammenberufung der Stadtverordneten geschieht durch den Vorsitzenden; sie muß erfolgen, sobald es von einem Viertel der Mitglieder oder von dem Magistrat verlangt wird.

§ 40.

Die Art und Weise der Zusammenberufung wird ein für allemal von der Stadtverordneten-Versammlung festgestellt.

Die Zusammenberufung erfolgt unter Angabe der Gegenstände der Verhandlung; mit Ausnahme dringender Fälle muß dieselbe wenigstens zwei freie Tage vorher statthaben.

§ 41.

Durch Beschluß der Stadtverordneten können auch regelmäßige Sitzungstage festgesetzt, es müssen jedoch auch dann die Gegenstände der Verhandlung mit Ausnahme dringender Fälle mindestens zwei freie Tage vorher den Stadtverordneten und dem Magistrat angezeigt werden.

§ 42.

Die Stadtverordneten-Versammlung kann nur beschließen, wenn mehr als die Hälfte der Mitglieder zugegen ist. Eine Ausnahme hiervon findet statt, wenn die Stadtverordneten, zum zweiten Male zur Verhandlung über denselben Gegenstand zusammenberufen, dennoch nicht in genügender Anzahl erschienen sind. Bei der zweiten Zusammenberufung muß auf diese Bestimmung ausdrücklich hingewiesen werden.

§ 43.

Die Beschlüsse werden nach Stimmenmehrheit gefaßt. Bei Stimmengleichheit entscheidet die Stimme des Vorsitzenden. Wer nicht mitstimmt, wird zwar als anwesend betrachtet, die Stimmenmehrheit wird aber lediglich nach der Zahl der Stimmenden festgestellt.

§ 44.

An Verhandlungen über Rechte und Verpflichtungen der Stadtgemeinde darf derjenige nicht teilnehmen, dessen Interesse mit dem der Gemeinde in Widerspruch steht. Kann wegen dieser Ausschließung eine beschlußfähige Versammlung nicht gehalten werden, so hat der Magistrat oder, wenn auch dieser aus dem vorgedachten Grunde einen gültigen Beschluß zu fassen nicht befugt ist, die Aufsichtsbehörde für die Wahrung des Gemeinde-Interesses zu sorgen und nötigenfalls einen besonderen Vertreter für die Stadtgemeinde zu bestellen.

Sollte ein Prozeß der Stadtgemeinde gegen alle oder mehrere Mitglieder des Magistrats aus Veranlassung ihrer Amtsführung notwendig werden, so hat die Regierung auf Antrag der Stadtverordneten-Versammlung zur Führung des Prozesses einen Anwalt zu bestellen.

§ 45.

Die Sitzungen der Stadtverordneten sind öffentlich. Für einzelne Gegenstände kann durch besonderen Beschluß, welcher in geheimer Sitzung gefaßt wird, die Öffentlichkeit ausgeschlossen werden. Die Sitzungen dürfen nicht in Wirtshäusern oder Schänken gehalten werden.

§ 46.

Der Vorsitzende leitet die Verhandlungen, eröffnet und schließt die Sitzungen und handhabt die Ordnung in der Versammlung. Er kann jeden Zuhörer aus dem Sitzungszimmer entfernen lassen, welcher öffentliche Zeichen des Beifalls oder des Mißfallens gibt oder Unruhe irgend einer Art verursacht.

§ 47.

Die Beschlüsse der Stadtverordneten-Versammlung und die Namen der dabei anwesend gewesenen Mitglieder sind in ein besonderes Buch einzutragen. Sie werden von dem Vorsitzenden und wenigstens drei Mitgliedern unterzeichnet.

Dem Magistrat müssen alle Beschlüsse der Stadtverordneten, auch diejenigen, welche ihm durch das Gesetz zur Ausführung nicht überwiesen sind, mitgeteilt werden.

§ 48.

Den Stadtverordneten-Versammlungen bleibt überlassen, unter Zustimmung des Magistrats eine Geschäftsordnung abzufassen und darin Zuwiderhandlungen der Mitglieder gegen die zur Aufrechthaltung der Ordnung gegebenen Vorschriften mit Strafen zu belegen; diese Strafen können nur in Geldbußen bis zu fünf Talern und bei mehrmals wiederholten Zuwiderhandlungen in der auf eine gewisse Zeit oder für die Dauer der Wahlperiode zu verhängenden Ausschließung aus der Versammlung bestehen.

Versagt der Magistrat seine Zustimmung, so tritt das im § 36 vorgeschriebene Verfahren ein.

§ 49.

Die Stadtverordneten beschließen über die Benutzung des Gemeindevermögens; die Deklaration vom 26. Juli 1847 (Gesetzsammlung Seite 327) bleibt dabei maßgebend.

Über das Vermögen, welches nicht der Gemeinde-Korporation in ihrer Gesamtheit gehört, kann die Stadtverordneten-Versammlung nur insofern beschließen, als sie dazu durch den Willen der Beteiligten oder durch sonstige Rechtstitel berufen ist.

Auf das Vermögen der Korporationen und Stiftungen haben die zur Stadtgemeinde gehörenden Einwohner (§ 3) als solche, und auf dasjenige Vermögen, welches bloß den Hausbesitzern oder anderen Klassen der Einwohner gehört, haben andere Personen keinen Anspruch.

In Ansehung der Verwaltung und Verwendung des Vermögens der Stiftungen bewendet es bei den stiftungsmäßigen Bestimmungen. Soweit es hierbei auf den Begriff von Bürger ankommt, sind die Bestimmungen des gegenwärtigen Gesetzes (§ 5) an sich selbst nicht maßgebend.

§ 50.

Die Genehmigung der Regierung ist erforderlich:

1. zur Veräußerung von Grundstücken und solchen Gerechtsamen, welche jenen gesetzlich gleichgestellt sind;
2. zur Veräußerung oder wesentlichen Veränderung von Sachen, welche einen besonderen wissenschaftlichen, historischen oder Kunstwert haben, namentlich von Archiven;
3. zu Anleihen, durch welche die Gemeinde mit einem Schuldenbestand belastet oder der bereits vorhandene vergrößert wird, und
4. zu Veränderungen in dem Genusse von Gemeindenutzungen (Wald, Weide, Heide, Torfstich und dergleichen).

§ 51.

Die freiwillige Veräußerung von Grundstücken u. s. w. (§ 50 Nr. 1) darf nur im Wege der Lizitation auf Grund einer Taxe stattfinden. Zur Gültigkeit der Lizitation gehört:

1. einmalige Bekanntmachung durch das Amtsblatt des Regierungsbezirks und die für die Bekanntmachungen des Magistrats üblichen öffentlichen Blätter;

2. eine Frist von sechs Wochen von der Bekanntmachung bis zum Lizitations-Termine, und
3. Abhaltung dieses Termins durch eine Justiz- oder Magistratsperson.

Das Ergebnis der Lizitation ist der Stadtverordneten-Versammlung mitzuteilen und kann nur mit deren Genehmigung der Zuschlag erteilt werden.

In besonderen Fällen kann die Regierung auch den Verkauf aus freier Hand, sowie einen Tausch gestatten, sobald sie sich überzeugt, daß der Vorteil der Gemeinde dadurch gefördert wird.

Für die Hypothekenbehörde genügt zum Nachweise, daß der Vorschrift dieses Paragraphen genügt worden, die Bestätigung des Vertrages durch die Regierung.

§ 52.

Durch Gemeindebeschluß kann die Erhebung eines Einzugsgeldes angeordnet und von dessen Entrichtung die Niederlassung in der Gemeinde (§ 4 des Gesetzes vom 31. Dezember 1842 Nr. 2317) abhängig gemacht werden.

Außerdem kann von allen, sowohl von den Neuanziehenden, als von denen, welche der Gemeinde bereits angehörig sind, bei der Begründung eines selbständigen Hausstandes eine Abgabe (Eintritts- oder Hausstandsgeld) gefordert und von deren Entrichtung die Teilnahme an dem Bürgerrecht (§ 5) abhängig gemacht werden.

Die Teilnahme an den Gemeindenutzungen (§ 50 Nr. 4) kann außerdem von der Entrichtung einer jährlichen Abgabe und anstatt oder neben derselben von Entrichtung eines Einkaufsgeldes abhängig gemacht werden, durch deren Entrichtung aber die Ausübung des Bürgerrechts niemals bedingt wird.

Alle derartigen Beschlüsse bedürfen der Genehmigung der Regierung. Die mit dem Besitze einzelner Grundstücke verbundenen oder auf sonstigen besonderen Rechtstiteln beruhenden Nutzungsrechte sind den Bestimmungen dieses Paragraphen nicht unterworfen.

Beamte, welche infolge dienstlicher Versetzung ihren Aufenthalt im Stadtbezirk nehmen, sind zur Entrichtung des Einzugsgeldes und des Hausstandsgeldes nicht verbunden.

§ 53.

Soweit die Einnahmen aus dem städtischen Vermögen nicht hinreichen, um die durch das Bedürfnis oder die Verpflichtungen der Gemeinde erforderlichen Geldmittel zu beschaffen, können die Stadtverordneten die Aufbringung von Gemeindesteuern beschließen.

Diese können bestehen:

I. In Zuschlägen zu den Staatssteuern, wobei folgende Bestimmungen gelten:
   1. die Steuer für den Gewerbebetrieb im Umherziehen darf nicht belastet werden;
   2. bei den Zuschlägen zur klassifizierten Einkommensteuer muß jedenfalls das außerhalb der Gemeinde belegene Grundeigentum außer Berechnung bleiben;
   3. die Genehmigung der Regierung ist erforderlich:
      a) für alle Zuschläge zur Einkommensteuer;
      b) für Zuschläge zu den übrigen direkten Steuern, wenn der Zuschlag entweder fünfzig Prozent der Staatssteuern übersteigen oder nicht nach gleichen Sätzen auf diese Steuern verteilt werden soll. Zur Freilassung oder geringeren Belastung der letzten Klassensteuerstufe bedarf es dieser Genehmigung nicht;
      c) für Zuschläge zu den indirekten Steuern.

II. In besonderen direkten oder indirekten Gemeindesteuern, welche der Genehmigung der Regierung bedürfen, wenn sie neu eingeführt, erhöht oder in ihren Grundsätzen verändert werden sollen.

Bei besonderen Kommunal-Einkommensteuern ist jedenfalls die sub I. 2. erwähnte Beschränkung maßgebend. Die bestehenden direkten Kommunal-Einkommensteuern werden einer erneuten Prüfung und Genehmigung der Regierung unterworfen.

In den über die Erhebung von Kommunalsteuern zu erlassenden, von der Regierung zu genehmigenden Regulativen können Ordnungsstrafen gegen die Kontravenienten bis auf Höhe von zehn Talern angeordnet werden.

§ 54.

Die Gemeinde kann durch Beschluß der Stadtverordneten zur Leistung von Diensten (Hand- und Spanndiensten) behufs Ausführung von Gemeindearbeiten verpflichtet werden; die Dienste werden in Geld abgeschätzt, die Verteilung geschieht nach dem Maßstabe der Gemeindeabgaben oder in deren Ermangelung nach dem Maßstabe der direkten Steuern. — Abweichungen von dieser Verteilungsart bedürfen der Genehmigung der Regierung. Die Dienste können, mit Ausnahme von Notfällen, durch taugliche Stellvertreter abgeleistet oder nach der Abschätzung an die Gemeindekasse bezahlt werden.

§ 55.

Die in Bezug auf die Behandlung der Gemeindewaldungen für die einzelnen Landesteile erlassenen Gesetze und Bestimmungen bleiben in Kraft, bis ihre Abänderung im gesetzlichen Wege erfolgt sein wird.

Titel V.

Von den Geschäften des Magistrats.

§ 56.

Der Magistrat hat als Ortsobrigkeit und Gemeinde-Verwaltungsbehörde insbesondere folgende Geschäfte:

1. die Gesetze und Verordnungen, sowie die Verfügungen der ihm vorgesetzten Behörden auszuführen;
2. die Beschlüsse der Stadtverordneten-Versammlung vorzubereiten und, sofern er sich mit denselben einverstanden erklärt, zur Ausführung zu bringen.

   Der Magistrat ist verpflichtet, die Zustimmung und Ausführung zu versagen, wenn von den Stadtverordneten ein Beschluß gefaßt ist, welcher deren Befugnisse überschreitet, gesetz- oder rechtswidrig ist, das Staatswohl oder das Gemeinde-Interesse verletzt. In Fällen dieser Art ist nach den Bestimmungen im § 36 zu verfahren;
3. die städtischen Gemeindeanstalten zu verwalten und diejenigen, für welche besondere Verwaltungen eingesetzt sind, zu beaufsichtigen;
4. die Einkünfte der Stadtgemeinde zu verwalten, die auf dem Etat oder besonderen Beschlüssen der Stadtverordneten beruhenden Einnahmen und Ausgaben anzuweisen und das Rechnungs- und Kassenwesen zu überwachen. Von jeder regelmäßigen Kassenrevision ist der Stadtverordneten-Versammlung Kenntnis zu geben, damit sie ein Mitglied oder mehrere abordnen könne, um diesem Geschäfte beizuwohnen; bei außerordentlichen Kassenrevisionen ist der Vorsitzende oder ein von demselben ein- für allemal bezeichnetes Mitglied der Stadtverordneten-Versammlung zuzuziehen;
5. das Eigentum der Stadtgemeinde zu verwalten und ihre Rechte zu wahren;
6. die Gemeinde-Beamten, nachdem die Stadtverordneten darüber vernommen worden, anzustellen oder zu beaufsichtigen. Die Anstellung erfolgt, soweit es sich nicht um vorübergehende Dienstleistungen handelt, auf Lebenszeit; diejenigen Unterbeamten, welche nur zu mechanischen Dienstleistungen bestimmt sind, können jedoch auf Kündigung angenommen werden. Die von den Gemeinde-Beamten zu leistenden Kautionen bestimmt der Magistrat nach Anhörung der Stadtverordneten-Versammlung. In Städten bis zu 10000 Ein-

wohnern (§ 30. 2) können die Geschäfte des Gemeinde-einnehmers nach Vernehmung der Stadtverordneten-Versammlung und mit Zustimmung der Regierung dem Kämmerer übertragen werden;

7. die Urkunden und Akten der Stadtgemeinde aufzubewahren;
8. die Stadtgemeinde nach außen zu vertreten und namens derselben mit Behörden und Privatpersonen zu verhandeln, den Schriftwechsel zu führen und die Gemeindeurkunden in der Urschrift zu vollziehen. Die Ausfertigungen der Urkunden werden namens der Stadtgemeinde von dem Bürgermeister oder seinem Stellvertreter gültig unterzeichnet; werden in denselben Verpflichtungen der Stadtgemeinde übernommen, so muß noch die Unterschrift eines Magistrats-Mitgliedes hinzukommen; in Fällen, wo die Genehmigung der Aufsichtsbehörde erforderlich ist, muß dieselbe in beglaubigter Form der gedachten Ausfertigung beigefügt werden;
9. die städtischen Gemeinde-Abgaben und Dienste nach den Gesetzen und Beschlüssen auf die Verpflichteten zu verteilen und die Beitreibung zu bewirken.

§ 57.

Der Magistrat kann nur beschließen, wenn mindestens die Hälfte, in Stadtgemeinden, welche mehr als 100 000 Einwohner haben, mindestens ein Dritteil seiner Mitglieder zugegen ist.

Die Beschlüsse werden nach Stimmenmehrheit gefaßt. Bei Stimmengleichheit ist die Stimme des Vorsitzenden entscheidend. Den Vorsitz führt der Bürgermeister oder sein Stellvertreter. Der Vorsitzende ist verpflichtet, wenn ein Beschluß des Magistrats dessen Befugnisse überschreitet, gesetz- oder rechtswidrig ist, das Staatswohl oder das Gemeinde-Interesse verletzt, die Ausführung eines solchen Beschlusses zu beanstanden und die Entscheidung der Regierung einzuholen. Der Beigeordnete nimmt auch außer dem Falle der Stellvertretung an den Verhandlungen und Beschlüssen teil.

Bei Beratungen über solche Gegenstände, welche das Privat-Interesse eines Mitgliedes des Magistrats oder seiner Angehörigen berühren, muß dasselbe sich der Teilnahme an der Beratung und Abstimmung enthalten, auch sich während der Beratung aus dem Sitzungszimmer entfernen.

§ 58.

Der Bürgermeister leitet und beaufsichtigt den ganzen Geschäftsgang der städtischen Verwaltung.

In allen Fällen, wo die vorherige Beschlußnahme durch den Magistrat einen nachteiligen Zeitverlust verursachen würde, muß der

Bürgermeister die dem Magistrat obliegenden Geschäfte vorläufig allein besorgen, jedoch dem letzteren in der nächsten Sitzung behufs der Bestätigung oder anderweitigen Beschlußnahme Bericht erstatten.

Zur Erhaltung der nötigen Disziplin steht dem Bürgermeister das Recht zu, den Gemeinde-Beamten Geldbußen bis zu drei Talern und außerdem den untern Beamten Arreststrafen bis zu drei Tagen aufzulegen (§§ 15, 19 und 20 des Gesetzes vom 21. Juli 1852, Gesetz-Sammlung Seite 465).

§ 59.

Zur dauernden Verwaltung oder Beaufsichtigung einzelner Geschäftszweige, sowie zur Erledigung vorübergehender Aufträge können besondere Deputationen entweder bloß aus Mitgliedern des Magistrats, oder aus Mitgliedern beider Gemeindebehörden, oder aus letzteren und aus stimmfähigen Bürgern gewählt werden. Zur Bildung gemischter Deputationen aus beiden Stadtbehörden ist der übereinstimmende Beschluß beider erforderlich.

Zu diesen Deputationen und Kommissionen, welche übrigens in allen Beziehungen dem Magistrate untergeordnet sind, werden die Stadtverordneten und stimmfähigen Bürger von der Stadtverordneten-Versammlung gewählt, die Magistrats-Mitglieder dagegen von dem Bürgermeister ernannt, welcher auch unter letzteren den Vorsitzenden zu bezeichnen hat.

Durch statutarische Anordnungen können nach den eigentümlichen örtlichen Verhältnissen besondere Festsetzungen über die Zusammensetzung der bleibenden Verwaltungs-Deputationen getroffen werden.

§ 60.

Städte von größerem Umfange oder von zahlreicherer Bevölkerung werden von dem Magistrat nach Anhörung der Stadtverordneten in Ortsbezirke geteilt.

Jedem Bezirk wird ein Bezirksvorsteher vorgesetzt, welcher von den Stadtverordneten aus den stimmfähigen Bürgern des Bezirks auf sechs Jahre erwählt und vom Magistrat bestätigt wird. In gleicher Weise wird für den Fall der Verhinderung des Bezirksvorstehers ein Stellvertreter desselben angestellt.

Die Bezirksvorsteher sind Organe des Magistrats und verpflichtet, seinen Anordnungen Folge zu leisten, ihn namentlich in den örtlichen Geschäften des Bezirks zu unterstützen.

§ 61.

Jedes Jahr, bevor sich die Stadtverordneten-Versammlung mit dem Haushalts-Etat beschäftigt, hat der Magistrat in öffentlicher Sitzung derselben über die Verwaltung und den Stand der Gemeinde-Angelegenheiten einen vollständigen Bericht zu erstatten. Tag und Stunde werden wenigstens zwei freie Tage vorher in der Gemeinde bekannt gemacht.

§ 62.

Der Bürgermeister hat nach näherer Bestimmung der Gesetze folgende Geschäfte zu besorgen:

I. wenn die Handhabung der Ortspolizei nicht Königlichen Behörden übertragen ist:
   1. die Handhabung der Ortspolizei;
   2. die Verrichtungen eines Hilfsbeamten der gerichtlichen Polizei;
   3. die Verrichtungen eines Polizei-Anwalts, vorbehaltlich der Befugnis der Behörde, in den Fällen 2 und 3 andere Beamten mit diesen Geschäften zu beauftragen.

   Dem Bürgermeister am Sitze eines Gerichts kann die Vertretung der Polizei-Anwaltschaft bei dem Gericht auch für die übrigen Gemeinden des Gerichtsbezirks gegen angemessene Entschädigung übertragen werden, in deren Hinsicht nähere Bestimmungen vorbehalten bleiben.

II. Alle örtlichen Geschäfte der Kreis-, Bezirks-, Provinzial- und allgemeinen Staatsverwaltung, namentlich auch das Führen der Personenstands-Register, sofern nicht andere Behörden dazu bestimmt sind.

Einzelne dieser unter I. und II. erwähnten Geschäfte können mit Genehmigung der Regierung einem andern Magistrats-Mitgliede übertragen werden.

§ 63.

In Betreff der Befugnis der Stadtbehörden, ortspolizeiliche Verordnungen zu erlassen, kommen die darauf bezüglichen Gesetze zur Anwendung.

Titel VI.

Von den Gehältern und Pensionen.

§ 64.

Der Normaletat aller Besoldungen wird von dem Magistrat entworfen und von den Stadtverordneten festgesetzt.

Ist ein Normal-Besoldungsetat überhaupt nicht oder nur für einzelne Teile der Verwaltung festgestellt, so werden die in solcher Weise nicht vorgesehenen Besoldungen vor der Wahl festgesetzt.

Hinsichtlich der Bürgermeister und der besoldeten Magistrats-Mitglieder unterliegt die Festsetzung der Besoldungen in allen Fällen der Genehmigung der Regierung. Die Regierung ist ebenso befugt als verpflichtet, zu verlangen, daß ihnen die zu einer zweckmäßigen Verwaltung angemessenen Besoldungsbeträge bewilligt werden.

Den Beigeordneten, insofern ihnen nicht eine Besoldung besonders beigelegt ist (§ 31), können mit Genehmigung der Regierung feste Entschädigungsbeträge bewilligt werden. Schöffen und Stadtverordnete erhalten weder Gehalt noch Remuneration, und ist nur die Vergütung barer Auslagen zulässig, welche für sie aus der Ausrichtung von Aufträgen entstehen.

§ 65.

Den Bürgermeistern und den besoldeten Mitgliedern des Magistrats sind, sofern nicht mit Genehmigung der Regierung eine Vereinbarung wegen der Pension getroffen ist, bei eintretender Dienstunfähigkeit, oder wenn sie nach abgelaufener Wahlperiode nicht wieder gewählt werden, folgende Pensionen zu gewähren:

$^1/_4$ des Gehaltes nach 6 jähriger Dienstzeit,
$^1/_2$ " " " 12 " "
$^2/_3$ " " " 24 " "

Die auf Lebenszeit angestellten besoldeten Gemeindebeamten erhalten, insofern nicht mit dem Beamten ein anderes verabredet worden ist, bei eintretender Dienstunfähigkeit Pension nach denselben Grundsätzen, welche bei den unmittelbaren Staatsbeamten zur Anwendung kommen.

Über die Pensionsansprüche der Bürgermeister, der besoldeten Magistrats-Mitglieder und übrigen besoldeten Gemeindebeamten entscheidet in streitigen Fällen die Regierung. Gegen den Beschluß der Regierung, soweit derselbe sich nicht auf die Tatsache der Dienstunfähigkeit oder darauf bezieht, welcher Teil des Diensteinkommens als Gehalt anzusehen sei, findet die Berufung auf richterliche Entscheidung statt. Ungeachtet der Berufung sind die festgesetzten Beträge vorläufig zu zahlen.

Die Pension fällt fort oder ruht insoweit, als der Pensionierte durch anderweitige Anstellung im Staats- oder Gemeindedienste ein Einkommen oder eine neue Pension erwirbt, welche mit Zurechnung der ersten Pension sein früheres Einkommen übersteigen.

Titel VII.

Von dem Gemeindehaushalte.

§ 66.

Über alle Ausgaben, Einnahmen und Dienste, welche sich im voraus bestimmen lassen, entwirft der Magistrat jährlich, spätestens im Oktober, einen Haushaltsetat. Mit Zustimmung der Stadtverordneten kann die Etatsperiode bis auf drei Jahre verlängert werden.

Der Entwurf wird acht Tage lang nach vorheriger Verkündigung in einem oder mehreren von dem Magistrat zu bestimmenden Lokalen zur Einsicht aller Einwohner der Stadt offen gelegt und alsdann von den Stadtverordneten festgestellt. Eine Abschrift des Etats wird sofort der Aufsichtsbehörde eingereicht.

§ 67.

Der Magistrat hat dafür zu sorgen, daß der Haushalt nach dem Etat geführt werde.

Ausgaben, welche außer dem Etat geleistet werden sollen, bedürfen der Genehmigung der Stadtverordneten.

§ 68.

Die Gemeindeabgaben und die Geldbeträge der Dienste (§ 54), sowie die Abgaben für die Teilnahme an den Nutzungen (§ 52) und die sonstigen Gemeindegefälle werden von den Säumigen im Steuerexekutionswege beigetrieben.

§ 69.

Die Jahresrechnung ist von dem Einnehmer vor dem 1. Mai des folgenden Jahres zu legen und dem Magistrat einzureichen. Dieser hat die Rechnung zu revidieren und solche mit seinen Erinnerungen und Bemerkungen den Stadtverordneten zur Prüfung, Feststellung und Entlastung vorzulegen.

§ 70.

Die Feststellung der Rechnung muß vor dem 1. Oktober bewirkt sein.

Der Magistrat hat der Aufsichtsbehörde sofort eine Abschrift des Feststellungsbeschlusses vorzulegen.

Durch statutarische Anordnungen können auch andere Fristen, als vorstehend für die Legung und Feststellung der Rechnung bestimmt sind, festgesetzt werden.

§ 71.

Über alle Teile des Vermögens der Stadtgemeinde hat der Magistrat ein Lagerbuch zu führen. Die darin vorkommenden Veränderungen werden den Stadtverordneten bei der Rechnungsabnahme zur Erklärung vorgelegt.

Titel VIII.

Von der Einrichtung der städtischen Verfassung ohne kollegialischen Gemeindevorstand für Städte, welche nicht mehr als 2500 Einwohner haben.

§ 72.

In Städten von nicht mehr als 2500 Einwohnern kann auf Antrag der Gemeindevertretung unter Genehmigung der Regierung die Einrichtung getroffen werden, daß

1. die Zahl der Stadtverordneten bis auf sechs vermindert, und
2. statt des Magistrats nur ein Bürgermeister, welcher den Vorsitz in der Stadtverordneten-Versammlung mit Stimmrecht zu führen hat, und zwei oder drei Schöffen, welche den Bürgermeister zu unterstützen und in Verhinderungsfällen zu vertreten haben, gewählt werden.

§ 73.

Wird eine Einrichtung nach Maßgabe der Bestimmung unter 2 in § 72 getroffen, so gehen alle Rechte und Pflichten, welche in den Vorschriften der Titel I bis VII dem Magistrat beigelegt sind, auf den Bürgermeister mit denjenigen Modifikationen über, welche sich als notwendig daraus ergeben, daß der Bürgermeister zugleich stimmberechtigter Vorsitzender der Stadtverordneten-Versammlung ist. Demselben steht insonderheit ein Recht der Zustimmung zu den Beschlüssen der Stadtverordneten nicht zu; er ist aber in den im zweiten Satze unter 2 des § 56 bezeichneten Fällen die Ausführung der Beschlüsse der Stadtverordneten-Versammlung zu beanstanden und, wenn diese bei nochmaliger Beratung bei ihrem Beschlusse beharrt, die Entscheidung der Regierung einzuholen verpflichtet. — Im übrigen finden bei den Städten, welche die gedachte Einrichtung angenommen haben, die Vorschriften der Titel I bis VII gleichfalls, jedoch mit der Maßgabe Anwendung, daß die Schöffen zugleich Stadtverordnete sein können, und daß es genügt, wenn die Beschlüsse der Stadtverordneten-Versammlung (§ 47) nur von dem Vorsitzenden und einem Mitgliede unterzeichnet werden.

Titel IX.

Von der Verpflichtung zur Annahme von Stellen und von dem Ausscheiden aus denselben wegen Verlustes des Bürgerrechts.

§ 74.

Ein jeder stimmfähige Bürger ist verpflichtet, eine unbesoldete Stelle in der Gemeindeverwaltung oder -Vertretung anzunehmen, sowie eine angenommene Stelle mindestens drei Jahre lang zu versehen.

Zur Ablehnung oder zur früheren Niederlegung einer solchen Stelle berechtigen nur folgende Entschuldigungsgründe:

1. anhaltende Krankheit;
2. Geschäfte, die eine häufige oder lange dauernde Abwesenheit mit sich bringen;
3. ein Alter über sechzig Jahre;
4. die früher stattgehabte Verwaltung einer unbesoldeten Stelle für die nächsten drei Jahre;
5. die Verwaltung eines anderen öffentlichen Amtes;
6. ärztliche oder wundärztliche Praxis;
7. sonstige besondere Verhältnisse, welche nach dem Ermessen der Stadtverordneten-Versammlung eine gültige Entschuldigung begründen.

Wer sich ohne einen dieser Entschuldigungsgründe weigert, eine unbesoldete Stelle in der Gemeindeverwaltung oder -Vertretung anzunehmen oder die noch nicht drei Jahre lang versehene Stelle ferner zu versehen, sowie derjenige, welcher sich der Verwaltung solcher Stellen tatsächlich entzieht, kann durch Beschluß der Stadtverordneten auf drei bis sechs Jahre der Ausübung des Bürgerrechts verlustig erklärt und um ein Achtel bis ein Viertel stärker zu den direkten Gemeindeabgaben herangezogen werden. Dieser Beschluß bedarf der Bestätigung der Aufsichtsbehörde (§ 76).

§ 75.

Wer eine das Bürgerrecht voraussetzende Stelle in der Verwaltung oder Vertretung der Stadtgemeinde bekleidet, scheidet aus derselben aus, wenn er des Bürgerrechts verlustig geht; im Falle des ruhenden Bürgerrechts tritt die Suspension ein (§ 7).

Die zu den bleibenden Verwaltungsdeputationen gewählten stimmfähigen Bürger (§ 59) und anderen von der Stadtverordneten-Versammlung auf eine bestimmte Zeit gewählten unbesoldeten Gemeinde-Beamten, zu denen jedoch die Schöffen nicht zu rechnen sind, können durch einen übereinstimmenden Beschluß des Magistrats und der Stadtverordneten auch vor Ablauf ihrer Wahlperiode von ihrem Amte entbunden werden.

Titel X.

Von der Oberaufsicht über die Stadtverwaltung.

§ 76.

Die Aufsicht des Staates über die städtischen Gemeindeangelegenheiten wird, soweit nicht durch die Vorschriften dieses Gesetzes ein anderes ausdrücklich bestimmt ist, von der Regierung, in den höheren Instanzen von dem Oberpräsidenten und dem Minister des Innern ausgeübt. Beschwerden über Entscheidungen in Gemeindeangelegenheiten müssen in allen Instanzen innerhalb einer Präklusivfrist von vier Wochen nach der Zustellung oder Bekanntmachung der Entscheidung eingelegt werden, insofern nicht die Einlegung des Rekurses durch dieses Gesetz an eine andere Frist geknüpft ist (§ 20).

§ 77.

Wenn die Stadtverordneten einen Beschluß gefaßt haben, welcher deren Befugnisse überschreitet, gesetz- oder rechtswidrig ist, oder das Staatswohl verletzt, so ist die Aufsichts-Behörde ebenso befugt als verpflichtet, den Vorstand der Stadtgemeinde zur vorläufigen Beanstandung der Ausführung zu veranlassen. Dieser hat hiervon die Stadtverordneten zu benachrichtigen und über den Gegenstand des Beschlusses sofort an die Regierung zu berichten. Die Regierung hat sodann ihre Entscheidung unter Anführung der Gründe zu geben.

§ 78.

Wenn die Stadtverordneten es unterlassen oder verweigern, die der Gemeinde gesetzlich obliegenden Leistungen auf den Haushalts-Etat zu bringen oder außerordentlich zu genehmigen, so läßt die Regierung, unter Anführung des Gesetzes, die Eintragung in den Etat von Amts wegen bewirken oder stellt beziehungsweise die außerordentliche Ausgabe fest.

§ 79.

Durch Königliche Verordnung auf den Antrag des Staats-Ministeriums kann eine Stadtverordneten-Versammlung aufgelöst werden.

Es ist sodann eine Neuwahl derselben anzuordnen und muß diese binnen sechs Monaten vom Tage der Auflösungs-Verordnung an erfolgen. Bis zur Einführung der neugewählten Stadtverordneten sind deren Verrichtungen durch besondere von dem Minister des Innern zu bestellende Kommissarien zu besorgen.

§ 80.

In Betreff der Dienstvergehen der Bürgermeister, der Mitglieder des Vorstandes und der sonstigen Gemeinde-Beamten kommen die darauf bezüglichen Gesetze zur Anwendung.

Titel XI.

Ausführungs- und Übergangs-Bestimmungen.

§ 81.

Die zur Ausführung dieses Gesetzes erforderlichen Bestimmungen werden von dem Minister des Innern getroffen.

§ 82.

In Städten, wo die Einführung der Gemeinde-Ordnung vom 11. März 1850 bereits beendigt ist, tritt die gegenwärtige Städte-Ordnung sogleich nach ihrer Verkündigung in Kraft und an die Stelle jener Gemeinde-Ordnung; die auf Grund der letzteren gewählten Bürgermeister, Beigeordneten, Schöffen und alle anderen besoldeten und unbesoldeten Gemeinde-Beamten, sowie die Mitglieder des Gemeinderats, diese als Stadtverordnete, verbleiben jedoch in ihren Stellen bis zum Ablaufe der Periode, für welche sie gewählt worden sind, und behalten, soweit sie eine besoldete Stelle bekleiden, ihre bisherigen Besoldungen und Pensionsansprüche.

§ 83.

In Städten, wo die Einführung der Gemeinde-Ordnung vom 11. März 1850 bis zur Einsetzung des Gemeinderats gediehen ist, bleiben die Mitglieder desselben in ihren Stellen als Stadtverordnete bis zum Ablaufe der Periode, für welche sie gewählt worden sind; im übrigen ist sowohl dort, als in allen anderen Städten, für welche diese Städte-Ordnung noch gegeben ist (§ 1), nach den Vorschriften derselben mit der Einführung der städtischen Verfassung und Verwaltung zu verfahren.

§ 84.

Die seitherigen nicht gewählten und nicht ausdrücklich auf Kündigung angestellten Oberbürgermeister und Bürgermeister, welche bei Einführung der gegenwärtigen Städte-Ordnung weder in ihren Ämtern und Einkünften belassen, noch anderweitig mit gleichem Einkommen angestellt werden, haben, sofern nicht für diesen Fall bereits früher eine andere verbindliche Bestimmung getroffen worden ist, einen Anspruch auf Pension.

Diejenigen dieser Beamten, welche auf Kündigung angestellt sind, von welcher jedoch observanzmäßig niemals oder doch nur aus besonderen Gründen Gebrauch gemacht worden ist, sind den lebenslänglich angestellten Beamten gleichzusetzen, wenn nicht einer der Gründe eintritt, aus welchen die Kündigung vorbehalten ist. Bloß vorläufig und kommissarisch ohne Zeitbestimmung angestellten Beamten steht dieser Anspruch erst nach sechsjähriger Dienstzeit zu. Wenn ein solcher Beamter demnächst von der Stadt für dieselbe Stelle auf Zeit gewählt worden ist, so wird seine Dienstzeit, behufs der Feststellung seiner Pensionsberechtigung, von der Zeit des Eintritts in die kommissarische Dienstleistung gerechnet.

Die Pension beträgt nach kürzerer als zwölfjähriger Dienstzeit $^1/_4$, nach zwölf- oder mehr als zwölfjähriger Dienstzeit $^1/_2$, nach vierundzwanzigjähriger Dienstzeit $^2/_3$ des seitherigen reinen Diensteinkommens. Was als solches anzusehen, wird im Verwaltungswege endgültig festgesetzt. Die Pension fällt insoweit fort oder ruht, als der Pensionierte durch anderweitige Anstellung im Staats- oder Gemeindedienst ein Einkommen oder eine neue Pension erwirbt, welche mit Zurechnung der ersten Pension sein früheres Einkommen übersteigen. Die Pensionen werden von den Stadtgemeinden, in welchen die Beamten gegenwärtig angestellt sind, geleistet.

Alle vorstehend nicht bezeichneten Gemeinde-Beamten sind in ihren Ämtern und Einkünften zu belassen und behalten ihre bisherigen Pensions-Ansprüche.

§ 85.

Der Zeitpunkt, mit welchem in den einzelnen im § 83 erwähnten Städten die Einführung gegenwärtiger Städteordnung beendigt sein wird, ist durch das Amtsblatt des Regierungsbezirks zur öffentlichen Kenntnis zu bringen. Von diesem Zeitpunkte an treten für die betreffenden Städte die bisherigen Gesetze und Verordnungen über die Verfassung der Stadtgemeinden außer Kraft.

Urkundlich unter Unserer Höchsteigenen Unterschrift und beigedrucktem Königlichen Insiegel.

Gegeben: Charlottenburg, den 30. Mai 1853.

(L. S.) Friedrich Wilhelm.

v. Manteuffel. v. d. Heydt. Simons. v. Raumer. v. Westphalen.
v. Bodelschwingh. v. Bonin.

Anhang II.

Geschäftsordnung

für die

Stadtverordneten-Versammlung zu Charlottenburg

vom 6. Februar 1901.*)

I.

Vorstand und Beamte der Stadtverordneten-Versammlung.

§ 1.

Den Vorstand der Versammlung bilden der Vorsteher, dessen Stellvertreter und vier Beisitzer, welche in der ersten Sitzung nach Neujahr nach dem im § 32 der Städteordnung vorgeschriebenen Verfahren auf Jahresfrist gewählt werden.

Die Wahl des Vorstehers leitet das an Jahren älteste Mitglied der Versammlung.

Die Gewählten bleiben bis zum Amtsantritt ihrer Nachfolger im Amt und sind nach Ablauf der Wahlzeit wieder wählbar.

§ 2.

Scheidet ein Vorstandsmitglied vor Ablauf der Wahlperiode aus, so findet für die noch übrige Zeit eine Ersatzwahl für den Ausgeschiedenen statt.

§ 3.

Bei gleichzeitiger Behinderung oder gleichzeitigem Ausscheiden des Vorstehers und des Stellvertreters übernimmt das an Jahren älteste Mitglied der Versammlung die Geschäfte. Dasselbe veranlaßt in einer binnen einer Woche anzuberaumenden außerordentlichen Sitzung die Wahl eines zeitweiligen Vertreters. Letzterer tritt, wenn

*) Vglch. oben S. 244 ff.

die Wahl wegen gleichzeitiger Behinderung beider Vorsteher stattgefunden hat, vom Amte zurück, sobald der Vorsteher oder sein Stellvertreter die Amtsgeschäfte wieder aufgenommen hat.

§ 4.

Der Vorsteher stellt die Tagesordnung auf, beruft zu den Sitzungen und leitet die Verhandlungen. Ihm liegt die Vertretung der Versammlung nach außen ob. Der Stellvertreter vertritt den Vorsteher in Behinderungsfällen.

§ 5.

Der Vorsteher eröffnet alle eingehenden Sachen, prüft die Vollständigkeit der für die Versammlung bestimmten Vorlagen und läßt das etwa Fehlende ergänzen. Er überwacht die schwebenden, dem Magistrat zur Erledigung vorliegenden Sachen und erläßt die etwa notwendigen Erinnerungsschreiben. Mit Ausnahme der letzteren und der darauf eingehenden vorläufigen Antworten des Magistrats sowie des zur Vervollständigung der Vorlagen erforderlichen Schriftwechsels, mit Ausnahme endlich etwaiger die Vertretung der Versammlung nach außen und den Geschäftsgang betreffender Fälle von äußerster Dringlichkeit darf der Vorsteher eine für die Versammlung bestimmte Angelegenheit nicht ohne Beschluß derselben erledigen. Demselben ist das Beamten- und Dienstpersonal, welches der Versammlung vom Magistrat zur Verfügung gestellt ist, untergeordnet.

Über die zur Bestreitung der Bedürfnisse der Stadtverordneten-Versammlung in dem Etat bereit gestellten Mittel darf der Vorsteher ohne Beschluß der Versammlung Bestimmung treffen.

§ 6.

Von den Beisitzern sind in jeder Sitzung abwechselnd zwei in Tätigkeit, welchen die Führung der Liste der Anwesenden, das Verlesen der Schriftstücke, die Führung der Rednerliste, der Namensaufruf und die Unterstützung des Vorstehers in der Handhabung der Geschäfte, nach näherer Bestimmung des Vorstehers, obliegt.

§ 7.

Die Geschäfte des Schriftführers werden von dem aus der Zahl der Gemeindebeamten auf jederzeitigen Widerruf von der Stadtverordneten-Versammlung zu wählenden Bureauvorsteher und bei dessen Behinderung von einem anderen Gemeindebeamten versehen. Für die in der nicht öffentlichen Sitzung zu verhandelnden Angelegenheiten kann der Vorsteher die Schriftführung einem der Beisitzer übertragen; die Versammlung kann beschließen, daß letzteres geschehen muß.

II.

Vollsitzungen.

§ 8.

Die ordentlichen Sitzungen werden am Mittwoch abgehalten und beginnen Nachmittags 5 Uhr. Die Sitzungstage werden in der ersten Sitzung nach Neujahr für das erste Halbjahr und in der letzten Sitzung des Juni für das zweite Halbjahr festgesetzt. Der erste Sitzungstag nach Neujahr wird in der letzten Dezembersitzung bestimmt. In der ersten ordentlichen Sitzung des Monats Juni wird über die Dauer der Sommerferien, welche in die Zeit von Anfang Juli bis Anfang September zu legen sind, Beschluß gefaßt.

§ 9.

Außerordentliche Sitzungen finden statt, sobald es von einem Viertel der Mitglieder, von dem Vorsteher oder von dem Magistrat verlangt wird.

Wenn der Vorsteher während der Ferien eine außerordentliche Sitzung anberaumt, so muß gleichwohl die Beschlußfassung über diejenigen Gegenstände unterbleiben, bei deren Beratung 10 Mitglieder Einspruch erheben. Auf Antrag des Magistrats oder auf Beschluß der Versammlung sind jedoch die betreffenden Gegenstände auf die Tagesordnung einer nach zwei Wochen anzuberaumenden Sitzung zu setzen, auf welche die Bestimmungen des ersten Teiles dieses Absatzes nicht anwendbar sind.

§ 10.

Für einzelne Gegenstände kann die Verhandlung unter Ausschluß der Öffentlichkeit stattfinden. Auf Antrag des Vorstehers, des Magistrats oder von 5 Mitgliedern tritt die Versammlung zu einer geheimen Sitzung zusammen, in welcher dann zunächst über den Antrag auf Ausschluß der Öffentlichkeit zu beschließen ist.

In geheimer Sitzung sind stets zu erledigen die Verhandlungen über:

1. alle persönlichen Angelegenheiten der Beamten und Lehrer, namentlich alle Anträge auf Bewilligung von Gehaltszulagen, Gratifikationen und Unterstützungen für die Gemeindebeamten und Lehrer;
2. die Präsentation zu Anstellungen;
3. die Wahlen der städtischen Ehrenbeamten einschließlich der Mitglieder der Verwaltungs-Deputationen (Kuratorien 2c.), jedoch ausschließlich der unbesoldeten Stadträte;

4. Naturalisationsgesuche;
5. An- und Verkäufe von Grundstücken, sofern die Versammlung in der betreffenden Sitzung nichts anderes beschließt. Anträge auf Beratung in öffentlicher Sitzung sind vor Schluß der öffentlichen Sitzung zu stellen und nach Absatz 1 zu behandeln.

§ 11.

Das Protokoll jeder Sitzung wird unmittelbar nach derselben vom Vorsteher und mindestens von drei Stadtverordneten durch Unterschrift vollzogen. Es gilt als genehmigt, wenn nicht bis zum Schluß der nächstfolgenden Sitzung Widerspruch dagegen erhoben ist.

Das Protokoll muß enthalten:

1. sämtliche geschäftsordnungsmäßig eingebrachten Anträge und die Beschlüsse in wörtlicher Fassung;
2. die Anfragen in wörtlicher Fassung nebst der Bemerkung, ob sie beantwortet sind;
3. die amtlichen Anzeigen des Vorstehers und diejenigen Mitteilungen, bei denen es darauf ankommt, die Kenntnisnahme der Versammlung festzustellen;
4. Ordnungsrufe.

Wird gegen die Fassung des Protokolls Einspruch erhoben, so entscheidet die Versammlung.

Die Beschlüsse der Versammlung sind den Mitgliedern unmittelbar nach jeder Sitzung gedruckt mitzuteilen.

(Nachtrag von 1904.) Der Vorstand hat die stenographischen Berichte zu prüfen.

§ 12.

Die Zusammenberufung der Stadtverordneten und die Einladung des Magistrats erfolgen durch den Vorsteher unter Übersendung eines Druckexemplars der Tagesordnung an jedes Mitglied sowie durch mindestens einmalige Bekanntmachung der Tagesordnung in einem in Charlottenburg wenigstens sechsmal wöchentlich erscheinenden Anzeigeblatt. Zum Nachweise der ordnungsmäßigen Zusammenberufung beziehungsweise Einladung im Sinne der §§ 38 bis 40 der Städteordnung genügt die rechtzeitige Bekanntmachung des Sitzungstages und der Tagesordnung im Anzeigeblatt.

Liegen nicht wenigstens zwei freie Tage zwischen der Einberufung und dem Sitzungstage, so muß die Beschlußfassung über diejenigen Gegenstände, bei deren Verhandlung von 10 Mitgliedern Widerspruch erhoben wird, unterbleiben.

III.

Anträge und Magistratsvorlagen.

§ 13.

Alle von Mitgliedern der Versammlung ausgehenden selbständigen, d. h. nicht im Laufe der Beratung gestellten Anträge müssen schriftlich eingereicht und von mindestens 5 Mitgliedern unterstützt werden.

Jeder Antrag kann zurückgezogen, jedoch von einem anderen Mitgliede wieder aufgenommen werden. Er bedarf alsdann keiner weiteren Unterstützung. Selbständige Anträge von Mitgliedern, welche eine Geldbewilligung in sich schließen oder in Zukunft herbeizuführen bestimmt sind, müssen nach Begründung durch den Antragsteller, sofern sie nicht abgelehnt oder ohne Widerspruch angenommen werden, einem Ausschusse zur Vorberatung überwiesen werden.

§ 14.

Die Vorlagen des Magistrats, sowie alle vor Aufstellung der Tagesordnung schriftlich eingegangenen selbständigen Anträge von Mitgliedern (§ 13) sind auf die Tagesordnung zu setzen und von dem Vorsteher zum Druck und zur Verteilung an die Mitglieder zu befördern.

In besonderen Ausnahmefällen kann der Vorsteher von dem Drucke absehen.

§ 15.

Die auf Gegenstände der Tagesordnung bezüglichen Aktenstücke müssen zur Einsicht der Stadtverordneten am Tage vor der Sitzung vormittags von 9 Uhr bis nachmittags 3 Uhr und am Sitzungstage vormittags von 9 Uhr bis mittags 12 Uhr auf dem Rathause ausliegen. In dringenden Fällen kann von der Auslegung der Aktenstücke am Tage vor der Sitzung abgesehen werden.

§ 16.

Der Vorsteher ist berechtigt, zur Einleitung der Beratung für alle ihm geeignet erscheinenden Beratungsgegenstände Berichterstatter zu ernennen. Auf Beschluß der Versammlung muß dies geschehen.

§ 17.

Die Beratung über Vorlagen des Magistrats oder selbständige Anträge von Mitgliedern erfolgt frühestens, nachdem die Tagesordnung zwei freie Tage hindurch in den Händen der Mitglieder gewesen ist. Ist diese Frist nicht innegehalten, so kann die Verhandlung nur dann stattfinden, wenn deren Dringlichkeit vom Magistrat oder von 10 Mitgliedern beantragt und von der Versammlung beschlossen ist. Selbständige Anträge von Mitgliedern oder Vorlagen des Magistrats, welche nicht vor der Sitzung zur Kenntnis der Versammlung gebracht sind, dürfen in der Sitzung, in welcher sie eingebracht sind, nur dann zur Beratung gelangen, wenn hiergegen von keinem Mitgliede oder dem Magistrat Einspruch erhoben wird. Nach dem Schluß der Beratung kann die Versammlung auf Antrag einen Ausschuß mit der Vorberatung der Vorlage betrauen. Abgesehen von der durch die Einsetzung eines Ausschusses notwendig werdenden zweiten Beratung, findet eine solche nur dann statt, wenn dies von einem Mitgliede oder dem Magistrat vor Beginn der Abstimmung verlangt wird. Letztere darf jedoch in derselben Sitzung nicht vorgenommen werden, sobald bei Beginn der zweiten Beratung 10 Mitglieder Widerspruch dagegen erheben. Erfolgt dieser Widerspruch, so findet die zweite Beratung in der nächsten Sitzung statt.

§ 18.

Die Beratung und Abstimmung über die einzelnen Teile der Vorlage (Paragraphen, Artikel, Etatspositionen) ist nur dann erforderlich, wenn die getrennte Beratung von 10 Mitgliedern oder dem Magistrat und die getrennte Abstimmung von einem Mitgliede oder dem Magistrat verlangt wird.

Eine Schlußabstimmung muß stattfinden, wenn ein Abänderungsantrag angenommen ist oder wenn eine solche von einem Mitgliede verlangt wird.

Sind Abänderungsanträge zu einer Vorlage angenommen worden, so kann die Versammlung eine zweite bezw. eine dritte Beratung beschließen, welche alsdann in derselben oder auf Beschluß der Versammlung in der nächsten Sitzung stattzufinden hat.

§ 19.

Abänderungsanträge können zu jeder Zeit vor dem Schluß der Beratung gestellt werden. Dieselben müssen mit der Hauptfrage in wesentlicher Verbindung stehen und werden dem Vorsteher auf Verlangen schriftlich übergeben. Sie bedürfen keiner Unterstützung und ihre Begründung kann nur in der Reihenfolge der Redner stattfinden. Alle Abänderungsanträge, die nicht bereits gedruckt verteilt sind, sind unmittelbar nach ihrer Einreichung zu verlesen.

§ 20.

Alle Wahlen müssen durch Stimmzettel erfolgen, sobald 10 Mitglieder es verlangen.

§ 21.

Nach geschlossener Beratung stellt der Vorsteher die Fragen so, daß sie einfach durch ja oder nein beantwortet werden können. Über die Fragestellung und Reihenfolge der Fragen ist Beratung zulässig. Auf Antrag entscheidet die Versammlung.

§ 22.

Die Abstimmung geschieht durch Handaufheben oder Erheben von den Plätzen. Die absolute Mehrheit der Abstimmenden entscheidet. Ist das Ergebnis nach der Ansicht auch nur eines der fungierenden Beisitzer zweifelhaft, so wird die Gegenprobe gemacht. Liefert auch diese noch kein sicheres Ergebnis, so erfolgt namentliche Abstimmmung.

Auf namentliche Abstimmung kann stets bis zur Aufforderung zur Abstimmung angetragen werden; sie muß erfolgen, wenn mindestens 10 Mitglieder schriftlich darauf antragen. Der Vorsteher erklärt die namentliche Abstimmung für geschlossen, sobald der Aufruf sämtlicher Mitglieder erfolgt und nach Beendigung desselben durch nochmalige Aufforderung Gelegenheit zur Stimmabgabe gegeben ist.

§ 23.

Bei allen Abstimmungen hat jedes einzelne Mitglied das Recht, seine abweichende Abstimmung kurz begründet schriftlich dem Vorsteher zu übergeben, und deren Aufnahme in das Protokoll ohne vorherige Verlesung in der Versammlung zu verlangen.

§ 24.

Bei Stimmengleichheit entscheidet die Stimme des Vorstehers. Enthält sich derselbe der Abstimmung, so gilt die Frage für verneint.

§ 25.

Selbständige Anfragen an den Magistrat (Interpellationen) müssen bestimmt formuliert und von 5 Mitgliedern unterzeichnet dem Vorsteher überreicht werden, welcher sie zur Kenntnis der Stadtverordneten bringt, dem Magistrat mitteilt und denselben zur Erklärung darüber auffordert, ob und wann er die Anfrage beantworten werde. Vor der Beantwortung wird dem Fragesteller zur näheren Begründung das Wort erteilt.

§ 26.

An die Beantwortung der Anfragen oder deren Ablehnung schließt sich eine sofortige Besprechung des Gegenstandes derselben, wenn mindestens 5 Mitglieder darauf antragen. Die Stellung eines Antrages bei dieser Besprechung ist unzulässig.

§ 27.

Zuschriften von Privatpersonen und Vereinen 2c. sind wie folgt zu behandeln:

a) Zuschriften, welche Bittgesuche oder Beschwerden enthalten (Petitionen), gelangen an den Petitionsausschuß (vglch. § 28 Nr. 2 und § 31);
b) Zuschriften, welche lediglich Kenntnisnahme der Versammlung bezwecken, sind durch Mitteilung und Offenlegung in der nächsten Sitzung zu erledigen;
c) alle Zuschriften jedoch, welche sich auf Gegenstände beziehen, mit denen Ausschüsse befaßt sind, werden vom Vorsteher diesen überwiesen und gelangen mit dem betreffenden Gegenstand zur Erledigung. Beziehen sich die Zuschriften auf Gegenstände, welche bereits auf der Tagesordnung der nächsten Sitzung stehen, so hat der Vorsteher bei Beginn der Sitzung auf dieselben unter Bezeichnung des Absenders und ihres Gegenstandes aufmerksam zu machen mit dem Bemerken, daß sie in dieser Sitzung zur Einsicht offengelegt sind. Sofern die Versammlung nicht anders beschließt, gelten solche Zuschriften als durch die stattgehabte Beschlußfassung über die betreffenden Gegenstände miterledigt.

IV.

Ausschüsse der Versammlung.

A. Ständige Ausschüsse.

§ 28.

Für jedes Kalenderjahr sind folgende ständige Ausschüsse zu bilden:

1. Wahlausschuß,
2. Petitionsausschuß,
3. Rechnungs-Prüfungs-Ausschuß,
4. Ausschuß zur Prüfung von Stadtverordneten-Wahlen.

Der Wahlausschuß besteht aus 13 oder 15, der Rechnungs-Prüfungs-Ausschuß aus 11 oder 13, der Petitions-Ausschuß und der Ausschuß zur Prüfung der Stadtverordneten-Wahlen aus je 9 Mitgliedern.

§ 29.

Die für die ständigen Ausschüsse bestimmten Gegenstände werden diesen ohne vorherige Mitteilung an die Versammlung vom Vorsteher direkt überwiesen und erst nach erfolgter Berichterstattung auf die Tagesordnung gesetzt.

§ 30.

Dem Wahlausschuß sind diejenigen Vorlagen zur Vorberatung und Begutachtung zu überweisen, welche betreffen:

a) die Anstellung bezw. Pensionierung von besoldeten Gemeindebeamten und pensionsberechtigten Angestellten;
b) die Wahl von Mitgliedern der ständigen Verwaltungsdeputationen (§ 59 StO.);
c) Gesuche von Ausländern um Aufnahme in den preußischen Staatsverband mit Begründung eines Wohnsitzes in Charlottenburg (Naturalisationen);
d) die Wahl oder Entlassung der unbesoldeten Gemeindebeamten (Bezirksvorsteher, Waisenräte, Schiedsmänner u. s. w.);
e) die Gewährung von einmaligen oder laufenden Unterstützungen an Gemeindebeamte, Lehrpersonen oder sonstige städtische Bedienstete oder deren Hinterbliebene.

Sämtliche Vorlagen, gegen welche der Ausschuß nichts zu erinnern findet, sowie die Vorschläge des Ausschusses in Bezug auf die Wahlen gelangen zur Erledigung durch Ankündigung in der Tagesordnung, daß solche Vorlagen nebst den Beschlüssen des Wahlausschusses in derselben Sitzung ausliegen werden. Wenn bis zum Schlusse der öffentlichen Sitzung kein Widerspruch gegen die Vorlagen bezw. die Vorschläge des Wahlausschusses beim Vorsteher angemeldet ist, so gelten die Vorschläge als genehmigt. Wird Widerspruch angemeldet, so ist derselbe in der nicht öffentlichen Sitzung zu begründen. Wenn der Wahlausschuß die Annahme der Magistratsvorlagen nicht befürwortet, dann muß hierüber ebenfalls in der nicht öffentlichen Sitzung Berichterstattung erfolgen.

§ 31.

Dem Petitionsausschuß sind alle Zuschriften, welche Bittgesuche oder Beschwerden enthalten (Petitionen) — § 27a — zur Vorberatung zu überweisen. Nach Beendigung derselben sind die Petitionen mit Bezeichnung ihres Absenders und des Gegenstandes sowie die Anträge des Ausschusses auf die Tagesordnung der nächsten Sitzung zu setzen.

Erachtet der Ausschuß Zuschriften als zur Erörterung im Plenum ungeeignet, so gelten dieselben im Sinne des Petitionsausschusses für erledigt, sofern nicht bis zum Schluß der betreffenden Sitzung mindestens 5 Mitglieder eine Berichterstattung des Petitionsausschusses an die Versammlung schriftlich beanspruchen. In letzterem Falle gehen die Petitionen unter Ausschluß jeder Erörterung an den Petitionsausschuß zurück.

§ 32.

Der Rechnungsprüfungs-Ausschuß hat alle Vorlagen betr. die Feststellung und Entlastung von Rechnungen vorzuprüfen und der Versammlung darüber Bericht zu erstatten.

§ 33.

Der Ausschuß zur Prüfung von Stadtverordnetenwahlen hat die Vorlagen über die Gültigkeit der im Laufe des Kalenderjahres vollzogenen Stadtverordneten-Ergänzungs- und -Ersatzwahlen sowie die hiergegen erhobenen Einsprüche vorzuprüfen. Ist gegen die Gültigkeit einer Wahl Einspruch erhoben, so hat der Ausschuß alle ihm erforderlich erscheinenden Erhebungen zu veranlassen.

B. Nichtständige Ausschüsse.

§ 34.

Zur Vorberatung einzelner Vorlagen und sonstiger Angelegenheiten kann die Versammlung besondere Ausschüsse nach Maßgabe des sich herausstellenden Bedürfnisses bestellen.

Der Auftrag der Ausschüsse erlischt mit seiner Erfüllung, spätestens mit Ablauf des Kalenderjahres. Die Ausschüsse bestehen aus 7, 9, 11, 13 oder 15 Mitgliedern.

C. Gemeinsame Bestimmungen für die Ausschüsse.

§ 35.

Die Ausschüsse werden in der Sitzung gewählt und die Namen der für dieselben in Vorschlag zu bringenden Mitglieder sind dem Vorsteher schriftlich zu überreichen.

§ 36.

Die Ausschüsse wählen aus ihrer Mitte einen Vorsitzenden, einen Schriftführer und Stellvertreter für beide. Die Wahl des Schriftführers kann mit Zustimmung des Vorstehers auch auf den Bureauvorsteher der Versammlung oder einen anderen Gemeindebeamten fallen. Die Einberufung der Ausschüsse erfolgt, falls es noch der Wahl eines

Vorsitzenden bedarf, durch das am längsten der Versammlung angehörende, in der Vollsitzung anwesende Ausschußmitglied. Unter mehreren gleichaltrigen Mitgliedern entscheidet die alphabetische Namensfolge. Die Ausschüsse sind beschlußfähig, sobald mindestens die Hälfte der Mitglieder anwesend ist. Der Vorsitzende des Ausschusses führt den zur Aufklärung der Sache etwa notwendigen Briefwechsel mit dem Magistrat. Die Ausschüsse regeln ihre Tagesordnung selbst.

§ 37.

Der Vorsteher führt in den Sitzungen derjenigen Ausschüsse, deren Mitglied er ist, den Vorsitz. Sein Stellvertreter ist ohne Wahl nur dann Vorsitzender der Ausschüsse, wenn der Vorsteher behindert und der Stellvertreter selbst Mitglied des Ausschusses ist. In allen übrigen Fällen wird nach § 36 verfahren.

Der Vorsteher hat das Recht, auch den Sitzungen solcher Ausschüsse, deren Mitglied er nicht ist, mit beratender Stimme beizuwohnen. In Behinderungsfällen vertritt ihn hierbei sein Stellvertreter.

§ 38.

Den Verhandlungen der Ausschüsse können, wenn in der Vollsitzung nicht anders beschlossen wird, alle Stadtverordneten als Zuhörer beiwohnen. Der Magistrat kann, wenn in der Vollsitzung nicht ausdrücklich das Gegenteil beschlossen ist, sich in den Ausschüssen vertreten lassen. Von dem Zusammentreten der Ausschüsse sowie von dem Gegenstande der Verhandlungen muß dem Magistrat Kenntnis gegeben werden.

§ 39.

Wird einem Ausschusse die Vorberatung eines von Mitgliedern der Versammlung gestellten Antrages überwiesen, so hat der Antragsteller und, falls der Antrag von mehreren Mitgliedern unterzeichnet ist, das zuerst unterzeichnete Mitglied, auch wenn es nicht Mitglied des Ausschusses ist, das Recht, an den Verhandlungen desselben mit beratender Stimme teilzunehmen.

§ 40.

Nach geschlossener Beratung wählt der Ausschuß aus seiner Mitte einen Berichterstatter für die Vollsitzung. Die Beschlüsse des Ausschlusses sind der Regel nach schriftlich abzufassen und mit der Tagesordnung der Vollsitzung, in welcher dieselben zur Verhandlung stehen, zum Abdruck zu bringen.

Im übrigen finden die Vorschriften der Geschäftsordnung für die Vollsitzungen auf die Ausschußsitzungen sinngemäße Anwendung.

V.

Redeordnung.

§ 41.

Kein Mitglied der Versammlung und des Magistrats darf sprechen, ohne vorher das Wort verlangt und vom Vorsteher erhalten zu haben.

Will der Vorsteher sich an der Beratung beteiligen, so muß er den Vorsitz abtreten. Die Zulassung zum Wort geschieht nach der Reihenfolge der Meldungen.

§ 42.

Sofortige Zulassung zum Wort können nur verlangen:

1. die Vertreter des Magistrats;
2. diejenigen Mitglieder, welche zur Geschäftsordnung reden wollen.

Persönliche Bemerkungen sind erst nach dem Schluß der Beratung oder im Falle der Vertagung derselben nach Annahme der Vertagung gestattet.

§ 43.

Die Redner sprechen stehend. Das Ablesen schriftlich abgefaßter Reden ist unzulässig.

§ 44.

Der Schluß der Verhandlung erfolgt durch den Vorsteher, wenn sich kein Redner meldet, oder auf Beschluß der Versammlung.

Anträge auf Vertagung oder Schluß einer Beratung bedürfen der Unterstützung von 10 Mitgliedern. Über dieselben wird sofort ohne weitere Begründung oder Besprechung abgestimmt.

Mit dem Antrag auf Vertagung kann der Antrag, die Beratung in einer bestimmten Sitzung wieder aufzunehmen und die Anwesenheit von Magistratskommissarien zu fordern, verbunden werden.

§ 45.

Nimmt ein Vertreter des Magistrats nach dem Schlusse der Beratung das Wort, so gilt diese aufs neue für eröffnet.

Antragsteller oder Berichterstatter erhalten, wenn sie es verlangen, das Wort sowohl am Beginn der Beratung sowie nach Schluß derselben vor jeder Abstimmung.

VI.

Ordnungsbestimmungen.

§ 46.

Der Vorsteher handhabt die Ordnung in der Versammlung.

Wenn ein Mitglied die Ordnung verletzt, so wird es von dem Vorsteher mit Nennung des Namens darauf zurückgewiesen. Das Mitglied ist berechtigt, dagegen schriftlich Einspruch zu erheben, worauf die Versammlung, jedoch erst in der nächstfolgenden Sitzung, ohne Verhandlung entscheidet, ob der Ordnungsruf gerechtfertigt ist.

Der Vorsteher ist berechtigt, die Mitglieder auf den Gegenstand der Verhandlung zurückzuweisen und zur Ordnung zu rufen. Ist das eine oder das andere in der nämlichen Rede zweimal ohne Erfolg geschehen und fährt das Mitglied fort, sich vom Gegenstande oder von der Ordnung zu entfernen, so kann die Versammlung auf die Anfrage des Vorstehers ohne Verhandlung beschließen, daß ihm das Wort über den vorliegenden Gegenstand genommen werden solle, wenn er zuvor auf diese Folge vom Vorsteher aufmerksam gemacht ist.

§ 47.

Wenn in der Versammlung störende Unruhe entsteht, so kann der Vorsteher die Sitzung auf unbestimmte Zeit aussetzen oder ganz aufheben. Kann sich der Vorsteher kein Gehör verschaffen, so verläßt er den Sitz. Hierdurch ist die Sitzung auf eine halbe Stunde unterbrochen.

§ 48.

Der Vorsteher handhabt die Ordnung im Sitzungssaal, in den Zuhörerräumen und in den für die Versammlung bestimmten Nebenräumen.

Wer aus dem Zuhörerraum Zeichen des Beifalles oder Mißfallens gibt oder sonst die Ordnung verletzt, kann auf der Stelle entfernt werden. Entsteht eine störende Unruhe im Zuhörerraum, so kann der Vorsteher anordnen, daß alle, die sich zur Zeit dort befinden, denselben räumen.

§ 49.

Ist ein Mitglied verhindert, an den Sitzungen teilzunehmen, so ist dasselbe verpflichtet, dies dem Vorsteher sogleich, möglichst mit Angabe der Dauer der Behinderung, anzuzeigen.

Über die Beurlaubungen wird ein Verzeichnis geführt.

§ 50.

Die Geschäftsordnung vom $\frac{13.}{15.}$ November 1889 tritt mit dem 1. März 1901 außer Kraft.

Charlottenburg, den 6. Februar 1901.

Die Stadtverordneten-Versammlung.

Dr. Jaffé,	Ströhler,	Heise,	Otto,
Vorsteher.	Stellvertreter des Vorstehers.	Beisitzer.	Beisitzer.

Die vorstehende Geschäftsordnung ist unter Zustimmung des Magistrats abgefaßt.

Charlottenburg, den 7. Februar 1901.

Der Magistrat.

Schustehrus.

Sachregister.*)

(Die Zahlen bezeichnen die Seiten.)

*) Nicht umfassend den Inhalt des Anhanges (I und II).

GPSR Compliance

The European Union's (EU) General Product Safety Regulation (GPSR) is a set of rules that requires consumer products to be safe and our obligations to ensure this.

If you have any concerns about our products, you can contact us on ProductSafety@springernature.com

In case Publisher is established outside the EU, the EU authorized representative is:

Springer Nature Customer Service Center GmbH
Europaplatz 3
69115 Heidelberg, Germany

Batch number: 10844669

Printed by Printforce, the Netherlands